马克思主义理论研究和建设工程重点教材

世界现代史

（第二版）上册

《世界现代史》编写组

高等教育出版社

人民出版社

二维码资源访问

使用微信扫描本书内的二维码,输入封底防伪二维码下的 20 位数字,进行微信绑定,即可免费访问相关资源。注意:微信绑定只可操作一次,为避免不必要的损失,请您刮开防伪码后立即进行绑定操作!

教学课件下载

本书有配套教学课件,供教师免费下载使用,请访问 xuanshu.hep.com.cn,经注册认证后,搜索书名进入具体图书页面,即可下载。

图书在版编目(C I P)数据

世界现代史. 上册 /《世界现代史》编写组编. --
2 版. -- 北京:高等教育出版社,2020.9(2024.12重印)
马克思主义理论研究和建设工程重点教材
ISBN 978-7-04-053326-2

Ⅰ.①世… Ⅱ.①世… Ⅲ.①世界史-现代史-高等
学校-教材 Ⅳ.①K15

中国版本图书馆 CIP 数据核字(2020)第 019263 号

责任编辑	王 羽	封面设计	王 洋	版式设计	于 婕
责任校对	刘娟娟	责任印制	沈心怡		

出版发行	高等教育出版社	网　　址	http://www.hep.edu.cn
社　　址	北京市西城区德外大街 4 号		http://www.hep.com.cn
邮政编码	100120	网上订购	http://www.hepmall.com.cn
印　　刷	涿州市星河印刷有限公司		http://www.hepmall.com
开　　本	787mm×1092mm　1/16		http://www.hepmall.cn
印　　张	18.5	版　　次	2013 年 8 月第 1 版
字　　数	300 千字		2020 年 9 月第 2 版
购书热线	010-58581118	印　　次	2024 年 12 月第 13 次印刷
咨询电话	400-810-0598	定　　价	36.20 元

本书如有缺页、倒页、脱页等质量问题,请到所购图书销售部门联系调换
版权所有　侵权必究
物 料 号　53326-00

·马克思主义理论研究和建设工程重点教材·

马克思主义理论研究和建设工程咨询委员会委员、审议专家

（以姓氏笔画为序）

《世界现代史》教材编写课题组

首席专家　于　沛　　胡德坤　　李世安　　徐　蓝
　　　　　　孟庆龙
主要成员　（以姓氏笔画为序）
　　　　　　王红生　　许　平　　高国荣　　黄民兴
　　　　　　韩　琦

《世界现代史（第二版）》教材修订课题组

首席专家　于　沛　　孟庆龙　　黄民兴
主要成员　（以姓氏笔画为序）
　　　　　　王爱云　　卢玲玲　　余伟民　　张忠祥
　　　　　　金　海　　曹小文

目　录

导　论

在人类历史发展的漫长进程中，伴随社会生产力的发展，分散在地球不同角落的人们，通过迁徙、贸易和战争等方式，从相互隔绝和孤立分散的状况逐步走向相互联系和密切交往。进入近代以后，由于资本主义生产关系的扩展，人类社会在政治、经济、文化等方面的相互联系和依存日益加深。20世纪初，人类社会进入发展最迅速、变化最深刻、联系最紧密的世界现代史时期。自20世纪以来的一百多年里，科学技术日新月异，生产力水平大幅提升，生产方式深刻变革，物质文明和精神文明高度发展，人类社会取得了前所未有的伟大成就，创造了令人惊叹的无数奇迹。与此同时，人类也饱经沧桑，遭受了帝国主义侵略扩张和争夺霸权造成的空前浩劫，蒙受了战乱、饥饿、疾病、社会动荡和自然灾害的种种磨难，至今仍面临着和平与发展的诸多难题。进入21世纪，世界多极化、经济全球化、社会信息化、文化多样化深入发展，全球治理体系和国际秩序变革加速推进，各国相互联系和依存日益加深，国际力量对比更趋平衡，和平发展大势不可逆转。学习世界现代史，了解一百多年来人类社会不平凡的发展历程，有助于更好地认识人类社会的发展规律，以史为鉴，开创未来，努力建设中国特色社会主义，实现中华民族伟大复兴，推动人类社会迈向更加美好的明天。

一、世界现代史的研究对象和学科发展

世界现代史是世界历史的重要组成部分，是世界历史的最新发展。世界现代史有明确的研究对象，是历史学科的一个分支，隶属于世界史一级学科。

（一）世界现代史的研究对象

世界现代史以20世纪以来的世界历史作为研究对象，就是从全世界、全人类的角度，从政治、经济、军事、社会、文化等各方面综合研究和考察1900年以来世界发展的历史。这里有两个基本的限定：从时间上说，是从20世纪的起点即1900年起至今，主要反映20世纪世界发展的历史，但为保证历史叙述过程的相对完整，一些历史过程的叙述可能延续到21世纪初的前十多年。从地域上说，包括全世界。世界现代史不同于国别史、地区史和专门史，它是把整个世界作为研究对象，以全球的视野阐释世界历史演变的过程，揭示人类社

会发展的规律和趋势。

之所以把 20 世纪初作为世界现代史的开端，这主要是因为：20 世纪初，在第二次科技革命的推动下，人类社会发展步入全球融合的时代；垄断组织成为资本主义经济生活的基础，资本主义从自由资本主义发展到垄断资本主义阶段，即帝国主义阶段；国际共产主义运动蓬勃发展，马克思主义在实践中产生了最新成果——列宁主义，预示着社会主义由理想变为现实的时代即将来临；帝国主义列强将世界瓜分完毕，世界殖民体系最终形成；亚非拉被压迫民族普遍觉醒，形成了争取民族独立和人民解放的历史潮流。所有这些历史动向和因素对后来的历史产生了深刻影响，由此显示出世界现代史不同于以往历史的鲜明特点。

在世界历史的长河中，相比于绵延数千年的古代史、跨越几个世纪的近代史，世界现代史虽然只有一百多年，但对人类历史进程的影响却是广泛而深远的。在这一历史时期，科学技术突飞猛进并对经济社会发展产生越来越大的作用，社会生产力取得巨大进步；社会主义不仅成为现实的社会制度，而且从一国发展到多国，并在探索中曲折前进，打破了资本主义的一统天下，极大地促进了人类社会的文明进步；反对战争、反对压迫、反对奴役成为时代洪流，资本主义殖民体系全面瓦解，广大发展中国家普遍赢得独立，并成为反对霸权主义和强权政治的主要力量，成为推动建立公正合理的国际政治经济新秩序的主要力量；和平与发展逐渐成为时代主题，经济全球化加快发展，世界多极化日趋深入，全世界愈益紧密地联系在一起。人类日渐成为你中有我、我中有你的命运共同体。各国人民齐心协力构建人类命运共同体，建设持久和平、普遍安全、共同繁荣、开放包容、清洁美丽的世界，成为历史潮流。

（二）世界现代史的学科发展

新中国成立前，世界现代史在中国还没有形成学科体系。出版的少量关于世界现代史的著作，以翻译西方世界现代史成果为主，缺乏中国学者自己的观点，西方中心论色彩明显。而且，这些著作主要是叙述政治史和欧美各大国的历史，极少讲述经济史、社会史等方面的内容，更缺乏对亚非拉国家和地区历史的叙述。

新中国成立初期，中国的世界现代史教学和研究主要是向苏联学习，按照苏联的学科体系，着手探索建设新中国的世界现代史学科体系，学习借鉴苏联史学的研究成果，翻译有一定学术水平的著作和教材。同时，中国史学界也开始大量搜集整理世界史的文献资料，陆续编写一些地区史、国别史教材。自 20 世纪 60 年代初开始，世界现代史研究和教学逐步摆脱苏联的影响，一些高校的历史系开始合作编写世界现代史教材。这些教材既反对西欧中心论，也反对苏联中心论，对亚非拉国家特别是中国在世界现代史上的地位与作用进行了许多有益探索。但是，在当时的形势下，这些教材始终只限于在若干高校中试用而未能公开出版。

改革开放后，世界现代史学科发展迎来了春天。学术界思想大解放，学术研究和教材编写取得了丰硕成果。这一时期编写的教材，内容广泛，史料翔实，全面反映了发展中国家特别是中国在世界历史中的地位和作用，强调运用马克思主义的立场、观点、方法，从整体上研究世界历史的矛盾运动，评析世界现代史中的重大事件、重要人物，阐明世界现代史的基本脉络和演进过程，揭示人类社会的发展规律和趋势。在这一时期，基本上形成了中国自己的世界现代史学科体系，世界现代史逐步发展为一个独立的学科。

进入 21 世纪，伴随世界历史矛盾运动的深入发展，特别是随着中国作为发展中的社会主义大国与世界的联系更加紧密，作为一门与现实密切相关的新学科，世界现代史研究和教学的重要性越来越突出。世界现代史的学科发展，既迎来了前所未有的发展机遇，同时也面临着实践提出的许多新任务，有着广阔的发展空间。

二、世界现代史的演进过程

目前，学术界多数观点认为，世界现代史的演进，应以 1945 年第二次世界大战（也称"二战"）结束为标志，分为上、下两个时期，即世界现代史上半时期和下半时期。

（一）世界现代史的上半时期

世界现代史上半时期的历史，是在科学技术发展，社会文明进步，同时又充满危机、战争与革命的时代大背景下展开的。

20 世纪初，以相对论、量子力学为代表的物理学革命使人类对自然界的认识达到新高度，第二次科技革命推动社会生产力发展达到新水平。资本主义发展到帝国主义阶段，各主要资本主义国家经济危机不断，阶级矛盾和社会矛盾尖锐，列强间的各种矛盾也日益激化，帝国主义战争一触即发，整个世界动荡不安。国际共产主义运动蓬勃开展，马克思主义广泛传播。列宁将马克思主义与俄国革命相结合，创造了帝国主义和无产阶级革命时代的马克思主义——列宁主义，缔造了俄国无产阶级革命政党——布尔什维克党。1905 年，俄国资产阶级民主革命爆发，被称为"革命的前奏"，俄国处于无产阶级社会主义革命的前夜，国际共产主义运动孕育着新的高潮。同时，亚洲和拉丁美洲的革命和改革风暴，猛烈冲击着帝国主义殖民体系。

由于资本主义发展不平衡的规律，英国、法国等老牌帝国主义国家的优势地位开始动摇，美国、德国和日本成为新兴的帝国主义国家。德国推行"世界政策"，要求按照新的实力对比重新瓜分世界，英德矛盾极为突出，欧洲两大军事集团逐步形成。1914 年，萨拉热窝事件引爆了"巴尔干火药桶"，两大军事集团随即开始了规模空前的第一次世界大战（也称"一战"）。战争从 1914 年一直持续到 1918 年，造成了数千万人员伤亡和数千亿美元的经济损失，极大地削弱了欧洲列强的实力，美国和日本损失轻微，获利极大。

20 世纪初，俄国国内阶级矛盾、民族矛盾空前尖锐，资本主义世界的各种矛盾在俄国集中爆发，俄国成为帝国主义链条中最薄弱的环节。1917 年，以列宁为代表的布尔什维克党领导俄国人民成功进行了十月社会主义革命，建立了人类历史上第一个无产阶级专政的社会主义国家，开辟了人类历史的新纪元。苏维埃俄国诞生后，冲破了帝国主义国家的包围与遏制，成长为一个新的社会主义国家。在十月革命的影响下，欧洲各国无产阶级运动空前活跃，匈牙利和德国先后发生了革命，土耳其等国也爆发了民族独立运动。1919 年，共产国际建立，有力地促进了国际共产主义运动的发展。

"一战"后形成的凡尔赛—华盛顿体系，是帝国主义战胜国为分赃和维护既得利益而构建的世界体系。这一体系客观上带来的相对和平的国际环境，再加上第二次科技革命的有力推动，使资本主义国家出现了短暂而脆弱的经济繁荣和政治稳定。然而，这一体系并未平息列强之间的矛盾与争斗，反而使资本主义世界酝酿着更大的经济危机和政治危机。1929—1933 年资本主义世界发生了严重的经济危机，进而引发了严重的政治危机，垄断资产阶级竭力寻求摆脱危机的对策。美国总统罗斯福推行"新政"，加强国家对经济和社会生活的直接干预，以图通过改良来克服危机，稳固资本主义的统治基础。德国和日本建立了法西斯政权，通过扩大军事工业生产、加紧对外侵略扩张的政策来摆脱危机，从而在欧洲和亚洲形成了第二次世界大战的两个战争策源地。英国和法国由于国内经济问题和社会问题严重，经济实力下降，并企图将德意法西斯"祸水"引向新生的社会主义国家苏联，对德国的侵略扩张采取了绥靖政策，企图以牺牲其他国家利益为手段来换取与对手的妥协。

苏联的社会主义革命和建设在探索中前进，特别是30年代资本主义世界普遍萧条，更是显示出苏联令人瞩目的建设成就。第二次世界大战爆发前，苏联已经完成社会主义工业化，从农业国变成了工业国，建立了独立的工业体系，为后来赢得反法西斯战争的胜利奠定了坚实的物质基础。在十月革命的影响和苏联的帮助下，德国、匈牙利、中国等国的革命运动蓬勃发展，印度、土耳其、朝鲜、越南、埃及以及一些拉美国家的民族解放运动风起云涌，沉重地打击了帝国主义、殖民主义。

1931年9月18日，日本发动九一八事变，侵占中国东北，中国人民奋起反抗侵略，打响了世界反法西斯战争的第一枪。对日本侵略中国的行径，美国等西方列强采取了绥靖政策。1936年德、意、日结成轴心国。1939年9月1日，德国入侵波兰，把第二次世界大战的战火扩大到欧洲。1941年6月22日，德国对苏联发动突然袭击，苏德战争爆发。1941年12月7日，日本偷袭美国的珍珠港，太平洋战争爆发，第二次世界大战全面展开。1942年1月1日，以美、英、苏、中为首的世界反法西斯联盟成立。经过艰苦战斗，1945年世界反法西斯联盟终于打败了轴心国。第二次世界大战是人类历史上规模最大的战争，席卷了世界上60多个国家、地区和80%的人口，造成8000余万人伤亡、4万亿美元的经济损失，德、日、意法西斯对人类犯下了滔天罪行。在第二次世界大战中，近50个国家超越社会制度和意识形态的界限，结成广泛的世界反法西斯联盟，取得了反法西斯斗争的伟大胜利，拯救了人类文明。

（二）世界现代史的下半时期

在世界现代史的下半时期，人类经历了战后重建和冷战时期，国际关系的演变曲折复杂，科学技术发展异常迅猛，社会经济变化剧烈，进入90年代后，两极格局瓦解，经济全球化深入发展，世界多极化趋势不断深化，和平发展成为时代潮流。

"二战"后初期到50年代，苏联动员全国力量进行国民经济的恢复和重建，并很快发展为世界强国。社会主义也从一国发展到多国。在反对资本主义阵营围堵和遏制的过程中，地域广阔、人口众多的社会主义阵营岿然屹立，并不断发展壮大。资本主义也出现了许多新变化，主要资本主义国家对资本主义生产关系的某些环节进行了调整，尤其注重对经济的宏观调控和福利建设，以恢复经济、缓和社会矛盾。然而，这些调整都是在不动摇资本主义制度根基、不改变资本主义性质的前提下进行的，并没有从根本上克服资本主义社会的基本矛盾。在"二战"中经受了锻炼的殖民地半殖民地人民，利用帝国主义国家在"二战"中受到极大削弱之机，开展了轰轰烈烈的民族解放和独立运动。20世纪五六十年代，新独立的亚非拉国家通过召开万隆会议、开展不结盟运动和建立七十七国集团等，推动了第三世界的兴起和发展，在建立国际政治经济新秩序的斗争中发挥了越来越重要的作用。

"二战"结束后，美国打着反对"共产主义扩张"的旗号，从政治、经济、军事等方面全方位遏制苏联和新兴的社会主义国家，导致了冷战的发生和两极格局的最终形成。

苏联等社会主义各国对如何建设和发展社会主义进行了艰难的探索。这些探索虽然取得了一些成绩，但总体上没有形成充满活力的经济政治体制，以高度集中的经济政治体制为特征的"苏联模式"日益僵化，经济社会发展日益迟缓，人民的生活水平长期得不到提高。加之苏联领导人奉行与美国在全球争霸的政策，使国内外矛盾不断激化，各种社会问题日益增多。进入80年代以后，为了缓和国内外矛盾，推进苏联社会主义的发展，苏联几任领导人推行了一系列改革，采取了新的内外政策。戈尔巴乔夫担任苏共领导人之后，经济改革依然未见成效，在政治改革中又放弃了马克思主义的指导地位和苏共的领导地位，最终断送了世界上第一个社会主义国家苏联。东欧各社会主义国家在建设初期，由于缺乏经验，不同程度地照搬和仿效苏联的政治经济体制，社会主义建设虽然取得了一定成就，但由于这种政治经济体制自身有缺陷，且不适合这些国家的国情，逐渐暴露出许多问题。各国先后开始探索适合本国国情的社会主义发展道路，积累了一些经验，但这些国家的探索都未取得成功，最终在苏联戈尔巴乔夫"新思维"和错误政策的影响下，放弃了社会主义道路。苏联解体、东欧剧变，使国际共产主义运动遭受了严重挫折。

中华人民共和国成立后，中国共产党人带领各族人民迅速医治战争创伤，有步骤地开始从新民主主义到社会主义转变，创造性地探索出一条适合中国国情的社会主义改造道路。在此期间，中国取得了抗美援朝战争的伟大胜利。1956年，中国转入全面的大规模的社会主义建设，探索过程中虽然经历了挫折和失误，但经济社会发展仍然取得了显著成就，奠定了进行社会主义现代化建设的基础。1978年12月党的十一届三中全会以后，中国开始实行改革开放，并在实践中成功开辟了中国特色社会主义道路。沿着这条正确的道路，中国的经济社会发展取得了举世瞩目的成就，中国人民和中华民族的面貌发生了巨大变化，中国的国际地位和国际影响力大大提升。经过长期努力，中国特色社会主义进入了新时代，在新的历史条件下，踏上全面建设社会主义现代化强国的新征程，社会主义制度再次彰显出强大的生机和活力。中国特色社会主义实现了社会主义从传统到现代的成功转型，成为代表世界社会主义运动的主流方向，重铸了世界人民对马克思主义和科学社会主义的信心。

这一时期，资本主义国家的发展也历经波折。"二战"后，面临经济和社会问题的资本主义国家，普遍进行了旨在恢复和发展国民经济、缓和社会矛盾的调整。美国和西欧国家都放弃了"自由放任"的经济政策而实行国家干预，同时实行"福利国家"政策，对社会财富进行有限的再分配，以避免社会矛盾激化。这些政策成为战后初期至60年代末70年代初，西方国家经济得以发展、政权得以保持稳定的一个主要原因。但是，这些政策措施的主要出发点是保护富人、对社会主义进行遏制，因此并不能保证资本主义的长治久安，更不可能解决资本主义的基本矛盾。70年代，接连发生的两次石油危机加剧了西方各国的经济衰退，资本主义国家干预政策的弊端不断显现，美英等西方主要国家陷入生产停滞和通货膨胀交织的"滞胀"状态。80年代，以美国里根政府和英国撒切尔政府为代表，主要西方国家大幅度削弱国家干预，走上了新保守主义道路。

冷战时期，美苏主导下的两极格局不断变化。20世纪五六十年代，资本主义和社会主义两大阵营激烈对抗，柏林危机、朝鲜战争、越南战争等都是重要体现。60年代初，冷战开始进入缓和时期，美苏为争霸世界既合作又争夺，两大阵营内部发生了分化和分裂。进入80年代，美国的"新冷战"政策极大加重了苏联的政治经济负担，使苏联逐渐不堪重负。戈尔巴乔夫上台后，苏联不断收缩力量，美苏走向"新缓和"。80年代末90年代初，随着东欧剧变、苏联解体，冷战最终结束，两极格局也随之崩溃。

90年代初以来，世界社会主义发展虽然遭遇严重挫折，但仍然表现出顽强的生命力。包括资本主义国家的有识之士在内，世界上越来越多的人更加清醒地认识到：社会主义代替资本主义是长期的、曲折的，但新事物取代旧事物是一个不可避免的历史进程。中国特色社会主义取得的伟大成就，已经显示出社会主义的持久生命力和光明前途。今日的世界正处于大发展大变革大调整时期，和平与发展仍然是时代的主题。同时，世界面临的不稳定性不确定性突出，世界经济增长动能不足，贫富分化日益严重，地区热点问题此起彼伏，恐怖主义、网络安全、重大传染性疾病、气候变化等非传统安全威胁持续蔓延，人类面临许多共同挑战。维护和平、促进发展仍然是世界各国人民共同面临的艰巨任务。

三、怎样学习世界现代史

历史是最好的教科书。世界现代史包含着人类发展进步的宝贵经验，蕴藏着人类必须汲取的深刻教训，深入学习这段历史具有十分重要的意义。

学习世界现代史，有助于深入认识历史发展的规律，正确把握世界历史的发展趋势。20世纪以来的世界现代史，是一部充满曲折又不断发展进步的历史，每一个重大历史事件和历史阶段，都有着丰富的内涵和广阔的背景，都给人以思想启迪和历史智慧。世界现代史是历史学学科体系的重要组成部分，学好世界现代史是学好历史学其他课程必不可少的基础。无论是学习中国史还是外国史，古代史还是近代史，通史还是国别史、断代史、地区史、专门史，都离不开对世界现代史知识的认真掌握和深刻理解。学习世界现代史也有助于研究当代国际关系。当今世界发生的热点问题，大多与世界现代历史上的一些重大事件有着历史渊源和密切联系，学习世界现代史有助于寻根溯源，认清影响当代国际问题的根源和动因。在人类进入21世纪的今天，学习世界现代史对于每一位青年乃至每个人都是有益的，甚至是必需的。

学习世界现代史要掌握正确的学习方法。

一要坚持以唯物史观为指导。唯物史观是学习和研究历史的根本方法，也是学习和研究世界现代史的根本方法。只有坚持唯物史观，从生产力和生产关系、经济基础和上层建筑的矛盾运动来认识历史，始终站在人民群众的立场上，用全面的、发展的、辩证的眼光来看待历史，才能认识和把握世界现代史发展的内在动因，才能透过现象认清本质，正确认识世界现代历史上的各种历史现象和基本规律，看清世界历史发展的进步趋势。

二要注重把握世界现代史发展的主线。20世纪以来的世界历史内容非常丰富，过程错综复杂，其中充满矛盾和斗争。世界大战、意识形态的斗争、社会制度的竞争、经济发展战略的选择与社会问题的解决、领土争端、民族冲突、宗教分歧等诸种矛盾和问题相互影响、互相交织。但无论这一时期的历史现象多么纷繁复杂，其总的历史发展趋势、历史主线，仍然是人类社会的进步趋势不可逆转。学习世界现代史，要抓住历史主线，深刻认识尽管帝国主义、法西斯主义、军国主义可以猖獗一时，人民的正义力量必将战胜邪恶、残暴、侵略和压迫；无论社会主义历经怎样的艰难曲折，但始终具有顽强的生命力和感召力，并且不断发展、不断成熟；无论人世间曾经有并且还会有多少贫穷、疾病、饥饿、灾害和种种不幸，但越来越文明、越来越进步，是人类社会发展的历史方向。

三要掌握阶级分析的方法。阶级分析方法是认识社会历史现象的基本方法。在社会历史发展过程中，每一个人、每一个社会集团都是在特定的阶级阶层中生活的，历史现象无不打上阶级的烙印。20 世纪以来的历史，一定意义上说是一个阶级大冲撞、大搏斗的历史。资产阶级、无产阶级、地主阶级、农民阶级及小资产阶级等各个社会阶级和阶层，都在这个冲撞和搏斗中展示自己，都维护着自身利益，并提出了不同的政治经济主张。认识这个复杂的历史过程，必须用阶级分析的方法，透过历史表象探究各个阶级和阶层所处的经济、政治、社会状况，分析其理论主张、实践本质和成败根源。阶级分析方法是一个科学的方法，必须站在正确的立场上，以事实为依据，以实践为准绳，避免简单化、极端化、教条化。

四要掌握历史分析的方法。历史分析方法，就是要求认识历史必须从当时的历史条件出发，客观认识历史，辩证理解历史现象，把具体问题置于具体的时空环境和历史背景中进行考察。学习世界现代史，要重视历史事件和历史现象的内在联系，注意考察其前因后果及其与政治、经济、思想意识、社会制度等各种因素的联系，决不能凭主观想法去臆造、推断和虚拟历史。评价历史事件和历史人物，不能脱离当时的客观历史条件和主观因素，尤其要避免简单地全盘肯定或全盘否定。

五要关注现实，铭记历史，开辟未来。2018 年，习近平总书记在纪念马克思诞辰 200 周年大会上讲话时指出：学习马克思的重要内容之一，就要学习和实践马克思主义关于世界历史的思想。马克思、恩格斯说："各民族的原始封闭状态由于日益完善的生产方式、交往以及因交往而自然形成的不同民族之间的分工消灭得越是彻底，历史也就越是成为世界历史。"[①] 今天，人类仍生活在

[①] 《马克思恩格斯文集》第 1 卷，人民出版社 2009 年版，第 540—541 页。

马克思所揭示的"世界历史时代"，即生活在人类社会你中有我、我中有你、命运相连的世界性整体的历史时代。学习世界现代史，要站在世界历史的高度，审视当今世界发展趋势和面临的重大问题，同各国人民一道努力构建人类命运共同体。

世界现代史是一门综合性很强的学科，其内容包罗万象，研究对象几乎涵盖了人类社会活动的各个领域。学好世界现代史，需要有广博的知识背景，需要学习了解哲学、经济学、政治学、社会学、文化学、人类学、心理学、地理学、国际关系学等人文社会科学及自然科学相关学科的理论与研究方法；不仅要掌握相关的档案文献和基本史料，而且还要学会鉴别史料，准确、全面地解读史料中的信息；还需要熟练掌握英语等多种外语工具，广泛地获取外文资料，及时了解国外的研究动态，学习借鉴其他学科和国外的研究成果。

思考题：

1. 为什么要学习世界现代史？
2. 怎样学习世界现代史？

▶ 拓展阅读

第一章　进入 20 世纪的世界

当人类跨入 20 世纪时，世界历史翻开了新篇章：主要资本主义国家第二次工业革命基本完成，社会生产力迅速发展，人类对自然界和社会的认识达到新的高度。科学技术革命对经济社会产生了广泛而深刻的影响，各种追求社会进步的力量不断发展，人类文明迈上了新台阶。资本主义发展到帝国主义阶段后，资本主义社会的阶级矛盾和社会矛盾异常尖锐，列强之间重新瓜分殖民地的斗争空前激烈，各帝国主义国家之间的矛盾日益激化，世界充满了战争危险，酝酿着新的革命风暴。工人阶级随着社会化大生产的发展日益壮大，马克思主义广泛传播，国际共产主义运动风起云涌。1905 年俄国爆发了资产阶级民主革命，亚非拉被压迫民族和人民进一步觉醒，形成了争取民族独立和人民解放的历史潮流，猛烈冲击着帝国主义和殖民主义体系。这一切，表明一个崭新的历史时代的来临。

第一节　20 世纪初的科技进步和社会进步

20 世纪初，物理学革命取得的辉煌成就，使人类对自然界的认识达到了新高度，极大地提高了人类利用和改造自然、推动社会发展的能力。资本主义生产力高度发展，生产关系、上层建筑和意识形态都在发生激烈而深刻的变革，追求人类进步和自身解放的力量在斗争中茁壮成长。

一、世纪之交的科学革命

19 世纪末 20 世纪初，以牛顿力学、热力学和麦克斯韦电磁理论为代表的经典物理学已经形成了完整的理论体系，并对工业革命起到了重要的推动作用，使人类社会从蒸汽时代迈向电气时代。但是经典物理学的基本观点是绝对和机械的，随着物理学研究从宏观走向微观，从低速走向高速，一些物理学实验取得了用经典物理学理论无法解释的新发现，新的物理学革命呼之欲出。

两位德国物理学家在新的物理学革命中做出了卓越贡献。1900 年，42 岁的普朗克（1858—1947）为了解释黑体辐射中的"紫外灾难"等问题提出了与经典热辐射理论中的能量均分原理完全不同的能量子假说，宣布了量子物理学的诞生。1905 年，年仅 26 岁的爱因斯坦（1879—1955）不仅提出了狭义相对论，而且他也支持普朗克的量子理论，并利用能量子假说成功地解释了光电效应。爱因斯坦著名的公式 $E=mc^2$，E 表示能量，m 代表质量，而 c 则表示光速。这个能量公式奠定了核能发电和核武器的基础，而且在天文学上也表现出重大的意义。1916 年，爱因斯坦又提出了广义相对论。狭义相对论和广义相对论否定了牛顿经典力学的时间与空间彼此独立、没有联系的绝对时空观，揭示了时间、空间、物质、运动的不可分割性和时空的相对性，从根本上突破了经典物理学，宣告了现代物理学的诞生，这表明，人类对自然界的认识又前进了一大步。

在量子力学和相对论革命的带动下，现代科学得到了空前的发展，粒子物理学、量子化学、现代宇宙学等都发展出全新的理论。物理学还进入相邻学科，形成了物理化学、生物物理、天体物理、地球物理、计算物理、技术物理等新兴的交叉学科。20 世纪物理学的快速发展和广泛应用，大幅提高了人类社会生产力。

19 世纪末 20 世纪初发生的这场物理学革命，同样也是一场思想革命，大大改变了人类对物质、运动、空间、时间、因果性等的基本认知，使人类对自然的认识发生了深刻变化，带动了 20 世纪整个自然科学和技术革命的发展。同时，现代物理学的成果证明和深化了马克思主义关于时间、空间和物质运动紧密联系、不可分离的思想，为辩证唯物主义宇宙观在 20 世纪的广泛传播提供了有力的支持。

二、第二次工业革命基本完成

19 世纪下半期到 20 世纪初的第二次工业革命，把人类社会从蒸汽时代推进到电气时代。1915 年左右，第二次工业革命基本完成，人类生产力水平达到新的发展高度。

第二次工业革命的突出成就是电力技术的广泛开发和应用。19 世纪六七十年代，随着发电机、电动机的发明，人类实现了机械能和电能的相互转换，电力开始用于带动机器，逐渐成为人类生产生活中的一种重要能源。到了 20 世纪初，各种电气产品如雨后春笋般地涌现出来，引起了人类生产和生活的革命性变化，开启了电气时代的大门。

内燃机也是第二次工业革命时代的一项重要发明。19 世纪 70 年代至 90 年代，煤气内燃机、汽油内燃机、柴油机相继研制成功，德国人卡尔·本茨制造出世界上第一辆汽车。以内燃机为动力的汽车作为一种新的运输工具，开始迅速发展起来。1903年，美国福特汽车公司开始推行泰勒制，在分析人在劳动中的技术动作的基础上，制定了精细的工作方法，进行流水线生产，大大提高了劳动生产率，降低了产品价格。1908年福特汽车公司开始生产适合普通民众消费的T型小轿车，引发了大众交通运输方式的新革命，到1915年，福特公司汽车年产量已达100万辆。内燃机的发明和使用还推动了石油开采，加速了石油化工工业的发展。

　　1903年美国人莱特兄弟制成了世界上第一架飞机。1910年旅美华人冯如也制造了一架飞机，并试飞成功。飞机的发明实现了人类翱翔天空的梦想，和汽车一起成为20世纪人类生产生活中的重要组成部分。

　　20世纪初，电报电话技术实现了突破性发展。1901年，发报机横跨大西洋发报成功，有线电报、电话和无线电报机相继问世，为快速传递信息提供了技术条件。

　　电灯等电器的出现大大提升了人类的生活质量与水平，汽车、飞机、电报、电话则大大拉近了世界各地之间的距离。这也是20世纪初人类进入电气时代的主要标志与内容。

　　第二次工业革命不仅带动了一个由电力、电器、化学、石油、汽车工业所组成的新工业群的出现，也使经过新技术改造的钢铁、造船、采矿等旧工业部门焕发出新的活力，并得到快速发展。重工业成为资本主义各国工业的主导。

　　在工业化时代，工业革命为农业变革提供了技术保证，资本主义各国的传统农业发生了巨大变革。农业耕作技术的改进、化肥和农业机械的使用、新品种的推广等，使农产品的产量大幅度提高，农业生产力获得大发展。农业的发展也为工业发展提供了更多的自由劳动力、粮食、原料和广阔的市场。

　　20世纪初，欧美主要资本主义国家的社会生活也发生了巨大变化。以工厂为中心形成的大批城市逐渐成为政治、经济、文化中心。资本主义生产关系也发生改变，资产阶级和无产阶级成为资本主义社会的两大阶级。随着大生产的展开，企业管理模式也发生了重大变革，垄断与垄断组织形成，主要资本主义国家进入帝国主义阶段。

三、社会进步的步伐不断加快

　　科学技术的进步推动了生产力的高度发展，创造了巨大的社会财富，为新生产关系的出现创造了条件。由于社会化大生产的发展，工人阶级人数逐渐增加，力量不断发展壮大，反对资本主义的意识也不断增强，工人阶级革命运动蓬勃开展。20 世纪初，科学社会主义得到广泛传播，不仅对世界无产阶级和劳动人民产生了强大的吸引力，而且由于资本主义社会的贪婪、腐朽和黑暗，知识分子和中产阶级中的一部分有识之士也希望向社会主义寻求良方。欧美各国无产阶级先后组成了政党组织，工人阶级斗争的组织化程度不断提高。

20 世纪初，殖民地、半殖民地国家民族资产阶级和无产阶级力量逐渐发展壮大。在中国辛亥革命后，民族资本主义有了发展，在 1914—1918 年第一次世界大战期间，欧洲列强忙于厮杀，暂时放松了对中国的经济侵略。随着民族资本主义工商业的发展，中国工人阶级的人数不断增长，到 1919 年已达 200 万，成为中国政治舞台的一支新兴的社会力量。在印度，1900 年已有 193 家纺织厂，雇用 16.1 万工人。另外，在波斯（即今伊朗）、越南、朝鲜、印度尼西亚、菲律宾、泰国、缅甸等亚洲国家和拉丁美洲各国，民族资本主义都已产生，并有了一定程度的发展。殖民地半殖民地民族资产阶级和工人阶级的成长，提高了殖民地、半殖民地国家开展民族解放斗争的水平，成为这些国家和地区在 20 世纪追求民族解放的重要力量。

20 世纪初，受工业革命的影响，西欧的社会面貌迅速发生变化。人口死亡率下降：1850 年西欧人口死亡率约为 25‰，1914 年降至 19‰。农业生产力的提高大大减少了饥荒，加上医疗保健体系（包括接种疫苗、隔离传染病人、改善给排水系统和垃圾处理系统）的建立，使死亡率大幅度下降。资本主义经济的发展有力地促进了城市化进程，到 1914 年西方国家城市人口便占了总人口的绝对多数。由于帝国主义在世界范围内的掠夺，这个时期物质生活水平的大幅度提高主要还局限于欧美国家的统治阶级，东方国家的广大劳苦大众仍然贫穷落后，遭受本国封建制度甚至农奴制、奴隶制和西方殖民统治的重重压迫和盘剥。而且即使在西方国家，真正受益的也只是少数富人，贫富分化十分严重，许多穷人仍然为解决温饱问题而挣扎；中产阶级生活相对丰裕，但生活压力很大；而极少数富人却过着纸醉金迷的生活。

19 世纪末 20 世纪初，由于社会经济发生了显著变化，特别是工人阶级的积极斗争，经历了 200 多年缓慢发展的资本主义民主取得了一些明显进步。法国、德国、瑞士和丹麦建立了有大众选民（有时甚至是男子普选权）的选举制度。英国经过 1883 年的议会改革，选民人数增加了 4 倍，由占 20 岁以上男性总人数的8%升至29%。比利时的1894年改革，把选民人数占成年男性的比例从3.9%增至37.3%。中欧、南欧20世纪初开始推行普选，欧洲之外的美国、澳大利亚、新西兰、阿根廷等也相继建立了资本主义民主制度。不过，当时的资本主义民主水平仍然很低，真正有选举权的公民仅占成年公民人口的1/3。这也预示着进入20世纪以后，广大中下层民众追求权利平等将是一个不可遏制的趋势。

20世纪初，由于工人阶级的不懈斗争，资本主义国家的福利制度也有了进一步发展。19世纪80年代，俾斯麦（1815—1898）在德国推行社会保险方案。1906—1914年，奥地利和英国自由党政府开始实施老人养老年薪、官办职业介绍所、健康和失业保险等福利措施。法国在1911年实行了养老年金制度。意大利、希腊、保加利亚等国都出台了禁止使用童工的法律。北欧在这方面虽起步较晚，但后来居上，成为欧洲福利水平最高的国家。这些较早实行社会福利政策的国家，恰恰是社会主义思想传播和工人运动历史最久的国家。

在建立社会保障制度的同时，欧美各国还开始发展庞大的现代公用事业。到1914年，各大现代化城市都建立了新型的公用事业网络，包括公共卫生设施、自来水、煤气、电力供应、公交运输、医院、商场、博物馆、图书馆、公园、体育场馆等。不少国家还规定了免费义务教育的原则，政府对各级学校提供财政支持，从而为普通国民素质的提高创造了条件。到20世纪初，西北欧国家的识字率①，已接近100%。女性也获得了更多受教育的机会。1878年，伦敦大学准许妇女获得学位，1890—1910年，美国大学中已有很多女生。大学教育和成人教育培养了大量各种专业人才，有力地推动了经济发展。

女权运动是20世纪初推动世界文明发展的重要力量之一。19世纪工业革命以后，西方工业国家的女性开始走出家庭，进入工厂车间，成为雇佣劳动力，这些妇女有了一定的经济权利，但仍然没有政治权利。19世纪后半期，女权运动在美国、新西兰和英国等国家开展，并且同当时社会主义思想的传播和工人运动密切联系在一起。1890年，美国怀俄明州妇女获准在当地选举中享有选举权。1893年，新西兰成为世界上第一个承认妇女选举权的国家。1897年，英国成立了"妇女选举社团国际联盟"。1903年，英国妇女运动领导人埃米琳·潘克赫斯特成立了"妇女社会政治联盟"。从1912年起，该联盟多次"突

①　即超过一定年龄（如10岁）能够阅读和书写的人的比例。

破女人做事的习惯"，开始举行集会游行，进行街头斗争。各国工人阶级政党始终高度重视妇女解放运动，第二国际多次讨论妇女解放问题，并把妇女运动作为整个工人运动的重要组成部分。1907 年 8 月，第二国际妇女运动领导人克拉拉·蔡特金（1857—1933）发起召开了第一届国际社会主义妇女代表大会；1910 年 8 月，第二届代表大会通过了蔡特金的提议：为纪念 1909 年 3 月 8 日美国纽约和芝加哥服装业女工为争取选举权和八小时工作制、增加工资而举行的罢工游行，把每年的 3 月 8 日作为全世界劳动妇女的战斗日。从此以后，3 月 8 日成为全世界劳动妇女反对压迫剥削、争取自身权益和解放的节日。20 世纪初，其他国家的女权运动也取得了巨大进展。1902 年，澳大利亚规定妇女享有选举权。1906 年，芬兰批准妇女享有选举权，次年，芬兰议会机构里诞生了首批女议员。

妇女解放是人类自身解放与进步的重要标志之一。女权运动的开展，使更多的妇女离开家庭走向社会，为社会发展做出了巨大贡献。当然，20 世纪初的妇女解放运动只是一个开端，世界各国妇女争取解放的道路还很漫长，而且这一过程也有反复和挫折，妇女的权利与保障还需要一步步地去争取。

20 世纪初，以国际红十字会为代表的红十字运动也得到了较快发展。国际红十字会由瑞士人亨利·杜南于 1863 年创立，是一个民间、中立的伤兵救援组织，后来在战争、流行疾病救援，特别是在"一战"期间救助伤员的行动中发挥了重要作用，并逐渐发展成为国际红十字运动。红十字运动反映了人类文明的进步，是世界人道主义发展的一个代表。到 20 世纪初，红十字运动得到国际社会的普遍肯定，杜南因创立红十字会，1901 年获得诺贝尔和平奖。

第二节　资本主义发展到垄断阶段

20 世纪初，资本主义发展到垄断资本主义——帝国主义阶段。在帝国主义时代，资本主义出现停滞和腐朽的趋势但仍然继续发展，只是这种发展表现出更严重的不平衡性，并导致西方主要资本主义国家之间的竞争更加激烈，帝国主义战争一触即发。各帝国主义国家既互相争斗，又共同奴役被压迫民族和被压迫国家，使国际政治经济关系呈现出错综复杂的局面。

一、垄断资本主义的形成

自由资本主义向垄断资本主义的过渡，开始于 19 世纪 70 年代。垄断阶段的资本主义就是帝国主义，是资本主义发展的最高阶段。列宁（1870—1924）指出："帝国主义是发展到垄断组织和金融资本的统治已经确立、资本输出具有突出意义、国际托拉斯开始瓜分世界、一些最大的资本主义国家已把世界全部领土瓜分完毕这一阶段的资本主义。"① 垄断资本主义的产生，有着深刻的政治、经济原因。

政治上，19世纪六七十年代，发生了一系列资本主义民族民主运动，如1861—1865年的美国南北战争、始于1868年的日本明治维新、1860—1871年的德意志统一运动等，进一步扫清了这些国家在资本主义发展道路上的障碍，不同程度上促进了资本主义的发展。

经济上，资本主义的发展使垄断凌驾于竞争之上，又与竞争同时存在。竞争导致垄断，垄断加剧竞争。在自由资本主义阶段，少数资本雄厚的大企业竞争力较强，因此，自由竞争的结果就使生产和资本越来越集中到少数大企业手中。列宁指出："集中发展到一定阶段，可以说就自然而然地走到垄断。因为几十个大型企业彼此之间容易达成协议；另一方面，正是企业的规模巨大造成了竞争的困难，产生了垄断的趋势。这种从竞争到垄断的转变，不说是最新资本主义经济中最重要的现象，也是最重要的现象之一。"② 另外，资本主义的基本矛盾也随着资本主义的发展而日益尖锐，并导致了周期性经济危机的爆发。1857年、1866年、1873年、1882年、1890年和1900年，在不到半个世纪的时间里发生了六次世界性经济危机。为了渡过危机，少数大企业不断扩大企业规模，进一步促进了生产的集中和垄断。

垄断资本主义的形成大体经历了三个主要阶段。第一个阶段，是19世纪60年代末到70年代初。这一时期出现了垄断组织卡特尔，但还处于萌芽状态。第二阶段是在1873年经济危机后，卡特尔有了广泛发展，但还不稳定，在各国经济中也不占统治地位。第三阶段是19世纪末的经济增长至1900年的经济危机。在此期间，垄断组织有了迅速发展，不但卡特尔纷纷出现，而且还出现了辛迪加和托拉斯这些比较稳定和较高级的垄断组织。在这些危机中，垄断组织成为资本主义全部经济生活的基础，资本主义进入帝国主义阶段。

为了阐明垄断资本主义的基本特征和实质，列宁写了不朽的著作《帝国主

---

① 《列宁专题文集 论资本主义》，人民出版社2009年版，第176页。
② 《列宁专题文集 论资本主义》，人民出版社2009年版，第108页。

义是资本主义的最高阶段》。他在书中指出帝国主义具有五个方面的特征："（1）生产和资本的集中发展到这样高的程度，以致造成了在经济生活中起决定作用的垄断组织；（2）银行资本和工业资本已经融合起来，在这个'金融资本的'基础上形成了金融寡头；（3）和商品输出不同的资本输出具有特别重要的意义；（4）瓜分世界的资本家国际垄断同盟已经形成；（5）最大资本主义大国已把世界上的领土瓜分完毕"。① 这五个方面有着内在的紧密联系，其中垄断是帝国主义的经济基础，金融资本的统治地位是帝国主义的突出特点，资本的输出、国际垄断同盟的形成和列强分割世界是垄断资本扩张的必然结果。

在帝国主义时代，资本主义的发展具有停滞和腐朽的趋势。垄断组织操纵市场，规定垄断价格，不仅损害了消费者的利益，而且还会阻碍技术进步；大量资本输出造成了食利阶层甚至少量食利国、高利贷国的出现，给资本主义打上了寄生性和腐朽性的烙印。但垄断组织引起的停滞和腐朽趋势，并不排除资本主义的继续发展。因为垄断并不能完全消灭竞争，反而使竞争具有更大规模，垄断组织为了获得更大的竞争力和更高的垄断利润，也谋求降低成本和采用最新技术，从而促进资本主义的发展。

伴随着帝国主义时代的到来，资本主义社会的各种矛盾特别是无产阶级与资产阶级的矛盾，宗主国与殖民地的矛盾，各帝国主义国家之间的矛盾都空前激化。经济危机频发使失业人数增加，工人运动高涨，无产阶级革命蓄势待发，国际共产主义运动孕育着质的飞跃。帝国主义世界殖民体系的形成，使世界出现了少数帝国主义国家控制和奴役绝大部分土地和人口的最不合理的状态，帝国主义列强与殖民地半殖民地的民族矛盾空前激化，殖民地半殖民地人民争取民族解放的斗争不断高涨。美国和德国的实力迅速赶超英国、法国两个老牌殖民帝国后，强烈要求按照新的实力对比重新瓜分世界，帝国主义国家间的矛盾日益尖锐。

二、主要的帝国主义国家

20 世纪初，进入垄断资本主义即帝国主义阶段的国家主要有美国、英国、法国、德国、日本和俄国。

美国资本主义的发展有得天独厚的条件。作为一个后起的资本主义国家，

---

① 《列宁专题文集 论资本主义》，人民出版社 2009 年版，第 176 页。

美国善于利用英、法等国的先进技术、管理经验和"过剩资本",重视科学技术的发展,及时把科学研究的最新成果转化为生产力。此外,众多移民的涌入,为美国资本主义的发展提供了大量劳动力。

美国联邦政府赢得南北战争的胜利,不仅维护了国家的统一,而且也为美国资本主义的发展进一步扫清障碍。19世纪最后30年,美国在经济上很快超过了其他资本主义国家,成为世界第一工业强国。

由于资本主义发展很快,出于生产的需要,大规模的垄断组织应运而生。由约翰·洛克菲勒于1882年创建,总部设在得克萨斯州欧文市的埃克森美孚公司,是美国第一个托拉斯垄断组织,到1904年时已控制了美国国内石油交易的85%、出口石油交易的90%。

20世纪初,美国共有318个工业托拉斯,吞并了5300个工业企业。美国各重要工业部门,一般都被一两个或几个大托拉斯所垄断,形成了各部门的"大王",如汽车大王福特、石油大王洛克菲勒、钢铁大王摩根等。举世闻名的美国钢铁公司、杜邦公司、通用电气公司、美国烟草公司、美国电话电报公司和福特、通用、克莱斯勒三大汽车公司等大托拉斯,都是在19世纪末20世纪初形成的。

当时,各大托拉斯控制了美国95%的石油、66%的钢铁、81%的化工、77%的金属工业、80%的制糖业和烟草业,掌握着国家的经济命脉。因此,美国帝国主义是典型的"托拉斯帝国主义"。

英国是老牌帝国主义国家,占有广大的殖民地。1914年,英国占有的殖民地面积为3350万平方公里,人口达3亿9350万之多。英国帝国主义的形成,与残酷掠夺殖民地紧密联系在一起。19世纪末,以罗德斯为首的垄断组织比德·埃尔公司,就是靠掠夺南非的金刚石和黄金起家的;英国最大的纺织业巨头印花布托拉斯,也是靠掠夺印度的原料起家的。英国由于向殖民地的资本输出数额庞大,促进了银行业的迅速发展,并急剧发展为垄断。1875年,英国有120家银行,1900年已减至98家。英国银行不仅控制着本国和殖民地的金融,而且还影响着世界金融市场,伦敦成为世界金融中心。由于拥有广大殖民地和世界市场上的垄断地位,垄断资本主义的发展与殖民主义息息相关,因此,英国帝国主义被称为"殖民帝国主义"。

法国资本主义在向垄断资本主义过渡的过程中,发挥巨大作用的不是工业,而是信贷业。法国的垄断组织出现在19世纪70年代,但法国工业发展相对缓慢，生产集中的程度远不如美国和德国。法国通过占有大量殖民地，获得了发展所需要的原料和市场，积累了规模巨大的资本。法国垄断资产阶级把大部分资本投向借贷领域，资本输出逐年增加：1869 年为 100 亿法郎，1890 年为 300 亿法郎，1914 年为 600 亿法郎，40 多年激增了 5 倍。法国帝国主义因此被称为"高利贷帝国主义"。

德国是一个后起的资本主义国家。1871 年德国统一后，建立起统一的国内市场，为资本主义的发展清除了各种障碍。德国还利用普法战争从法国得到巨额战争赔款、拥有丰富煤矿和铁矿的阿尔萨斯和洛林地区，获得了资本主义大工业发展所急需的资金和主要原料。

19 世纪末，德国的科学技术很快被转化为生产力。汽油机的发明大大推动了汽车的发展，汽车的发展又促进了汽油机的改进和提高，并被应用到船舶上。德国在化学工业和光学工业上也取得突破性进展，推动了德国垄断企业的发展。

德国俾斯麦政府最先开始推行社会福利制度等有利于经济发展的社会政策，有效地缓和了资产阶级与工人阶级的矛盾，德国资本主义经济获得迅速发展。1870—1913 年，德国人均国内生产总值年均增长率为 7.0%，而法国则为 1.3%，英国为 1.0%，意大利为 0.8%，德国经济增速远超欧洲其他主要资本主义国家。

由于德国的统一是在普鲁士容克贵族地主领导下实现的，因此贵族地主在普鲁士仍然占有统治地位，包揽了德意志帝国的一切军政要职。垄断资产阶级虽然经济上占有优势，但政治上无权，不得不拜倒在容克贵族地主脚下。他们依靠德意志封建专政制度，镇压日益高涨的无产阶级革命运动，对外进行侵略扩张。这样，垄断资产阶级与容克贵族地主阶级紧密结合起来，形成了德国式的"容克资产阶级帝国主义"。

日本垄断资本主义的形成，与欧美国家完全不同。当日本开始工业革命、发展资本主义时，欧美各国已经开始从自由资本主义向垄断资本主义过渡，各国开始了瓜分世界的激烈斗争。日本资产阶级为了迅速发展，开始寻求政府的帮助。而政府为了增强国力，向外扩张，用武力克服其资本和技术的不足，也积极扶持资本主义的发展，大力建设国防军工产业。

日本最初的一批近代工业主要由政府经营，集中在军事部门，如造船厂、兵工厂、矿山和铁路等。为了扶持私人资本主义的发展，1880 年后，日本政府颁布法令，把许多国营企业以折价、分期付款，甚至分文不取的方式，出让给资本家，使私人垄断企业得到迅速发展。由于得到国家资本的大力扶植，日本几乎没有经过自由资本主义阶段，就很快发展到垄断资本主义阶段，并形成了三井、三菱、住友和安田等少数集中程度很高的垄断财阀，控制了日本的主要工业和金融部门。

资本主义的发展并没有使日本的封建残余得到清除，资产阶级同封建势力反而更加紧密地联系在一起。政府实行保护地主的土地政策。地主一方面征收高额地租，一方面经营资本主义农场，迫使负债的小农把儿女送去当纺织工人，却只给他们极低的工资。因此，在日本资本主义发展过程中，封建主义剥削和影响始终存在。

更需强调的是，日本的资本主义是伴随着对中国和朝鲜等亚洲国家的侵略而发展起来的。经过 1894—1895 年的中日甲午战争，日本获得了中国赔款白银两亿三千万两，迫使中国割让台湾全岛及其附属岛屿和澎湖列岛；1900 年日本参加八国联军侵略中国，又获得了部分庚子赔款；1902 年，英国和日本为了对抗俄国和德国在远东的扩张而缔结《英日同盟条约》，进一步助长了日本在东亚的扩张野心；日本在 1904—1905 年日俄战争中获胜，使日本在朝鲜获得了独占利益，将中国东北南部（"南满"）置于自己的势力范围，还获得了库页岛南部及附近岛屿；随后日本就把朝鲜变成了它的殖民地。日本打败俄国，挑战欧洲对世界的支配地位，从此跻身于帝国主义大国行列，通过侵略战争称霸东亚的野心膨胀。

俄国垄断资本主义的发展，是在保留大量农奴制残余的基础上发展起来的。农奴制残余在经济上最明显的表现是贵族地主的大土地所有制，沙皇作为最大的地主，所占土地比俄国 50 万农户土地之和还多。

俄国资本主义发展由于缺乏资金，大力向国外借贷。1900 年，外国资本在俄国全部股份资本中占 40% 以上。沙皇政府在财政上也越来越依赖外国资本。由于外债主要来自法国、英国和美国，沙皇俄国的利益不可避免地同英、法等国联系在一起，这也是俄国与英、法在 19 世纪末 20 世纪初签订军事同盟条约的原因之一。

沙皇政府具有强烈的对外扩张倾向。在 19 世纪，沙皇政府进行了多次对外战争，向东欧和巴尔干地区扩张，其中最著名的是 1853—1856 年的克里米亚战争。同时，沙皇政府还对中国进行侵略，占领了中国的大片土地。通过对外扩张，俄国垄断资本主义得到了所需要的资金、原料和劳动力。为了满足对外侵略扩张的需要，也为了镇压国内的革命运动，沙皇政府不断扩大军队，使俄国帝国主义带有强烈的军事扩张性质。

20 世纪初，处于社会转型期的俄国，国内外矛盾重重。在国内，工人、农民与资本家、封建庄园主之间的阶级矛盾十分尖锐；国内民族矛盾非常突出；广大民众与统治者的关系越来越紧张。在对外方面，俄国的侵略扩张激化了俄国与被侵略国家和民族的矛盾，也激化了俄国与其他帝国主义国家的矛盾。正因为如此，俄国成了帝国主义时代矛盾的焦点，成了帝国主义统治链条中最薄弱的一环。

三、主要资本主义国家争夺势力范围的斗争加剧

20 世纪初自由资本主义进入帝国主义阶段后，一个"重新瓜分世界的斗争特别尖锐起来的时代就不可避免地到来了"[①]。在帝国主义时代，主要资本主义国家把全球置于自己的统治之下，绝大多数国家都处于它们的奴役之下，世界经济政治关系呈现出多样性、复杂性的特点。

主要资本主义国家主宰了世界经济。它们在殖民地半殖民地国家修建铁路，开采矿藏，开凿运河，建立种植园等，进行残酷掠夺。1914 年英国对外投资达 40 亿英镑，占其全部国民生产总值的 1/4。其他帝国主义国家的投资数目也相当大，欧洲和美国成为世界工厂和世界银行。与此形成鲜明对照的是，奥斯曼帝国、中国和波斯名义上独立，实际上沦为半殖民地；拉丁美洲虽然名义上独立，但经济上仍然是美国等帝国主义列强的附庸。于是，20 世纪初的世界：资本主义现代化同大量落后的农业、手工业并存；资本主义国家生产力高度发达，但殖民地、半殖民地国家的生产力和商品经济却相当落后。

在主要资本主义国家的力量对比上，美国、日本呈急速上升趋势。英国虽还保持着世界工厂的地位，但已经开始衰落。1870 年，英国在世界工业产量中居第一，但到 19 世纪 80 年代，美国超过英国居世界第一，其工业产值占世界总产值的 30% 以上。1900—1903 年，德国超过英国，居世界第二位。法国则降至世界第四。日本进入帝国主义阶段后，为了侵略中国，称霸远东，与英、俄、美在远东进行了激烈争夺，恶化了远东地区的局势。主要资本主义国家力

---

① 《列宁专题文集 论资本主义》，人民出版社 2009 年版，第 209 页。

量对比的变化，加剧了它们之间的矛盾和斗争。20 世纪初，主要资本主义国家为了争夺殖民地，抢夺市场，攫取高额利润，掀起了重新瓜分世界的浪潮，加快了组织军事集团的活动。

在欧洲，德国的快速发展与崛起对英国经济和海上霸权构成巨大威胁，于是，英国企图通过与德国签订军事同盟条约来改善与德国的关系，以确保英国的世界利益。因此，英国先后于 1898 年、1899 年和 1901 年同德国进行了三次谈判，但由于双方的矛盾不可调和，谈判均以失败而告终。此后，英德矛盾上升为国际关系中的主要矛盾。面对德、意、奥形成的帝国主义军事集团，英国分别于 1904 年和 1907 年与法国、俄国签订《英法协定》和《英俄协定》。这两个协定的签订，标志着欧洲两大对立的军事集团形成。

第三节　国际工人运动的发展与列宁主义的诞生

20 世纪初，随着资本主义发展到帝国主义阶段，资产阶级和无产阶级的矛盾进一步激化，国际工人运动蓬勃兴起。作为各国工人阶级政党和团体的国际联合组织，第二国际也在工人运动不断高涨的浪潮中建立。马克思主义广泛传播，并与俄国工人运动相结合，产生了列宁主义。在列宁主义的指导下，新型无产阶级政党——布尔什维克党于 1903 年建立，成为俄国革命的领导力量。1905 年俄国革命虽未取得成功，但教育、锻炼了布尔什维克党和工农大众，为十月革命的胜利做了重要的准备。

一、20 世纪初的国际工人运动

19 世纪 60 年代，随着无产阶级力量的不断壮大，工人运动重新走向高涨，在马克思和恩格斯的指导下，1864 年成立了国际工人协会，史称"第一国际"。第一国际促进了马克思主义的传播和与国际工人运动的结合，工人阶级的觉悟和斗争水平进一步提高，马克思主义在工人运动中的指导地位初步确立。1871年爆发的巴黎公社革命，是无产阶级夺取政权的第一次伟大尝试。巴黎公社失败后，国际工人运动一度低落，第一国际进入处境艰难的时期，并于 1876 年主动宣布解散。

19 世纪七八十年代，资本主义垄断趋势显著增强，劳资矛盾日益加剧，无产阶级为捍卫自身利益开展了广泛斗争。为推动工人运动健康发展，马克思、恩格斯和各国马克思主义者与各种资产阶级、小资产阶级思潮进行了坚决斗争，进一步扩大了马克思主义的影响。马克思和恩格斯对"哥达纲领"的批判，阐述了科学社会主义的重要原理；对杜林主义的批判，进一步阐明和发展了马克思主义科学体系；对"苏黎世三人团"的批判，阐明了革命斗争的战略策略。在马克思主义的教育培养下，一大批工人领袖和马克思主义宣传家、理论家在工人运动中成长起来。欧美各国工人阶级政党普遍建立和发展。第二国际应运而生。

1889 年 7 月 14 日，在恩格斯帮助指导下举行的巴黎国际社会主义者代表大会，是第一国际解散后各国工人阶级政党和团体召开的第一次大规模的国际会议，标志着第二国际的诞生。第二国际成立后，在很长时间内没有常设领导机构和共同规章，没有机关报，直到 1900 年巴黎大会上才决定成立常务委员会，名为社会党国际局（1905 年后改称社会党国际局执行委员会），由每个国家的党选派代表一名（后增为两名）组成。第二国际的建立恢复了各国工人之间曾一度中断的国际联合，加强了各国社会主义者的国际团结。

20 世纪初，第二国际在推动国际工人运动，反对资本主义和军国主义等方面发挥了重要作用。

为了争取和捍卫自身利益，各国社会主义政党在第二国际的指导下，不断掀起声势浩大的罢工运动，工人阶级的组织性进一步加强。1900 年，英国南威尔士铁路工人举行了长达数月的大罢工。在美国，1900 年工会会员达 80 万人。在各国工人运动蓬勃发展的基础上，1901 年在哥本哈根召开了国际工会代表会议，进一步加强了各国工会组织的团结与交流，使工会组织在反对资产阶级压迫、争取工人权利的斗争中发挥了重要作用。

20 世纪初，第二国际在领导和开展妇女解放运动方面也发挥了积极作用。第二国际曾多次讨论妇女解放问题，认为妇女解放的实质是阶级斗争，妇女运动是整个工人运动的重要组成部分。

20 世纪初，帝国主义列强重新瓜分世界的战争危险日益临近。因此，反对军国主义也成为第二国际讨论的中心问题。1900 年，第二国际巴黎代表大会谴责了帝国主义列强的掠夺政策和殖民政策，号召工人阶级在国际范围内开展群众性的抗议运动。1907 年，同盟国、协约国两大帝国主义军事集团彼此对立，世界大战一触即发。第二国际连续召开三次代表大会，讨论反对军国主义和战争问题。1907 年的斯图加特代表大会通过了列宁参与修改定稿的《关于军国主义和国际冲突的决议》；1910 年，哥本哈根代表大会再次讨论了反对军国主义的问题；1912 年 11 月，第二国际召开巴塞尔代表大会，通过了《关于国际局势和反对战争的统一行动宣言》（即《巴塞尔宣言》），重申反对军国主义的原则，指明帝国主义战争的根源和性质，发出用一切手段反对帝国主义战争的号召。

在第二国际后期，机会主义和修正主义逐渐取得主导权。"一战"爆发后，第二国际的大多数党成为资产阶级改良主义政党，为了保住合法地位，都公开撕毁了《巴塞尔宣言》所规定的革命原则。堕落成为社会沙文主义者，采取与资产阶级政府相一致的举动，支持帝国主义战争，1916 年第二国际瓦解。

二、列宁主义诞生和俄国 1905 年革命

在欧洲国际共产主义运动的影响下，19 世纪 80 年代，马克思主义开始在俄国传播。1883 年，格·瓦·普列汉诺夫（1856—1918）在日内瓦建立了俄国第一个马克思主义团体"劳动解放社"。在劳动解放社的影响下，俄国成立了一些社会主义团体和马克思主义小组。

列宁原名弗拉基米尔·伊里奇·乌里扬诺夫，1870 年 4 月 22 日生于辛比尔斯克。1887 年，列宁进入喀山大学法律系学习，因参加反对沙皇政府的学生运动被捕。1888 年，列宁回到喀山，成为马克思主义小组的积极分子。1891 年，列宁以校外生资格通过彼得堡大学法律系的国家考试，获得大学毕业文凭。1893 年，列宁来到俄国工人运动的中心彼得堡，参加马克思主义小组的秘密活动。在此期间，列宁一边认真研究马克思和恩格斯的著作，一边积极从事翻译和摘录工作。为了钻研马克思和恩格斯的著作和传播马克思主义，他学了几门外语，特别是德语，并把德文版《共产党宣言》翻译成俄文。在传播马克思主义的过程中，列宁对民粹主义进行了彻底的批判。

1895 年秋，列宁将彼得堡 20 多个马克思主义小组合并为统一的"工人阶级解放斗争协会"，并通过该组织领导首都工人进行罢工斗争。"工人阶级解放斗争协会"的成立，标志着马克思主义开始与俄国工人运动相结合。同年 12 月，列宁再次被捕，被流放到西伯利亚。

在长期的革命斗争中，俄国马克思主义者认识到，只有革命的理论，而没有无产阶级政党的领导，俄国工人阶级不可能取得无产阶级社会主义革命的胜

利。在这种情况下，列宁明确提出了"要把散布在俄国各个地方的工人小组与社会民主主义团体统一成为一个社会民主工党"的建议①，并且发出了必须立即建立俄国无产阶级政党的号召。同时，列宁把马克思主义与俄国革命的实践相结合，提出了无产阶级的建党学说。1895 年 12 月 9 日，列宁起草了《社会民主党纲领草案》，1896 年 6—7 月又起草了《党纲说明》。这两个文献后来合为《社会民主党纲领草案及其说明》。在这个纲领草案及其说明中，列宁论述了建立俄国无产阶级政党的方法和组织起来的必要性。1897 年年底，列宁在《俄国社会民主党人的任务》一书中，论述了俄国无产阶级政党的政治纲领和斗争策略。之后，列宁在多部著作中进一步论述了这些问题，并从不同角度阐述了建立新型无产阶级政党的原则。1901 年秋至 1902 年 2 月，列宁写成了《怎么办?》一书，系统阐述了无产阶级的建党学说。列宁的无产阶级建党学说，丰富和发展了马克思主义关于建立无产阶级政党的思想，适应了帝国主义和无产阶级革命新时代的要求，把马克思主义建党学说推进到一个新阶段。列宁建党学说的产生，是列宁主义形成的一个重要的标志。

列宁在狱中和流放期间不断写信给各地的马克思主义者，要求他们抓紧时间建党。在他的催促下，1898 年 3 月，彼得堡、莫斯科、基辅等地的斗争协会在明斯克召开俄国社会民主工党第一次代表大会，通过了成立俄国社会民主工党的决议。由于没有制订党纲和党章，也没有建立统一的中央领导机构，这次大会没有完成建党的任务。

列宁为了把俄国社会民主工党改造为一个无产阶级革命政党，还进行了大量的思想、政治和组织工作。

1900 年，列宁离开流放地后不久就侨居国外，并于年底创办了《火星报》，通过该报的秘密发行，在思想上团结各地的马克思主义者，宣传马克思主义的建党学说，培养党的骨干，促进地方小组的联系，为建党做了重要的组织准备。

1903 年 7 月 13 日至 8 月 23 日，俄国社会民主工党第二次代表大会先在布鲁塞尔，后移到伦敦秘密举行。大会的主要任务是在俄国建立真正的无产阶级政党。大会通过了党纲，在国际共运史上第一次把争取建立无产阶级专政作为党的基本任务。在讨论党章时出现了尖锐分歧。列宁主张建立一个组织严密、

---

① 《列宁专题文集 论无产阶级政党》，人民出版社 2009 年版，第 42 页。

集中统一的党，要求每个党员必须承认党纲、参加党的一个组织并在物质上帮助党，而马尔托夫（1873—1923）等人则反对把参加党的组织作为党员的条件。大会通过了马尔托夫的主张，但是在选举中央机构时，拥护列宁的人占了多数，称"布尔什维克"（"多数派"的俄文译音），而反对列宁的一派成为少数，称"孟什维克"（"少数派"的俄文译音），布尔什维克掌握了俄国社会民主工党中央的领导权。

俄国社会民主工党第二次代表大会宣告了布尔什维克党的建立。这是一个新型的、完全不同于西欧社会民主党的无产阶级的马克思主义政党。布尔什维克党的建立，标志着俄国新型无产阶级政党的诞生。列宁明确提出："布尔什维主义作为一种政治思潮，作为一个政党而存在，是从 1903 年开始的。"[1] 布尔什维主义的诞生，标志着列宁主义的诞生。

布尔什维克党诞生之时，正是俄国社会动荡、国内各种矛盾日益尖锐之际，这为布尔什维克党领导俄国工人阶级开展革命斗争提供了重要机会。

1904 年日俄战争中沙皇俄国的军队接连失败，加深了俄国人民的苦难，激化了社会矛盾。1905 年 1 月初，彼得堡普梯洛夫工厂的工人举行罢工，抗议厂方无故解雇工人。斗争很快发展为全城总罢工。1 月 22 日（俄历 1 月 9 日），工人们手举圣幡、圣像和沙皇的肖像，前往冬宫向沙皇递交请愿书，陈述人民的疾苦，要求言论、出版、结社自由，提出召集立宪会议，停止战争，实行八小时工作制，土地归农民所有等要求。但是和平请愿队伍遭到军警的野蛮枪杀，近百人被打死，三百多人受伤，这一天被称为"流血的星期日"。

除彼得堡外，俄国各地工人阶级也都掀起罢工抗议浪潮，整个 1 月份的罢工人数多达 44 万人，超过以往 10 年的总和。

在这种形势下，布尔什维克党于 1905 年 4 月在伦敦召开第三次代表大会，指出无产阶级应积极领导当前的资产阶级民主革命，通过武装起义推翻沙皇政府，实现工农民主专政，然后适时将其转变为社会主义革命。

5 月 1 日，俄国 200 多个城市发生了工人罢工游行。整个 5 月，罢工人数超过 20 万人。伊万诺沃—沃兹涅先斯克的工人建立了俄国最早的工人代表苏维埃。农民开展了捣毁地主庄园、夺取地主土地的斗争。6 月，俄国黑海舰队的装甲舰"波将金号"爆发起义。到了 10 月，革命形势进一步发展，全国铁

---

[1] 《列宁专题文集 论无产阶级政党》，人民出版社 2009 年版，第 245 页。

路工人的总罢工扩展到各大城市，形成了 100 多万人参加的全俄政治总罢工。在此过程中，各地纷纷建立苏维埃，领导革命斗争。

十月总罢工终于迫使沙皇做出重大让步。10 月 30 日，尼古拉二世签署宣言，同意召集国家立宪杜马，给人民言论、出版、集会等自由。对于沙皇的表态，俄国社会各阶层反应不一。资产阶级接受这个宣言，认为它"开始了民主宪制"，并组建了立宪民主党。经常使用暗杀手段的激进的社会革命党则继续进行反对专制制度的斗争，并提出废除土地私有，将其交予农村公社管理的要求。社会民主工党的孟什维克和布尔什维克都主张大力开展工农斗争，但前者强调资产阶级的领导作用，后者则强调无产阶级的领导作用，并积极在工人和士兵中开展工作，争取通过武装起义建立工农革命民主专政。

1905 年 11 月，列宁从瑞士回国，亲自领导武装起义的准备工作。12 月 20 日，莫斯科 15 万工人举行总罢工，23 日发展为武装起义，政府立即调来炮队进行镇压。由于起义者力量薄弱，莫斯科苏维埃被迫决定从 1906 年 1 月 1 日起停止战斗。12 月的武装起义是 1905 年革命的顶点，此后，革命转入退却时期。

1905 年俄国革命是一次由无产阶级领导的反对沙皇统治的革命。这次革命教育并锻炼了布尔什维克党和工农大众，创立了工人代表苏维埃，为十月革命的成功做了准备。正如列宁所说："没有 1905 年的'总演习'，就不可能有 1917 年十月革命的胜利。"[①]

第四节　亚洲的觉醒和拉丁美洲的社会变革

20 世纪初，西方殖民帝国的扩张达到了顶峰，帝国主义与被压迫民族的矛盾日益尖锐。1900 年，半殖民地半封建的中国为了反对帝国主义的侵略，爆发了义和团运动。尽管义和团运动因中外反动派联合镇压而失败，但它向世界展示了中国人民反抗帝国主义侵略的决心，揭开了 20 世纪殖民地半殖民地人民反抗帝国主义和殖民主义侵略的序幕。1905 年俄国革命爆发后，民族民主革命席卷了整个亚洲。这些由不同阶级和阶层领导的革命运动，目标是摆脱传统的封建专制统治和帝国主义的殖民压迫，建立资产阶级君主立宪国家或资产阶

[①] 《列宁选集》第 4 卷，人民出版社 2012 年版，第 138 页。

级共和国。亚洲的革命运动被列宁称为"亚洲的觉醒"。与此同时,为了反对封建主义和帝国主义的剥削压迫,拉丁美洲也出现了民众主义改革与资产阶级民族革命,拉丁美洲的革命运动与亚洲的革命运动一起汇成了民族解放运动的巨大洪流。

一、伊朗 1905 年革命

伊朗 1905 年革命有着非常深刻的历史和现实原因。

在历史上,伊朗原名波斯,历史悠久,居民大多信奉伊斯兰教(什叶派)。20 世纪初,卡扎尔王朝统治的伊朗已经沦为英、俄、法、比等国的半殖民地。在外国人控制伊朗经济命脉的情况下,伊朗民族工商业发展缓慢,人民处境更为艰难。当时伊朗工人每天工作 15—16 小时,工资却仅相当于欧洲工人平均工资的 1/10 或 1/15,农民要把 40%—90% 的收成交给封建主。与此同时,国王穆扎法尔丁(1896—1907 年在位)却多次以出卖国家权益为代价向外国借款供自己挥霍。伊朗几乎年年都有暴动发生。由于有为数众多的伊朗学生和工人在俄国求学、做工,1905 年的俄国革命对伊朗也产生了直接影响。

1905 年 12 月,德黑兰掀起了抗议糖价高涨和反对不得人心的首相的总罢工。大批民众依照伊斯兰传统习惯,采取到清真寺避难的方式进行抗议。一些城市则发生了民众游行示威。抗议活动持续了八个月,先后有几万人参加。人们要求罢免首相,实行立宪改革。为了维持统治,国王被迫同意召开立宪会议。1906 年 10 月,第一次立宪会议召开,12 月颁布了宪法,规定伊朗成为君主立宪国家,议会为最高权力机关,国王有权指定 30 名参议员,法律面前人人平等;宣布伊斯兰教(什叶派)为国教,内阁大臣必须由穆斯林担任,等等。这是伊朗第一部资产阶级性质的宪法,但是给了阿訇很多特权。1907 年 1 月,穆扎法尔丁国王去世,其子穆罕默德·阿里即位。

立宪革命进一步鼓舞了伊朗民众,出现了空前活跃的民主政治气氛。他们学习俄国革命中建立苏维埃政权的做法,各地建立了自治委员会(恩楚明)和革命武装(费达伊),发行了 100 多种具有自由思想的刊物。

立宪革命震惊了英国和俄国。为了保护自己在伊朗的既得利益,1907 年 8 月,英俄两国签署协定,划分了各自在伊朗的势力范围:北部归俄国,东南部归英国,中部作为两国的缓冲区。英俄协定鼓舞了反革命势力,国王发动政变,大批革命者被镇压。但拥护革命的立宪部队继续战斗,1909 年 7 月解放了德黑兰，国王逃入俄国使馆。7 月 16 日，革命势力另立新国王，并组成新内阁。

1909 年 11 月，第二届国会召开。1911 年 5 月，国会决定请求美国人来帮助整理财政，遭到封建势力和英俄等国的反对。在英、俄的公开干涉下，国会被迫关闭，卡扎尔王朝继续统治伊朗，革命失败。

1905—1911 年的伊朗革命是反帝反封建的资产阶级民主革命，是 1905 年俄国革命后席卷东方的革命浪潮的一部分，也是亚洲被压迫民族觉醒的先声。

二、印度的民族主义运动

20 世纪初，印度爆发了以自主自产运动和孟买工人大罢工为代表的民族独立运动，罢工的导火线是英国驻印度总督乔治·寇松（1899—1905 年在任）统治时期公布的分割孟加拉的法令。

英国在 20 世纪初加紧了对印度的掠夺。时任英印总督的寇松是个狂热的殖民主义者，采取各种措施抑制刚刚发展起来的印度民族工业，对印度实行严厉的高压统治，严格管制民族报刊，强化对学校的控制。寇松还采取分而治之的殖民统治策略。1905 年 10 月 16 日，他颁布了把孟加拉省划分为东西两个行政管理区的法令。

孟加拉是印度重要的政治经济和文化中心，民族资产阶级和无产阶级力量都比较强大，但民众的宗教信仰复杂。在东孟加拉，少数上层统治阶级信奉印度教，占人口大多数的下层民众信奉伊斯兰教；西孟加拉则正好相反。寇松分割孟加拉的目的就是要通过分而治之，制造两大教派之间的矛盾。

孟加拉分割法令的公布，激起了印度人民的抗议斗争。当包括孟加拉在内的全印度人民开展反对孟加拉分治的斗争时，印度国大党内部激进派与温和派在斗争的方式和目标上存在分歧。激进派领袖提拉克（1856—1920）在 1906 年国大党年会上提出自主、自产、抵制英货和民族教育等四大纲领，目的是使印度获得经济独立并建立民主共和国。尽管该纲领获得了大会通过，但温和派却把自主仅仅理解为在英国统治下的有限自治，并反对抵制英货。于是，激进派成为自主自产运动的主要领导力量，他们在国内各地建立国货协会，开设国货商店，抵制英货，掀起了自主自产运动的高潮。激进派还组织青年学生示威、罢课，抗议寇松分裂孟加拉省等活动。

自主自产运动的开展吓坏了温和派，他们策划在下一届国大党年会上通过停止这项运动的决议。1907 年 12 月国大党年会召开，温和派和激进派几乎在所有问题上都发生了争论，甚至发展到双方代表斗殴的地步。在警察的帮助下，温和派将激进派逐出会场。国大党公开分裂，自主自产运动也被停止。

1908 年 6 月，英国殖民当局以"阴谋推翻英国政权"的罪名逮捕了提拉克，并判服六年苦役。为了抗议对提拉克的政治迫害，孟买十万工人于 7 月23—29 日举行了政治总罢工，要求释放提拉克。其他城市也发生了抗议示威行动。参加孟买罢工的有纺织工人、铁路工人、码头工人和城市运输工人。他们组织示威游行，与警察发生了流血冲突。工人以石块、木棒与警察搏斗，并筑起街垒反击警察的进攻。7 月 27 日，殖民当局调来大批正规军镇压工人，骑兵冲进工人游行队伍，步兵向工人开枪射击，并大量逮捕工人。

孟买工人大罢工是 1905—1908 年印度人民反帝斗争的顶点。在印度人民斗争的压力下，英国于 1911 年取消了分裂孟加拉省的法令。这表明英国殖民当局再也不能像过去那样继续统治下去了。

三、青年土耳其革命

1908 年，奥斯曼帝国民众在青年土耳其党人的领导下举行起义，开始了争取民族解放的斗争。

19 世纪，奥斯曼土耳其帝国虽几经改革，还是逐渐陷入分崩离析的境地。帝国的大片土地或脱离帝国，或实际落入英、法、俄等列强手中。奥斯曼帝国只是在名义上保持着对其不断减少的领地的控制。

素丹阿卜杜勒·哈米德二世（1876—1909 年在位）的统治年代被称为暴政时期。他采取高压统治，反对自由和宪政，强化政教合一的极权专制，同时也进行了一些改革，进一步密切了帝国与西方的交往。1879 年，由于国家债台高筑，帝国政府不得不宣布财政破产，并成立由英、法、德、奥匈、意等债权国代表组成的"奥斯曼国债管理局"，该机构控制了帝国的经济命脉，帝国的半殖民地化愈加严重。

面对日益深重的危机，各地民众纷纷举起抗争的旗帜，其中以青年土耳其党的革命行动最为引人注目。1889 年，伊斯坦布尔军医学校的学生秘密结社，成立了"统一与进步委员会"（欧洲人称其为"青年土耳其党"），其纲领是反对素丹专制制度、恢复 1876 年宪法、建立君主立宪制；要求普选权、宗教自由、公共教育自由、解放妇女；维护奥斯曼帝国的领土完整，等等。

1906 年后，青年土耳其党主要在军队中发展。1908 年 7 月，青年土耳其党领导了武装起义，起义军很快占领了萨洛尼卡。青年土耳其党人向素丹递交最后通牒，坚决要求恢复宪政。在起义军向首都进军的压力下，哈米德二世被迫于 7 月 23 日发布诏书，宣布立即恢复 1876 年宪法，举行全国大选。

12 月 17 日，新议会开幕。青年土耳其党人在 230 个议席中拥有 150 个席位，掌握了议会的权力。但 1909 年 4 月，素丹哈米德二世发动政变，解散议会，企图复辟。青年土耳其党人平息了这次叛乱，废黜了哈米德二世，另立其弟穆罕默德五世拉什德为傀儡素丹（1909—1918 年在位）。自 1908 年至 1918 年，青年土耳其党人一直控制着国家的权力。在青年土耳其革命中，青年军官穆斯塔法·凯末尔（1881—1938）脱颖而出，后来成为土耳其民族解放斗争的领袖。

但是青年土耳其党人在取得胜利后，推行泛突厥主义，激起了帝国境内阿拉伯人和其他少数民族的反抗。同时，青年土耳其党人奉行亲德国的政策，使土耳其成为德国帝国主义的附庸。这些问题是青年土耳其革命中存在的错误，给后来土耳其的发展带来了极其不利的影响。

四、中国义和团运动及辛亥革命

1840 年鸦片战争后，中国逐步沦为半殖民地半封建社会。1895 年中国在甲午战争中的失败和《马关条约》的签订，使 19 世纪末的中国面临着更加深重的民族危机。

鸦片战争以后，西方传教士被准许在中国传教和成立教会。在治外法权之下，不仅教会的西方神职人员不受清政府管辖，一般中国信徒也常获教会庇护。地方上，基督教教会每与地方民众发生冲突，一些不良教民欺压当地民众时，地方政府往往因惧于教会的治外法权，不敢秉公处理，造成民众不满。1894—1895 年的甲午战争中，清王朝被日本打败，被迫在 1895 年签署《马关条约》，再次引起欧洲列强的野心。1896 年，欧洲强国对清政府提出无理要求，强迫清政府准许它们在中国修建铁路和采矿。1897 年 11 月，山东发生"巨野教案"，德国立即乘机出兵占据了胶州湾和胶澳（今青岛）。

外国列强的宗教入侵与军事入侵，引发了中国民众的强烈不满。以"扶清灭洋"为口号的义和团运动在山东、直隶等地迅速兴起，并于 1900 年达到高潮。

1900 年 6 月，日本、美国、奥匈帝国、英国、法国、德国、意大利、俄国等帝国主义列强以镇压义和团运动为借口，组成八国联军入侵中国。8 月，八国联军攻进北京。帝国主义列强迫使清政府于 1901 年签订丧权辱国的《辛丑条约》。在中外反动势力的联合绞杀下，义和团运动失败。

义和团运动是中国人民自发的反帝爱国运动，表现了中国人民不畏强暴、不甘任人宰割的顽强精神，打碎了帝国主义瓜分中国的迷梦，揭露了清政府与帝国主义沆瀣一气的反动本质，促进了中国人民的觉醒。义和团运动使清朝统治集团内部的矛盾进一步激化，清政府不得不实行包括废科举、办新学、奖游学、编新军等措施在内的"新政"。义和团运动的失败也表明，没有先进阶级领导的单纯自发的群众反帝斗争难以取得成功，旧式的农民运动不能救中国。

清王朝为自救而实行了"新政"，选派多批青年到外国特别是到日本学习，或进入国内的新式学堂学习，其中部分青年学子，与此前出国留学的一些知识分子，逐渐汇聚成具有世界意识和以救亡图存为己任的中国资产阶级知识分子群体。他们深刻认识到，中国要解决的主要问题是实现民族独立和民主。

1905 年 8 月，中国新兴资产阶级代表人物孙中山（1866—1925）、黄兴（1874—1916）、陈天华（1875—1905）等志士仁人在日本成立了中国同盟会，决心通过革命推翻清王朝的封建专制统治，挽救民族危亡，建立民族民主国家。同年 11 月，孙中山在同盟会机关报《民报》的发刊词中，首次提出"民族""民权""民生"的三民主义学说。

同盟会成立后，在各地展开了革命宣传和组织活动，将大批革命党人和爱国志士聚集在振兴中华的旗帜之下。他们积极推动革命浪潮，并联络会党和军队多次发动武装起义。这些起义虽均未成功，但表现了革命党人的英雄气概，有力地冲击了清王朝的统治，扩大了同盟会在人民中的影响。国内以农民为主体的自发斗争也日益增多，其中以 1906—1908 年陕西的"交农抗捐"斗争、1909 年湖南长沙的抢米风潮和 1910 年山东莱阳的抗捐斗争规模最大。此外，从 1907 年到 1911 年，山西、陕西、山东、安徽等地兴起声势浩大的收回矿权、路权的运动。到 1911 年，各地已经从帝国主义手中收回矿权、路权十多处。当清政府宣布地方铁路一律国有化的时候，保路运动就在全国各地蔓延开来，成为辛亥革命的导火索。

1911 年 5 月，当清政府全力应付各地保路运动的时候，在湖北新军中拥有众多会员的"文学社""共进会"等革命团体于 10 月 10 日在武昌发动起义。

经过一夜苦战，革命军占领了武昌，取得了首义的胜利。11 日，军政府成立。12 日，革命军全面控制武汉三镇。

武昌起义掀起了辛亥革命的高潮，各省革命党人纷纷行动起来。到 11 月底，全国有 15 个省基本脱离清政府，腐朽的清王朝迅速土崩瓦解。12 月 29 日，17 省代表会议以 16 票的绝对多数选举孙中山为临时大总统。1912 年元旦，孙中山在南京宣誓就职，成立中华民国临时政府。2 月 12 日，清帝溥仪被迫宣布退位，清王朝长达 268 年的封建统治被推翻。3 月 10 日，手握兵权的袁世凯在北京就任临时大总统。3 月 11 日，《中华民国临时约法》在南京颁布，用法律的形式肯定了资产阶级共和国的政治制度。

虽然由于历史进程和社会条件的制约，辛亥革命没有改变旧中国半殖民地半封建的社会性质，没有改变中国人民的悲惨境遇，没有完成实现民族独立、人民解放的历史任务，但它结束了统治中国几千年的君主专制制度，建立了中华民国，开创了完全意义上的近代民族民主革命，打开了中国历史进步的闸门。

辛亥革命顺应了 20 世纪初世界民族民主运动发展的历史潮流，推翻了封建腐朽的清王朝，打击了帝国主义的殖民体系和侵略势力，是一次比较完全意义上的资产阶级民主革命，是亚洲觉醒最重要的标志。辛亥革命直接影响并推动了越南、印度尼西亚和亚洲其他地区殖民地半殖民地国家的民族民主运动的发展，孙中山的三民主义、反帝思想和民主革命学说，成为他们斗争的有力思想武器。

亚洲的觉醒标志着 20 世纪东方民族民主革命时代的到来，这场革命最终摧毁了帝国主义的世界殖民体系。列宁认为："亚洲的觉醒和欧洲先进无产阶级夺取政权斗争的开始，标志着 20 世纪初所开创的全世界历史的一个新阶段。"[①]

五、拉丁美洲的改革与革命

20 世纪初，拉丁美洲大多数国家虽然已经取得独立，但是并未实现经济、社会和文化方面的结构性变化，仍属于资本主义世界体系中的原料生产地和工业品市场，处在寡头独裁统治和帝国主义的压迫剥削下。为了寡头独裁统治和

---

① 《列宁专题文集 论资本主义》，人民出版社 2009 年版，第 80 页。

反对帝国主义的剥削压迫，拉丁美洲国家开展了改革和革命运动。

拉美国家独立后，在经济上采取以初级产品出口为导向的发展模式，资本主义得到一定发展。在政治上，传统的土地寡头和工商业寡头结成联盟，寡头威权主义统治取代了考迪罗主义①统治，但其专制主义的本质没有多少改变。与此同时，美国逐渐取代英国成为拉美最大的依附对象国。但拉美通过出口初级产品带动了早期工业化和城市化的发展，形成了民族资产阶级和无产阶级，中产阶级力量也有所增长。因此，这一时期拉美历史的主要特征，就是一些国家进行了早期民众主义改革和资产阶级民主革命，反对寡头独裁统治和外国的干预和控制。

民众主义改革主要发生在南美国家，是在 20 世纪早期的民众主义政权②领导下进行的。这些政权大多代表新兴中产阶级利益，试图与民众联合起来反对寡头体制，主张扩大国家在社会和经济生活中的作用，通过扩大选举权、建设公共工程、提高就业机会和社会福利、普及教育等渐进的变革来缓解社会矛盾。如乌拉圭的奥多涅斯在 1911 年 6 月颁布立法，规定所有行业的工人实行每周六天、每天八小时工作制，禁止雇用 13 岁以下的童工，妇女怀孕分娩期有40 天的休息时间。奥多涅斯还大力发展民族经济，限制外国资本，实行政教分离。奥多涅斯的改革有助于缓和阶级矛盾，确立资产阶级的统治地位，促进资本主义发展，使乌拉圭成为当时拉美的"模范国家"。

资产阶级民主革命主要发生在墨西哥。墨西哥革命是一场激进的社会变革，起因于波菲利奥·迪亚斯（1830—1915）30 多年独裁统治所造成的社会矛盾的尖锐化。在迪亚斯统治期间，墨西哥启动了现代化进程。外国资本纷纷投向墨西哥，刺激了经济增长，特别是矿业、基础设施和相关工业都取得了惊人的发展，大地产也极度膨胀。迪亚斯利用"面包加大棒"政策来维持社会政治稳定，但整个国家为这种"秩序和进步"付出了巨大代价：外国资本控制了墨西哥经济的重要部门，损害了国家主权，大量印第安村社土地被剥夺，民众的民主自由权利被践踏。

---

① 考迪罗主义也称"考迪罗"制，是拉美大多数国家在 19 世纪 20 年代独立后至 20 世纪前盛行的一种以暴力夺取政权、维持统治的独裁制度。"考迪罗"是西班牙语 Caudillo 的音译。原意为"首领"，后指拉美夺取政权的军事独裁者及军队支持的独裁者。

② 例如，乌拉圭的何塞·巴特列·奥多涅斯（1856—1929）、阿根廷的伊波利托·伊里戈延（1852—1933）、秘鲁的吉列尔莫·比林赫斯特（1851—1915）、智利的阿图罗·亚历山德里（1868—1950）等人领导的政权。

1910 年，以弗兰西斯科·马德罗（1873—1913）为首的资产阶级自由派反对迪亚斯再次连任墨西哥总统，提出"要真正的选举，不得连选连任"的口号，并与农民起义军联合进行武装斗争。1911 年，马德罗推翻了迪亚斯的亲美独裁统治，当选为总统。随后革命阵营内部冲突不断，政治动荡。1917 年，资产阶级立宪派卡兰萨（1859—1920）掌握了政权，并颁布了新宪法。该宪法规定：总统由直接民选产生；禁止教会干涉世俗事务并占有产业；国家是土地、河流、矿藏的所有者，有权限制外国人利用；国家采取适当方式分配大地产给中小农户经营；保障劳工权利等。1917 年的墨西哥宪法反映了民众反帝反封建的要求，以本地经验为基础创建了新的民族国家，是当时拉美最进步的资产阶级民主主义宪法。

拉丁美洲的改革实质上是反对封建主义和帝国主义、争取民族独立的自救运动。而 1910—1917 年的墨西哥革命，更是一次反帝、反封建的资产阶级民主革命。这次革命直接针对迪亚斯独裁政权，农民游击队在革命中发挥了重要作用，提出了"自由和土地"的口号，打击了帝国主义和国内封建势力，为墨西哥进一步发展民族经济开辟了道路。

拉丁美洲人民的革命，汇入了反对殖民主义和帝国主义的民族解放运动的革命洪流，猛烈冲击着资本主义的世界体系，在无产阶级社会主义革命的影响下，成为 20 世纪历史发展的伟大动力之一。

思考题：

1. 20 世纪初人类经济社会发展的主要特点有哪些？

2. 帝国主义的主要特征是什么？

3. 试述 20 世纪初的国际工人运动和列宁主义的诞生。

4. 试述"亚洲的觉醒"和拉美的改革与革命。

第二章　第一次世界大战和凡尔赛—华盛顿体系的形成

1914—1918 年的第一次世界大战，是资本主义强国为了重新瓜分世界而进行的帝国主义战争。大战导致欧洲整体实力下降，欧亚封建帝国瓦解，俄国爆发十月革命，建立了世界上第一个社会主义国家，美国和日本成为世界大国，世界殖民体系受到冲击，反战与和平运动迅猛发展。大战结束后，形成了帝国主义重新瓜分世界、维护战胜国利益、暂时调整列强均势的"凡尔赛—华盛顿体系"。

第一节　大战的起源

垄断资本主义是第一次世界大战爆发的深刻根源。在垄断资本主义阶段，随着列强的生产规模不断超出民族国家的范围，它们在世界上日益激烈地争夺商品市场、原料产地和殖民地。当这种争夺无法用谈判和妥协解决时，列强就会兵戎相见。20 世纪初，在资本主义经济政治发展不平衡规律的作用下，新兴资本主义工业强国德国同英、法等老牌资本主义强国的矛盾日益加深且难以调和。它们为争夺世界霸权形成两大军事集团，竞相扩军备战，最终引发了第一次世界大战。

一、资本主义国家之间经济政治发展的不平衡

19 世纪下半期到 20 世纪初，德国和美国等后起资本主义国家的经济超速发展。从 1870 年至 1913 年，英、法、美、德四国的工业生产在资本主义世界所占比重发生了很大变化：英国从 31.8% 降至 14%，法国从 10% 降至 6%，美国从 23% 升至 38%，德国从 13.2% 升至 16%，美、德超过英、法分居世界第一和第二位。从 1887—1912 年的对外贸易来看：德国增长了 214.7%，美国增长了 173.3%，英国增长了 113.1%，法国增长了 98.1%。到"一战"前，尽管英国在外贸总量方面仍保持第一位，但已经被德国赶上，两国对海外市场的争夺相当激烈，英国逐渐在拉丁美洲、中东和远东输给了德国。德国为向东方发展而修筑的巴格达铁路，直接威胁英国通往印度的海上通道和陆上桥梁。

正是资本主义经济政治发展的不平衡所导致的实力对比变化，使后起的新兴资本主义国家要求按照新的实力对比重新瓜分世界。例如，德国把英国列入"日趋衰落的国家"行列，它不但开始寻求在欧洲的领导地位，而且对英国占有几乎十倍于己的殖民地十分不满，要求拥有一个与自己的经济实力相称的殖民帝国。为此，德国在19世纪90年代便开始调整外交政策，抛弃实行多年的"大陆政策"，开始实行"世界政策"，"要求在日光下的地盘"。英德之间的矛盾因而日益尖锐。

与此同时，其他欧洲列强在经济、领土和殖民地方面的争夺同样激烈。为了壮大自己的力量并压倒对方，各国都在寻求同盟者，并在欧洲逐渐形成了两大对立的帝国主义军事集团：德奥意"三国同盟"与法俄英"三国协约"。

二、帝国主义两大军事集团的形成

德国统一后国力迅速增强，扩张之势强劲。在此过程中，它与周边国家存在诸多矛盾：与法国由于阿尔萨斯和洛林等领土问题积怨已久，同俄国的关系由于长期的贸易摩擦而恶化。与此同时，奥匈帝国因与俄国争夺巴尔干而冲突不断。为了防范法俄结成反德集团，德国决定加强与奥匈帝国的关系。1879年10月，德奥首先缔结了针对俄国的秘密军事同盟条约《德奥同盟条约》。条约规定：如果缔约国一方遭到俄国进攻，两缔约国有义务以其全部军事力量实行互助；如果缔约国一方遭到另一国进攻，缔约国另一方应对其盟国采取善意中立，但是如果进攻的国家得到俄国的支持，缔约国双方应共同作战直至共同议和。不久，德国又利用法国和意大利争夺突尼斯的矛盾拉拢意大利，以共同对付法国。1882年5月，德、奥、意签订《德奥意三国同盟条约》。条约规定：如果法国进攻意大利，德奥给予意大利军事援助；如果法国进攻德国，意大利负有同样义务；如果三个盟国中任何一方受到两个或两个以上的强国攻击时，其他两国保证给予援助。这个军事同盟集团以德国为主，奥匈帝国是依附于德国的伙伴，意大利则是一个随时待价而沽的不可靠的盟友。1883年，罗马尼亚与奥匈帝国签订秘密条约，成为这个军事集团的附庸。

为了与三国同盟对抗，法国和俄国进一步接近。1892年，两国签订了《法俄军事协定》，结成军事同盟。条约规定，若德国、意大利进攻法国，俄国出兵协助；若德国、奥匈帝国进攻俄国，法国出兵协助；若三国同盟同时出兵进攻法、俄任何一方，须共同作战。截至1894年，两国还签订了一系列政治和军事协定，逐步建立起同盟关系。

在欧洲大陆国家初步形成两个相互对峙的军事集团时，英国尚置身于集团之外，坚持其"光辉孤立"和对欧洲的均势政策，但英国对来自德国经济的强烈竞争及其要求重新瓜分殖民地的咄咄逼人的进攻态势深感恐惧。当德国为了贯彻其世界政策而着手建立一支强大海军时，英德两国就开始了直接对抗。英国认定德国故意奉行反英政策，英德矛盾逐渐上升为列强之间的主要矛盾。为了战胜德国，英国调整外交战略，采取了积极的结盟政策。1902年，英国与日本结成同盟，以遏制俄国和德国在远东的扩张。1904年，英法缔结协约，协调了两国在殖民地方面的矛盾：英国承认法国在摩洛哥的利益，法国不妨碍英国在埃及的行动。1907年，英俄缔结协约，划分了两国在波斯的势力范围；俄国还承认英国在阿富汗的利益；双方均承认中国对西藏的"宗主权"，并约定不干涉西藏内政，尊重其领土完整，不得与西藏缔结任何条约。① 法俄同盟与英法协约、英俄协约一起，构成了三国协约。

至此，"三国同盟"和"三国协约"这两大军事集团在欧洲形成了对峙局面。"一战"爆发前，国际政治舞台上发生的所有重大事件几乎都是这两大军事集团对抗与冲突的体现。

三、扩军备战、裁军谈判与局部冲突

列强在建立军事同盟的同时，不断扩军备战，创新军事技术，竞相增加国防预算。

欧洲主要国家国防预算的增加情况（单位：千万英镑）

时间\国别	德国	奥匈帝国	意大利	英国	法国	俄国
1890年	2.88	1.28	1.48	3.14	3.74	2.9
1914年	11.08	3.66	2.82	7.68	5.74	8.82

两大军事集团都大力扩张陆军。到战争开始时，德国和奥匈帝国共有陆军370万人；协约国的陆军总兵力为580万人。

---

① 该协定把中国对西藏的主权称为"宗主权"，是完全错误的。这是由于英、俄两个帝国主义国家都对中国西藏怀有领土野心，因此不承认中国对西藏拥有主权。只是由于当时双方都无力压倒对方却又都想牵制对方在西藏的行动，才达成了这样的妥协。

在海军军备竞赛方面，英德两国最为突出。从 1889 年到 1914 年，德国至少四次扩充海军，而英国也不甘落后，不断建造吨位和大炮口径更大的新型战列舰——"无畏舰"，还提出德国造一艘军舰、英国就造两艘的"二比一原则"。到 1908 年，英、德"无畏舰"的比例已为 4：3，英国只略占优势。到 1914 年大战爆发时，英国有军舰 688 艘，德国有 391 艘。英德之间不断攀升的海军军备竞赛，进一步恶化了国际关系。

与此同时，各国都在制定战争计划。德国制定了先迅速击败法国、再转攻俄国的"施里芬计划"；奥匈帝国制定了配合德国、主要针对俄国和塞尔维亚的战争计划；俄国制定了配合法国、同时对付德国和奥匈帝国的"第 19 号计划"；法国针对德国制定了进攻性的"第 17 号计划"；英国针对德国制定了海上作战计划。这些相继出台的战争计划全都强调以短期的激烈交战一决胜负，但是战争的实际进程却没有遵循这些国家决策者的设想。

各帝国主义国家在积极扩军备战的同时，却不断高喊和平裁军，欺骗世界舆论，以掩盖自己的备战行径。1899 年 5 月，26 个国家的代表在荷兰海牙召开第一次和平会议，在 40 天的会期中，列强大谈和平与裁军，却没有在裁军问题上做出任何实质性决议，俄国沙皇作为这次会议的倡导者甚至在发出召开会议的倡议后就后悔了。尽管这次会议签订了《和平解决国际争端公约》等文件，但国际紧张局势并没有丝毫缓和。英布战争、八国联军侵略中国、沙俄侵占中国东北、日俄战争接踵而至，帝国主义国家之间的争夺更加激烈。

1904 年，美国总统西奥多·罗斯福（1858—1919）提议举行新的和平会议，由俄国沙皇负责召集。但由于日俄战争爆发，第二次海牙和平会议到 1907 年 6 月才得以召开，有 44 个国家的代表与会。英国为了保持现有的军备优势特别是海军优势，主张裁军和限制海军军备，德国则激烈反对裁军。其他列强也忙于扩军备战，对讨论裁军问题态度冷淡。结果在长达四个月的会期中，裁减或限制军备问题根本就未被列入会议议程，列强也没有实质性裁军行动。

两次海牙和平会议在裁军或限制军备方面一无所获，只是讨论并缔结了一些限制战争、和平解决国际争端的公约，并发表了一些限制军事行动的宣言，为国际法增添了若干限制战争的条款。这一时期世界和平运动虽有发展，但与不断增长的战争狂热相比，要求和平的呼声十分微弱。

伴随军备竞赛的是不断出现的政治危机与军事冲突。

1905 年，法德为争夺摩洛哥几乎爆发战争，德国在英国支持法国的情况下暂时退让。1911 年，第二次摩洛哥危机爆发，这一次德国将炮舰 "豹号" 开进摩洛哥港口阿加迪尔，直接进行战争挑衅，这一事件震惊了世界。英国继续支持法国，并以其海军进入战备状态迫使德国再次妥协。经过此次危机，德国决心进一步加强军事力量以对付英法，英法协约关系也发展到军事上的协调，双方高级军事人员开始共同研究如何应付对德国的战争。

在法德为控制摩洛哥争斗不休时，意大利决定趁火打劫，对早已选中的扩张目标——土耳其①的北非属地的黎波里和昔兰尼加下手。1911 年 10 月，得到法俄支持的意大利对土耳其开战，意军飞机在土军阵地上空进行侦察，飞机第一次用于战争。1912 年 10 月，土耳其被迫将的黎波里和昔兰尼加割让给意大利，这两个地区就变成了意大利的一个新的殖民地——利比亚。

列强除了在北非争夺外，在被称为 "欧洲的火药桶" 的巴尔干地区的明争暗斗同样激烈，这些争斗与巴尔干人民的民族独立运动交织在一起，从而使形势更加复杂多变。

巴尔干地区曾先后落入奥斯曼帝国和奥匈帝国统治之下。在反对这两个帝国的斗争中，巴尔干地区的民族主义日益高涨。同时，沙皇俄国以 "泛斯拉夫主义" 支持塞尔维亚人争取统一塞尔维亚各民族的 "大塞尔维亚主义"，以扩大自己的势力和影响，而奥匈帝国则坚决反对塞尔维亚独立。俄国与奥匈帝国争斗不断，巴尔干地区的紧张局势持续升级。

1908 年，波斯尼亚危机爆发。波斯尼亚和黑塞哥维那的大部分居民是塞尔维亚人和克罗地亚人。危机爆发前，波、黑名义上是奥斯曼帝国的行省，但奥匈帝国取得了对这两省的管理权。10 月 7 日，奥匈帝国单方面宣布正式吞并波、黑两省，不仅引起俄国的抗议，也激起了塞尔维亚的愤怒，因为塞尔维亚一直把波、黑两省看作是未来以塞尔维亚为主体的大南斯拉夫国家的一部分。于是，塞尔维亚进行战争动员并向俄国求援。奥匈帝国在德国支持下向塞尔维亚发出最后通牒，要求后者解除动员，同时要求俄国同意这种兼并。随后，奥匈帝国迫使土耳其放弃了对波、黑两省名义上的主权，而德国则要求俄国敦促塞尔维亚承认奥匈帝国吞并波、黑的既成事实，并以战争相威胁。俄国在尚未做好战争准备，英法等盟国也不愿为波、黑问题卷入战争的情况下，只好对德

① 即奥斯曼帝国，18 世纪末以后，其境内民族解放运动兴起，英、法、俄等列强的不断争夺使其丧失了大片领土。因帝国由奥斯曼土耳其人建立，在近现代史上习称土耳其。

奥让步,没有支持塞尔维亚。这场波斯尼亚危机导致了多重后果:它使塞、俄与奥、德之间的关系恶化,俄国开始大规模重建军事力量;奥匈帝国势力在巴尔干的扩张招致了一直对巴尔干西部怀有野心的意大利的不满;奥斯曼帝国更加虚弱。

1912年10月,土耳其控制的巴尔干地区爆发了第一次巴尔干战争。保加利亚、塞尔维亚、希腊和门的内哥罗组成巴尔干同盟,对土耳其作战。土耳其很快战败,被迫求和,并请列强调解,而列强也趁机谋求自己的利益。在巴尔干同盟与土耳其的和谈中,协约国支持巴尔干同盟,同盟国支持土耳其。1913年5月30日,土耳其与巴尔干同盟签订《伦敦和约》,后者收回了大片领土,土耳其在欧洲的领土仅保存了伊斯坦布尔和海峡北面的狭小地区。这场战争使巴尔干地区各族人民摆脱了土耳其的统治。从这个意义上说,第一次巴尔干战争是一场带有民族解放性质的战争。

1913年6月,巴尔干同盟内部因争夺领土爆发了第二次巴尔干战争,列强再次借机干涉。奥匈帝国支持保加利亚,协约国支持塞尔维亚、希腊、门的内哥罗和土耳其。保加利亚在战况不利于自己的情况下要求停火。同年8月,交战双方在布加勒斯特签订和约,塞尔维亚和希腊瓜分了马其顿的绝大部分领土,仅将其一小部分留给保加利亚,南多布罗加割让给罗马尼亚。在随后的保土条约中,土耳其得到亚德里亚堡。这次战争使巴尔干各国事实上分为两大集团:一方是处于俄、法影响下的塞尔维亚、希腊和罗马尼亚,另一方是获得奥匈、德国支持的保加利亚和土耳其。

尽管这两次巴尔干战争都是局部战争,但它们集中反映并加剧了两大军事集团的对立与争夺,使巴尔干成为第一次世界大战的爆发地。

第二节 大战的爆发和进程

第一次世界大战是帝国主义争夺世界霸权和重新瓜分世界的战争。大战的规模和持续的时间都远远超出了战争发动者的预料:他们抱着短期取胜的侥幸心理,却形成了异常残酷的长期阵地战的僵局;他们本以为是单纯的军事较量,却变成了倾注全部国力的长期的总体战,从而使其本国的整个社会基础受到了空前的动摇与毁坏。大战后期俄国十月社会主义革命的胜利,打破了资本主义的一统天下。

一、战争的爆发

1914年6月28日，在波斯尼亚首府萨拉热窝，出生于波斯尼亚的塞尔维亚青年加夫里若·普林西普（1894—1918），刺杀了刚刚检阅完军事演习的奥匈帝国皇储弗兰茨·斐迪南（1863—1914）夫妇。萨拉热窝事件成为两大军事集团以战争手段重新瓜分世界的导火索。

奥匈帝国决心利用这一事件发动对塞尔维亚的战争，以彻底粉碎"大塞尔维亚主义"，排除其控制巴尔干的主要障碍。奥匈向德国寻求支持，德国立即表示同意，因为它认为自己对战争的准备已经就绪，而俄国尚未做好战争准备，英法此时也不愿意打仗，时机对德、奥有利。于是，德国和奥匈帝国于7月初做出了进行战争的决策。

实际上，支持塞尔维亚的俄国和法国也在积极备战。7月20日，法俄相互保证：一旦对德开战，两国一定履行自己作为盟国的义务。英国希望凭借其海军优势，通过战争击败德国这个危险的竞争对手，便鼓励俄国备战，同时又摆出中立姿态，表示要努力"尽一切可能来防止大国间的战争"。英国的这种姿态给德国造成了英国将保持中立的错觉。

7月23日，奥匈政府向塞尔维亚发出最后通牒：塞尔维亚必须在政府公报中发布宣言和对军队的文告，表示反对有碍奥匈领土完整的一切宣传和行动，违者将被严惩；严厉取缔一切反奥组织，禁止一切反奥宣传；按照奥匈政府提供的名单从军队和政府中清洗反奥的军官和官员；由奥方派代表到塞尔维亚境内会同追捕萨拉热窝暗杀事件的参与者，并将其引渡到奥匈审判。通牒限令塞尔维亚必须在48小时内给予满意的答复。

在并无证据表明这一事件与自己有关的情况下，塞尔维亚政府还是在限期内接受了最后通牒中的大部分要求，只是拒绝了奥方的最后一项要求，即奥匈帝国官员一同会审谋杀案。但是，奥匈在德国鼓励下拒绝所有进行调停或实现和平解决的努力，于7月28日向塞尔维亚宣战，并于午夜炮击贝尔格莱德。

奥匈宣战对俄国产生了重大影响。俄国对巴尔干怀有扩张野心，并一向以斯拉夫东正教小国的保护者自居，因此不能听任塞尔维亚被打垮。7月30日，俄国宣布战争总动员。31日，法国也宣布总动员。

德国决心一战。31日晚，德国向俄、法分别发出最后通牒，要求俄国在12

小时内取消总动员令，要求法国承诺在德俄战争中保持中立，但均遭拒绝。德国便于 8 月 1 日中午对俄国宣战，还制造了法国侵扰德国领土的谣言，并于 8 月 3 日下午向法国宣战。

在奥匈向塞尔维亚宣战后，英国的中立姿态发生了变化。7 月 29 日，英国外交大臣爱德华·格雷（1862—1933）对德国大使表示，如果冲突限于俄、奥匈之间，英国可以站在一旁，一旦德国和法国也牵涉进去，英国政府在迫不得已的情形下会采取紧急行动。英国的变化使德国感到震惊。8 月 2 日，格雷向法国保证，英国海军将保护英吉利海峡和大西洋的法国海岸。当天下午，德国向比利时发出最后通牒，要求准许德军假道比利时对法作战，比予以拒绝并向英国求援。3 日夜，德军强行越过比利时国界。德国入侵比利时挑战了英国关于绝不容许任何国家控制低地国家的原则，4 日下午，英国向德国发出最后通牒，要求它保证尊重比利时的中立。在这一要求遭到拒绝后，英国政府立即声明，从 8 月 4 日晚 11 时起，英德之间处于战争状态。随着英国的宣战，南非联邦、澳大利亚、新西兰等英帝国自治领也加入了战争。8 月 2 日，德土订立密约。7 日，门的内哥罗加入塞尔维亚一方对奥作战。

总之，从萨拉热窝事件到英国对德宣战，在不到 40 天时间里，尽管列强之间进行了频繁、紧张、复杂的外交活动，但是各国的决策者都企图以支持盟国来加强自己的力量，打败对方。在两大军事集团已经形成尖锐对峙的情况下，战争一触即发，萨拉热窝事件成为导火索，一个刺杀奥匈帝国皇储的事件最终演变成一场两大军事集团之间相互厮杀的大战。

二、大战进程

第一次世界大战的战火首先在欧洲大陆燃烧起来，很快蔓延到亚洲、非洲并波及大洋洲和美洲等地，参战国家达 30 个。[①] 但战争主要在欧洲的四条战线上进行。西线：英、法、比军队与德军对抗；东线：俄军与奥匈、德军作战；巴尔干战线：塞尔维亚、门的内哥罗、罗马尼亚、希腊军队与奥匈、保加利亚军队作战；意大利战线：意大利军队在英法支持下与奥匈军队作战。此外还有近东战线的英、土对抗和高加索战线的俄、土对抗，以及海上战役和空中战

---

① 参加协约国方面的有 26 个国家，参加同盟国方面的有 4 个国家。大战结束后在凡尔赛和约上签字的还有复国后的波兰、新成立的捷克斯洛伐克和南斯拉夫，所以参战国也可以说成是 33 个。

斗。其中西线和东线是主要战场，西线具有决定性作用。

在 4 年零 3 个多月的战争中，一些战役和事件具有关键性作用。

1914 年 9 月法、德在西线进行的马恩河战役，是"一战"中第一次大规模战略决战，持续 8 天，双方参战人数 150 多万，以法英联军取得胜利而结束。这次战役也是"一战"的第一个转折点，标志着以"施里芬计划"为代表的德军速决战计划的破产。德国必须面对它最不愿看到的东西两线作战的现实，而协约国希望早日取胜的打算也已落空。在东线，德军虽然在坦能堡战役中取得了对俄军的胜利，但不足以挽回德军的战略挫折。此后战争转入旷日持久的阵地战，战场处于胶着状态。

8 月 23 日，日本以"英日同盟"为由对德宣战，于 11 月初占领了德国在中国的租借地青岛和所谓的保护领地胶州湾与德国在太平洋的马绍尔群岛和加罗林群岛。但日本参战是为了满足其扩张野心，并无意分担对德国的战争义务。11 月，土耳其站在同盟国一方参战，出现了南高加索战场。战争进一步向全球扩散。

1915 年德军将作战重心东移，企图首先打败兵力较弱的俄国，迫其媾和，以摆脱两线作战的困境。5—6 月，德奥军队与俄军在西加里西亚的果尔利策地区交火 52 天，俄军惨败，后退 130 公里，但并未终止作战。同年，意大利和保加利亚分别站在协约国和同盟国一方参战。总的来看，这一时期德奥集团在东线和巴尔干战线取得胜势，但未能摆脱两线作战的困境。

1916 年，双方为打破僵局进行了更大规模的动员，在西线和东线爆发了三次著名的大型战役和大规模海战。

1916 年 2—12 月在西线进行的凡尔登战役，是大战中持续时间最长的消耗战，双方都投入了庞大兵力，法军全部 70 个师中有 66 个师先后在这里参战，德军则投入了 46 个师。双方参战兵力约 200 万人，伤亡 70 多万人，因此这次战役又被称为"绞肉机""屠场"和"地狱"。在这场消耗战中，德国没有实现一举迫使法国投降的战略计划，反而因损失巨大而士气低落。这次战役是"一战"的又一个转折点。

为了减轻凡尔登的压力，法英联军于 6 月发动了索姆河战役。新式武器坦克首次被英军用于实战。索姆河战役是大战中最大的一次消耗战，在持续 4 个月的战斗中，各方损失人数约为：英军 42 万，法军 34 万，德军 53 万。仅在战役打响的第一天，英军就死伤 5.7 万人。该战役对德军在凡尔登的攻势有所牵制，但未能实现突破德军防线的战略目标。

几乎与索姆河战役同时，俄军在东线向奥匈军队发起夏季进攻。双方各损失约 100 万人。俄军的胜利把奥匈帝国推到了灭亡的边缘。罗马尼亚在俄军胜利的刺激下于 8 月对德奥宣战，形成罗马尼亚战线，但连战皆败。

由于陆上作战没有取得预期战果，英德两国都将希望寄托在海战上。英国企图在占据优势的条件下一举消灭德国海军主力，以保持英国的制海权，德国则打算突破英国的海上封锁。5 月 31 日，英、德舰队在日德兰半岛附近相遇，展开了"一战"中最大的一次海上交战——日德兰海战（又称斯卡格拉克海战）。英国出动舰只约 150 艘，德国出动约 100 艘。6 月 1 日，战斗结束，英国损失 3 艘战列巡洋舰和 11 艘小舰，死亡 6000 余人，德国损失 1 艘战列巡洋舰和 10 艘小舰，死亡 2500 余人。英国损失虽大于德国，但仍握有制海权，德国突破英国海上封锁的努力失败。此后，双方在海上主要进行潜艇战和反潜艇战的较量。

1917 年，战争仍然处于僵持状态，未现重大转机。美国和中国的参战与俄国十月革命的爆发是这一阶段的重大事件。

"一战"爆发后，美国宣布中立，继续与交战双方做生意，但与协约国的贸易额和投资额都远远大于与同盟国的贸易额和投资额，因此它在参战前就已同协约国在经济上密切联系在一起了。1917 年 2 月，美国借德国潜艇击沉其船只"豪桑图尼克号"之机，断绝了与德国的外交关系，随后发生的"齐默尔曼密电事件"最终使它有了参战的理由。1917 年 1 月，德国外交大臣阿图尔·齐默尔曼（1864—1940）用密码致电德国驻墨西哥公使说，如果德、美发生战争，公使应向墨西哥政府提议墨西哥与德国结盟，对美作战，作为报酬，德国将帮助墨西哥收复"得克萨斯、新墨西哥和亚利桑那失地"。英国情报部门截获并破译了这份电文，随即交给美国。3 月 1 日，美国将该电报公诸报端，舆论哗然，反德情绪高涨。在德国潜艇又击沉了一些美国船只后，美国于 4 月 6 日正式向德国宣战，次日向奥匈宣战。

美国参战后，其海军在打击德国的无限制潜艇战中发挥了重要作用[①]，德国在无限制潜艇战中的失败使德奥集团在战略上进一步处于劣势。

---

①　所谓无限制潜艇战，指德国潜艇可在不事先发出警告的情况下，任意击沉开往英国的商船，以对英国进行封锁。

1917 年 8 月 14 日，中国段祺瑞（1865—1936）政府宣布对德奥集团作战。中国参战主要采取"以工代兵""以工代战"的形式，以中国农民为主组成的劳工被协约国称为"中国劳工旅"，为协约国西线战场提供了重要的劳动力。无论在后方还是在最前线，凡战争所需，华工几乎无处不往，无所不为，而且从事的都是最艰苦、最繁重的工作。他们挖掘战壕、修筑工事、筑路架桥、解运给养、装卸物资、清扫地雷、野战救护、掘坑埋尸……据不完全统计，仅派往法国的华工就有约 14 万人，有近万名华工因为疾病、敌人的攻击或恶劣的医疗条件而长眠在异国土地上。

1917 年俄历 10 月，俄国爆发了列宁领导的十月社会主义革命。十月革命胜利后的第二天，苏维埃政府通过了列宁起草的《和平法令》，要求立即缔结"不割地（即不侵占别国领土，不强迫合并别的民族）不赔款"的和平条约，向所有交战国提出休战建议，宣布俄国退出战争。1918 年 3 月 3 日，苏俄与德奥集团签订《布列斯特和约》。俄国正式退出战争，东线不复存在。

1918 年，同盟国集结 190 多个师的兵力，以期在美军真正投入战斗之前对英法联军予以沉重打击。协约国为等待美军到来，也集中了 186 个师的兵力进行防御。从 3 月到 7 月，同盟国对协约国发动了 5 次进攻，但未能实现预期的战略目标，反而使德军损失约 100 万人，兵源已近枯竭。协约国获得陆续前来参战的 100 万美军的支持和大量军备物资补充，实力大大加强。10 月 2 日，德军放弃"兴登堡防线"，败局已定，同盟国迅速瓦解。交战双方同意在美国总统伍德罗·威尔逊（1856—1924）1 月 8 日提出的《世界和平纲领》即"十四点"原则的基础上谈判停战。11 月 11 日，第一次世界大战结束。

三、战争的帝国主义性质

大战爆发后，交战各国政府纷纷发表官方文书，甚至删改外交文件，把发动战争的责任推给对方，同时掩盖战争的帝国主义性质。奥匈帝国宣称"皇家政府为维护其权利，不得不采用武力"；俄国宣称它是因为"斯拉夫兄弟的尊严受到奥匈帝国的侮辱"并为了"保卫俄罗斯的荣誉、主权"而战；德国声称是为了"保卫祖国，反对沙皇制度，捍卫文化发展和民族发展的自由"而战；法国号召要为"保卫法兰西"和"保卫欧洲的自由"而战；英国则宣称为履行"国际义务"和维护比利时的中立而战。

但是，战争的性质是由战争的目的决定的。就第一次世界大战来说，它与以往的任何战争都不相同，因为那些战争的目的都是有限的，而"一战"的交战双方都把整个世界作为其争夺对象。仅以英、德这两个主要对手为例，德国要成为一个大殖民帝国的野心和英国对其殖民帝国不断衰落的担心构成不可调和的尖锐矛盾，最终使它们用战争手段解决问题。德国认为，德意志殖民帝国应当包括萨摩亚、新几内亚、马达加斯加、北婆罗洲和中国的台湾，还应对中非和近东进行商业渗透，为此必须"粉碎英国的霸权，以有利于德国"。但如果德国的愿望得逞，国势日衰的老牌殖民帝国英国的地位将更趋低落，甚至将"下跌成一个三等国"。于是，当德国提出并着手建立一支强大海军舰队的时候，英国为维护其海上霸权，与德国的直接对抗就不可避免了。因此，第一次世界大战是列强之间的一场世界霸权争夺战，是一场帝国主义之战。

不仅如此，交战双方都制定了战后瓜分世界的计划。德国要建立中欧帝国和中非殖民帝国，奥匈帝国打算将大部分巴尔干地区据为己有。英法俄意等国则达成了一系列瓜分"奥斯曼帝国遗产"的秘密协定和备忘录。

除此之外，在战争过程中，交战双方为了争取盟友，还签订了诸多牺牲敌国和弱国领土和利益的秘密协定。如1915年协约国以意大利在战后将获得奥匈帝国部分领土为交换条件而使它参战的《伦敦条约》，同盟国以保加利亚取得奥斯曼帝国部分领土为交换条件而使其参战的《德保秘密协定》，1916年俄国同意日本占领中国山东和一些太平洋德属岛屿的《俄日秘密协定》，协约国以罗马尼亚占领匈牙利领土为交换条件而使之参战的《布加勒斯特条约》，1917年英日共同瓜分一些太平洋德属岛屿并承认日本有权继承德国战前在中国山东特权的《英日密约》，美日协调两国在中国行动的《兰辛—石井协定》，还有1915年日本企图将中国变为其殖民地的"二十一条"要求，等等。这些密约和协定，同样证明了这场战争的帝国主义性质，而且在战争结束后战胜国围绕是否兑现这些分赃密约而展开的争斗，也是战后国际政治的重要内容。

第三节   大战的结果和影响

恩格斯（1820—1895）早在1887年就预言了这场大战的结局及其影响，指出："这会是一场具有空前规模和空前剧烈的世界战争。那时会有800万到1000万的士兵彼此残杀，同时把整个欧洲都吃得干干净净……其结局是普遍的破产；旧的国家及其传统的治国才略一齐被摧毁，以致王冠成打地滚落在街上而无人拾取；绝对无法预料，这一切将怎样了结，谁会成为这场斗争的胜利者；只有一个结果是绝对没有疑问的，那就是普遍的衰竭和为工人阶级的最后胜利创造条件。"① 历史的发展证明了恩格斯预言的准确性。这场人类历史上空前的大战深刻地影响了 20 世纪的世界历史进程。它从根本上动摇了欧洲的世界中心地位，推动了美国和苏俄的兴起及日本的进一步发展，直接导致了欧亚四大帝国的瓦解，世界殖民体系遭受冲击，社会生活发生变化，人民反战与和平运动高涨。

一、列强实力变化与俄国十月革命

"一战"使列强的力量对比发生了重大变化，加速了自 19 世纪末以来欧洲的衰落过程。

在这场大战中，没有一个发动战争的国家是真正的胜利者。战争给欧洲造成了巨大的物质破坏：参战各国的直接经济损失约 1805 亿美元，间接经济损失约 1516 亿美元；欧洲不仅失去了大量海外投资，其海外市场也因受到美洲和亚洲的工业竞争而不断萎缩。欧洲的财政金融地位也发生了极大变化。1919 年协约国欠美国的债务高达 100 亿美元，美国从战前负有 30 亿美元外债的债务国变成了战后的债权国，并掌握了世界黄金储备的 40% 以上。美国与欧洲的经济关系完全改变。欧洲已不再是世界工场和世界银行家，这两方面的领导权都在转向美国，欧洲对世界经济的控制力不断减弱。大战还给欧洲造成了极其惨重的人员损失：直接死于战争的军人达 900 万，受伤者 2000 多万，终身残废者 350 万，而德、俄、法、奥的伤亡人数就占全部伤亡的 66.6%。欧洲失去了大量年富力强的青年，从根本上损害了其经济的长远发展。

与欧洲的衰落形成鲜明对照的是美国与日本的兴起。大战的浩劫使欧洲人精神沮丧，失去信心。而美国的参战在很大程度上决定了战争的结局，其国际地位因此大大提高。战后的美国凭借其世界第一经济强国的优势和政治上的威望，积极参与国际事务，并企图领导世界。威尔逊在战争中提出的《世界和平纲领》，系统地表明了美国的这种愿望。

这场大战加速了日本的对外扩张。它利用大战的"天赐良机"，几乎独占

① 《马克思恩格斯文集》第 4 卷，人民出版社 2009 年版，第 331 页。

了中国东北的市场，强占了德国在中国山东的势力范围和太平洋的一些岛屿，并加紧向英、法、荷等国在亚太地区的殖民地进行渗透。1915 年日本向中国提出的"二十一条"要求，证明了日本企图独占中国的野心。

与此同时，"一战"最重要的政治影响之一便是十月革命在俄国的胜利和在十月革命影响下一系列无产阶级和资产阶级革命的爆发。在交战各国中，反动腐朽的沙皇俄国危机最深，因此在这里首先爆发了革命。在布尔什维克党和列宁的领导下，十月革命取得成功，一个崭新的社会主义制度自此登上了历史舞台。作为人类历史上第一个社会主义国家，苏俄凭借自身的制度优势战胜了帝国主义的围堵，并迅速壮大起来。苏俄的建立鼓舞着世界东方的一些弱小民族以马列主义为武器，以十月革命为榜样，以建立社会主义制度为目标，奋勇开拓自己的革命实践。

二、欧亚殖民帝国开始瓦解

"一战"期间，"民族自决"原则在欧亚大陆传播。随着战争的结束，俄罗斯帝国、德意志帝国、奥匈帝国和奥斯曼帝国均被瓦解，在其地域上代之而起的是社会主义国家苏俄和芬兰、爱沙尼亚、拉脱维亚、立陶宛、波兰、德意志、奥地利、匈牙利、捷克斯洛伐克、南斯拉夫等资产阶级共和国。

这场帝国主义战争进一步冲击了帝国主义殖民体系，实际上开始了世界殖民体系的解体过程。一方面，在欧洲宗主国使其殖民地人民卷入战争的同时，起源于欧洲的民族主义也在殖民地传播，并唤起了殖民地人民的民族自决和民族独立意识。另一方面，各殖民地和半殖民地的民族工业在大战中获得发展，民族资产阶级和无产阶级的队伍不断壮大，成为反对帝国主义的重要力量，亚洲、非洲和拉丁美洲的民族民主运动进一步兴起，形成了战后第一次民族解放运动的高潮。

"一战"期间，中国的民族民主革命也孕育着重大的变化和发展。战争中，欧洲资本主义国家忙于较量，暂时放松了对中国的压迫，甚至在一定程度上依赖中国在军需生活用品等方面的支持，中国民族资本主义，尤其是纺织、面粉、钢铁、运输等行业出现了短暂的快速发展。与此同时，中国的无产阶级队伍也因民族资本主义工业的发展而不断壮大。在思想文化领域，新文化运动广泛开展，中国民众的思想空前解放，人们通过各种形式探索反帝救国之路。十月革命一声炮响，给中国送来了马克思列宁主义，促使一批具有激进革命民主主义思想的先进知识分子迅速完成了世界观的转变。1919 年，中国在巴黎和会上交涉山东问题失败引发的声势浩大的五四运动，推动旧民主主义革命向新民主主义革命转变。中国的无产阶级开始作为一支新兴的政治力量登上历史舞台。这些都为马克思列宁主义同中国工人运动相结合创造了条件。

三、大战对各国经济政策和社会生活的影响

大战使各国政府加强了对经济生活的干预，政府机构的职能有所改变。战争初期，没有一个国家预料到这会是一场长期战争，因此也没有哪一个国家对国内的经济活动进行调节。随着战争进程的延长，到 1916 年，各国都不得不建立起一整套专门的政府机构，以便有效地动员全国的人力物力。这些机构干预私人企业投资方向，负责分配政府订单，控制原材料供应，调整各种经济关系，垄断对外贸易，从总体上控制和调节经济生活。另外，为了掩盖劳民伤财的长期战争所带来的巨大损失，使民众支持战争，各国政府也都极力控制或主导社会舆论，从而控制人们的思想。他们还禁止罢工，提倡节衣缩食，将民用品特别是奢侈品的生产降到最低限度，力图将整个社会的财富、资源甚至道德取向都引向赢得战争胜利的唯一目标。

大战使交战国社会发生的另一个重要变化是妇女生活的变化。旷日持久的战争使男人长期服役，大量的伤亡又需要不断补充兵员，因此就连原来可以免服兵役或体检不达标的男子也要应征入伍，这就使大量妇女进入工厂和管理部门，接替了许多过去被认为只有男子才能承担的工作。在英国，妇女甚至组成了军队妇女团队。尽管妇女得到的工资相对较低，但是千百万妇女的个人生活与眼界从家庭转向国家的经济和政治生活，成为社会劳动大军的重要组成部分，妇女的社会地位得以提高。1918 年，30 岁以上的英国妇女获得了选举权。

"一战"也推动了反战与和平运动的发展。大战的爆发使战前的和平运动遭受沉重打击。随着战争的长期化和极端残酷性与交战各国经济危机的加深，人民的反战情绪日益高涨。在后方，许多人拒服兵役；在前方，一些士兵拒绝执行作战命令。到战争后期，反对战争、要求和平成为一些国家发生革命的重要动力。"和平、面包、自由"是 1917 年俄国革命、1918 年德国革命和奥匈帝国境内革命的普遍要求，推动着战后欧洲社会主义运动发展和各国民主化的进程。

这种反对战争、要求和平的情绪，在战后形成了更为广泛而普遍的厌战、反战和恐战的社会潮流。以德国作家埃里希·雷马克（1898—1970）的《西线

无战事》和美国作家海明威（1899—1961）的《永别了，武器》为代表的反战
文艺作品，关于战争与和平问题的学术专著纷纷出版，各种和平团体，如英国
主张国际仲裁和全面裁军的"国际联盟协会"和坚持绝对和平主义的"不再战
运动"，美国的基督教"国际和解联谊会"和"防止战争全国理事会"等团
体，通过各种途径对政府施加影响。在国际政治领域，列宁发表《和平法令》
后，威尔逊倡导成立用国际法约束战争的国际联盟，并得到英国的支持；1923
年的英国工党也把"国际和平、国内繁荣"当作竞选口号。"一战"后形成的
反战与和平运动，深刻影响了两次世界大战之间的国际关系。

第四节　凡尔赛—华盛顿体系

"一战"结束后，战胜国与战败国的对立，资本主义和社会主义两种制度
的对立，战胜国实力对比发生的变化，使新的矛盾和斗争更为复杂而激烈。战
胜国先后召开巴黎和会与华盛顿会议，通过一系列条约和成立第一个由主权国
家参加的国际组织——国际联盟，在全球范围内建立了帝国主义重新瓜分世
界、维护战胜国利益和维持战后和平的新秩序，即"凡尔赛—华盛顿体系"。
然而，随着国际形势的发展，该体系因自身的各种矛盾不断激化而最终崩溃。

一、巴黎和会和凡尔赛体系的建立

1. 巴黎和会的召开

"一战"结束后，战胜国坐到谈判桌前，讨论对战败国的和约，并以此安
排战后的世界。这场大战造成的一系列重大变化，使主要战胜国形成了四点共
识：第一，战败国应承担发动战争的责任，并对协约国在战争中的全部损失进
行赔偿，使战胜国获得最大利益。第二，为了对付社会主义苏俄，在严惩战败
国的同时手下留情，使战败国尤其是德国成为反苏（俄）反共的屏障。第三，
有限承认民族自决权，在符合战胜国利益的前提下重建和新建一批民族国家。
第四，建立一个主权国家政府之间的常设国际组织，通过具有约束力的国际法
准则，保护战胜国的既得利益，维护主要根据战胜国的意志而建立的战后国际
新秩序，这个组织就是国际联盟。这些共识是战胜国对战败国缔结和约的基
础。但是大战造成的列强实力消长，使主要战胜国各自有着不同的掠夺要求和

争霸计划。

美国是大战的最大受益者。战后美国挟其世界第一经济强国的优势，攫取世界领导权的野心急剧膨胀，突出表现就是 1918 年 1 月 8 日威尔逊总统提出的"十四点"原则，其主要内容是：废除秘密外交，公海航行自由，消除一切经济壁垒和门户开放；抵消苏俄的布尔什维主义影响；恢复并建立一批民族国家；成立国际联盟等。该计划反映了美国企图以其经济实力和军事实力为后盾，以"公开外交"和"门户开放"为旗号，在全世界扩张自己的势力，进而通过国际联盟控制国际局势等诸多打算，是它对长期以来欧洲列强主宰世界的国际格局发出的公开挑战和冲击。

英国在大战中受到削弱，但仍然拥有相当实力。它是世界第一海军强国，继续牢固地保持着国际金融中心的地位，其殖民帝国也得到扩大。英国企图通过战后的和平安排，保持已经获得的各种利益，同时继续对欧洲实行传统的"均势"政策，以达到主宰欧洲事务、进而左右世界局势的战略目的。

法国作为大战的主要战场，尽管为胜利付出了惨重代价，但在欧洲依然占有军事战略优势。它拥有世界上最强大的陆军，占领着一些战略要地。法国希望通过和平解决方案，一劳永逸地消灭德国这个宿敌和对手，在确保自身安全的同时重建法国在欧洲大陆的霸权。

意大利希望在亚得里亚海和东地中海占有支配地位；日本则力图使其战时在中国侵吞的利益合法化并独占中国，进而称霸亚太地区。

1919 年 1 月 18 日，和会在巴黎近郊的凡尔赛宫镜厅开幕。实际出席和会的共 32 个国家①，美国总统威尔逊、英国首相劳合·乔治（1863—1945）、法国总理克列孟梭（1841—1929）、意大利首相奥兰多（1860—1952）、日本前首相西园寺公望（1849—1940）亲率代表团与会，可谓盛况空前。中国派出了包括五位专使的 63 人代表团。这五位专使是外交部长陆徵祥、驻美公使顾维钧、驻英公使施肇基、南方军政府代表伍朝枢、王正廷。但苏俄和战败国德国、奥匈帝国②、土耳其和保加利亚被排斥在和会之外。

和会的决策者是由美英法意四国首脑组成的"四人会议"，而实际操纵会议的是由威尔逊、劳合·乔治和克列孟梭组成的"三巨头"，他们决定和会的

① 包括 27 个战胜国，以及英国的自治领澳大利亚、新西兰、加拿大、南非联邦和印度。

② 第一次世界大战结束后，奥匈帝国解体，在帝国的废墟上形成了奥地利、匈牙利、捷克斯洛伐克、塞尔维亚—克罗地亚—斯洛文尼亚联合王国（后改名南斯拉夫王国）等国家。

一切重大问题。值得注意的是，苏俄虽然被排斥于会议之外，却成为影响和会及《凡尔赛和约》签订的最重要因素之一。

和会一开始，主要战胜国便陷入激烈的争吵之中。无论是会议程序问题，还是对德和约问题，抑或是每个国家更为具体的分赃要求，与会者都得较量一番。但在反对苏俄问题上各方却态度一致。早在巴黎和会召开之前，协约国代表就于 1917 年 12 月 22 日在巴黎研究武装干涉苏俄的计划。会议备忘录规定了法、英、美向乌克兰、哥萨克地区、高加索、西伯利亚等地区的反动势力提供经费等具体内容。12 月 23 日，英法还签订了《关于英法军队未来在俄国领土上作战区域》的秘密协定。和会开始后，尽管"俄国问题"并未见诸议程，但与会列强多次讨论如何扼杀俄国革命的影响，并决定对苏俄实行经济封锁，保留德国的东线部队，建立由波兰、波罗的海三国和芬兰组成的"防疫地带"，还批准了反苏俄武装干涉计划，并决定主要以隐蔽方式，即支持俄国境内的反苏俄势力来进行武装干涉。因此巴黎和会实际上成为帝国主义干涉苏俄的大本营，但列强最终遭到了失败。

2. 凡尔赛体系的建立

经过几个月激烈的讨价还价，主要战胜国在需要共同对付日益高涨的革命形势下终于达成妥协，最后拟定了对德和约。战胜国以最后通牒的方式迫使德国无条件接受和约。6 月 28 日，德国代表签署了《协约及参战各国对德和约》，即《凡尔赛和约》。

《凡尔赛和约》包括 440 个条款和一项议定书，第一部分为国际联盟盟约。第二部分是对德和约，主要内容包括：

第一，关于战争责任。和约第 231 条规定，德国及其各盟国应当承担战争罪责。

第二，重划德国疆界。将德国小块领土划归比利时；阿尔萨斯—洛林重归法国；萨尔煤矿由法国开采，行政权由国际联盟代管 15 年，期满后通过公民投票决定其归属；莱茵河西岸的德国领土由协约国占领 15 年，东岸 50 公里内德国不得设防。德国承认奥地利独立，德奥永远不得合并；德国承认捷克斯洛伐克和波兰独立，并割让部分领土给捷、波两国。但泽市为国联保护下的自由市。默麦尔①地区暂由协约国占领。在德国和丹麦之间的石勒苏益格地区实行

---

① 今立陶宛克莱佩达。

公民投票以决定其归属。《凡尔赛和约》对德国疆界的划定，使德国在欧洲大陆丧失了 13.5% 的领土和 10% 的人口。

第三，瓜分德国的殖民地。剥夺德国在非洲和太平洋的全部海外殖民地，由主要战胜国英国（包括其自治领）、法国、比利时和日本以"委任统治"形式予以瓜分。

和会还不顾中国的反对和抗议，公然把德国在中国山东的一切非法权益和胶州湾租借地全部移交给日本，在全国人民的反帝爱国高潮推动下，中国代表拒绝在条约上签字。中国在巴黎和会受到的屈辱，激起了中国人民的极大义愤，并引发了五四运动。

第四，限制德国军备。陆军不得超过 10 万人，其中军官不得超过 4000 人；解散总参谋部；禁止生产和输入重型武器；废除普遍义务兵役制。海军规模限定为小型战列舰和轻巡洋舰各 6 艘，驱逐舰和鱼雷艇各 12 艘，不得拥有主力舰和潜艇；海军兵员不得超过 1.5 万人，其中军官不得超过 1500 人；销毁德国港口以外的德国军舰。

第五，赔款和经济条款。和会规定由主要协约国及参战国美、英、法、意、比等国组成的赔款委员会①于 1921 年 5 月 1 日前确定赔款总额；在此之前德国应偿付与 200 亿金马克②价值相等之物，并承担占领军的一切费用。赔款委员会有权审查德国征税制度。德国关税不得高于他国，战胜国对德国输出入货物不受限制；德境内几条主要河流为国际河流，基尔运河对外国军舰与商船开放。

从《凡尔赛和约》的内容可以看出，英、法、比、日等国的要求基本得到满足，美国在"十四点"原则中提出的一些要求也得到一定体现，但它攫取世界领导权的计划却没有实现，因此国会以国联盟约使美国承担了太多义务而损害了它的主权利益为由，拒绝批准威尔逊总统已经签字的《凡尔赛和约》，也不参加国联。③

《凡尔赛和约》签订后，协约国陆续与其他战败国签订了和约。

1919 年 9 月 10 日，协约国与奥地利签订《圣日耳曼条约》，确认奥匈帝国

---

① 美国因未批准《凡尔赛和约》而未正式加入赔款委员会。
② 这里的金马克指的是德意志第二帝国时期以黄金为本位币的马克。由于德国马克在大战及其后贬值严重，故战胜国要求以金马克作为德国赔款的计算单位。
③ 1921 年 8 月 24 日、25 日和 29 日，美国单独与奥地利、德国和匈牙利签订了和约。

解体，匈牙利与奥地利分立；承认捷克斯洛伐克和南斯拉夫（1929 年以前称塞尔维亚—克罗地亚—斯洛文尼亚联合王国）独立；禁止德奥合并；将一些土地割让给意大利、捷克斯洛伐克、南斯拉夫和罗马尼亚；加里西亚暂由协约国管理，后合并于波兰；阜姆①为自由港；废除强迫普及征兵制，陆军不得超过 3 万人；海军只保留 3 艘巡逻舰，禁止拥有潜艇和空军。赔款总额由主要协约国及参战国组成的赔款委员会决定；该委员会有权监督奥地利的财政。

1919 年 11 月 27 日，协约国与保加利亚签订《纳依条约》，规定保加利亚承认南斯拉夫独立，将一些土地划给南斯拉夫、罗马尼亚和希腊；废除义务兵役制；陆军限额为 2 万人，不得拥有海、空军；赔款 22.5 亿金法郎。

1920 年 6 月 4 日，在镇压了匈牙利无产阶级革命后，协约国与匈牙利订立《特里亚农条约》。条约重申对奥条约的主要条款，并将一些领土划归南斯拉夫、罗马尼亚和捷克斯洛伐克；废除强迫普及兵役制；陆军限额 3.5 万人、巡逻艇 3 艘；赔款 22 亿金法郎。匈牙利的国土只剩下原来的 28.6%，人口为原来的 36.3%。

1920 年 8 月 10 日，战胜国与土耳其素丹政府签订《色佛尔条约》，规定土耳其的欧洲领土仅保留伊斯坦布尔及附近地区，亚洲领土仅保留安纳托利亚高原地区；东色雷斯和伊兹密尔地区割让给希腊；汉志和亚美尼亚独立；土耳其的阿拉伯地区由英、法委任统治；海峡地区为非军事区，由国际共管，无论平时或战时均对一切国家的军舰、商船及军用、民用飞机开放。条约恢复了列强在土耳其的领事裁判权和监督其财政与关税权，并限制其军事力量。该条约使土耳其丧失了独立地位。由于土耳其资产阶级革命领袖凯末尔领导的大国民议会坚决拒绝接受《色佛尔条约》，该条约从未生效。

土耳其资产阶级革命胜利后，协约国与凯末尔政府于 1923 年 7 月 24 日另订《洛桑条约》取代《色佛尔条约》。《洛桑条约》规定，将小亚细亚全部领土和东色雷斯归还土耳其；废除领事裁判权；取消赔款，财政不受外国监督和关税自主；维持海峡地区非军事化和国际共管；保留对其他地区的委任统治安排；协约国军队撤出伊斯坦布尔。《洛桑条约》使土耳其基本上保持了民族独立。

《凡尔赛和约》和随后签订的各项条约与国际联盟的成立，构成了凡尔赛

---

① 今克罗地亚里耶卡。

体系。它标志着第一次世界大战结束后，列强经过近五年的时间，终于在欧洲、近东和非洲建立了战后资本主义世界的新秩序。

3. 对凡尔赛体系的评价

第一，凡尔赛体系是帝国主义重新瓜分世界的体系。英、法、日、意等战胜国通过获得战败国的殖民地、势力范围和对一些土地实行委任统治，扩大了自己的殖民帝国，实现了它们在战前追求的主要扩张目标。

第二，凡尔赛体系加深了帝国主义国家之间的矛盾。从战胜国与战败国的关系来看，第一次世界大战是两大帝国主义集团共同挑起的，双方都负有战争罪责。但是战胜国要求战败国承担发动战争的责任，为战胜国掠夺战败国提供了"依据"，并使凡尔赛体系的一系列条约对战败国非常苛刻。因此，德国虽然被迫在条约上签了字，但并不承认自己的失败。随着国力的恢复和增长，德国必然会要求修改条约，进而不履行条约，直至撕毁条约。与此同时，新生的魏玛共和国也由于被迫接受《凡尔赛和约》而成为民众仇恨的对象。人们怀念帝国，希望出现一个强有力的铁腕人物"重振国威"。正是德国不断高涨的极端民族主义和复仇主义，形成了纳粹党滋生的土壤，并成为30年代希特勒得以上台执政的重要原因之一。从战胜国之间的关系来看，美国作为迅速崛起的重要大国，在帮助协约国取得战争胜利和建立凡尔赛体系的过程中都发挥了重要作用，但问鼎世界领导权的努力却遭受极大挫折，使之与英法等国的矛盾加剧，这是其国会不批准《凡尔赛和约》也不参加国联的最根本原因。从此，美国置身于凡尔赛体系之外，对欧洲实行只谋求经济利益但不承担政治义务的所谓孤立主义外交政策。不仅如此，面对30年代法西斯的挑战，美国仍然坚持其孤立态度，直至"二战"全面爆发两年多后珍珠港被袭、蒙受巨大耻辱之后才放弃"孤立主义"。

第三，凡尔赛体系的领土安排，在欧洲引发了新的民族矛盾，并最终为纳粹德国所利用。战胜国一再标榜以民族自决原则处理领土问题，虽在一定程度上实行了这一原则，但它们首先考虑的还是掠夺战败国及它们自己的战略和利益需要。因此，虽然在旧帝国的废墟上恢复或建立的新国家的领土基本上以民族自决原则重新加以划定，但是在捷克斯洛伐克、奥地利、波兰、匈牙利、南斯拉夫等国又产生了一系列新的民族矛盾，这些矛盾后来成为东山再起的德国为打破凡尔赛体系而挑起新的国际争端的温床。

第四，凡尔赛体系是帝国主义反苏（俄）反共的工具。苏俄作为"一战"

后不断壮大的社会主义国家，是影响凡尔赛体系建立的重要因素。列强最初以消灭苏俄为目的，继而以孤立苏俄为目标，从一开始就把凡尔赛体系变成了反苏反共的工具。这种排斥与敌视苏俄、防止共产主义意识形态影响扩大的根本宗旨，在以后的 20 年中并无改变。当 30 年代法西斯的侵略扩张日益猖獗之时，英法继续敌视苏联，使它们失去了苏联这个最重要的在东方钳制纳粹德国的力量，并成为苏德两国在德国发动战争前接近的重要原因之一。

第五，凡尔赛体系加深了帝国主义和殖民地半殖民地的矛盾。如该体系对中国权益的不公正处理，给中国带来了深重灾难，使中国人民彻底觉醒，1919年 5 月 4 日，爆发了彻底反帝反封建的伟大爱国革命运动。20 年代的中国发生了深刻变化，中国共产党的成立和孙中山改组的国民党实行"联俄、联共、扶助农工"三大政策，为中国革命注入了新因素。中国民族解放运动的高涨不断冲击着列强的在华利益，迫使它们做出一定让步。尽管列强慑于民族解放斗争的压力，在瓜分殖民地方面采取了"委任统治"的形式，但没有根本改变其殖民统治的实质。战后无产阶级革命和殖民地半殖民地的民族民主运动有力地冲击着凡尔赛体系的基础。

凡尔赛体系没有也不可能消除列强之间的各种矛盾，其中一个重要方面就是美英对日本势力在中国和亚太地区的急剧膨胀极度不安。美、英、日等国在远东和太平洋地区的争夺日益激烈，导致了华盛顿会议的召开。

二、华盛顿会议和华盛顿体系的建立

第一次世界大战前，在亚太地区争斗的主要是英、法、俄、德、日、美六国，主要目标是宰割贫弱的中国；战后则形成了主要由英、美、日三国继续争夺中国和太平洋海上霸权的新局面。在这种争斗中，海军军备竞赛愈演愈烈，使各国不堪重负；美、英对日本在该地区的扩张野心极为担忧；面对中华民族的觉醒，所有列强都希望继续保持中国的贫弱状态并维护其在华既得利益。在这种情况下，美国决心凭借自己的经济实力和在亚太地区的相对优势，通过召开国际会议，以限制海军军备为手段，解散英日同盟，遏制日本的野心，迫使列强接受对华"门户开放"原则。

1921 年 11 月 12 日至 1922 年 2 月 6 日，美、英、日、中、法、意、比、荷、葡九国在美国主持下召开了华盛顿会议。会议的正式议程是限制海军军备和太平洋及远东问题，却把苏俄排除在外。会议标榜不搞秘密外交，但所有重

大问题均由美国国务卿查尔斯·休斯（1862—1948）、英国枢密院大臣亚瑟·贝尔福（1848—1930）和日本海相加藤友三郎（1861—1923）在幕后决定。

会议共缔结条约八项（其中一项未生效，一项为会议期间由中日两国订立），议决案 13 项，它们共同构成了华盛顿体系。其中最重要的条约有以下五个。

1921 年 12 月 13 日，美英日法四国签订《关于太平洋区域岛屿属地和领地的条约》，简称《四国条约》，条约规定：缔约国同意相互尊重其在太平洋上的岛屿属地和领地的权利；一旦任何其他国家的侵略行为使这些权利受到威胁，四国应共同协商，并就采取有效措施达成协议；条约有效期十年；条约生效后，终止英日同盟。

对美国来说，《四国条约》埋葬了英日同盟，消除了它在远东争霸的一个障碍。对英国来说，该条约在促进英美关系的同时维持了英日友谊，使英国在太平洋上的巨大权益暂时得到了保障，它欠美国的战债也有所减免。对日本来说，该条约承认了日本在太平洋上的权益；同时日本的扩张野心也受到美英法三国的一定遏制，不得不暂时将武力侵华方式改为以经济侵略为主。

在《四国条约》签订的前一天，美日签订《耶普岛条约》①，条约规定：美国在使用该岛的海底电线、岛上的无线电通信，美国公民在该岛的居住权和财产权等方面，与日本享有同等地位；美国同意日本对太平洋赤道以北的原德国岛屿属地的委任统治，日本也必须维持和尊重美国公民在这些岛屿的财产权，并不得在岛上设立军事基地。

1922 年 2 月 6 日，《美英法意日五国关于限制海军军备条约》即《五国海军条约》签字。条约规定：五国主力舰总吨位的比例依次为 5∶5∶3∶1.75∶1.75，限额分别为：美、英各 52.5 万吨，日本 31.5 万吨，法、意各 17.5 万吨；主力舰的排水量不得超过 3.5 万吨，舰炮口径不得超过 16 英寸②；各国航空母舰总吨位限额为美、英各 13.5 万吨，日本 8.1 万吨，法、意各 6 万吨，其他舰只未作限制；美英日三国在太平洋岛屿和领地的要塞维持现状；美国不得

---

① 耶普岛是加罗林群岛中的一个小岛，美国通过该岛的海底电线与其海军基地关岛、中国上海及荷属东印度群岛进行联系，因此该岛的战略地位对美国十分重要。美国对《凡尔赛和约》决定该岛由日本委任统治十分不满并对该决定持保留意见。以后美、日多次争论此问题，最终在华盛顿会议上达成妥协。

② 1 英寸约合 2.54 厘米。

在菲律宾、关岛、萨摩亚和阿留申群岛修建海军基地和新的要塞，英国不得在香港及太平洋东经110度以东的岛屿设防，日本承诺不在台湾设防。条约有效期至1936年12月31日。

《五国海军条约》使英国正式承认了美英海军力量的对等原则，并使日本的扩军计划受到限制。尽管日本迫于压力未能达到它在会前提出的主力舰吨位要达到美英70%的目标，但是美英在战舰基地方面对日做出的让步却使日本在新加坡以北水域实际占有绝对优势。

《五国海军条约》是20世纪大国之间签订的第一个裁军协议。但它只限制了主力舰和航空母舰的吨位，这就为以后的军备竞赛留下了空间。

1922年2月4日，中日签订《解决山东悬案条约》及《附约》，并规定：日本将胶州德国旧租借地、青岛海关和胶济铁路归还中国；日本撤退驻青岛、胶济铁路沿线的军队；中国补偿日本铁路资产53406141金马克；煤、铁、矿山由中日合资经营，等等。《附约》中规定了日本人和其他外国侨民的许多特权，使日本在山东保留了不少权益。另外日本还被迫声明放弃"二十一条"中的部分次要条款。中国收回山东主权和胶济铁路利权，是对《凡尔赛和约》的重要修正，是中国人民坚持斗争所取得的重要外交成果。

1922年2月6日，与会九国签订《九国关于中国事件应适用各原则及政策之条约》，即《九国公约》。全文共九条，中心内容是第一条的"四项原则"："（一）尊重中国之主权与独立及领土与行政之完整；（二）给予中国完全无碍之机会，以发展并维持一有力巩固之政府；（三）施用各种之权势，以期切实设立并维持各国在中国全境之商务实业机会均等之原则；（四）不得因中国状况，乘机营谋特别权利，而减少友邦人民之权利，并不得奖许有害友邦安全之举动。"《九国公约》的核心是列强确认并同意把"门户开放""机会均等"作为它们共同侵略中国的基本原则。中国代表提出的收回关税自主权、取消治外法权、收回租界等要求，均未获得解决。

《九国公约》的签订使美国长期追求的"门户开放"政策终于成为现实。公约所标榜的尊重中国主权、独立，不过是表面文章，它只是打破了日本对中国的独占，"又使中国回复到几个帝国主义国家共同支配的局面"[1]。

华盛顿会议是巴黎和会的继续与发展，华盛顿体系是对凡尔赛体系的修改

---

[1] 《毛泽东选集》第1卷，人民出版社1991年版，第143页。

和补充，是"一战"后列强在远东和亚太地区建立的新的国际关系结构。

华盛顿体系的建立，削弱了英国在远东的势力，暂时遏制了日本的扩张野心。但是日本独霸中国和亚太地区的既定国策不会改变，必会遭到中国人民的坚决抵抗。美国作为华盛顿体系的主要规划者和潜在保证者，力求保持远东及太平洋地区的新均势，也必然会与日本产生不可调和的矛盾。

华盛顿体系的建立，标志着战胜国在全球范围内基本完成了战后列强关系的调整和对世界秩序的重新安排。由凡尔赛体系和华盛顿体系构成的国际关系新秩序，史称"凡尔赛—华盛顿体系"。

三、国际联盟

第一次世界大战的爆发和战争的长期性与残酷性，不仅使各国人民渴望和平，也使一些政治家考虑建立一个具有特定盟约性质、能够保障和平，从而保护列强利益的国际组织。国际联盟应运而生。

1919年1月25日，巴黎和会通过建立国际联盟的建议。4月28日，巴黎和会通过国联盟约，并把它列为《凡尔赛和约》和对奥、保、匈各国和约的第一部分内容。1920年1月20日，《凡尔赛和约》生效，国际联盟宣布成立。当时的会员国是44个，不包括苏俄和战败国德国。当初极力鼓吹创建国联的美国却始终未加入国联。

《国际联盟盟约》共26条，主要包括四方面内容。

第一，国联的组织机构和职能。国联的主要机构是会员国全体代表大会、行政院和常设秘书处。代表大会每年9月在日内瓦召开一次常会，必要时可召开特别会议。每个会员国的代表不得超过三人，但只有一票表决权。行政院由美、英、法、意、日五个常任理事国①和大会选出的四个非常任理事国（后来增加到九个）组成，每年至少开会一次，后改为每年开会四次。代表大会和行政院有权处理"属于联盟行动范围以内，或关系世界和平之任何事件"，它们的所有决议必须全体一致表决通过。常设秘书处由行政院指定一位秘书长领导，负责准备大会和行政院的文件、报告和新闻发布工作。国联还设立了国际常设法院、国际劳工组织、常设委任统治委员会、国际联盟卫生组织、国际知

---

① 由于美国最终未加入国联，所以实际上只有四个常任理事国。1926年德国加入并成为常任理事国。

识合作委员会、难民委员会等六个常设机构和专门委员会及许多辅助机构。

第二，建立国联的目的和达到目的的手段。国联盟约宣称，国联成立的宗旨在于"为增进国际间合作并保持其和平与安全起见，特允承受不从事战争之义务"。为此，盟约提出了会员国为实现这一宗旨而应尽的主要义务与职责：（1）裁减军备。规定会员国为维护和平，必须裁减本国军备"至适足保卫国家安全及共同履行国际义务的最少限度"；行政院要制定裁军计划，提交政府有关部门审查。（2）会员国有相互尊重并保持领土完整和现有之政治独立，以防御外来侵略的义务，如发生争端应提交仲裁，对破坏盟约而进行战争的国家采取制裁措施。（3）会员国应实行"公开邦交"，废止各国之间订立的与国联盟约不符合的条约。

第三，管理殖民地的委任统治制度。国联盟约规定，国联把德国的前殖民地和前奥斯曼帝国的领地委任给英、法、比、日等主要战胜国进行统治，受委任国须每年向行政院提出委任统治情况的年度报告。委任统治地分为三类：第一类包括原属奥斯曼帝国的阿拉伯领土，暂交委任国给予"行政之指导及援助"；第二类包括德国在中非的前殖民地，由委任国"负地方行政之责"，并保证对其他会员国实行"机会均等"政策；第三类包括德国过去在西南非洲的殖民地和在太平洋上的岛屿属地，受委任国根据本国法律进行管理。

第四，国联成员国赋予国联的其他权力。

国际联盟作为世界上第一个由主权国家参加的政治性国际组织，是国际政治的重要发展。它是各国维护和平、努力用协商方式解决国际争端理念的继续实践，在促进国际社会有序化，伸张中小国家正当诉求，推进国际合作等方面做出了一些有益的开创性尝试和努力。但是国联存在重要缺陷：它对裁军的泛泛规定，对各国政府没有真正的约束力；它所规定的形成决议的"全体一致"原则（或称"普遍否决权"），实际使国联失去了对侵略行为采取任何有效行动的可能性，因此无法制止战争的发生；它所标榜的公开外交不过是对世界舆论的一种欺骗；它的"委任统治"制度尽管是对旧殖民体系的改造，但没有改变殖民统治的实质；它并不具有真正的普遍性和权威性，美国始终不是它的成员，苏联长期被拒之门外，这就使集体安全有名无实。因此，国联的政治实践便否定了它所标榜的基本宗旨，在保卫世界和平方面没有做出应有的贡献。它作为凡尔赛—华盛顿体系的一部分，在帝国主义强权政治的支配下，实际成为英、法等欧洲国家操纵的、并时时为美国所支持的维护列强在战后建立的国际秩序的外交工具，并在客观上助长了侵略，最后也使自己遭遇失败。第二次世界大战的爆发使国联名存实亡。1946年4月，国际联盟正式宣告解散，其所有财产和档案被移交给联合国。

思考题：

    1. 试析第一次世界大战的起源。

    2. 怎样认识第一次世界大战的性质和影响？

    3. 凡尔赛—华盛顿体系是如何建立的？

第三章　俄国十月社会主义革命

20世纪初，俄国工农大众在以列宁为首的布尔什维克党领导下，发动了伟大的十月社会主义革命，推翻了资产阶级临时政府，建立了人类历史上第一个无产阶级专政的社会主义国家，使社会主义由理想、运动变为现实的社会制度。十月革命后，新生的苏维埃政权和红军战胜了帝国主义武装干涉和国内反革命势力的进攻，捍卫和巩固了革命成果，开展了建设新政权和新制度的伟大探索。十月革命的胜利开创了世界历史的新纪元，对世界各国无产阶级革命、殖民地和半殖民地的民族解放运动产生了重大影响，极大推动了人类社会的进步。

第一节　十月革命胜利和苏维埃政权建立

1917年二月革命后，俄国人民推翻了沙皇专制统治，成立了工兵代表苏维埃。但革命后成立的临时政府，实际上是由资产阶级掌握了国家政权。于是，俄国出现了无产阶级领导的工兵代表苏维埃与资产阶级控制的临时政府并存的局面。在列宁和布尔什维克党领导下，俄国迅速从资产阶级民主革命向社会主义革命转变。1917年11月7日，彼得格勒的工人赤卫队和士兵在布尔什维克党领导下发动武装起义推翻了资产阶级临时政府，政权转归苏维埃，世界上第一个社会主义国家宣告诞生。

一、俄国二月革命

1905年革命失败后，俄国革命运动处于低潮。列宁和布尔什维克党在1905—1910年的革命低潮时期继续领导开展各方面斗争，保持和巩固布尔什维克党的力量。1910—1912年，俄国工人运动再次出现高潮，布尔什维克党努力克服党内分裂，实现党的团结统一，为适应新的革命形势奠定了政治组织基础。

1914年8月第一次世界大战爆发，沙皇俄国参加协约国，并成为参战国。为了在这一帝国主义战争中取胜，沙皇政权倾其国力投入战争，强征1500万名壮劳动力入伍参战，几乎占全俄男劳动力的 1/2；大片土地荒芜，工厂倒闭；国债从 1913 年的 88 亿卢布激增到 1917 年的 500 亿卢布。战争使俄国人民处于水深火热之中，社会矛盾、民族矛盾和阶级矛盾进一步激化。从 1915 年起，俄国各地不断爆发革命运动。列宁和布尔什维克党深入分析了俄国的革命形势，不失时机地提出了"变帝国主义战争为国内战争"的口号，号召俄国人民利用战争造成的形势，发动革命，推翻沙皇的统治。1917 年年初，俄国革命运动急剧发展，沙皇政权摇摇欲坠，革命时机已经成熟。

1917 年 1 月，为纪念 1905 年"流血星期日"，在彼得格勒、莫斯科、罗斯托夫、哈尔科夫等地爆发了大规模工人罢工和示威游行。1917 年 3 月 3 日（俄历 2 月 18 日），彼得格勒普梯洛夫工厂工人开始罢工。10 日，又发展成为反对饥饿、反对帝国主义战争、反对沙皇制度的政治总罢工，罢工人数达到 25 万人。沙皇政府下令开枪镇压参加示威和集会的群众，激起人民更强烈的反抗。他们高呼"打倒战争""打倒专制制度"，揭开了二月革命的序幕。11 日，有近 200 名工人被军警开枪打死打伤，激起工人更大规模的反抗斗争。彼得格勒布尔什维克维堡区委员会决定将罢工转变为武装起义。12 日（俄历 2 月 27日），起义席卷全城。驻守彼得格勒的士兵拒绝向工人开枪，并大批大批地转到革命队伍中。起义工人和士兵并肩战斗，攻打兵工厂、军械库、发电厂和火车站，捣毁警察局和监狱，释放政治犯。起义者占领了彼得保罗要塞和冬宫，红旗替代了沙俄的白蓝红三色旗在全市飘扬。布尔什维克党中央发出《告全俄公民书》，宣布首都已经转到起义人民手中。当天晚上，彼得格勒苏维埃代表大会在塔夫利达宫召开，成立了彼得格勒苏维埃。当时，布尔什维克党的力量相对弱小，只有党员 2.3 万人，而立宪民主党有党员 6.5 万人至 8 万人，孟什维克有党员 20 万人，社会革命党有党员 50 万人。于是，孟什维克的齐赫泽（1864—1926）当选为彼得格勒苏维埃执行委员会主席，社会革命党人克伦斯基（1881—1970）、孟什维克的斯柯别列夫（1885—1938）为副主席。在执行委员会的 15 名成员中，布尔什维克只有 2 名委员，孟什维克和社会革命党人占有明显优势。彼得格勒苏维埃成立后，俄国其他城市也相继成立了苏维埃，彼得格勒苏维埃实际上起着全国领导中心的作用。

3 月 15 日，沙皇尼古拉二世（1868—1918）被迫宣布退位，统治俄国 300余年之久的罗曼诺夫王朝覆灭。与此同时，临时政府成立。因为领导苏维埃的孟什维克和社会革命党人认为，二月革命是资产阶级革命，自然应由资产阶级政党组阁。3 月 14 日晚，孟什维克和社会革命党人与国家杜马临时委员会达成协议，同意资产阶级政党在立宪会议召开前成立临时政府。立宪民主党①人李沃夫公爵（1861—1925）任总理兼内务部长，立宪民主党领袖米留可夫（1859—1943）任外交部长，十月党领袖古契柯夫（1862—1936）任陆海军部长，克伦斯基以"民主派"身份出任司法部长。这样，二月革命的胜利成果实际上为资产阶级所窃取。3 月 22 日，英国、法国和美国等相继承认了临时政府。但是，在当时的俄国革命形势下，彼得格勒苏维埃仍然以工人和革命士兵为主，资产阶级临时政府并不能控制苏维埃。这样，二月革命后，在俄国出现了资产阶级临时政府和工兵代表苏维埃并存的局面。列宁曾对这种局面做出判断和评价："所谓两个政权并存，就是说有两个政府同时存在：一个是主要的、真正的、实际的、掌握全部政权机关的资产阶级政府，即李沃夫之流的'临时政府'；另一个是补充的、附加的、'监督性的'政府，即彼得格勒工兵代表苏维埃，它没有掌握国家政权机关，但是它直接依靠显然是绝大多数的人民，依靠武装的工人和士兵。"②

　　资产阶级临时政府违背了广大工人、农民和士兵的意愿，继续追随英美法等帝国主义国家参与第一次世界大战，并企图通过帝国主义战争削弱人民革命力量，解除工人武装，消灭工兵代表苏维埃。但是由于临时政府缺乏群众基础，缺乏武装力量，实力不足，不能立即消灭苏维埃。因此，临时政府不得不采取欺骗群众的手段，如许诺召开立宪会议，制定宪法，给人民一些民主和自由，以巩固统治。工兵代表苏维埃虽然没有控制政权机关，但是它是在人民武装起义基础上直接建立起来的，掌握着武装力量，并得到前线广大士兵和后方工农群众的支持，因此形成一个权力中心。

　　两个权力中心并存的局面，表明俄国处于革命的过渡和转变阶段。

二、十月革命的胜利

　　两个权力中心并存的局面是俄国二月革命后阶级力量对比的特殊产物，两个性质不同的中心不可能长期共存下去，不是临时政府消灭苏维埃，由资产阶级掌握全部政权，就是苏维埃推翻临时政府，把全部政权转移到无产阶级手

---

①　二月革命后，立宪民主党改名为"人民自由党"。
②　《列宁选集》第 3 卷，人民出版社 2012 年版，第 40 页。

中。面对这样的历史抉择，以列宁为首的布尔什维克党义无反顾地选择了社会主义革命的道路，成功领导了十月社会主义革命。

二月革命后，临时政府为了欺骗人民，巩固统治，不得不暂时放松了对布尔什维克党的镇压，俄国国内政治环境有所改善，布尔什维克党得以恢复公开活动。布尔什维克党利用这种有利形势，积极组织群众，开展革命斗争。

1917 年 4 月 16 日，列宁从瑞士回到彼得格勒。他在车站广场发表号召进行社会主义革命的演讲，受到工人和士兵的热烈欢迎。17 日，列宁出席了在塔夫利达宫举行的布尔什维克党代表会议，作了关于战争与和平的报告。20 日，《真理报》发表了题为《论无产阶级在这次革命中的任务》的报告提纲，即著名的《四月提纲》。报告从俄国的实际出发，以社会主义革命可能首先在一国取得胜利的思想为指导，阐明了俄国从民主革命向社会主义革命转变的必要性、具体策略和步骤。列宁明确指出，目前俄国的特点是从革命的第一阶段过渡到革命的第二阶段，即从资产阶级民主革命过渡到社会主义革命。第一阶段由于无产阶级的觉悟和组织程度不够，政权落到了资产阶级手中，第二阶段应当使政权转到无产阶级和贫苦农民手中。在无产阶级夺取政权问题上，列宁根据两个政权并存的情况，制定了革命的战略：他没有号召立即推翻临时政府，而是号召"不给临时政府任何支持"；他没有提出立即打倒窃取苏维埃领导权的孟什维克和社会革命党的要求，而是提出了"全部政权归苏维埃"的策略口号，以便把政权由资产阶级手中转到苏维埃手中，然后通过苏维埃内部布尔什维克与孟什维克等小资产阶级的政党进行斗争，使工兵代表苏维埃变成无产阶级专政的政权，列宁预计这个过程有可能用和平方式来实现。

但在实行和平发展策略的同时，列宁明确指出要揭露和批判资产阶级临时政府的错误，向群众说明"工人代表苏维埃是革命政府唯一可能的形式"[①]，应当立即实现由资产阶级革命向社会主义革命的转变，全部政权归苏维埃；"不要议会制共和国（从工人代表苏维埃回到议会制共和国是倒退了一步），而要从下到上遍及全国的工人、雇农和农民代表苏维埃的共和国"[②]。

列宁还指出，革命的直接任务并不是立即"实施"社会主义，而仅仅是过渡到由"工人代表苏维埃监督社会的产品生产和分配"，要没收一切地主的土

---

① 《列宁专题文集 论社会主义》，人民出版社 2009 年版，第 20 页。
② 《列宁专题文集 论社会主义》，人民出版社 2009 年版，第 20 页。

地，实行土地国有化，并把土地交给当地雇农和农民代表苏维埃支配；把所有的银行合并为一个实行苏维埃监督的国家银行；由苏维埃监督社会产品的生产和分配等。

列宁在《四月提纲》中设想的和平发展策略，是在当时特殊情况下产生的革命策略。所谓特殊情况，是指苏维埃是在武装起义的基础上建立起来的，人民手里有武器，许多旧军队的士兵拥护苏维埃，而临时政府只能控制少数反动武装。同时，二月革命后的俄国，在全部政权及时转归苏维埃的条件下，人民争得了一些民主权利，布尔什维克可以自由揭露孟什维克和社会革命党人的妥协和卖国政策。通过斗争，布尔什维克有可能战胜孟什维克，掌握苏维埃的领导权。因此，"全部政权归苏维埃"是反映这样一个和平转变过程的策略性口号。

列宁在预计革命可能和平发展的同时，还强调资产阶级会残酷镇压无产阶级，提醒人们汲取 1848 年 6 月巴黎工人起义的历史教训。他着重指出："无产阶级政党应当用全部精力向人民说明：必须组织和武装无产阶级，使它同革命军队结成最紧密的联盟"[①]。列宁把革命和平发展的设想立足于无产阶级掌握武装，并随时准备用革命暴力反击反革命暴力的基点之上，以便在资产阶级动武时，及时提出武装夺取政权的战略口号，夺取革命胜利。这种策略在当时情况下是正确的。

《四月提纲》发表后，不仅遭到孟什维克的激烈反对，即使在布尔什维克党内，大多数人最初也不理解，一些人则坚决反对。当时流行的观点是：俄国经济过于落后，不具备实行社会主义革命的条件。一些人坚持先完成资产阶级革命，然后才能进行社会主义革命的旧公式不放，攻击列宁是"空想主义"。如普列汉诺夫在《统一报》上攻击列宁是在说"梦话"，因为俄国生产力落后，无产阶级不成熟，"俄国还没有生产出制造社会主义馅饼的面粉"。加米涅夫（1883—1936）在《真理报》发表《我们的分歧》等文章，认为俄国还没有完成资产阶级民主革命，不可能转为社会主义革命。

经过列宁耐心的宣传解释，布尔什维克党接受了列宁提出的从资产阶级民主革命过渡到社会主义革命的路线，并要求全党动员起来领导人民，反对临时政府的战争政策，揭露临时政府的反动本质和孟什维克、社会革命党人的妥协

[①] 《列宁全集》第 29 卷，人民出版社 2017 年版，第 402 页。

和叛卖政策。党中央成立了全俄军事组织中央局,在士兵中建立了党的基层组织,出版了《士兵真理报》《战壕真理报》等报纸,并派出大批党员到士兵中去进行思想政治动员。在列宁革命路线的指导下,革命运动不断高涨,阶级力量的对比朝着越来越有利于革命的方向发展。

临时政府继续其战争政策,引起了人民的激烈反对。1917年5月1日,临时政府外交部长米留可夫照会协约国,声称俄国"将充分遵守对我协约各国所承担的义务","把世界战争进行到彻底胜利"。照会公布后,彼得格勒、莫斯科等地掀起大规模反战示威游行。示威群众高呼"打倒战争!""打倒米留可夫!""全部政权归苏维埃!"等口号。彼得格勒军区司令科尔尼洛夫(1870—1918)下令军队向示威群众开枪,被士兵拒绝,临时政府出现危机。

为摆脱危机,临时政府被迫撤销米留可夫、古契柯夫的职务,并建议彼得格勒苏维埃同意组织联合临时政府。5月18日,第一届联合临时政府组成,李沃夫仍任总理兼内务部长。但李沃夫仍然不顾国内人民的反对,继续实行帝国主义战争政策,引起人民革命运动的高涨。7月1日,彼得格勒爆发50万人参加的示威游行,示威者高呼"全部政权归苏维埃!"同日,临时政府命令俄军在西南前线发起进攻。接到命令的15个师中,有10个师拒绝执行命令。临时政府强迫俄军进攻,俄军惨败,10天内就有6万余人伤亡。

7月17日(俄历7月4日),彼得格勒再次爆发大规模示威游行,工人和士兵要求立即发动武装起义推翻临时政府。当天下午,军队开枪镇压参加示威游行的工人、士兵,造成600余人伤亡。随后,临时政府宣布戒严,查封了布尔什维克党的《真理报》,并以"叛国"和"组织武装暴动"的罪名通缉列宁,列宁被迫流亡芬兰。临时政府还颁布了解除工人武装、解散参加示威游行的部队、禁止群众集会、在前线恢复死刑等命令。7月24日,临时政府改组,克伦斯基出任总理兼陆海军部长。七月事件标志着两个政权并存局面的结束,临时政府完全掌握了政权,孟什维克和社会革命党人控制的工兵代表苏维埃,成为临时政府的政治附庸,布尔什维克党被迫转入地下。

七月事件后,国内政治形势发生急剧变化,俄国革命和平过渡已无可能。因此,列宁及时调整布尔什维克党的策略,把和平过渡的策略改变为武装起义的策略。

列宁在1917年7月发表的《论口号》一文中指出:"在2月27日至7月4日这段时期内,革命的和平发展是可能的,当然也是最合乎愿望的,但是现在，革命的和平发展是绝对不可能了。"[1] 他明确指出："俄国革命和平发展的一切希望都彻底破灭了。客观情况是：或者是军事专政取得最终胜利，或者是工人的武装起义取得胜利。"他向俄国无产阶级发出了武装起义的号召："只有认清形势，发扬工人阶级先锋队坚韧不拔的精神，准备力量举行武装起义"。[2]

8月8—16日，布尔什维克党在彼得格勒举行第六次全国代表大会。会议指出，革命和平发展，使政权转归苏维埃的策略已不可能再实行下去。大会决定收回"全部政权归苏维埃"的口号，代之以"彻底消灭反革命资产阶级专政"的口号。大会号召工人、革命士兵和贫苦农民准备武装起义，同资产阶级展开决战。

8月25—28日，临时政府在莫斯科召开"国务会议"，号召要用"铁和血"的手段建立国内秩序。此时，七月事件后出任临时政府军队最高总司令的科尔尼洛夫，积极策划叛乱，以建立军事独裁统治。9月7日，科尔尼洛夫率军向彼得格勒进发，并通牒临时政府交出全部政权。克伦斯基惊慌失措，求助于首都工人和革命士兵。布尔什维克党中央委员会、彼得格勒委员会等及时发布《告全体劳动人民、告彼得格勒全体工人和士兵书》，号召工人和士兵奋起保卫革命。工人赤卫队重新武装起来严阵以待，同时派人到叛军内部揭露叛乱真相。叛军的大多数士兵觉醒后掉转枪口，科尔尼洛夫被临时政府逮捕。

科尔尼洛夫叛乱被粉碎后，布尔什维克党的威信空前提高，广大群众从反革命事变中认清了资产阶级政府和小资产阶级的性质和面目，纷纷转向支持布尔什维克党。彼得格勒和莫斯科的苏维埃先后以多数票通过了布尔什维克党提出的决议，即"由革命无产者和农民代表组成的政权"，对俄国的社会经济进行革命性改造。半个月内，支持布尔什维克决议的苏维埃已经有80多个。10月8日，托洛茨基（1879—1940）当选为彼得格勒苏维埃主席。这时，布尔什维克党重新提出"全部政权归苏维埃"的口号，但强调，要通过武装起义，建立由布尔什维克党领导的苏维埃政权。

革命力量与反革命势力经过几个月的较量，形势越来越朝着有利于布尔什维克党的方向发展，无产阶级和广大群众也积极支持革命，革命形势愈益成熟。9月，列宁写信给党中央，明确提出要不失时机地通过武装起义夺取政权。

---

[1] 《列宁全集》第32卷，人民出版社2017年版，第7页。
[2] 《列宁全集》第32卷，人民出版社2017年版，第2、5页。

10 月 20 日，列宁从芬兰秘密回到彼得格勒。23 日，布尔什维克党举行特别中央全会，会议以十票赞成，加米涅夫、季诺维也夫（1883—1936）两票反对，通过了列宁起草的"把武装起义提上日程"的决议。

为准备武装起义，10 月 25 日，彼得格勒苏维埃成立了以托洛茨基为首的军事革命委员会，具体负责武装起义的组织领导工作。29 日，布尔什维克党中央召开扩大会议，批准了中央委员会关于武装起义的决议，成立了由斯维尔德洛夫（1885—1919）、布勃诺夫（1883—1940）、捷尔任斯基（1877—1926）、斯大林（1879—1953）和乌里茨基（1873—1918）组成的五人工作班子，在彼得格勒苏维埃军事革命委员会领导下工作。11 月 4 日，军事革命委员会直接领导的彼得格勒工人赤卫队中央司令部成立。5 日，波罗的海舰队发表声明，明确表示随时在彼得格勒苏维埃的呼唤下，"手执武器支援革命"。

10 月底，临时政府得知布尔什维克准备起义的消息后，将效忠它的部队从前线调回，加强对冬宫等政府机关的守卫，发布随时镇压武装起义的紧急命令，并开始以武力镇压布尔什维克。11 月 6 日（俄历 10 月 24 日）清晨，临时政府派遣士官生和警察袭击了布尔什维克党中央机关报《工人之路报》，查封了印刷厂。布尔什维克党中央立即召开紧急会议，决定提前发动武装起义。革命士兵夺回了印刷厂，报纸立即出版，发出推翻临时政府、一切政权归苏维埃的号召。当晚，列宁化装来到斯莫尔尼宫指挥武装起义。入夜，起义达到高潮。7 日（俄历 10 月 25 日）上午，除冬宫外，整个彼得格勒都掌握在起义者手中，军事革命委员会公布了列宁起草的《告俄国公民书》，宣布临时政府已被推翻。傍晚，数万名赤卫队员、革命士兵包围了冬宫。晚 9 时 40 分，"阿芙乐尔号"巡洋舰炮声响起，起义者冲进冬宫，逮捕了临时政府的部长，彼得格勒武装起义取得胜利。

在攻打冬宫的同时，11 月 7 日晚，全俄工兵代表苏维埃第二次代表大会在斯莫尔尼宫开幕。大会通过了《告工人、士兵和农民书》，正式宣告临时政府已被推翻，全国政权转归苏维埃。大会还通过了《和平法令》《土地法令》。1917 年冬，俄国因战争已经伤亡数百万人，俄国经济濒于崩溃边缘，千百万劳动人民忍饥受冻。尽快结束战争，是俄国人民的迫切愿望。《和平法令》宣布，苏维埃政府"向一切交战国的人民及其政府建议，立即就缔结公正的民主的和约开始谈判"，立即实现"不割地不赔款"的和平，退出帝国主义战争，同帝国主义战争政策彻底决裂。《和平法令》还宣布废除秘密外交，无条件废除沙皇政府和资产阶级临时政府所缔结的一切秘密条约，坚决主张公开地进行一切谈判。通过《和平法令》后，大会开始讨论土地问题，通过了《土地法令》。《土地法令》要求无偿没收地主的土地，交给劳动者使用；地主的田庄和一切皇族、寺院教堂的土地，连同所有耕畜农具、房屋建筑和一切附属物，一律交给乡土地委员会和县农民代表苏维埃机构支配，"永远废除土地私有权"。任何损害被没收的财产，即今后属于全民的财产，将受到革命法庭的严惩。此外还宣布，所有地下矿藏和森林水利，为全民所有。《土地法令》彻底否定了生产资料私有制，消灭了农奴制残余，被广大农民称为"神圣的法令"。它动员千百万农民，同工人阶级一起，为在俄国建立起巩固的苏维埃政权而斗争。大会选举产生了新的全俄苏维埃中央执行委员会和工农政府——人民委员会，列宁当选为人民委员会主席。苏维埃政府的建立，宣告了世界上第一个社会主义国家的诞生。

三、苏维埃政权在全俄的建立

彼得格勒起义的胜利，犹如万钧春雷，震撼了俄国大地。从 1917 年 11 月 7 日到 1918 年 3 月，苏维埃政权在全国范围内纷纷建立起来。列宁把这一时期革命形势的迅猛发展，称之为"苏维埃政权的胜利进军"。

1917 年 11 月 7 日晨，彼得格勒开始武装起义的消息传到莫斯科，莫斯科布尔什维克党迅即成立了军事总部，命令赤卫队和革命士兵立即占领克里姆林宫附近的邮电总局和电报局。与此同时，莫斯科工兵代表苏维埃举行会议，选举产生了由布尔什维克党人斯米尔诺夫等七人组成的革命军事委员会。[①] 入夜，革命军事委员会宣布彼得格勒武装起义已经取得胜利，命令莫斯科卫戍部队进入战备状态。革命军事委员会还封闭了资产阶级的报纸，占领了国家银行等重要机关，要求工人、农民和士兵立即行动起来，为建立苏维埃政权而斗争。

与此同时，反动势力迅速集结力量。11 月 7 日夜，以莫斯科市长、右翼社会革命党人鲁斯涅夫为首的"公安委员会"成立，莫斯科军区司令里亚勃采夫出任反革命武装总指挥。革命士兵和反革命军队进行了殊死斗争。11 月 10 日晨，克里姆林宫失守，反革命军队血腥屠杀革命士兵。同日，莫斯科各工厂宣

---

① 七人组成的革命军事委员会中，有布尔什维克四人，孟什维克两人，统一派一人。统一派是
　孟什维克护国派右翼集团，1917 年 3 月成立。

布总罢工，当晚，十余万名工人赤卫队和革命士兵组织起来，投入保卫苏维埃政权的斗争中。11 月 11 日，革命武装重新夺回失守的邮电总局和电报局，铁路工人及时占领了火车站，阻止前来增援的敌军部队。根据列宁的指示，波罗的海舰队的水兵和彼得格勒工人赤卫队进军莫斯科，斗争形势发生了有利于革命力量的转变。革命队伍迅速占领克里姆林宫，鲁斯涅夫被迫投降，宣布解除反动军队的武装，解散"公安委员会"。无产阶级领导下的苏维埃政权控制了整个莫斯科，为苏维埃政权在全俄的建立创造了有利形势。

继莫斯科苏维埃政权建立后，苏维埃政权在前线也取得了重大胜利。当时在俄国的西部战线、北部战线、西南战线和罗马尼亚战线，布尔什维克党领导下的革命士兵粉碎了反动势力企图调动军队镇压革命的阴谋。经过布尔什维克党的艰苦努力，许多士兵都认清了反动势力的本质，摆脱了孟什维克和社会革命党人的影响，各战线的革命委员会都宣布拥护苏维埃政权。彼得格勒苏维埃政权建立后不到 1 个月，就有 11 个省会和重要的工业中心建立了苏维埃政权。在工业中心地区无产阶级的支持下，布尔什维克党派出大批宣传员发动、组织农民群众，有力地推动了苏维埃政权在农村地区的建立。到 1917 年年底，除大中工业地区的伊万诺沃-沃兹涅先斯克、弗拉基米尔、雅罗斯拉夫尔、特维尔外，俄罗斯中部的奥勒尔、图拉、沃罗涅日、奔萨，乌拉尔地区的叶卡捷琳堡、皮尔姆、乌法，伏尔加河流域的下诺夫哥罗德、萨拉托夫、察里津、喀山、萨马拉等工业城市和阿斯特拉罕等，顿河地区、顿巴斯地区、黑海沿岸地区，西伯利亚的克拉斯诺亚尔斯克、鄂木斯克、伊尔库茨克，远东的符拉迪沃斯托克（海参崴）、伯力等，都先后建立了苏维埃政权。到 1918 年 3 月，"苏维埃政权不仅在大城市和工厂区建立起来，并且深入到所有偏僻角落"①。

彼得格勒武装起义胜利后，白俄罗斯、乌克兰、高加索、中亚等少数民族地区的民族主义政党和地方民族政府极力鼓吹"独立"，反对建立苏维埃政权。俄国苏维埃政府颁布了《俄国各族人民权利宣言》及《告俄国和东方全体穆斯林劳动人民书》，郑重宣布俄国各民族平等和独立自主，各民族享有自由自决乃至分离并建立独立民族国家的权利。苏维埃政府的民族政策，对苏维埃政权在少数民族地区的建立产生了积极影响。在白俄罗斯，最早建立了苏维埃政权，明斯克、哥美里、莫吉廖夫等地在彼得格勒武装起义胜利后不久即建立起

---

① 《列宁全集》第 34 卷，人民出版社 2017 年版，第 80 页。

苏维埃政权，当立宪民主党人、社会民主党人、孟什维克和民族主义者企图颠覆苏维埃政权时，立即遭到革命士兵的反击。

在乌克兰，拥护建立苏维埃政权的工人群众、革命士兵，同反对苏维埃政权的乌克兰中央拉达（即"议会"）进行了尖锐斗争。乌克兰中央拉达宣布自己是全乌克兰的最高领导，不仅不接受俄罗斯苏维埃政府的领导，而且公开投靠协约国帝国主义国家，充分暴露了中央拉达是帝国主义奴仆的本质。工人赤卫队和革命士兵奋起斗争，在俄罗斯苏维埃政府派来的军队帮助下，1917 年 12月成立了乌克兰苏维埃政府，宣布乌克兰苏维埃政权的成立。1918 年年初，革命队伍在乌克兰中央拉达控制的基辅举行武装起义，并取得胜利。乌克兰中央拉达政府被彻底推翻，苏维埃政权在全乌克兰成立。在南高加索，布尔什维克党人邵武勉（1878—1918）等与孟什维克、社会革命党人和民族主义势力进行了尖锐斗争，1917 年 11 月中旬在巴库建立了苏维埃政权。在帝国主义支持下，反动的民族主义势力与孟什维克相勾结，在第比利斯成立了南高加索行政委员会，对抗苏维埃政权。布尔什维克领导南高加索人民进行了长期的艰苦斗争，最终取得了胜利。中亚地区的革命中心是塔什干。1917 年 11 月 10 日，塔什干的工人和革命士兵发动武装起义，经过四天激战，推翻了资产阶级临时政府的土耳克斯坦委员会，建立了苏维埃政权。1918 年年初，反动的民族主义势力和反革命残余发动叛乱，企图推翻新生的苏维埃政权，但很快被平息。

从 1917 年 11 月 7 日彼得格勒武装起义开始到 1918 年 3 月，苏维埃政权首先在俄罗斯大工业城市，然后在中小城市、农村和少数民族地区取得了胜利。短短几个月内，苏维埃政权在全俄范围内普遍建立起来，这充分表明十月革命得到了俄国各族人民的支持和拥护。

四、十月革命的历史必然性和伟大意义

俄国十月革命的胜利，有其历史必然性。19 世纪末 20 世纪初，资本主义发展到垄断阶段，即帝国主义阶段。1916 年，列宁在《帝国主义是资本主义的最高阶段》一书中全面分析了帝国主义的本质和基本矛盾，揭示了它产生、发展和灭亡的客观规律，得出帝国主义是无产阶级社会革命的前夜的结论。列宁不囿于马克思主义创始人在特定历史条件下得出的个别结论，分析了帝国主义阶段资本主义各国经济政治发展不平衡的规律，认为帝国主义战线有可能在它最薄弱的地方被突破，从而得出社会主义可能首先在少数甚至在单独一个资本

主义国家内获得胜利的结论，发展了马克思恩格斯根据自由资本主义时代的情况所得出的，社会主义革命只有在多数资本主义国家同时举行进攻才能获得胜利的结论。

第一次世界大战期间的俄国，革命的条件已经成熟：战争使被压迫阶级的贫困和苦难超乎寻常地加剧，群众的革命积极性大大提高，表现出前所未有的历史主动性；战争使沙皇政府的野蛮和腐败暴露得淋漓尽致，统治阶级已经不可能照旧不变地维持自己的统治；两大帝国主义集团为自身利益进行激烈搏斗，无暇镇压蓬勃发展的俄国革命；经过 1905 年革命锻炼的俄国无产阶级，在列宁和布尔什维克党的领导下，完全掌握了革命的主动权，不断推动着革命深入发展。

列宁坚持社会历史发展统一性与多样性的辩证法，明确提出社会主义道路的多样性和民族性，提出不同的国家和民族如何以独特的形式表现出人类历史发展的普遍规律。列宁说："在人类从今天的帝国主义走向明天的社会主义革命的道路上，同样会表现出这种多样性。一切民族都将走向社会主义，这是不可避免的，但是一切民族的走法却不会完全一样，在民主的这种或那种形式上，在无产阶级专政的这种或那种形态上，在社会生活各方面的社会主义改造的速度上，每个民族都会有自己的特点。"① 俄国是一个小商品生产占优势、小农生产者占绝大多数的落后国家，社会主义革命必须从俄国这样的实际出发，自觉地从俄国的国情出发去研究和运用马克思主义学说。只有这样，才能成功地将俄国前资本主义的各种关系，过渡到社会主义去。

十月革命具有伟大的世界历史意义。"第一次帝国主义世界大战和第一次胜利的社会主义十月革命，改变了整个世界历史的方向，划分了整个世界历史的时代"②，十月革命"不只是开创了俄国历史的新纪元，而且开创了世界历史的新纪元"③。

十月革命是人类历史上第一次成功的无产阶级革命，建立了世界上第一个无产阶级领导的、以工农联盟为基础的社会主义国家，使占俄国人口绝大多数的工人和农民第一次摆脱被奴役被剥削地位，成为国家政治生活的主人。苏维埃政权成立之初通过的一系列法令，就破除了维护资产阶级利益的旧法令，在

---

① 《列宁选集》第 2 卷，人民出版社 2012 年版，第 777 页。
② 《毛泽东选集》第 2 卷，人民出版社 1991 年版，第 667 页。
③ 《毛泽东选集》第 1 卷，人民出版社 1991 年版，第 303 页。

国家生活的各个领域建立起新型的社会关系。革命彻底改变了落后的俄国的历史发展方向，开始了社会主义历史进程，为把俄国建设成社会主义强国开辟了广阔的道路。

十月革命的胜利，冲破了帝国主义统治的阵地，沉重地打击了帝国主义力量，为各被压迫民族和殖民地半殖民地从帝国主义压迫下解放出来，开辟了广泛的可能性和现实道路，推动了被压迫国家、被压迫民族争取独立、自由和解放的革命运动。

十月革命的胜利，把马克思主义关于无产阶级革命的理论变成了现实，实现了科学社会主义从理想和运动到现实的巨大飞跃，验证了科学社会主义是实现无产阶级解放的科学理论，促进了马克思列宁主义在全世界的传播，推动了一大批无产阶级政党的建立和国际共产主义运动的蓬勃兴起。

十月革命打破了资本主义制度的一统天下，社会主义作为一种崭新的社会制度出现在世界历史舞台。从此，资本主义与社会主义两种社会制度长期并存、相互竞争，成为世界现代历史的重要内容之一。

第二节　苏维埃俄国为巩固新生政权而斗争

十月革命胜利后，布尔什维克党领导俄国人民建立起无产阶级国家政权，并于1918年3月签订《布列斯特和约》，退出了帝国主义战争。国际帝国主义和国内被推翻的剥削阶级不愿看到无产阶级掌握国家政权，他们相互勾结，妄图通过武装干涉扼杀新生的苏维埃政权。为了动员一切力量和资源战胜敌人，1918年夏，苏俄开始实行"战时共产主义政策"。到1920年年底，苏俄最终粉碎了外国武装干涉和苏俄国内的反革命叛乱，捍卫了十月革命的胜利成果。

一、苏维埃政权的建设

全俄苏维埃政府建立后，为了巩固革命政权，列宁和布尔什维克党采取了一系列措施，建设苏维埃政权。

在列宁的建议下，全俄苏维埃中央执行委员会和工农临时政府——人民委员会下设陆海军、司法、内务、外交、财政和其他领域的共13个人民委员部，执行无产阶级专政的各种职能。

军队是国家的主要成分，为了巩固十月革命的成果、巩固无产阶级专政，就必须彻底摧毁旧军队，建立无产阶级自己的军队。1918 年 1 月 2 日，列宁批准了关于成立红军和红海军的命令，号召 18 岁以上的工农适龄青年踊跃参军。在布尔什维克党的领导下，苏俄很快就建立起一支具有高度政治觉悟、纪律严明的红军。

1917 年 11 月到 12 月之间，苏维埃政府先后发布命令，取消旧警察和旧法院，成立由工农组成的苏俄民警和人民法院。

为了巩固新生的革命政权，防止资产阶级利用教会进行颠覆活动，苏维埃政府宣布没收教会、寺院的土地，实行宗教信仰自由的政策。苏维埃政府还废除了封建等级制度，宣布男女平等和俄国各民族一律平等的政策。

为了镇压剥削阶级的反抗，打击反革命分子的复辟活动，根据列宁的建议，于 1917 年 12 月 20 日成立了以捷尔任斯基为首的全俄肃反委员会（音译为契卡），严厉惩处反革命分子，粉碎国内外敌人的反革命复辟阴谋，以巩固无产阶级专政的革命政权。

为了巩固无产阶级专政，必须改变生产资料私有制，摧毁资产阶级专政的经济基础，建立社会主义公有制。为此，苏维埃政府接管了临时政府控制的国家银行、工矿企业和铁路，使之成为苏俄最早的社会主义国营经济。1918 年 6 月，苏维埃政府颁布了关于大工矿企业国有化的法令。12 月，成立最高国民经济委员会，直接领导对国民经济的社会主义改造工作，迅速完成了对大工矿企业的国有化，同时，还实行了银行国有化、对外贸易国有化，并宣布废除沙皇政府和临时政府所欠的全部外债。此外，还采取了没收外国资本、取缔外国银行等措施。

在农业方面，进行了土地改革和农业的社会主义改造工作。根据《土地法令》，没收皇族、寺院霸占的 1.52 亿公顷土地并分配给农民，价值 3 亿卢布的农具也归农民所有。在土地改革中，俄国各地农村纷纷成立了贫农委员会。一小撮富农进行了破坏活动。为此，列宁制定了"依靠贫农、中立和联合中农，反对富农"的阶级路线，使土地改革顺利进行。

1918 年 1 月 23 日，全俄工兵苏维埃第三次代表大会开幕，26 日与同日召开的全俄农民苏维埃第三次代表大会合并，称为全俄工兵农代表苏维埃第三次代表大会。列宁与会并作了关于人民委员会的工作报告。大会批准了列宁起草的《被剥削劳动人民权利宣言》，宣布"俄国为工兵农代表苏维埃共和国，中央和地方全部政权属于苏维埃，俄罗斯苏维埃共和国是建立在自由民族的自由联盟基础上的各苏维埃民族共和国联邦"。新型的苏维埃国家制度正式确立。

1918 年 7 月，第五次全俄苏维埃代表大会通过了苏俄宪法。列宁起草的《被剥削劳动人民权利宣言》是宪法的第一章，起着宪法总纲的作用。宪法明确规定了苏维埃政权的无产阶级性质，把苏维埃政府成立以来社会主义革命和社会主义建设的成果用根本大法的形式固定下来。这是人类历史上第一部社会主义性质的宪法，是苏维埃政权初创时期列宁和俄国布尔什维克党为巩固无产阶级专政而斗争所取得的伟大胜利。

二、《布列斯特和约》的签订

苏维埃国家诞生时，仍然与同盟国处于交战状态。同时，苏维埃政府面临着帝国主义及反动武装干涉的危险。为了赢得时间，巩固政权，镇压国内的反革命武装暴乱，建立红军，医治战争创伤，恢复和发展国民经济，必须尽快摆脱帝国主义战争。

早在《和平法令》中，苏维埃政府就已经建议各交战国立即停止战争，缔结公正和约，但遭到英、法等协约国的拒绝。它们妄图把苏维埃俄国绑在战车上，以便牵制东线德军，甚至希望苏维埃俄国在同德国的战争中受到削弱或灭亡。鉴于对苏维埃政权威胁最大的是德国帝国主义，具有战略眼光的列宁毅然决定与德国进行单独谈判，退出帝国主义战争。

1917 年 12 月 3 日，苏维埃俄国与德国在德军占领下的布列斯特—里托夫斯克（今布列斯特），开始就签订停战协定进行谈判。德方拒绝苏维埃俄国代表提出的以《和平法令》作为谈判基础的建议。谈判陷入僵局后休会一周，12 月 15 日恢复谈判，双方签订了停战协定，主要内容是：1917 年 12 月 17 日至 1918 年 1 月 14 日为停战期，在停战期内进行和约问题的谈判。12 月 22 日起，双方开始正式和谈。

1918 年 1 月 18 日，德方要求苏俄将西部 15 万平方公里的土地交由德军占领，赔款 30 亿卢布。面对这一侵略要求，苏方要求休会 10 天。1 月 21 日，布尔什维克党中央委员与出席苏维埃三大的党员代表举行联席会议。会议的主要议题是讨论对德和约问题。列宁认为，苏俄不具备进行反对德国的革命战争的条件，为了维护苏维埃政权，必须做出必要的让步和妥协，按照德国的苛刻条件缔结和约，以尽快结束俄国参与的对外战争，赢得时机进行和平建设，以保证社会主义革命的成果得到巩固。布哈林（1888—1938）等"左派共产主义者"不同意列宁的观点，力主对德进行"革命战争"，停止布列斯特和谈。托洛茨基也反对列宁的观点，提出"既不进行战争也不签订和约"的主张。

与会的 63 名代表中，32 人支持布哈林，16 人支持托洛茨基，列宁的主张没有获得通过。在布尔什维克党中央委员会 1 月 24 日的会议上，列宁提出新的建议：鉴于德国爆发了大规模工人运动和反战运动，苏俄可尽量拖延和谈，直到德国提出最后通牒，可立即按照德国的要求签订和约。这个建议尽管遭到布哈林等人的反对，但仍获多数通过。

2 月 1 日，和谈重新开始，10 日，德国提出最后通牒，要求苏俄立即缔结和约，放弃从波罗的海沿岸到纳尔瓦、普斯科夫和德文斯克一线的领土。作为俄国首席谈判代表的托洛茨基不执行布尔什维克党中央委员会 1 月 24 日会议的决议，擅自决定拒签和约，使德国恢复对苏俄的战争有了口实。2 月 18 日，德军从波罗的海至黑海一线发起全面进攻，又占领大片俄国领土，直逼彼得格勒。21 日，列宁以人民委员会的名义宣布"社会主义祖国在危机中！"号召工农群众加入红军保卫苏维埃国家。23 日，德国政府表示同意恢复和谈，同时提出了更为苛刻的条件，要求在 24 小时内答复。23 日夜至 24 日晨，在布尔什维克党中央的会议上经过激烈争论，托洛茨基改变了态度，投了弃权票。最后通过了列宁立即签订和约的建议。3 月 3 日晚，双方签订了《布列斯特和约》。和约使苏俄丧失了约 100 万平方公里领土，但也使其最终退出了第一次世界大战，赢得了暂时的和平。同年 11 月 11 日，第一次世界大战结束，德国成为战败国。13 日，全俄苏维埃中央执行委员会宣布废除《布列斯特和约》，收复被德国占领的领土，支持当地人民建立苏维埃政权。

《布列斯特和约》的签订，是列宁革命外交路线的胜利。列宁巧妙地利用了帝国主义之间的矛盾，实行革命妥协的成功策略，使新生的苏维埃政权赢得了"喘息"之机，为组织红军、恢复和发展社会主义经济争取了宝贵时间，为后来粉碎帝国主义的武装干涉和国内反革命叛乱奠定了坚实的基础。

三、粉碎外国武装干涉和国内反革命叛乱

《布列斯特和约》签订后，苏维埃俄国不断得到巩固，引起英、法、美、日等帝国主义国家的恐慌和不安。1918 年上半年，外国帝国主义和俄国内叛乱分子开始策划对苏维埃俄国的武装干涉。时任英国海军大臣丘吉尔叫嚷，要把

苏维埃政权"扼杀在摇篮里"。于是，英、法、日、美等帝国主义国家及其仆从国多国武装力量开始勾结起来，对苏俄进行武装干涉。

1918年3月9日，英军在俄北方港口摩尔曼斯克登陆，揭开了帝国主义武装干涉苏俄的序幕。4月，日军在符拉迪沃斯托克（海参崴）登陆。8月，英、美、法等协约国军入侵苏俄北方重要港口阿尔汉格尔斯克。继日军后，英、美军队也相继侵入符拉迪沃斯托克（海参崴）。同月，英军还侵入南高加索，占领巴库和里海以东地区。在英军的支持下，巴库的苏维埃政权被民族主义分子、孟什维克和右派社会革命党人颠覆，26位委员惨遭杀害。

1918年5月，在协约国的挑唆和支持下，由在第一次世界大战中在奥匈帝国军队服役，而被俄军俘虏的捷克斯洛伐克人组成的捷克军团近5万人，在去往法国的途中叛乱。自5月下旬起，捷克军团在两个月内先后占领了马林斯克、奔萨、萨马拉、乌法、伊尔库茨克。伏尔加河中游地区、乌拉尔及西伯利亚的大部分地区也落入叛军手中。他们在这些地区煽动富农暴动，一些中农也对苏维埃政权产生动摇，苏俄国内战争爆发。

捷克军团在所到之处极力恢复旧制度。在他们支持下，社会革命党、立宪民主党和孟什维克成为形形色色的反苏维埃"政府"的主角，如在鄂木斯克建立的西伯利亚临时政府、在萨马拉建立的立宪会议成员委员会、在格鲁吉亚的民族委员会、叶卡捷琳堡的临时政府等。

为了巩固苏维埃政权，1918年6月，全俄苏维埃中央执行委员会将社会革命党和孟什维克人开除出苏维埃；7月，左派社会革命党人也被开除出苏维埃。9月，社会革命党和孟什维克邀请各地反苏维埃集团代表在乌法集会，成立所谓"全俄临时政府"，由社会革命党人阿夫克森齐耶夫（1878—1943）出任"内阁主席"。

1918年11月，第一次世界大战结束后，帝国主义国家加紧了对苏俄的武装干涉。从1919年春到1920年年底，英、法、美、日等帝国主义国家集结了30万干涉军队，勾结俄国内的反动势力对苏俄不宣而战，发起了三次大规模疯狂进攻。

1919年春，原沙皇政府海军上将、黑海舰队司令高尔察克（1873—1920）自称"俄国最高执政"，在协约国支持下集中25万军队，从乌拉尔山一带分三路向西推进。配合这次行动的有尤登尼奇（1862—1933）、邓尼金（1872—1947）统率的军队以及波兰军队、英法联合舰队、法国陆战队和英国军队等，共计 130 多万人。俄共（布）中央认为，东方战线已经成为决定苏维埃政权命运的决定性战线，在 4 月 12 日向全国人民发出"必须全力粉碎高尔察克"的号召。

为了支援前线，约 5 万名共产党员、共青团员和工人走上前线。在后方，莫斯科—喀山铁路机车编组站车库党支部发起组织共产主义星期六义务劳动。各地工人纷纷效仿，有力地支援了前线，列宁称其为"伟大的创举"。1919 年 4 月，红军转入反攻，在伏龙芝（1885—1925）指挥下，先后解放了乌法、乌拉尔地区和高尔察克伪政权的"首都"鄂木斯克。红军生擒高尔察克，1920 年年初，革命军事委员会判处他死刑。协约国组织的第一次武装进攻彻底失败。

1919 年夏，协约国又发动了反对苏俄的第二次进攻。在英国支持下，以邓尼金统率的军队为主力，向苏维埃政权发起进攻。邓尼金曾任临时政府总参谋长，十月革命后在北高加索和顿河流域发动叛乱。1919 年 7 月 3 日，邓尼金开始向莫斯科进军，迅速占领了顿巴斯和乌克兰大部分地区。叛军有 15 万人，除得到协约国大量武器、技术支援外，还有英、法等国不同程度的参与配合。7 月 9 日，俄共（布）中央发布了列宁起草的公开信《大家都去同邓尼金作斗争》，号召全党和全国人民积极投入抗击邓尼金的斗争中。邓尼金凭借武器和骑兵的优势，先后占领基辅和第聂伯河西岸的乌克兰地区。9 月 20 日，突破红军防线，占领库尔斯克。10 月 13 日，又占领奥廖尔，距莫斯科只有 300 公里，苏维埃政权处于危机之中。

此时，俄共（布）中央开展了"征收党员周"活动。在征收党员周期间，有二十多万工人农民入党，十多万名党团员奔赴前线。10 月中旬，红军开始转入反攻；10 月 20 日，在司令员叶戈罗夫（1883—1939）和军事委员斯大林的指挥下，解放了奥廖尔。1920 年年初，红军击溃邓尼金主力，基本解放乌拉尔、西伯利亚、乌克兰和北高加索地区，邓尼金逃亡国外。

1919 年红军的节节胜利给帝国主义武装干涉以沉重打击。1920 年 1 月 16 日，协约国宣布解除对苏俄的封锁，允许协约国等国与苏俄进行贸易往来。但这来之不易的短暂和平三个月后就被打破。1920 年 4 月 25 日，协约国支持波兰军队入侵苏俄，发起反对苏俄的第三次进攻。5 月初，波兰军队占领基辅和乌克兰、白俄罗斯大部分地区，邓尼金的残部在沙俄将军弗兰格尔（1878—1928）的率领下，占领了乌克兰南部。6 月初，叶戈罗夫和斯大林指挥红军在西南战线开始反攻。7 月，图哈切夫斯基（1893—1937）率红军解放了白俄罗斯领土，并越过边界逼近华沙。10 月，苏俄与波兰签订停战协定。1921 年 3 月，两国在拉脱维亚里加签订和约，正式划定边界，将西乌克兰、西白俄罗斯和立陶宛的一部分划归波兰。对波兰的战争结束后，红军集中力量打击弗兰格尔反动势力。在伏龙芝指挥下，红军发起总攻击，长驱直入克里米亚半岛，彻底消灭了弗兰格尔的军队，弗兰格尔逃往土耳其，后亡命欧洲。

在远东地区，反对外国干涉军和白卫军的斗争持续到 1922 年。高尔察克被杀后，美、英、法干涉军在 1920 年 4 月已陆续撤出远东，但日军仍盘踞在符拉迪沃斯托克（海参崴）等地。为避免与日本发生直接的武装冲突，苏俄政府决定，1920 年 4 月 6 日在乌尔斯克成立远东共和国，作为苏俄与日本占领者之间的缓冲国。1922 年 10 月，远东共和国人民革命军进攻符拉迪沃斯托克（海参崴），迫使日本干涉军全部撤出。11 月，远东共和国并入俄罗斯联邦。至此，苏俄反对外国武装干涉和国内白卫军叛乱的斗争取得了最后胜利，捍卫并巩固了年轻的苏维埃政权。

四、战时共产主义政策的实施

在粉碎外国武装干涉和国内反革命叛乱的斗争中，为了保障新生政权必要的物质供给，苏维埃政府不得不采用一种临时性政策，即战时共产主义政策。[①]

1918 年夏，苏维埃政权面临十分严峻的局面，其所控制地区只占国土的 1/4，主要是莫斯科周边地区，苏维埃政权失去了粮食和煤炭的主要产地。由于缺少必要的原料和燃料，工厂被迫停工，铁路瘫痪。特别严重的是粮食奇缺，人民生活日渐恶化，彼得格勒和莫斯科的工人，每天只有极少的口粮，广大人民饱受饥饿煎熬。暗藏的敌人加紧破坏活动，1918 年 7 月，莫斯科、雅罗斯拉夫里等俄国中部地区和城市相继发生叛乱；8 月，出现了蔓延全国的富农暴动。叛乱分子不断制造恐怖事件，如 1918 年 8 月 30 日，彼得格勒肃反委员会主席乌里茨基被社会革命党人刺杀身亡；同日，列宁在莫斯科遇刺，身受重伤。

1918 年 9 月 2 日，全俄苏维埃中央执行委员会宣布全国动员，全体居民都要无条件履行保卫祖国的义务，提出"一切为了前线，一切为了战胜敌人"的口号。为了强化无产阶级专政，更有效地打击国内外反动势力，1918 年 9 月 2 日，全俄苏维埃中央执行委员会宣布全国的经济、文化、政治转入战时轨道。

---

① 1921 年 4 月，列宁在《论粮食税》中第一次使用了"战时共产主义"这一概念。

在共和国军事委员会统一领导下，把分散在各地的游击队和赤卫队合并起来，开展普遍军训，增强部队战斗力。苏维埃政府把志愿兵役制改为义务兵役制，在红军中实行政治委员制，加强党对军队的领导。11 月 10 日，成立了以列宁为首的工农国防委员会。

在上述条件下，苏维埃政府开始实行战时共产主义政策，其主要内容，是实行余粮收集制。1918 年 5 月和 10 月，苏维埃政府先后颁布《授予粮食人民委员部特别权力，同隐瞒粮食储存、进行粮食投机的农村资产阶级作斗争》和《征收农业税》的法令，但这并没有解决日益严重的粮荒问题，不少地区开始组织工人征粮队下乡收粮。

为了迅速改变不断恶化的饥荒问题，苏维埃政府在 1919 年 1 月 11 日颁布了《余粮收集制法令》。法令规定：国家所必需的粮食和谷物饲料数额就是须征收的"余粮"额，摊派给各产粮省向农民征收。各省则将具体数额的粮食摊派到县、乡、村，直至每家农户。所有的余粮均以规定价格用纸币偿付。余粮收集制开始时仅限于粮食，但很快扩大到肉、奶、家禽、蛋、羊毛、皮革和棉麻、马铃薯等农副产品。

但是余粮收集制法令规定的"贫农不收、中农酌量征收、富裕农户多收"的原则，在实际工作中并没有得到很好执行，贫农的口粮和农副产品也被强行征收。列宁后来说，"我们实际上从农民手里拿来了全部余粮，甚至有时不仅是余粮，而是农民的一部分必需的粮食"[①]。为了强化实行余粮收集制，苏维埃政府在 1919 年 2 月 27 日做出"加强工人征粮队"的决定。与 1918 年夏秋时相比，工人征粮队规模更大，并配备有武器，兼有军事组织的性质，而且也更加普遍。余粮收集制短期效果明显，粮食征集额急剧上升。1920 年至 1921 年的征粮数为 1917 年至 1918 年的 5 倍。

在工业领域，实行企业全盘国有化。这个过程实际上早在十月革命胜利后即已开始。1917 年 11 月 7 日，斯米尔诺夫的利金纺织厂收归国有，不久，普梯洛夫工厂股份有限公司，电力、制糖业的大型企业都已收归国有。国内战争爆发后，国民经济不断恶化，苏维埃政府加快了工业企业国有化的步伐，1918 年 6 月 28 日，颁布了大型工业企业全面国有化的法令。到 1918 年年底，煤炭、冶金和石油等主要工业部门的大型企业已完全收归国有。随着战争的进展，工

---

① 《列宁专题文集 论社会主义》，人民出版社 2009 年版，第 217 页。

业企业国有化已不限于大型企业，开始扩大到中小企业。

1919 年 3 月通过的新党纲提出：要"坚持不懈地把已经开始并已基本上完成的对资产阶级的剥夺进行到底，把生产资料和流通资料变为苏维埃共和国的财产，即变为全体劳动者的公共财产"。根据这一指示精神，铁路、航运、金属加工、机器制造、发电等行业也完全国有化，银行的股票也全部作废，实行国有化。为了对收归国有的企业实施高度集中的统一管理，建立了总局管理体制，即在最高国民经济委员会之下按工业部门设立总管理局，由其垂直领导，直接管理本部门所属企业。

实行普遍劳动义务制和劳动军事化。1918 年 10 月 5 日，苏维埃政府颁布了资产阶级分子必须参加义务劳动的法令。不劳动者或没有完成劳动任务者不得食。到 1919 年年底，劳动义务制主要是在剥削阶级中实行。因战争发展的需要，苏维埃政府决定自 1920 年 1 月末开始实行普遍劳动义务制，劳动义务制扩大到社会各阶级中实行。1 月 29 日的法律规定：所有有劳动能力的公民，不管其从事哪一方面的工作，都要根据需要完成劳动任务。与此同时，开始对燃料、运输和军工企业实行军事化管理，违反劳动纪律者将受到战时法律惩处。1920 年年底，俄共（布）通过了广泛实行劳动义务制和经济军事化的决议。根据这一决议，苏维埃政府从红军中组建了八支劳动军，主要从事经济工作。

实行贸易国有化和实物配给制。1918 年 11 月 21 日，苏维埃政府颁布了《关于组织供给居民一切食品以及个人和家庭消费品》的法令，取消商品货币关系，在分配方面对粮食和其他生活必需品实行配给制，实施国家垄断贸易。根据法律规定，食糖、茶叶、火柴、食盐、棉布、肥皂和鞋靴等，开始国家垄断经营。到 1919 年年底，肉类和马铃薯也成为国家垄断的产品；1920 年，又扩大到蔬菜、黄油、蜂蜜、乳制品、蛋类和家禽等产品。商品的流动不再通过市场，而是通过政府领导的消费合作社进行。任何形式的私人自由贸易，都被视为非法。苏维埃俄国的工资，最初由实物形式和货币形式两部分构成。1919年 3 月，俄共（布）第八次代表大会明确提出"扩大无货币结算的范围，并且准备消灭货币"。1920 年 6 月，全俄中央执行委员会第二次会议再次重申，消灭货币是符合苏维埃国家经济和行政发展的基本任务的。在这种情况下，工资的货币部分越来越没有实际意义，从而加快了工资向实物的转化。1917 年，实物形式的报酬占工资总额的 5%，到 1920 年已占 93%。

战时共产主义政策就其发展来说可分为两个阶段。1918 年夏到 1920 年春是第一阶段，其主要内容是迫于战争的险恶形势而采取的一系列特殊的应急措施。1920 年春到 1921 年春是第二阶段。在这一阶段，战时共产主义政策在指导思想上增添了向共产主义"直接过渡"的主观愿望，进一步采取了一些超越社会发展客观条件许可的政策措施，"决定直接过渡到共产主义的生产和分配"①。

列宁在阐述战时共产主义政策的实质时指出，它是在苏维埃俄国处于战争和严重经济破坏下实行的政策，它的基础是工人阶级和劳动农民的军事政治同盟，因此，战时共产主义政策能得以实施并发挥作用。列宁说："当时农民从工人国家那里得到了全部土地和免遭地主富农蹂躏的保障；工人则在大工业恢复以前从农民那里借到了粮食。"② 战时共产主义政策的实施，使苏维埃俄国有了战胜外国武装干涉军和国内反革命叛乱的基础。

但战时共产主义政策不是无产阶级社会主义革命在经济上必经的历史阶段。事实表明，战时共产主义政策作为向共产主义"直接过渡"的道路是行不通的。正如列宁后来所说：在激发起人民的政治热情和军事热情后，"我们曾计划依靠这种热情直接实现与一般政治任务和军事任务同样伟大的经济任务。我们计划（说我们计划欠周地设想也许较确切）用无产阶级国家直接下命令的办法在一个小农国家里按共产主义原则来调整国家的产品生产和分配。现实生活说明我们错了"③。因此，当形势发生变化，特别是当外国武装干涉和国内反革命叛乱被镇压下去后，苏俄政府就终止了战时共产主义政策。

第三节　十月革命影响下的世界无产阶级革命运动

十月革命的胜利极大地鼓舞了世界各国的无产阶级革命斗争。1918—1923 年间，资本主义国家出现了无产阶级革命斗争高涨的局面，如德国十一月革命，匈牙利苏维埃共和国建立，共产国际建立及亚洲、欧洲、美洲一些国家的共产党成立等。十月革命后，马克思主义在中国开始广泛传播，并与工人运动

---

① 《列宁专题文集 论社会主义》，人民出版社 2009 年版，第 251 页。
② 《列宁专题文集 论社会主义》，人民出版社 2009 年版，第 236 页。
③ 《列宁专题文集 论社会主义》，人民出版社 2009 年版，第 247 页。

相结合。1919 年的五四运动拉开了中国新民主主义革命的序幕。1921 年 7 月，中国共产党成立，中国革命揭开了崭新一页。

一、德国十一月革命

第一次世界大战给德国人民带来了深重灾难。1918 年，德国工业产量和农业收成只相当于 1913 年的 1/2，居民的口粮锐减。战争后期，约有 100 万老人、妇女和儿童因营养不足死亡。在俄国十月革命影响下，人民反战运动高涨。1918 年 11 月 3 日，拒绝出海与英国作战的基尔港水兵起义，揭开了十一月革命的序幕。11 月 4 日，基尔成立了士兵苏维埃和工人苏维埃，控制了全城。起义迅速席卷全国，11 月 9 日，首都柏林几十万工人和士兵发动武装起义。德皇威廉二世（1859—1941）调集军队镇压未遂，被迫退位，逃亡荷兰，霍亨索伦王朝覆灭。

首相巴登亲王（1867—1929）为阻止革命发展，将政权交给社会民主党右派首领艾伯特（1871—1925）。11 月 10 日，艾伯特组成资产阶级临时政府——人民全权代表委员会，其主要任务是"恢复秩序"和防止"极左派的威胁"，对外奉行敌视苏俄的政策。为了把革命推向社会主义革命阶段，斯巴达克联盟（原斯巴达克团）决定建立无产阶级政党。1918 年 12 月 30 日至 1919 年 1 月 1 日，德国共产党成立大会在柏林举行，以卡尔·李卜克内西（1871—1919）、卢森堡（1871—1919）、威廉·皮克（1876—1960）为代表的德国共产党成立，宣布革命的任务是用革命的暴力反对反革命的暴力，建立无产阶级专政的苏维埃政权。

艾伯特政府为镇压共产党蓄意制造事端，1 月 4 日免除了左翼独立社会民主党人艾希霍恩担任的柏林警察总监职务。1 月 5 日，柏林工人举行的抗议游行示威转变为推翻艾伯特政府的武装起义。但是，推翻艾伯特政府的形势并不成熟。11 日，政府军对武装起义血腥镇压。15 日，德共领导人李卜克内西和卢森堡遭绑架后被杀害。2 月，政府在魏玛召开国民会议，艾伯特当选德意志共和国第一任总统。柏林"一月战斗"失败后，革命斗争仍在继续。4 月 13 日，慕尼黑工人在共产党领导下夺取政权，建立巴伐利亚苏维埃共和国。新生苏维埃政权遭到资产阶级反动武装的残酷镇压。5 月 1 日，6 万余人的政府军攻入慕尼黑，苏维埃政权被颠覆，十一月革命结束。德国十一月革命推翻了君主制，建立了共和国，部分完成了资产阶级民主革命的任务，同时支援了苏俄，推动了欧洲各国人民的革命斗争。

二、匈牙利苏维埃共和国

第一次世界大战前，匈牙利是奥匈帝国的一部分。第一次世界大战爆发后，奥匈帝国与德国结盟，1918年10月战败。10月底，匈牙利爆发资产阶级民主革命，11月16日，正式成立了以独立党人卡罗利·米哈伊为总统的共和国，结束了哈布斯堡家族对匈牙利数百年的统治。匈牙利资产阶级共和国成立后，国家经济形势继续恶化，物价飞涨，1918—1919年，面包、食用油等食品价格与1914年相比，平均上涨了400%—600%，人民的不满情绪和反抗斗争不断增长。

1919年3月20日，协约国向匈牙利发出最后通牒，要求它割让2万平方公里领土，交协约国联军和罗马尼亚军队占领。米哈伊政府拒绝最后通牒，宣布辞职。3月21日，匈牙利共产党动员工人起义，占领首都布达佩斯的主要战略要地，匈牙利社会民主党和共产党合并，成立了"社会主义党"；当晚，匈牙利苏维埃共和国成立，苏维埃政府——人民委员会主席由社会民主党中派加尔巴伊·山多尔（1879—1947）担任，共产党人库恩·贝拉（1886—1939）任外交人民委员，两党合并为匈牙利社会党。次日，发表《告全国人民书》，宣布"匈牙利无产阶级从今天起把全部政权掌握在自己手里"，这是俄国十月革命之后欧洲建立的第一个苏维埃政权。

匈牙利苏维埃共和国成立后，立即着手建立红军和红色民警队伍；设立革命法庭；举行苏维埃全民选举，召开全国苏维埃代表大会，颁布匈牙利社会主义苏维埃联邦共和国宪法，宣布苏维埃共和国是工人、士兵和农民苏维埃组成的共和国。在经济方面，工矿企业、交通运输业、保险业、金融机构、大中型零售商店等实行国有化。苏维埃政府还实行土地国有化，将地主的土地收归国有，试图在农村成立生产合作社或国营农场。

协约国积极策划颠覆匈牙利苏维埃共和国。1919年4月16日起，罗马尼亚、捷克斯洛伐克、法国集结15万军队入侵匈牙利，而匈牙利新建的红军只有5万人。5月4日，匈牙利政府发布动员令，短短几天内，红军扩充到十多万人，自5月中旬开始反攻。6月，匈牙利红军进入斯洛伐克，建立斯洛伐克苏维埃共和国。红军的节节胜利使协约国惊恐不安，在6月8日、13日向匈牙利两次发出照会，要求匈方停火后撤，同时以罗马尼亚军队撤到蒂萨河以东，邀请匈牙利参加巴黎和会为交换条件。匈牙利政府内部在讨论照会时发生严重分歧。为避免政府分裂，6月14日召开的苏维埃代表大会通过了接受协约国照会的决议，匈牙利红军开始后撤，斯洛伐克苏维埃共和国顷刻被颠覆；但协约国却拒不履行诺言，罗马尼亚军队继续留在匈牙利境内，匈国内反革命分子乘机发动叛乱。

匈牙利政府发觉受骗后，自7月20日起开始反击，但军事人民委员兼红军总司令维尔莫什与协约国秘密勾结，红军总参谋长费伦茨出卖了作战计划，使红军接连受挫。8月1日，罗马尼亚军队距布达佩斯只有40公里时，苏维埃政府被迫辞职，由右翼社会民主党人佩德尔组建的新政府取代。8月4日，罗马尼亚军队进入布达佩斯，革命者遭到血腥镇压。1920年3月，原奥匈帝国海军上将霍尔蒂·米克洛什（1868—1957）就任摄政王，实行军事独裁统治。匈牙利苏维埃共和国存在133天后被帝国主义扼杀。

三、共产国际的建立和世界各国共产党成立

第一次世界大战爆发后，第二国际各国党的多数领导人，背叛了无产阶级国际主义，第二国际破产。十月革命的胜利推动了各国革命运动的发展，一些国家建立了共产党，建立新的国际组织的条件日趋成熟。

1919年1月，苏俄和波、奥、匈等八个马克思主义政党的代表在莫斯科集会，发表《告世界共产主义组织和左派社会党人书》，邀请他们派代表来莫斯科研究建立共产国际问题。3月2日，国际共产主义代表会议在莫斯科召开，有来自21个国家的35个政党和团体的52名代表参加。旅俄华工联合会负责人刘绍周（又名刘泽荣，1892—1970）和张永奎列席了这次会议。列宁致开幕词，并在4日作了《关于资产阶级民主和无产阶级专政的提纲和报告》，论述了无产阶级专政即无产阶级民主的优越性。大会决定把本次会议改为"共产国际成立大会"，并通过了《告国际无产者》的宣言和《共产国际行动纲领》《关于资产阶级民主和无产阶级专政的提纲》等文件，宣告共产国际即第三国际成立。共产国际执行局由列宁、季诺维也夫、托洛茨基、拉科夫斯基和普拉廷五人组成。共产国际成立的同时，社会民主党右派领袖于1919年2月初在瑞士伯尔尼集会，召开社会民主党代表国际会议。26个国家的代表出席了这次会议，决定恢复第二国际（伯尔尼国际），布兰亭（瑞典）、韩德逊（英国）和胡斯曼（比利时）等组成了执行委员会。

共产国际成立前，欧美一些国家已经建立了共产党。十月革命后诞生的共产党是：阿根廷共产党（1918年1月）、芬兰共产党（1918年8月）、奥地利

共产党（1918 年 11 月）、匈牙利共产党（1918 年 11 月）、荷兰共产党（1918 年 11 月）、希腊共产党（1918 年 11 月）、波兰共产党（1918 年 12 月）、德国共产党（1918 年 12 月）等。共产国际成立后，在其帮助下又有一些国家的无产阶级建立了共产党，主要有：南斯拉夫共产党（1919 年 4 月）、保加利亚共产党（1919 年 5 月）、美国共产党（1919 年 9 月）、墨西哥共产党（1919 年 9 月）、丹麦共产党（1919 年 11 月）、西班牙共产党（1920 年 4 月）、印度尼西亚共产党（1920 年 5 月）等。在 1920 年 7 月共产国际第二次代表大会召开之前，已经有 27 个国家的共产党加入共产国际。这些共产党的加入，扩大了共产国际的影响，积极推动了各国革命运动和国际共产主义运动的发展。

国际共产主义运动迅速发展的同时，表现出右倾机会主义和"左"倾宗派主义倾向。前者主要来自社会民主党改良主义的影响，后者则是在反对右倾机会主义时走向了"左"的极端。1920 年春，列宁及时撰写了《共产主义运动中的"左派"幼稚病》，系统总结了俄国革命和无产阶级专政的历史经验，论述了马克思主义关于无产阶级革命的战略和策略原则，强调布尔什维主义始终是在反对右倾机会主义和"左"倾教条主义的斗争中成长起来的。

1920 年 7 月 19 日到 8 月 7 日，共产国际第二次代表大会在彼得格勒（7 月 23 日后移到莫斯科）举行，来自 37 个国家 69 个组织的 217 人出席了大会。大会的主要任务是，研究如何克服共产主义运动中的右倾和"左"倾机会主义，从思想上和组织上巩固共产国际。列宁在开幕式上作了《关于国际形势和共产国际基本任务的报告》，强调反对机会主义的斗争是一项长期、艰巨的任务；会议还通过了《加入共产国际的条件》和《共产国际章程》等重要文件。共产国际第二次代表大会后，又有一些国家成立了共产党，主要是英国共产党（1920 年 7 月）、土耳其共产党（1920 年 9 月）、法国共产党（1920 年 12 月）、意大利共产党（1921 年 1 月）、罗马尼亚共产党（1921 年 5 月）、捷克斯洛伐克共产党（1921 年 5 月）、中国共产党（1921 年 7 月）等。

共产国际第二次代表大会后，世界形势出现新的变化。资本主义国家的革命运动因社会民主党的背叛受到挫折；各国共产党由于成立不久，政治上、组织上尚不成熟，还不能彻底摆脱社会民主党的影响，发挥自己的领导作用。在这种形势下，共产国际先后召开了第三次代表大会（1921 年 6 月 22 日—7 月 12 日）和第四次代表大会（1922 年 11 月 5 日—12 月 5 日）。大会的主要任务是总结无产阶级革命斗争的经验，制定新的革命战略和策略，以适应新形势的需要，主要是争取大多数人民，建立工人统一战线。

共产国际的成立是当时国际共产主义运动的重大事件。它帮助各国革命左派组建了共产党，并给予各国共产党一定的有益帮助，这是它的历史功绩。但是，共产国际表面上是独立的各国共产党的国际组织，而实际上在思想上、政治上、组织上和财政上都处在俄共（布）〔1925 年后变为联共（布）〕中央政治局的严密控制之下。而且，由一个中心长期决定世界各国共产党的事情，是无论如何也行不通的，必然带来一些副作用。正如邓小平所说："任何国家的革命道路问题，都要由本国的共产党人自己去思考和解决，别国的人对情况不熟悉，指手画脚，是要犯错误的。……任何大党或老党都不能以最高发言人自居。"[1]

四、中国新民主主义革命的开始

在俄国十月社会主义革命的影响下，中国的五四运动从一场新文化运动转为一场以先进青年知识分子为先锋、广大人民群众参加的彻底反帝反封建的伟大爱国革命运动，成为中国新民主主义革命的开端。

清末，鼓吹"物竞天择，适者生存"的进化论，对近代中国产生了广泛的影响。1911 年辛亥革命推翻清政府，结束了统治中国几千年的君主专制制度，对推动中国社会进步具有重大意义，但未能改变中国半殖民地半封建的社会性质和中国人民的悲惨命运。在帝国主义操纵下，军阀混战激起社会各阶层的不满和反抗，新的革命高潮在酝酿之中。

1917 年俄国十月革命爆发后三天，上海《国民日报》即报道了十月革命胜利的消息，《东方杂志》等杂志发表文章，介绍列宁生平和苏俄的内外政策。十月革命在中国引起广泛反响，这是因为"中国有许多事情和十月革命以前的俄国相同，或者近似。封建主义的压迫，这是相同的。经济和文化落后，这是近似的。两个国家都落后，中国则更落后。先进的人们，为了使国家复兴，不惜艰苦奋斗，寻找革命真理，这是相同的"[2]。十月革命使深受帝国主义、封建主义压迫的中国人民受到极大鼓舞，给中国先进分子以新的启示。

1915 年，日本政府向北洋军阀袁世凯政府提出灭亡中国的"二十一条"。

---

[1] 《邓小平文选》第 3 卷，人民出版社 1993 年版，第 27 页。
[2] 《毛泽东选集》第 4 卷，人民出版社 1991 年版，第 1469 页。

1919 年 4 月下旬，巴黎和会在讨论德属殖民地问题时，日本代表蛮横要求将德国在中国山东的租借地、胶济铁路、矿山及其他一切特权，无条件让与日本。美、英、法等列强为了维护自己的私利而支持日本的要求。中国代表认为这些行径"实为历史所罕见"，因而表示反对。但中国北洋政府却在帝国主义列强的压力下准备签字。消息传来，中国社会各阶层人民，首先是知识分子和青年学生十分愤慨，爆发了彻底反帝反封建的伟大爱国革命运动。5 月 4 日，北京大学等校 3000 余名学生冲破军警阻拦，在天安门广场前集合进行游行示威，高呼"外争国权，内惩国贼"，"废除二十一条"。5 日，北京大中专学校学生开始罢课。在北京学生运动的影响下，天津、上海、武汉、济南、长沙等地的学生和在日本、法国的中国留学生，都开展了爱国群众运动。6 月 1 日，政府下令取缔学生的一切爱国行动，激起学生反抗。3 日，学生重新走上街头，遭到军警镇压，两天有近千人被捕。为了声援爱国学生，自 5 日起，在上海、北京、唐山、杭州、九江、天津、济南等地，工人开始政治大罢工，上海商界还开始罢市，五四运动遍及 20 多个省 100 多个城市，迅速发展成为全国反帝反封建爱国运动。在这种形势下，6 月 28 日，中国代表拒绝出席巴黎和会签字仪式。

五四运动是一场中国人民为拯救民族危亡、捍卫民族尊严、凝聚民族力量而掀起的伟大社会革命运动，是一场传播新思想新文化新知识的伟大思想启蒙运动和新文化运动。发生在十月革命所开创的世界无产阶级革命的新时代，标志着中国新民主主义革命的开始。五四运动期间，马克思列宁主义在中国广泛传播，中国工人阶级作为一支独立的政治力量登上历史舞台，促进了马克思列宁主义与工人运动相结合，中国先进知识分子积极筹建无产阶级政党。1920 年 8 月，在陈独秀主持下，中国第一个共产党组织在上海《新青年》编辑部建立；同年 10 月，北京的共产党早期组织在北京大学图书馆李大钊的办公室成立。武汉、长沙、广州、济南等地的先进分子和旅日、旅法华人中的先进分子，也相继建立了共产主义早期组织。

1921 年 7 月 23 日，中国共产党第一次全国代表大会在上海举行，大会最后一天，会议在浙江嘉兴南湖的游船上举行。毛泽东（1893—1976）、董必武（1886—1975）、李达（1890—1966）、陈潭秋（1896—1943）等 13 人，代表 58 名党员出席了代表大会。共产国际代表马林（1883—1942）和尼克尔斯基（1889—1943）也出席了大会。大会确定党的名称是"中国共产党"，并通过了党的纲领。中国共产党自建党开始，就把实现社会主义、共产主义作为自己的奋斗目标，并且坚持用革命的手段实现这个目标。中国共产党的创立，适应了近代以来中国社会进步和革命发展的客观需要，是近代中国历史选择的必然结果，是中国人民选择的必然结果。是近代中国社会经济、政治发展和思想演变的结果，是中国历史上开天辟地的伟大事件。

中国共产党成立后，从中央到地方组织，都以全力领导工人运动。1922年1月至1923年2月间，工人举行了100多次罢工，参加人数在30万以上，出现了第一次全国工人运动高潮，其中较为著名的有香港海员大罢工（1922年1月）、安源路矿工人大罢工（1922年9月）和"二七"京汉铁路工人大罢工（1923年2月）。第一次全国工人运动高潮，显示了中国工人阶级的伟大力量，同时也留下深刻的教训：中国革命的敌人是异常强大的，仅仅依靠工人阶级的力量是不够的，只有团结一切可以团结的力量，才可能把中国革命引向胜利。为此，中国共产党决定同孙中山领导的国民党合作，建立革命统一战线。1924年1月，中国国民党在广州举行第一次全国代表大会。国民党一大的召开，标志着国共两党合作的实现和革命统一战线的正式建立，全国掀起反帝爱国运动的高潮，如五卅运动、省港大罢工，广东、湖南等省的农民运动。为了打倒帝国主义，推翻军阀统治，统一中国，广州国民政府胜利地进行了北伐战争。1925年3月孙中山逝世后，国民党右派加紧争夺革命领导权。1927年，蒋介石发动了四一二反革命政变；汪精卫发动了七一五反革命政变，使大革命失败。

大革命失败后，中国共产党领导的人民革命斗争进入了最艰苦的时期，即土地革命时期。1927年8月1日，周恩来、贺龙、叶挺、朱德、刘伯承等领导了南昌起义，打响了武装反抗国民党统治的第一枪，开始了中国共产党独立领导武装革命斗争的新阶段。1927年8月7日，党中央在汉口召开了紧急会议，即八七会议，确定了土地革命和武装反抗国民党统治的总方针。9月9日，毛泽东领导了湘赣边界的秋收起义，10月到达井冈山地区，建立了以宁冈为中心的井冈山革命根据地。1928年4月，朱德、陈毅率领南昌起义保留下来的一部分部队到达井冈山，与毛泽东会师。在创建红军和农村革命根据地的伟大斗争过程中，以毛泽东为代表的共产党人，对中国革命道路进行了探索。1928年10月至1930年1月，毛泽东先后写了《中国的红色政权为什么能够存在?》《井冈山的斗争》《星星之火，可以燎原》等文章，提出了一条具有中国特色的农村包围城市、最后夺取全国胜利的革命道路，标志着毛泽东思想开始形成。

从1927年11月至1934年年底，党内先后出现了瞿秋白"左"倾盲动主义、李立三"左"倾冒险主义、王明"左"倾教条主义的错误，使革命力量遭受很大损失。1931 年 11 月初，苏区党的第一次代表大会（即赣南会议）在江西瑞金召开。毛泽东的正确主张被指责为"右倾机会主义"，此后，毛泽东的处境日渐困难。王明"左"倾教条主义的错误，使已经取得了四次反"围剿"胜利的中央革命根据地，在第五次反"围剿"中遭致失败。中央红军被迫于 1934 年 10 月开始了二万五千里长征。1935 年 1 月，中国共产党召开了历史上著名的遵义会议，结束了王明"左"倾教条主义在中央的统治，确立了以毛泽东同志为主要代表的马克思主义正确路线在中共中央的领导地位，在革命紧要关头挽救了党，挽救了红军。1936 年 10 月，红一、二、四方面军三大主力会师，标志着历时两年的红军长征胜利结束，开始了中国革命的新局面，有力地推动了中国革命事业的发展。

在全国抗日民主运动不断高涨的形势下，中国共产党于 1935 年 8 月 1 日发表了《为抗日救国告全体同胞书》（《八一宣言》），提出了建立抗日民族统一战线的主张。1936 年 12 月 12 日，西安事变爆发，之后党中央提出了和平解决西安事变问题的方针，迫使蒋介石接受联共抗日的主张。1937 年 2 月 15 日，国民党召开了五届三中全会，通过了接受国共合作的决议，抗日民族统一战线初步形成。西安事变的和平解决，成为由国内战争走向抗日民族战争的转折点。

思考题：

1. 二月革命后，俄国革命发展的特点是什么？
2. 为什么说十月革命的发生有其历史必然性？
3. 苏维埃俄国如何为巩固新生政权而斗争？
4. 十月革命是如何影响无产阶级革命运动的？

▶ 拓展阅读

第四章 第一次世界大战后初期的资本主义世界

"一战"后初期，资本主义世界的经济得到不同程度的恢复与发展，然而仍然存在十分严重的社会经济问题，工人运动一度高涨。国际关系有所调整，进入了相对稳定时期。可是这种调整还不能充分反映国际力量对比的变化。老牌强国英法相对衰落但仍力图维持它们在国际关系中的领导地位，美国成为世界经济中心但政治军事地位相对软弱。意大利、德国、日本的法西斯势力抬头，开始挑战既有的国际秩序。

第一节 英国的相对衰落与法国的重建

英国和法国虽然是战胜国，但国力都受到削弱。战后英国经济总体处于萧条状态，工人运动高涨，英帝国内部离心倾向加剧，开始向英联邦过渡；法国虽然经济恢复较快，但也面临通货膨胀严重、资本输出过大和农业慢性危机等问题。在国际上法国担心德国东山再起，因此努力通过建立同盟体系的办法寻求安全。

一、英国的经济萧条与国内政治生活的变化

英国在大战中受到削弱。为了最后的胜利，它在资源动员方面几近山穷水尽。在战争期间，英帝国死亡官兵 94.7 万人，军费开支达 124.54 亿英镑，相当于国家收入的 44%。英国向美国大举借债，1919 年欠美国的债务达 8.42 亿英镑，开始失去国际金融垄断地位。"一战"还使英国丧失了海上霸主的地位，大战摧毁了英国商船的 70%，其海军实力也大为减弱。另外，大战期间英国的殖民地和自治领的民族工业得到发展，美、日等国也借大战之机侵夺英国的海外市场。这一切都削弱了英国在世界上的影响力。

1920 年英国出现了战后第一次经济危机，此后长期处于萧条状态。在经济不景气的情况下，英国进行了产业结构调整，采取保护措施发展汽车、电子、有色金属和化学等新兴工业。到 1929 年，英国新兴工业的产值在整个工业产值中的比重，从 1917 年的 6.5% 上升到 13.6%。但是构成英国工业基础的传统工

业部门如煤炭、钢铁、冶金、纺织、机械制造等却日趋衰落，对外贸易也有所萎缩。从 1913 年到 1929 年，英国在资本主义世界工业生产中的比重从 14.5% 降到 9%，占世界出口总值的比重从 13.9% 降到 10.8%。这种情况的直接社会后果是大量人口失业。整个 20 年代，英国的失业人口有 100 多万，成为严重的社会问题。

为了改善经济状况，英国政府在国内加速推进生产和资本的集中，垄断组织的迅速扩展减少了内部竞争；同时进行财政改革，于 1925 年宣布恢复英镑金价，使 1 英镑等于 4.86 美元，并采取措施防止英镑下跌，以增强其产品在世界市场上的竞争力。但这些措施成效不大，特别是财政改革使英国商品在世界市场上的价格大幅上涨了约 12%，并未达到提高产品竞争力的目的。另外，由于政府实行粮食低关税进口政策，国内的农业产量不断下降。

在政治上，英国的较大变化是出现了第一届工党政府。由于战后工人运动的发展和社会主义影响的扩大，标榜社会主义的英国工党势力大大加强。工党于 1900 年 2 月由职工大会发起创立，由隶属于职工大会的工会组织、费边社、独立工党、社会民主联盟等组织联合组成，最初称劳工代表委员会，1906 年改称工党。工党在 1918 年通过的《劳动与社会新秩序》纲领中，主张在民众管理的基础上使生产者获得全部果实，实现生产资料公有制；对工业实行民主监督，规定工人的最低工资和最高工时；进行财政改革，对高收入者课以重税，并将财政收入尽可能用于文化教育事业。工党因为其纲领对基层工人很有吸引力而发展很快。1920 年工党党员增加到 432 万，占全国工会会员的 2/3。在 1923 年的大选中，工党获得 191 席，自由党获得 158 席，保守党获得 259 席。由于保守党和自由党互相倾轧，彼此不愿支持对方组织政府，因此工党在自由党的支持下第一次上台执政。1924 年 1 月，组成了以拉姆齐·麦克唐纳（1866—1937）为首相的第一届工党政府，尽管该政府是弱势政府，但标志着工党从此走上执政党的地位。

作为以工人为主要成分的资产阶级左翼政党，工党执政后在资产阶级允许的范围内，进行了一系列社会福利改革，如由国家增拨补助金为低收入者兴建住宅；改革失业保险制度，增加失业工人补助金；增加养老金和残疾退休金；规定农业工人的最低工资；降低食品、烟草的消费税等，以此缓和社会矛盾，减轻资本主义制度所承受的反抗压力。在对外政策上，与苏联建立了正式外交和贸易关系，在帝国事务上，缓和与自治领、殖民地的矛盾。但在一些实质问题上，工党与保守党或自由党的差别不大。例如，在国内严重的劳资纠纷中，工党站在资方一边，不支持工人的罢工斗争；在国外继续执行殖民政策。

第一届工党政府的内外政策仍然使工人群众感到失望和不满，特别是未能解决持续不断的失业问题，而保守党和自由党则对工党的一些激进措施感到不安，因此麦克唐纳执政不到一年就被迫辞职。导致他辞职的主要是两个事件。一个是"坎贝尔案件"，坎贝尔是英国共产党报纸《工人周报》的代理主编，以"煽动叛乱"的罪名被捕，后来政府迫于舆论压力将他释放。该事件导致民众对政府不满，而保守党则指责政府纵容损害英国利益的宣传。另一个是"季诺维也夫信件"，季诺维也夫是共产国际的主要领导人之一。保守党为赢得大选，在报纸上公布了一封季诺维也夫给英国共产党中央的信，主要内容是共产国际指示英国共产党"策划武装暴动"推翻英国政府。虽然共产国际和工党都声明这封信件是伪造的，但该事件还是严重损害了工党政府的威信。1925 年，保守党重新上台执政。

在保守党执政的四年间，英国政治生活中的重大事件是 1926 年发生的英国工人大罢工。1925 年，由于英国煤炭业出现衰退，煤矿主便要求降低工资并延长工时，还要求在全国范围内签订集体合同认可他们的要求；矿工方面则提出"工资不能减一便士，工时不能加一秒"的要求。但是煤矿主发出通知，强行宣布了他们的要求，并以同盟歇业威胁工人。英国矿工联合会联合铁路、运输和机械三大工会组织，决定于 7 月 31 日午夜开始禁止煤炭运输，这就是"红色星期五"。在这种形势下，保守党政府宣布给矿主提供 9 个月的补助金，保持工资和工时不变，使采煤业继续开工，同时政府对此事进行调查，这才暂缓了一触即发的阶级冲突。

但是政府的调查结果偏向煤矿主的要求，1926 年 3 月公布的"皇家煤业调查委员会"报告，同意矿主削减工资 10%、延长工时 1 小时的要求。当矿工代表拒绝这个要求后，矿主便宣布从 5 月 1 日起同盟歇业。于是工人从 4 日开始举行总罢工。罢工工人从 25 万人很快发展到 600 万人，迅速波及各主要工业部门，致使工厂关门，交通停顿，城市瘫痪。英国共产党积极参加了罢工斗争，并在总罢工的第二天发表宣言，指出这场斗争的政治意义就在于"给资本主义以最沉重的打击"，并要求将矿井无偿地收归国有，确立工人对矿井的监督。总罢工得到了国际无产阶级的广泛支持，但领导罢工的工会右翼领袖力图把斗争限制在经济领域，背着工人与政府秘密达成协议。12 日，铁路工人被迫复工。煤矿工人的罢工坚持到 12 月中旬。

总罢工失败后，资产阶级加紧向工人阶级反扑。1927 年 7 月，政府颁布《劳资争议与工会法》，谴责总罢工，宣布除有利于解决劳资纠纷的罢工外，凡有其他目的的罢工均属非法；规定任何组织"非法罢工或参加罢工者须受罚款或判处两年以下的徒刑"；禁止政府人员参加工联；严格限制工会会员为政治目的的募捐。该法案因此被称为"工贼宪章"。随后，矿工的法定工时从每日 7 小时增加到 8 小时。但与此同时，政府也采取了一些安抚工人的措施，如实行对 65 岁的退休工人发放老年金的法案和发放孤寡补助金的法案，制定新的失业保险条例等。在这种情况下，工会领袖便号召工人放弃斗争，鼓吹阶级合作。1928 年 7 月，工会领袖与企业主代表、帝国化学及电力工业巨头阿尔弗雷德·蒙德为首的 20 名企业家签署协定，建议由劳资双方的代表组成全国工业委员会，以"调解制度"取代罢工活动，并要求开展生产"合理化"运动，提高劳动生产率，"改进"资本主义。[①] 此后一段时期，英国的阶级矛盾得到暂时缓和，经济形势有所好转，垄断资本家获得了高额利润，但工人劳动强度却有所增加。

1928 年保守党政府颁布了新选举法，规定 21 岁以上的妇女拥有选举权，从而实现了男女平权。1929 年工党在议会选举中获得下院最多席位，组建了第二届工党政府。1929 年 10 月爆发于美国的经济大危机在 1930 年年初蔓延到英国，英国经济受到沉重打击。

二、从英帝国到英联邦的过渡

历经几个世纪建立起来的英帝国，由自治领、殖民地、领地、保护国和根据凡尔赛体系获得的委任统治地构成。大战结束后，在它的殖民地和附属国爆发了轰轰烈烈的民族解放运动，英国本土与其自治领之间的矛盾日益加剧，帝国内部离心倾向加剧，英帝国逐步向英联邦转变。

英国的自治领是英帝国范围内的一种政治形式，是实行自治或半自治的殖民地，也是所谓英国本土"过剩人口"的移民区，是本土的延伸，在种族和文化上与本土有着密切的联系。加拿大（1867）、澳大利亚（1901）、新西兰（1907）、纽芬兰（1907）和南非联邦（1910）已在大战前相继获得自治领地

---

① 这种工会领袖与工业巨头为巩固英国资本主义而实行的合作政策，被称为"蒙德主义"。

位，爱尔兰自由邦则在 1921 年取得了自治领地位。从 1887 年起，英国定期召开各自治领、殖民地和附属国的首脑会议，讨论防务、贸易等问题。大战后，由于各自治领民族工业的发展、资产阶级力量的增强和它们在大战中的贡献，所以各自治领要求独立的呼声很高，这就促使英国采取新的措施调整与自治领的关系。1926 年 10 月，英国召开帝国会议，出席会议的有加拿大、澳大利亚、新西兰、南非和纽芬兰的总理以及爱尔兰自由邦和印度的代表。会议通过《贝尔福宣言》，承认各自治领在内政和外交方面具有独立地位，在法律上与英国平等，各自治领皆为自由结合的英联邦成员；但是由于各自治领在防务上需要英国的军队，特别是需要英国海军的保护，自治领与英国密切的经济文化联系，因此各自治领仍然承认自己是英帝国的成员并宣布效忠英王。该宣言于 1931 年 12 月 11 日以《威斯敏斯特法案》的形式获得英国议会通过，被称为英联邦的大宪章，成为英联邦的奠基石，英联邦也正式成立。英联邦建立之初，只包括英国及其白人自治领，不包括其他殖民地和附属国，因此英帝国与英联邦并存。英帝国向英联邦的转变，经历了一个漫长的渐进的过程。

三、法国经济的恢复与对安全的追求

法国作为大战的主要战场，经济受到严重破坏。战争使法国丧失了 1/10 的人口，131.5 万名官兵阵亡，约 7% 的国土和大部分工业及富庶地区遭到德军占领与蹂躏，商船沉没了一半以上，物质损失高达 1340 亿金法郎。战争使一向以经营高利贷著称的法国负债累累，战后欠美国 160 亿法郎，欠英国 130 亿法郎。法国为胜利付出了惨重的代价，经济亟待恢复和重建。

但法国作为战胜国，在战后也获利很多：收回了阿尔萨斯和洛林，获得了萨尔煤矿 15 年的开采权，这就使它拥有了欧洲最大的铁矿和煤矿；获得了德国的巨额赔款，据统计，截至 1931 年，在德国支付的 206 亿金马克赔款中，法国得到 80 亿，是获得赔款最多的国家；它还从德国手中获取了新的殖民地，并得到了原奥斯曼帝国的一些领土作为委任统治地，进一步扩大了殖民剥削的范围。针对法国政府开支巨大造成通货膨胀严重的问题，1926 年普恩加莱再次出任总理后，把整顿财政、稳定法郎作为治理内政的主要任务，他采取增加税收、发行公债、裁员简政、减少开支甚至限制消费等措施，使法国的国库逐渐充实，战后经济恢复较快。20 年代末，法国基本完成了战争破坏地区的重建，还发展了航空、橡胶、汽车等新兴产业。1924—1929 年，法国的工业发展速度

年均达 5%，超过了战前的发展速度。尽管农业发展较慢，但到 1929 年也恢复到了战前水平。法国成为 20 年代欧洲经济繁荣的国家。

随着经济的恢复和发展，工人的实际工资有所提高，人民的生活有所改善。政府也采取了一些缓和阶级矛盾的社会福利措施，如 1926 年第一次实行失业补助金法，1928 年实行对低工资职工的养老金制度，对残疾工人和孕妇给予津贴。另外，公民权利也进一步扩大，如公务员获得了组织工会的权利，妇女获得了参加市政和县政选举的权利。

在政治上，法国实行多党制。在议会选举中，观点相近的政党往往组成联盟参加竞选，组成的内阁也多是联合内阁。政府由于在议会中缺乏稳定多数，很容易被议会、或被联合政府内部的分裂搞垮，这就导致法国内阁更换频繁。仅 1920—1929 年，法国就更换了 17 届内阁，有的内阁甚至只存在三天。如此频繁的内阁更替造成政局不稳，也在一定程度上影响了经济建设。

法国虽然是战胜国之一，并通过《凡尔赛和约》使自己的安全得到了一定保证，但由于没有达到肢解德国的目的，又没有得到英美两国对法国安全的军事保证，[①] 因此法国对德国仍然心怀恐惧，遏制德国崛起，寻求安全保障成为法国外交的主要目标。战后法国一度是对德政策最为强硬的国家，主张一方面严格执行《凡尔赛和约》条款，一方面与德国周边国家建立以法国为首的同盟体系以遏制德国。1920 年、1921 年和 1924 年，法国分别与比利时、波兰和捷克斯洛伐克缔结了同盟条约。1923 年法国以德国未能及时履行赔款义务为借口，与比利时联合出兵占领德国鲁尔工业区，酿成鲁尔危机[②]。由于没有得到英美等国的支持，导致强硬政策以失败告终。法国转而寻求欧洲其他大国的帮助和直接来自德国的保证以确保法德边界的安全。1925 年 10 月 5 日，德、比、法、英、意、波、捷七国代表在瑞士洛迦诺举行会议并签订了《洛迦诺公约》，该公约强调德法、德比边界不受侵犯和遵守《凡尔赛和约》关于莱茵区非军事化的规定。法国也进一步加强与"小协约国"（指 1920—1921 年捷克斯洛伐克、罗马尼亚和南斯拉夫以分别缔结双边军事同盟条约的形式而形成的政治军

---

① 在巴黎和会上，法国曾要求英美两国以条约的形式保障《凡尔赛和约》所规定的法德边界的现状。英美为了使法国放弃肢解德国的打算，便在会议期间分别向法国保证：如果德国未受挑衅而对法国进行侵略，英美将立即援助法国；但同时规定，这两个保证将一起生效。然而，由于美国国会拒绝批准《凡尔赛和约》，也不履行对法国的保证，英国对法国的保证也随之化为乌有。

② 鲁尔危机的详细介绍见本章第四节。

事集团）的关系，1926 年和 1927 年，法国先后与罗马尼亚和南斯拉夫签订友好条约，作为遏制德国的屏障。此外，法国还花费巨资，在其东北边境地区修筑了一条长达两百多公里的"马其诺防线"，作为法国的另一个安全保障，该防线是法国保守的防御战略的产物。

第二节　德国魏玛共和国与意大利法西斯统治的确立

德国在战败和革命风暴中废除了帝制，建立了共和国。但是，共和国的基础脆弱，各种右翼势力活跃，特别是纳粹党的出现，更成为对共和国的潜在威胁。战后的意大利经济衰退，失业严重，社会动荡，外交失败，内阁频繁更迭。正是在这种混乱中，大垄断集团支持法西斯党建立了法西斯极权统治。

一、魏玛共和国的政治经济与纳粹党的出现

1918 年 11 月 9 日，威廉二世退位，德意志帝国崩溃。1919 年 1 月 19 日，德国举行国民议会选举，社会民主党获得优势。2 月 6 日，国民议会在德国南部文化名城魏玛开幕，选举社会民主党领袖弗里德里希·艾伯特为德意志共和国总统。社会民主党与民主党和人民党联合组成政府，由社会民主党人菲利普·谢德曼（1865—1939）任总理。由于谢德曼不愿在《凡尔赛和约》上签字，于 6 月辞去总理职务，另换社会民主党人古斯塔夫·鲍威尔接任总理。7 月 9 日，国民议会批准了《凡尔赛和约》。

7 月 31 日，国民议会通过新宪法，8 月 11 日由总统签署颁布，史称魏玛宪法。该宪法规定德国为共和国，因国会设在魏玛，新成立的共和国也称为魏玛共和国。魏玛宪法还规定：所有德国人在法律面前平等，废除等级特权和贵族称号，公民有人身、言论、结社、集会、通信、信仰等自由。国家机构由总统、政府、参政会和国会组成。总统由全体公民直接选举产生，任期 7 年，可连选连任。总统有权任免总理，解散国会，并享有实施紧急命令权，根据宪法第 48 条的规定："如德国境内之公共安宁和秩序受到严重扰乱或危害时"，总统可以采用各种必要的行政措施甚至采用武力来恢复公共安宁和秩序，将公民的基本民主权利"全部或部分停止"。规定德国实行联邦制，各州（除少数小

邦合并外,基本上是原来的邦)设置自己的议会和政府,但其权力已较帝国时代大为减少,仅有权管理本地的行政、警察、教育、宗教等事务,外交、国防、财政、税收、邮电等事务均由中央政府掌管。立法机关由联邦参政会和联邦国会组成。联邦参政会由各州推选的代表组成,主要起咨询作用,但对各项法案拥有否决权,被否决的法案应重新提交联邦国会表决;如果联邦参政会和联邦国会就某项法案意见不一,则由联邦总统将该法案提交国民表决。国会议员由年满 20 岁的男女公民选举产生,负责立法和决定预算,有权宣战和媾和。政府对国会负责,如果得不到国会信任,内阁必须辞职。

魏玛宪法是一部较完备的资产阶级宪法,在很多方面比原来的帝国宪法前进了一步,资产阶级在政治生活中起着越来越大的作用,但是地主与贵族的势力和影响仍然很大,旧帝国的官僚、司法、警察机构都保留下来。特别是宪法第 48 条授予总统的特权存在严重问题,尽管宪法规定这一条款的实行受到国会监督权的限制,但是当国会和政府都处于弱势时,政治大权就会由于实施紧急命令而落到总统手中,并导致议会制度的垮台和共和国的体制的名存实亡。

魏玛共和国成立后,旧德国的官僚机构,包括旧军官团基本上原封不动地保留下来。它们时时威胁着共和国的生存。1920 年 3 月 13 日,柏林发生了企图推翻魏玛共和国、复辟帝制的未遂政变(卡普暴动)。部分国防军不肯服从裁军规定和交出武器,并发动叛乱,占领了柏林政府区,拥立东普鲁士地方长官卡普(1858—1922)为总理。政府要求国防军出兵镇压,遭到拒绝,理由是"国防军不打国防军",迫使总统和其他政府官员仓皇逃到斯图亚特。但是柏林工人举行了总罢工,切断了柏林与外界的联系,使柏林的经济生活陷于瘫痪。随后罢工浪潮席卷全国,暴动分子得不到外界支持,纷纷出逃。3 月 17 日,叛乱失败。卡普暴动表明:是德国的无产阶级拯救了共和国,而国防军则是反动保守的势力。

大战结束后,德国社会动荡不安,特别是赔款以及由此引起的经济问题更是政府不得不面对的难题,并引发了 1923 年的鲁尔危机。1924 年人民党领袖古斯塔夫·斯特莱斯曼(1878—1929)担任总理(后任外长)后,通过签订道威斯计划,使德国的赔款问题得到了暂时解决①。随着国际环境的改善,从 20 世纪 20 年代中期开始,德国进入战后相对稳定时期。由于外国资本特别是美

---

① 有关赔款问题的论述,详见本章第五节。

国资本的大量输入和实行"合理化"生产，德国的经济获得了较快发展，生产显著提高，失业人口减少，对外贸易也超过了战前水平。在经济发展的同时，社会福利有所改善。政府实行了《劳动介绍与失业保险法》，社会福利局也增加了对穷人的救济；各地都盖起了新的学校、游戏场和体育场。但人们的实际工资增长得并不多，农业不景气也影响了经济的增长。

在经济重建的过程中，德国的垄断资本主义进一步发展，垄断程度远远超过战前。1925 年建立的法本化学工业公司几乎完全控制了德国的合成炸药、人造纤维和颜料的生产；1926 年成立的联合钢铁康采恩则生产了全国 50% 的煤和生铁与 40% 的钢材。垄断资本不仅对经济生活，而且对政治生活产生着越来越大的影响。

在战后德国的政治生活中，还有一股右翼政治力量在发展，主要是阿道夫·希特勒（1889—1945）领导的德意志民族社会主义工人党，简称"纳粹"[1]。纳粹党的前身是 1919 年 1 月在慕尼黑成立的德意志工人党，最初是以工人为基础的小党，仅有几十名党员，其党纲带有民族主义和反犹主义色彩。1919 年，希特勒加入该党，并很快成为该党的领导成员之一。

1920 年，在希特勒的鼓动下，德意志工人党改名为德意志民族社会主义工人党，并公布了希特勒参与制定的党纲，即"二十五点纲领"，主要包括两方面内容。其一，包括一些反对垄断资本、主张社会改革的条款，如企业国有化，实现土地改革，废除地租，将大百货公司收归国有并租赁给小工商业者等，反映了党内最初一些成员的小资产阶级社会主义思想和诉求；其二，包括一些极端民族主义条款，如把所有德意志血统的人统一在一个大德意志帝国当中，排斥所有犹太人，废除《凡尔赛和约》，要求得到领土和殖民地来养活德国人并迁移过剩人口。对希特勒来说，后者才是他追求的目标。1921 年希特勒成为纳粹党主席，在党内实行层层独裁的"领袖原则"，并组织了纳粹党的准军事组织——身穿褐色制服的"冲锋队"。

希特勒的野心随着他在党内地位的上升而膨胀。1923 年鲁尔危机爆发，德国发生了恶性通货膨胀，破产的人们咒骂魏玛共和国，社会动荡不安。希特勒视此为千载难逢的推翻共和国的良机，便效仿一年前墨索里尼的"进军罗马"，于 11 月 8 日策划了"啤酒馆暴动"。希特勒利用巴伐利亚州军政长官在慕尼黑

---

[1]　"纳粹"是"民族社会主义"的德文 Natioalsozialismus 的缩写"Nazi"的汉语音译。

一家啤酒馆举行聚会的时机，带领一批冲锋队员闯进会场，宣布巴伐利亚政府和德国政府已被推翻，临时全国政府已经成立。11 月 9 日上午，希特勒率领纳粹党徒 3000 余人向慕尼黑市中心进发，后因遭到警察镇压而失败。"啤酒馆暴动"失败后，希特勒被捕并被判处五年徒刑，但不到一年就获释出狱。然而，这次失败的暴动却扩大了希特勒和纳粹党在全国的影响。

希特勒在狱中口授了《我的奋斗》一书，该书宣扬雅利安种族优越论，诬蔑犹太人是寄生虫，攻击马克思主义，反对社会主义制度，也反对资产阶级议会民主，鼓吹"领袖原则"和极权独裁统治，露骨地谈论扩张有理的"生存空间"论，宣称德国必须和法国算账，向俄国扩张。这本集法西斯主义之大成的小册子成了纳粹党的"圣经"。纳粹党成为共和国的潜在威胁。不过，由于 20 年代后半期德国的经济复兴，外交也获得成功，魏玛共和国处于黄金时代，得到了人民的拥护。因此，纳粹党和纳粹运动发展缓慢。

二、意大利法西斯党与法西斯专政的建立

与其他帝国主义国家相比，意大利素来贫弱。第一次世界大战更加剧了意大利的国内危机。大战期间，意大利的军费开支高达 1459.36 亿里拉，其中外债 200 亿，内债 350 亿。战后初期，意大利的国民总收入年仅 200 亿里拉。高额的债务使意大利的财政处于入不敷出的境地。工业生产方面，由于缺少资金，难以实行设备更新和技术改造，使战时经济向和平经济的转轨难以实现，不仅造成了产品缺少市场竞争力，而且导致大量工人失业，200 万复员军人找不到工作。

国家的经济困境和人民生活水平的大幅度下降致使民怨沸腾，到处出现革命形势，工人运动声势浩大。1919 年，全国的罢工多达 1871 次，参加者 55.4 万人次；1920 年，全国举行罢工 2070 次，参加者高达 231.4 万人次。工人不仅要求提高工资，实行 8 小时工作制，而且要求劳动者管理工厂。农村也出现了革命行动，一些地区的农民甚至建立了自己的组织，夺取村镇政权。

在外交上，作为战胜国的意大利也相当失败。它本指望战后英、法不仅能够履行伦敦密约中许诺给它的许多领土，还能够同意它获得阜姆港。但是在巴黎和会上，英、法连前者也未完全兑现。消息传来，意大利的民族主义高涨，认为正是由于政府无能，才使国家遭此羞辱，于是打倒政府、武力夺取领土的呼声遍及全国。然而，频繁更迭的短命内阁却无法应付社会动乱。在这种形势

下，垄断资产阶级和大地主阶级担心局势难以控制，便于1920年分别组成了意大利企业家联合会和农业总联合会，并要求组成一个"能够确保社会秩序的强有力的政府"。正是在这种混乱之中，出现了以墨索里尼为首的法西斯运动。

本尼托·墨索里尼（1883—1945）在第一次世界大战爆发后参加了意大利第一个法西斯组织"国民行动革命法西斯"，第二年该组织更名为"革命干涉行动法西斯"，墨索里尼成为该组织的核心人物。意大利参战后，该组织名存实亡。

大战一结束，墨索里尼便决定重建法西斯组织。1919年3月，他在米兰成立了"战斗的意大利法西斯"，其目标就是要夺取全国政权。最初该组织希望代表中下层民众的利益，在其政治纲领中提出实行8小时工作制，确定最低工资标准，让无产阶级管理工厂和公共事业，实行普选，对大资本课以重税，没收教会财产，土地分给农民等措施。但是，该组织作为新兴政党，在工农大众中的影响不如社会党和人民党，而其反资本和反教会的主张又使上层统治集团充满戒心，因此，在1919年的大选中遭遇失败。于是，墨索里尼转而投靠统治阶级。1920年在米兰召开的"战斗的意大利法西斯"第二次全国代表大会上通过的《法西斯纲领的基本要点》，去掉了一些有利于工农的条文，宣布"对目前的制度不抱任何成见"，不反对现政权，并将资产阶级称为"劳动的资产阶级"，以此获得垄断资产阶级和地主阶级的支持。墨索里尼还成立了法西斯行动队。这些队员身穿黑衫，手拿武器，高举手臂行"罗马式"敬礼，以维持现政权的打手姿态出现，博得了权势集团的信任，开始得到统治阶级的扶植与资助，成员不断增加。到1921年5月，"战斗的意大利法西斯"已有成员近19万人，墨索里尼终于进了议会。同年11月在罗马召开的第三次代表大会上，"战斗的意大利法西斯"改名为"国家法西斯党"，并以古罗马的"束棒"标志为党徽，选举墨索里尼为党的"领袖"；在其《纲领》中强调国家至高无上，议会权力和职能应该减少，公民自由要受到限制，恢复罗马帝国的版图等主张，公开表明要夺取全国政权，建立极权制，实行对外扩张，以恢复罗马帝国的霸业。

1921年意大利议会选举中，法西斯党只获得了议会636席中的35席，不能执政。为了夺取全国政权，1922年10月27日，墨索里尼坐镇米兰指挥，有3万名法西斯党徒徒步向首都罗马进军。28日，进军队伍抵达罗马后，罗马市民不断涌入队伍之中，人数达5万之多。国王维克多·艾曼努尔见法西斯党势不可挡，便拒绝了其顾问拘捕墨索里尼的要求，并下令解散内阁，任命墨索里尼为首相。29 日，墨索里尼抵达罗马。31 日，墨索里尼组建起第一届法西斯政府。

墨索里尼执政初期，法西斯党在议会和内阁中都是少数。在立足未稳的情况下，墨索里尼采取了一系列措施，为实行专制统治做准备。其一，通过各种方式改善与垄断资本的关系，如取消累进税法，向大资产者提供资金帮助他们渡过各种经济危机。其二，强化对党政权力的控制，建立党的最高领导机构"法西斯大委员会"，其权力凌驾于所有政治机构之上；对准军事组织加强控制，解散所有党派武装和皇家卫队，建立由墨索里尼直接掌握的国家安全志愿民兵。其三，1923 年 11 月，强迫议会通过新选举法，规定任何政党只要所得选票占总票数的 1/4 以上，就可在议会中占有 2/3 议席，组织内阁，以此保证法西斯党对议会的全面控制。其四，为了巩固法西斯党的统治，墨索里尼还在青少年中建立法西斯组织。

1924 年 4 月，国家法西斯党通过舞弊和恐怖手段，在全国大选中获得了65% 的选票。统一社会党总书记、众议员马泰奥蒂公开揭露并谴责法西斯党在选举中的种种劣迹，遭到法西斯分子暗杀，社会各界掀起反法西斯浪潮，要求墨索里尼政府辞职。但是，在国王和罗马教廷及其他上层分子支持下，墨索里尼政府通过了信任投票。渡过这次危机后，墨索里尼开始用武力在全国镇压各种反法西斯活动，解散共产党、统一社会党等各种非法西斯团体，并几次改组内阁，排除非法西斯大臣，建立法西斯一党专政。

从 1925 年 5 月起，为了给墨索里尼的独裁统治提供法律保证，法西斯政权陆续颁布法令，包括：1925 年取消集会和结社自由的《反秘密团体法》；取消言论自由的《法西斯新闻检查法》；授予墨索里尼以独裁权、阁员大臣要一切服从"领袖"命令的《政府首脑及阁员职责与特权法》；1926 年取消一切从事反政府党派团体活动的《国家防御措施》；1928 年规定墨索里尼一人担任政府首脑和法西斯大委员会主席的《法西斯大委员会组织与权力法》，等等。到1929 年 4 月，墨索里尼作为党的领袖和政府首脑，还兼任内阁 13 个部门中 8个部门的大臣，包括内政、外交、陆海空三军、殖民、职团、公共工程等，集党政军财经大权于一身。另外，墨索里尼还开动所有宣传机器树立自己的领袖权威，大搞个人崇拜，同时在党内进行大规模清党运动，排斥异己，使法西斯党成为他手中的驯服工具。

在墨索里尼建立和巩固法西斯极权统治的过程中，推行法西斯主义职团制是其中的重要一环。1926 年 4 月和 7 月，墨索里尼法西斯政权先后公布了《劳动职团法》和《劳动职团法实施准则》，取消了工人罢工的权利，在内阁设立职团部，确立职团部为国家的行政机构，以"国家的最高利益"来掌管生产纪律，协调工人联合会与雇主协会之间的矛盾。法西斯政权在意大利的所有行业都建立了"职团"。这些"职团"分为纵、横两个系统：纵的系统是指劳动者与雇主按行业建立"劳动者职团联合会"和"雇主职团联合会"，在全国形成劳资两个体系；横的系统是指劳动者和雇主按工业、农业、商业、运输业、金融业、艺术与自由职业和海洋与航空业，各自组成全国性劳资联合的"职团协会"。所有这些"职团"都在全国职团委员会的领导之下。全国职团委员会上面还设有职团中央委员会。这些各式各样的具有半官方性质的"职团"合在一起就构成所谓的"职团国家"。职团部成为国家对"职团"的最高领导部门，直接控制职团中央委员会。1934 年 2 月，墨索里尼下令全国所有行业雇员都要无一遗漏地分别加入 22 个职团。这样，法西斯政权就通过职团制严密地控制着整个国家和全体民众。墨索里尼利用"职团"欺骗民众，以此维护垄断资本对全国经济生活的控制，利用民众力量来平衡大资产阶级的力量，确保他在意大利实行恐怖极权统治。

1929 年，正当墨索里尼在意大利建立起法西斯极权体制之时，意大利受到资本主义世界经济危机的冲击。为摆脱困境，墨索里尼频频发出战争叫嚣。

第三节　美国的经济繁荣与日本的政治转变

美国是"一战"中获利最大的国家，加之新兴产业的发展、生产和管理水平的提高，美国经济在战后 20 年代出现繁荣。但是，在资本主义固有矛盾无法解决的情况下，美国经济繁荣的背后也存在着隐患，一场大的经济危机日趋临近。"一战"后，畸形繁荣的日本经济很快陷入危机，在整个 20 年代基本处于萧条状态。政治上，日本出现了政党政治，推行所谓的"协调外交"，出现了各种法西斯组织，其侵略扩张的野心膨胀，加紧了争霸亚太地区和武力侵华的准备。

一、美国"柯立芝繁荣"与社会生活的变化

第一次世界大战造成的破坏主要在欧洲，美国远离战火。战争期间美国与

交战双方大做军火生意，获得了巨额利润，其商品输出额从 1914 年到 1917 年净增近两倍，到 1919 年，其商船规模比战前增长了 60%。靠战争年代的资本输出，美国成为欧洲的债权国，黄金储备丰富，纽约成为继伦敦之后又一个世界金融中心，为战后固定资产的更新和扩大生产储备了足够的资金。另外，新技术革命和工业管理水平的改进，也刺激了劳动生产率的提高。

因此，美国在经历了 1920—1921 年的短期危机后，经济开始复苏并逐渐走向繁荣。由于繁荣的景象主要出现在 1923—1929 年共和党的约翰·柯立芝（1872—1933）任总统时期，因此人们将这一时期的繁荣称为"柯立芝繁荣"。在这 6 年间，美国的钢产量提高了 25.6%，从 4490 万吨增长到 5640 万吨；发电量提高了 64%，从 713 亿度增长到 1167 亿度；年均生产率增长达 4%。

在战后美国的经济繁荣中，汽车、电气设备等新兴工业发展迅速，并推动了相关企业的巨大增长。以汽车工业为例，1900—1929 年，美国的汽车产量从 4000 辆增加到约 480 万辆，小汽车逐渐进入千家万户。汽车工业的发展为大量劳动力提供了就业机会，推进了钢铁、石油、轮胎制造、公路和桥梁建设的发展，也促进了旅游业的增长。仅次于汽车工业的是电气工业的发展。20 世纪二三十年代，收音机、洗衣机、电熨斗、电冰箱、吸尘器等逐渐成为日常生活用品，有声电影也在此时问世。大规模工业生产的发展，促进了大城市的建设，建筑业也获得了发展机遇，一座座摩天大楼拔地而起。据统计，从 1919 年到 1926 年，用于 120 个城市的房屋建筑费用，从 12 亿美元猛增至 128 亿美元。汽车、电气、建筑业成为 20 年代美国经济繁荣的主要支柱。从 1919 年到 1929 年，美国的工农业生产率分别提高了 40% 和 26%；国民生产总值从 650.9 亿美元增加到 828.1 亿美元；人均收入从 620 美元增加到 681 美元。经济的繁荣进一步刺激了美国的海外投资，除去"一战"中的战债，美国的资本输出从 70 亿美元增加到 172 亿美元。到 1929 年，资本主义世界到处都充斥着美国商品。

随着经济的繁荣，美国的社会生活和价值观念也发生了一些变化。工业的发展使人口从农村流向城市，促进了中心城市周边卫星城的发展。妇女就业机会扩大，提高了美国妇女的社会地位。人们的收入总体上有所提高，分期付款和银行信贷消费方式的流行，进一步刺激了消费品的生产。工人运动逐渐减少，享乐之风有所发展，发财致富受到青睐。

然而，在"柯立芝繁荣"背后也存在隐患和危机，主要表现在以下几个方面。

第一，经济繁荣并没有带来共同富裕，而是加剧了贫富差距。垄断组织继续发展，生产和财富的集中程度越来越高。1929年，美国15家大公司集团控制了全美电力的80%，20个集团控制了98.5%的跨州输送电网；占人口5%的富人的收入几乎占了总收入的1/3。约60%的家庭的总收入不到全国总收入的24%，导致社会购买力相对低下。

第二，各个生产部门发展不平衡。支持并形成20年代经济繁荣的主要是新兴产业，设备相对陈旧的传统工业部门，如采煤、纺织、造船、制革等则开工不足，甚至处于停滞或衰退状态，造成工人失业。农业更是处于慢性危机之中。1919—1929年，农场主的收入占国民收入的份额从16%降至8.8%，1929年，农民的人均收入仅相当于全国平均数的1/3左右。农民购买力严重不足，进一步加剧了供需失调。

第三，国内消费市场的扩大具有盲目性。当时商业界大力推广分期付款和赊销方法，并用广告推销产品。这些做法虽然刺激了消费，有利于经济繁荣，但赊销本身就潜伏着危机，反映了生产能力和消费能力的不平衡。一旦还贷出现困难，就会引发过剩危机。

第四，地产和股票投机盛行。1920—1929年，市场上交易的股票从22300万股增加到112400万股。大资本家和金融寡头疯狂进行"买空卖空"的证券投机活动，普通民众在"一夜暴富"的心理驱使下也参加进来，这就使股票价格越来越脱离它的实际价格而暴涨。到1929年，有些股票是以50倍或更高价格出售的，而评价股票价值的传统基数是10倍收益。这一切都增加了金融市场的不稳定性。

第五，国际经济中存在不稳定因素。战后的欧洲成为美国的债务国，共欠美国133亿美元。欧洲的相对贫困和美国的高关税政策，使美国的出口始终大于进口，1928年出超达10亿多美元；另外，随着"道威斯计划"的实施，巨额的美元投入支撑着欧洲经济的发展，美元成为资本主义世界金融运转的主要支撑货币之一，实际形成了一个以美元为中心的金融体系。但是，由于欧洲的经济危机和欧美贸易的严重不平衡，欧洲作为美国主要的海外市场不可能长期维持这种脆弱的、超过其支付能力的赤字贸易。一旦某个环节出现问题，就会引发整个贸易体系的崩溃。

但是，美国政府面对经济的繁荣景象，沉浸在乐观的情绪当中。总统柯立芝在1928年12月4日的国情咨文中曾断言："我国今日之成就，实足快慰。我国未来之前途,实很乐观。"正在竞选总统的赫伯特·胡佛(1874—1964)甚至在 1928 年 10 月的竞选演说中宣称,"只要让我们继续执行过去八年的政策,我们借上帝之助,很快将看到贫穷从这个国家消失的日子"。

在这种盲目乐观的情绪中,柯立芝政府和 1929 年上台的胡佛政府都执行"自由放任"和"无为而治"的政策,反对政府对经济进行干预,更缺少对金融市场的有力监管。到 1929 年年初,股票市场已经失去控制,并最终导致了货币和信贷系统的崩溃。

二、日本的政党政治与协调外交

第一次世界大战不仅给日本提供了进一步侵略中国的机会,也给其资本主义经济的发展带来了良机。趁欧洲国家忙于大战、退出亚太地区市场之机,日本大力发展各种产业和对外贸易,形成了空前的"战争景气"。从 1914 年到 1919 年,日本的工业产值增长了 3 倍多,对外贸易增长了 3 倍,各行业开办的公司数目增加近 1.6 倍,这些公司的资本总额增长近 2.9 倍。日本由 1914 年负外债 11 亿日元的债务国变为 1920 年对外贷款 28 亿日元的债权国。但是,日本的资本主义工商业和落后的农业之间发展不平衡,造成了粮食需求激增、米价大涨的情况,并导致了 1918 年 7—9 月的"米骚动",即群众由夺粮开始,发展到与地主、资本家和反动军警进行的全国性政治斗争。

大战结束后不久,战争期间畸形繁荣的日本经济很快陷入危机。1920 年 3—4 月,东京、大阪的股票交易所股价暴跌;4—7 月,21 家银行停业,大批企业破产倒闭,各种商品的价格也比危机前跌落 30%—50%,作为日本农业支柱的蚕茧和大米跌价最重。战后的经济危机沉重打击了日本,再加上 1923 年 9 月 1 日发生的关东大地震,更使经济恢复雪上加霜。整个 20 年代,日本经济基本处于萧条状态。

战后日本政治生活的最大变化是出现了政党政治。

"米骚动"之后出现的以政友会首领原敬(1856—1921)为首相的内阁,取代了以军阀寺内正毅为首的内阁。原敬是一位没有贵族爵位的众议员,因此原敬内阁被视为日本第一个具有政党内阁性质的内阁,原敬本人出身平民,也被称为"平民首相"。面对经济危机,工农运动高涨,中小资产阶级和知识分子对普选、减税、经济自由等要求,原敬内阁采取了修改选举法案、降低议员的财产资格限制、振兴实业、改善教育等措施,获得了资产阶级的支持,却招致了右翼势力的嫉恨，1921 年 11 月，原敬被刺身亡。

继原敬内阁之后的四届内阁都不具有政党内阁性质，而是由官僚、军阀巨头组成的专制内阁。这种政治上的倒退引起了政局动荡，也使这些内阁的任期都很短暂。在这种形势下，日本的工农运动高涨，日本劳动总同盟、农民协会与学生团体一起，组织游行请愿，发表声明，要求打破藩阀专制，实行普选。政友会、宪政会和革新俱乐部等政党也结成联合阵线，提出"实施普选""建立政党内阁制""改革贵族院和枢密院"等口号。这三个政党自称"护宪三派"，并把他们的活动称为"第二次护宪运动"①。这一运动反映了日本资产阶级力量的增强和要求提高政治地位的强烈愿望。

1924 年 5 月，"护宪三派"在大选中获胜，组成联合内阁，由三派中得票最多的宪政会首领加藤高明（1860—1926）组阁，被称为"护宪三派内阁"，成为真正的政党内阁。从加藤内阁到 1932 年 5 月犬养毅首相被杀，日本一直由议会中的多数党组阁，被称为"政党政治时期"。但是政党内阁并没有改变天皇专制政体，枢密院、军部仍然拥有决策权，贵族院与众议院的权力仍然对等。然而，首相经众议院选举产生，而不是仅由元老推荐，这对明治宪政体制毕竟是一个突破，有利于日本资本主义的发展。

在华盛顿会议上，日本遭遇到一些挫折。20 年代资本主义世界进入相对稳定时期后，为了保持在中国已经获得的"特殊地位"，避免与英美发生直接武力冲突，最终实现独霸亚太地区的既定国策，日本外交政策做出了一定的调整，即推行所谓的"协调外交"。由于执行"协调外交"的代表人物是 20 年代曾三次出任外相的币原喜重郎（1872—1951），因此又称"币原外交"。"协调外交"的原则是：（1）主张在国际上把对英美尤其是对美国的协调作为核心，改善对美、对苏关系；（2）在对华政策上，声称不干涉中国内政，但其前提是维护其通过侵略中国获得的"正当的条约权益"。因此"协调外交"既没有停止对华侵略，也没有排除使用武力。

在"协调外交"指导下，1925 年日本与苏联签订了《关于规定两国关系基本原则的条约》，建立了外交关系；在对华关系方面，日本加紧经济侵略，到 1930 年已通过"南满铁道株式会社"把中国东北的主要经济命脉掌握在自

①   第一次护宪运动发生在日本大正时期（1912—1925）的 1912—1913 年，日本民众以"维护宪法"为口号，迫使军阀桂太郎的内阁下台。这次运动又称"大正政变"。

己手中，几乎完全排斥了英美在中国东北的投资；在对华贸易和投资方面，也与在华具有最大利益的英国不相上下。日本对华经济侵略严重阻碍了中国民族工业的发展，也打击了英美的在华利益。

但是，"协调外交"是日本在华盛顿体制下被迫采取的外交政策，并以维护"条约权益"为前提。因此，日本在实行"协调外交"的同时，并没有放松对华侵略，反而加强在华北的驻军和关东军的力量，以便日本感到其在华利益受到中国革命威胁时，能够直接动用武力。例如，在1925年五卅惨案发生时，日本便与列强"协调"，派两艘军舰到中国进行武力威胁；1927—1928年为阻止中国的北伐战争，田中义一内阁三次出兵山东；1928年6月又制造了皇姑屯事件，炸死了张作霖。特别是1927年7月田中内阁在东方会议上提出的《对华政策纲要》，公开声称日本对中国的"满蒙特别是东三省"有特殊责任和特殊权益，并要对其进行"防护"，这更是对"协调外交"的否定。1929年经济大危机的风暴和随之而来的九一八事变，使"协调外交"走到尽头。

在战后的日本政治生活中，还出现了形形色色的法西斯组织。1919年8月，日本出现第一个法西斯组织"犹存社"。1921年10月27日，在德国留学的三个军人永田铁山、冈村宁次、小畑敏四郎在莱茵河畔的巴登巴登温泉订立密约，约定回国后将致力于"消除派阀、刷新人事、改革军制、建立总动员态势"，第二天，东条英机加入这一密约。"巴登巴登密约"是日本军部法西斯运动的开始。

第四节　欧洲国际关系的调整

经济重建和政治安全，是"一战"后欧洲国家关心的主要问题，也对"一战"后的国际关系产生了重要影响。各国政府通过和平谈判，部分解决了这些问题，进一步调整了欧洲的国际关系，维持了战后的和平局面。

一、热那亚会议和拉巴洛条约的签订

十月革命的胜利和苏俄的建立，造成了两种社会制度并存的局面。以英法为首的协约国在三次武装干涉苏俄失败后，迫于国内严重的经济重建压力，一些有远见的政治家认识到与其支持毫无希望的干涉行动，不如面对现实承认苏俄，以便从苏俄广大的原料产地和商品市场中获取好处，推动本国的经济重建。1921 年 3 月 16 日，英国首先和苏俄签订了贸易协定，规定双方互不采取敌对行动和宣传，彼此不进行封锁，消除贸易发展的障碍，互设贸易代办机构，标志着帝国主义对苏俄的武装干涉与经济封锁政策已经破产。此后，其余资本主义国家也相继转变政策。四年的帝国主义战争和三年半的国内战争也给苏俄造成了严重破坏。为恢复经济，此时苏俄正处于由战时共产主义政策向新经济政策转变的关头，也迫切需要扩大对外经济联系。1921 年 10 月 28 日，苏俄政府向英、法、美、意和日发出照会，表示如果外国资本家能够帮助苏俄开发本国自然资源，恢复苏俄经济，苏俄政府愿意提供支持和利润，并且表示愿意归还沙俄政府所借外债，建议召开国际会议来讨论这个问题。苏俄政府的建议引起各国很大兴趣。1922 年 1 月 6 日，英、法、意、比、日五国在戛纳举行协约国最高委员会会议，讨论苏俄的建议，决定准备召开由欧洲各国参加的经济会议。会议的地点定在热那亚，由意大利发出邀请。苏俄在接到邀请后，决定派出以列宁为团长，契切林为副团长的代表团参加会议，并拟定了代表团活动的原则，强调代表团应该善于利用与会各国间的矛盾达到瓦解资本主义阵营的目的，尤其认为德国是薄弱的一环，可以作为突破口。

　　1922 年 4 月 10 日，热那亚会议召开，有 36 个国家派代表出席，美国和中国也派出观察员参加会议。因安全问题，列宁未出席会议，契切林成为苏俄代表团的团长。会议很快在偿还沙俄旧债问题上陷入僵局。由于德国被排斥在这一问题的谈判之外，令德国人非常担心协约国和苏俄达成协议后可能会在赔款问题上联合向德国施加压力。于是德国在会下主动试探苏俄是否愿意与它就某些问题进行谈判。4 月 16 日，苏维埃俄国与德国在拉巴洛进行谈判，签订了《德国与俄罗斯社会主义联邦共和国协约》，即《拉巴洛条约》，规定两国相互承认彼此放弃对战争费用和战争损失要求赔偿的权利，立即恢复两国的外交和领事关系，并按最惠国原则发展经济和贸易关系。通过这一条约，德国摆脱了战后的孤立处境，加强了它在战争赔款和欧洲安全问题上的地位。苏俄也突破了帝国主义的包围和封锁，扩大了它的国际影响。1922 年 12 月 30 日，苏维埃社会主义共和国联盟（苏联）成立，英、法、意等国纷纷和苏联建交，两种不同的社会制度进入了和平共处的时期，也推动了 20 世纪 20 年代国际关系的缓和。

二、德国赔款问题

德国赔款问题是"一战"后最复杂的国际问题之一。根据《凡尔赛和约》，德国应在 1921 年 5 月 1 日前交付 200 亿金马克赔款，协约国成立赔款委员会解决赔款总额和分配比例问题。赔款委员会由英、法、意、比各派一名代表组成（美国仅派了半官方代表），法国代表任主席，他有权在表决各为两票的情况下做出最后裁决，这就使法国在赔款问题上处于领导地位。1920 年 4 月，协约国达成协议：如果德国不支付赔款，协约国可以采取制裁措施。同年 7 月，赔款委员会就各国应得的赔款比例做出规定：法国为 52%，英国为 22%，意大利为 10%，比利时为 8%，希腊、罗马尼亚、南斯拉夫共 6.5%，日本和葡萄牙各 0.75%。1921 年 4 月，赔款委员会决定德国的赔款总额为 1320 亿金马克（包括德国 1921 年 5 月 1 日前尚未支付的 120 亿），66 年付清。德国每年应支付 20 亿金马克和它出口商品价值的 26%。

1922 年 7 月和 11 月，德国以财政危机为由，要求延期支付剩余款项，遭到法国的坚决反对，法德矛盾迅速激化。1923 年 1 月 11 日，法国联合比利时，以德国不履行赔款义务为借口，出动约 10 万法比军队占领了德国的鲁尔，酿成了当时欧洲最严重的国际事件。德国抗议法比的行动侵犯了德国主权，并实行不计后果的"消极抵抗"政策：宣布停止一切赔偿，企业停止开工，企业主的损失由国家补偿，失业工人由国家救济。法国则扩大占领区范围，接管矿山、企业和铁路，镇压并解雇抵抗者，使鲁尔危机更加深化。法比占领鲁尔和德国的"消极抵抗"使德国经济遭受严重打击，通货膨胀达到天文数字，1923 年 1 月，马克与英镑的比值约为 228：1，到 11 月竟达到 180 亿：1，德国政局动荡不安。法国也没有从占领鲁尔中得到好处，不仅花费了 10 亿法郎的占领费，国内的生产也受到影响，经济损失严重。

为了避免德国因经济崩溃造成革命危机，英美两国向法、德双方施加压力，要求尽快结束鲁尔危机，并提出召开国际专家委员会重审赔款问题。9 月 26 日，德国斯特莱斯曼政府宣布停止"消极抵抗"政策，法国也被迫接受了英美的建议。

1924 年 4 月 9 日，由美国银行家查尔斯·道威斯（1865—1951）任主席的专家委员会提出解决德国赔款问题的报告，即"道威斯计划"。主要内容是：（1）为稳定通货和平衡预算，德国需开办新银行或改组帝国银行，使之既负起政府银行的职能，又不受政府监督，严格限制对政府的预付；（2）德国把税收、铁路和工业债券的收益作为支付赔款的来源；（3）暂不规定赔款总数和支付年限，只规定德国在计划生效的第一年（1924—1925年度）赔偿10亿金马克，以后逐年增加，从第五年起每年支付25亿金马克；（4）美、英等国向德国提供8亿金马克贷款；（5）赔偿事务总管负责监督德国的财政经济。该计划还规定保证德国的经济统一和经济活动的自由，要求法比从德国撤军。1924年9月1日，"道威斯计划"开始实行。1925年7月，法比军队撤出鲁尔，鲁尔危机和德国赔款问题暂告解决。

鲁尔危机的化解和"道威斯计划"的实施，是美国主导下战胜国在德国赔款问题上对凡尔赛体系所做的一次较大调整，是战胜国对德政策的转折点。它把原来作为战争罪责的赔款变成了一纸商业合同，把战败国与战胜国之间的关系调整为债务人与债权人之间的关系，并以向德国提供大量贷款的方式把削弱德国的政策变为复兴德国的方针；它减轻了德国的赔款义务，实际放弃了对德国蓄意拒绝赔款时实行制裁的权利。1924—1929年，德国从美、英获得贷款200多亿金马克（其中约70%来自美国），但仅支付赔款110亿金马克。来自战胜国的资本为濒临绝境的德国经济输入了新的血液，使其得以迅速恢复和发展，为它在政治上重新走进西方大国行列和进一步摆脱《凡尔赛和约》的束缚打下了基础。1929年，德国重新成为欧洲第一经济大国。与此同时，美国在经济上迅速向欧洲渗透，英国的大陆均势政策取得一定成功，法国则更担忧自己的安全。

1928年，随着"道威斯计划"即将到期，德国赔款问题又成为有关各国关注的中心。德国借口经济困难，要求重新确定赔款总额和支付年限，取消外国对其财政的监督。1929年2月11日，以美国财政专家欧文·杨格（1874—1962）为主席的"审议道威斯计划"委员会在巴黎召开会议。6月7日，该委员会提出"完全彻底解决赔款问题"的报告，即"杨格计划"。主要内容是：（1）规定德国赔款总额为1139亿金马克，59年还清；（2）德国每年支付的赔款分为无条件赔款和有条件赔款，前者约占每年支付款项的1/3，在任何情况下都须支付，后者为2/3，在支付困难的情况下可在两年内延期支付；（3）规定以实物抵付赔款的年限为十年；（4）取消对德国财政经济的国际监督，设立以美国为首的"国际清算银行"负责接收和分配赔款。1930年1月20日，"杨格计划"获得批准，作为德国接受该计划的先决条件，协约国军队于6月底全部撤出德国领土。

但是，1929 年爆发的世界经济大危机打乱了"杨格计划"的实施。随着外国尤其是美国投放到德国的短期贷款被迅速抽回，一度繁荣的德国经济再度濒临破产。德国决心借机迫使协约国取消赔偿。

1931 年 6 月 20 日，德国总统兴登堡（1847—1934）急电美国总统胡佛，陈述德国财政困境，声称无力还债。英国也乘机要求美国削减战债并延期支付。这时美国自身的经济危机还在扩大。6 月 20 日，胡佛发表"延债宣言"：从当年 7 月起，各政府间一切债务、赔款和救济借款的本利，延期一年支付；重申德国赔款问题完全是一个欧洲问题，与美国无关；不能取消其他国家欠美国的债务。

1932 年 1 月，德国宣布无力也不会在任何情况下支付赔款，遂使赔款问题再度告急。6 月，有关各国召开洛桑会议再议赔款，7 月 9 日签订了《洛桑协定》，规定德国最后须交付 30 亿马克作为免除其赔款义务的补偿，但批准这个协定的前提条件是必须妥善解决协约国之间的债务。由于美国坚决反对勾销或减少协约国拖欠美国的战债，《洛桑协定》从未获得批准。从此，德国停止支付赔款，协约各国也无意继续偿还欠美国的战债。[①]

德国赔款问题就此结束。围绕这一问题在列强之间进行的多次协商与冲突，最终在有利于德国的情况下不了了之。德国从此摆脱了《凡尔赛和约》的经济束缚，为纳粹党上台后实行独裁统治、走向战争提供了物质保证。

三、欧洲安全保障问题与《洛迦诺公约》

大战后的欧洲安全保障问题，是凡尔赛体系未能完全解决的另一个问题，与这一问题密切相关的法、德、英等国对欧洲安全各有各的考虑。

法国以保持《凡尔赛和约》规定的现状和维护法国安全为外交政策的核心。由于没有获得英、美对法国安全的保证，法国在欧洲建立了自己的同盟体系作为遏制德国的屏障，但是与法国结盟的几个中东欧国家的力量毕竟十分有限。鲁尔冒险的失败和"道威斯计划"的实施加重了法国的孤立与不安全感，迫使法国另寻途径。1925 年 4 月出任法国外长的白里安（1862—1932）主张改

---

① 美国对英法等国的赖债行为极为不满，1934 年 4 月美国国会通过了《约翰逊法》，又称《债务拖欠法案》，禁止贷款给未偿清债务的国家。

善法德关系，争取在英国的支持下通过与德国协商解决安全保障问题。

德国对安全保障问题有着自己的特殊考虑。作为战败国，德国外交的基本目标是摆脱《凡尔赛和约》的束缚，重新恢复大国地位。为此，德国必须设法阻止协约国尤其是法国对德国的任意制裁，使协约国撤走在莱茵兰的占领军，并调整东部边界。鲁尔危机的经历使德国感到，在自己军事实力尚未恢复之前，只有适当满足法国关于安全保障的要求，才能保证自身的安全。斯特莱斯曼出任总理和留任外长之后，抓住"道威斯计划"实施后国际关系发生的有利于德国的变化，积极主张调整对法关系，与协约国和解。为此，德国在 1924 年12 月正式向协约国提出加入国际联盟并得到了英国的支持。

20 年代的英国面临严重的政治经济和社会问题。英国政府把恢复经济、稳定资本主义秩序、维持大英帝国作为头等大事，不愿对欧洲大陆承担广泛的义务，只希望以最小的代价获得欧洲的最大安全。为此，英国反对战后法国过于强大和任意制裁德国，也反对德国起而复仇，破坏莱茵兰现状，从而危及自身的安全。英国认为最好的办法是支持法德和解，在它的干预下缔结一项包括法、德在内的安全保障公约，解除法国对安全的担忧，同时把德国拉入西方集团。美国希望欧洲恢复稳定以利于投资，支持英国的立场。

在英国的授意下，1925 年年初，德国政府分别向英、法、比、意发出一份备忘录，建议在莱茵兰有利害关系的国家缔结一项维持现状、相互保证安全与和平解决争端的安全保障条约。法国认为德国保证莱茵兰现状符合自己的利益，并进一步要求德国对德波、德捷边界同时提供担保，遭到德国反对。英国也明确拒绝对德波、德捷边界提供保障。在英美的联合压力下，法国只得被迫同意在德国备忘录的基础上进行谈判。

1925 年 10 月 5 日，德、比、法、英、意、波、捷七国代表在瑞士南部洛迦诺举行会议，讨论欧洲安全问题。与会各国对有关维持莱茵兰领土现状的问题分歧不大。困扰会议的两个问题是：德国对其东部边界的安全保障问题和德国无条件加入国联问题。第一个问题是法国一再坚持的要求。但德国修改其东部边界的决心已定，便以法国已经同波兰和"小协约国"结成同盟，没有必要再为此做出保证为由加以拒绝；英国也表示不会对德国东部边界承担任何新的义务。因此，法国只能独自对波、捷的安全再次提供担保。第二个问题是英法坚持的要求，目的在于用国联盟约约束德国。但德国拒绝无条件承担国联盟约第十六条规定的关于会员国应参加制裁侵略者的义务，以防止加入国联后可能被拖入以苏联"侵略"为借口制造的反苏干涉，从而危及自身的利益。不过斯特莱斯曼深知英法对苏联的恐惧，便着力强调所谓布尔什维克的威胁，他声称，一旦德国参加对苏经济制裁，苏联必将以宣战来回答德国的封锁；如果德苏发生战争，苏军就会席卷全德，布尔什维主义将传播到易北河。鉴于英法把莱茵兰的安全保证放在第一位和德国拒不妥协的态度以及拉德反苏的主要目标，最终英法对德国的要求做了让步。

10月16日，与会各国草签了会议的"最后议定书"和其他七个条约以及《关于国际联盟盟约第十六条给德国的集体照会》，最主要的是《德国、比利时、法国、英国和意大利相互保证条约》，即《莱茵保安公约》；此外，德国分别与比、法、波、捷签署了仲裁条约，法国分别与波、捷订立了相互保证条约。这些文件总称为《洛迦诺公约》。主要内容是：（1）根据《莱茵保安公约》，德法、德比间的边界领土维持现状；双方不得彼此攻击和侵犯，并且在任何情况下不得诉诸战争；彼此通过外交途径与和平方法解决它们之间的一切争端；《凡尔赛和约》关于莱茵兰非军事区的规定应得到遵守，"道威斯计划"仍然有效；英、意作为该公约的保证国承担援助被侵略国的义务；允许德国加入国联。（2）根据德国分别与比、法、波、捷订立的仲裁条约，缔约双方保证对今后发生的一切争端，如不能通过正常外交方式和平解决时，应提交仲裁法庭和国际常设法院解决。但在德波、德捷条约中未对它们之间的边界规定任何保证安全的办法。（3）根据法波、法捷相互保证条约，如缔约一方受到德国侵略，彼此立即给予支援与协助。（4）在英、法、比、意、波、捷六国草签的《关于国际联盟盟约第十六条给德国的集体照会》中，同意每个会员国"应在符合本国军事情况和照顾本国地理形势的范围内"履行第十六条的义务，实际允许德国有条件地加入国联。1925年12月1日，与会七国在伦敦正式签署《洛迦诺公约》。

《洛迦诺公约》的签订，是协约国在政治上正式承认德国作为一个平等大国的前提下，在欧洲安全问题上对凡尔赛体系所做的又一次较大调整。它改善了协约国尤其是法国与德国的关系，暂时解决了安全问题，使欧洲的国际关系进入了相对稳定阶段，并为"道威斯计划"的继续实行和20年代中后期欧美经济的发展创造了条件。正由于此，"洛迦诺精神"一词一时成为和解与安全的代名词。

但《洛迦诺公约》并不是"战争年代与和平年代的真正分界线"，它自身孕育着新的不稳定因素。该公约极大地削弱了法国在欧洲的地位。法国从此不仅在德国违约时不再能单独实行制裁，而且其自身的边界还要依靠英国和意大利的保证，而这种保证又没有什么切实可行的措施；由于该公约并未对德国的东部边界给予保证，这就严重打击了法国的同盟体系，一旦协约国的军队全部撤出莱茵兰，法国的安全将再次成为问题。

《洛迦诺公约》使德国实现了大部分外交目标，却并未使它承担任何新的义务。它摆脱了战败国地位，争得了与法国平等的地位，并为收复莱茵兰创造了条件；它拒绝对波、捷边界给予保证，有利于以后向东扩张；该公约作为"道威斯计划"在政治上的继续，成为德国恢复政治大国地位的第一步。1926年9月，德国加入国联，并成为行政院常任理事国，终于重新跻身西方大国行列。不仅如此，就在洛迦诺会议进行期间，德国与苏联于10月12日缔结了经济条约。此前的1926年4月24日，德国已与苏联签订了中立条约，终于获得了有利于自己发展的国际空间。

《洛迦诺公约》是英国实行均势外交的产物。英国最终以承担最小义务的办法（即保证国的身份）获得了欧洲的安全，并成为德法之间的仲裁者，从而处于欧洲政治的支配地位，在一定程度上达到了抑制法国、扶植并限制德国的目的。但是，随着德国实力的增强和纳粹党上台，靠《洛迦诺公约》建立的欧洲均势终被打破。1936年3月7日，纳粹德国出兵占领莱茵兰非军事区，撕毁了《洛迦诺公约》。

法国深知《洛迦诺公约》对保证法国安全的局限性。面对德国实力的恢复和国际裁军的止步不前，法国决定利用各国人民对集体安全和持久和平的渴望，尤其是盛行于美国的和平主义思潮，争取美国在某种程度上对法国的安全承担义务，巩固自己在欧洲日渐衰落的地位。

1927年6月，法国外长白里安照会美国国务卿凯洛格（1856—1937），正式提出缔结法美双边友好条约的草案，建议两国共同宣布谴责并摒弃战争，和平解决彼此间的一切争端。凯洛格认为白里安的建议可能成为美法防御条约的翻版，对美国没有什么实际价值，却会使美国卷入法国在欧洲的纠纷，这是美国要极力避免的；但是如果拒绝这一建议，又有损于美国的和平形象。因此，凯洛格最终决定把这项双边友好条约变成多边非战公约。12月28日，凯洛格复照白里安，表示希望先由美、法、英、德、意、日六国签署一个多边非战公约，然后对所有国家敞开大门。

法国对美国的态度甚为失望，但又不能自食其言，便与美国进行磋商。在双方尚未取得一致意见的情况下，1928 年 4 月 13 日，美国单方面向英、德、意、日四国发出内容相同的有关美法双方就此问题的外交来往信件，征求它们对法美争论的意见。德国庆幸针对自己的法美条约破产，首先表示拥护美国的主张。英、意、日原则上表示同意，但提出有权对与自己利益攸关的地区实行"自卫权"的保留条件。经过反复谈判，各国终于取得了一致意见。

1928 年 8 月 27 日，美、英、法、德、意、比、日、波、捷、南非等 15 个国家的代表在巴黎作为创始国签订了《关于废弃战争作为国家政策工具的一般条约》，即《非战公约》（又称《白里安—凯洛格公约》或《巴黎公约》）。主要内容是：缔约各方"斥责用战争来解决国际纠纷，并在它们的相互关系上，废弃战争作为实行国家政策的工具"；缔约各方之间"可能发生的一切争端或冲突，不论其性质或起因如何，只能用和平方法加以处理或解决"；其他各国都可以加入本公约。《非战公约》于 1929 年 7 月 25 日生效，到 1933 年，共计 63 个国家和地区（包括但泽自由市，今格但斯克）加入了该公约。

《非战公约》是一个重要的国际文件，它第一次正式宣布在国际关系中放弃以战争作为实行国家政策的工具，和平解决国际争端，在国际法上奠定了互不侵犯原则的法律基础，成为确定侵略战争为非法方面的重要法律依据之一。第二次世界大战后，该公约是国际军事法庭审判德国和日本战犯的重要国际法依据。

但是，《非战公约》的条文措辞十分抽象，没有区分侵略战争和自卫战争，对废弃战争、维护和平没有规定任何明确的责任，也不要求各国为此做出任何实际的牺牲；它既未涉及裁军问题，也未制定实施公约的办法和对违约国的制裁措施，因此在当时的国际政治现实中，《非战公约》只是一纸原则声明。不仅如此，列强在批准公约时还强调各国都拥有自己"决定情况是否需要诉诸战争以实行自卫"的权利，以此作为各自的保留条件。由此可见，《非战公约》并不能限制列强在借口保卫自身利益的情况下对殖民地附属国和其他国家进行侵略战争和镇压活动。后来的历史证明，正是这种所谓的"自卫权"成了帝国主义发动战争的借口。

思考题：

1. 20 世纪 20 年代的英国、法国发生了哪些社会变化？

2. 20 世纪 20 年代美国经济繁荣的主要原因是什么？

3. 试述"一战"后初期日本的政党政治与协调外交。

4. 德、意法西斯势力是如何兴起的？

第五章　亚非拉地区民族解放运动的发展

第一次世界大战前,绝大多数亚非拉国家和地区都不同程度地处于殖民地半殖民地地位。"一战"后,这些国家和地区的人民并没有获得战前期待的国家独立,英、法等在战争中获胜的帝国主义国家反而利用其控制的国联,通过"委任统治"制度扩大了自己的殖民地。在俄国十月革命的影响下,殖民地半殖民地国家和地区掀起了民族解放运动的新高潮。领导亚非拉地区民族解放运动的既有无产阶级,也有民族资产阶级、小资产阶级、封建贵族、部落酋长和宗教人士。革命运动在中国、朝鲜、越南、印度、土耳其、埃及和墨西哥进展尤为迅猛,沉重打击了帝国主义及其殖民统治。

第一节　现代民族解放运动的基本特征

"一战"后亚非拉地区的革命运动一般被称为现代民族解放运动。现代民族解放运动是 20 世纪中期殖民地半殖民地国家和地区反帝、独立浪潮的序幕,对 20 世纪人类历史发展的进程产生了深刻影响。

一、现代民族解放运动蓬勃兴起

19 世纪末 20 世纪初到"一战"爆发前夕,帝国主义列强瓜分和重新瓜分世界的斗争非常激烈,"一战"和十月革命从不同方面促进了世界范围内民族解放运动的高涨。"一战"的爆发沉重打击和削弱了帝国主义,推动了殖民地半殖民地国家和地区民族资产阶级的发展,使东方人民看到了改变殖民地位的机遇,并增强了斗争的信心。十月革命的胜利,不仅使东方各民族人民看到了改变命运的希望,也获得了马克思列宁主义这一新的斗争武器。同时,苏俄(苏联)也对民族解放运动给予了许多具体帮助和指导。现代民族解放运动因此表现出广泛性和逐步走向成熟的特点。这一时期,几乎所有殖民地半殖民地国家和地区,大到像中国和印度,小到像阿富汗和摩洛哥的里夫地区,都开展了民族解放运动。参加运动的社会阶层具有广泛性,虽然传统的农民反抗斗争和酋长封建主领导的反殖斗争仍在一些地区发生,但更主要的是城乡资产阶级、小资产阶级和无产阶级领导的革命运动。许多殖民地和半殖民地地区成立了一批共产主义性质的政党和民族主义政党，新生的领导力量大大推动了民族解放运动广泛和深入地展开。

这一时期，亚洲的一些主要国家普遍掀起民族解放运动的高潮。在西亚的土耳其，凯末尔领导人民赶走了英国支持下的希腊侵略军，并成功进行了现代化改革。在南亚，印度人民在甘地和国大党领导下，多次发起了"非暴力不合作"运动。在东南亚，印度尼西亚共产党人发动了反对荷兰殖民统治的起义，它标志着本土民族独立运动的兴起。在中国，爆发了辛亥革命和五四运动，之后孙中山领导的国民党实行"联俄、联共、扶助农工"的三大政策，国共实现了第一次合作。1927年蒋介石背叛革命后，中国共产党人继续高举革命旗帜，领导中国人民进行反帝反封建的斗争。此外，朝鲜、越南、叙利亚等国人民也都开展了反帝反殖斗争，阿富汗、伊朗、也门和伊拉克取得了国家独立或部分独立。

在非洲，当地多数地区的民族主义运动尚处在萌芽和酝酿阶段，但一些北非国家的民族主义运动发展较快。埃及人民在以柴鲁尔（又译扎格卢勒，1857—1927）为首的华夫脱党领导下，通过游行、示威、罢工、罢课、罢市、街垒战等斗争方式，迫使英国殖民当局做出让步，放弃了对埃及的"保护"，承认埃及独立。摩洛哥里夫地区的人民在酋长克里姆领导下，建立了里夫共和国，多次打败强大的西班牙和法国侵略军。埃塞俄比亚人民在皇帝海尔·塞拉西一世领导下进行了艰苦卓绝的抗意战争。

在拉丁美洲，阿根廷工人在共产党领导下，举行了反对外国资本的罢工。墨西哥人民在卡德纳斯总统领导下，对内进行一系列民主改革，推行土地改革，将工农力量吸纳入党内，遏制军人势力；对外高举民族主义大旗，捍卫民族主权和本国资源，将墨西哥引上现代化之路。智利的左派力量团结其他社会阶层，成立民族阵线联合政府，防止了法西斯势力上台。此外，尼加拉瓜桑地诺游击队同受美国扶持的反动独裁政权展开武装斗争，巴西普列斯特斯领导了行程达2.5万多公里的巴西腹地大进军，古巴人民举行了反对马查多独裁统治的起义，这些斗争在拉美人民革命斗争历史上写下了光辉的篇章。

这一时期的民族解放运动克服了近代民族解放运动的弱点，具有广泛的群众基础、良好的组织、明确的纲领目标和宏大的规模。但由于帝国主义仍然拥有强大的力量，致使这一时期许多国家和地区的民族解放运动遭遇了挫折。如

1919 年朝鲜反抗日本殖民统治的民族起义、1925 年叙利亚和黎巴嫩反对法国委任统治的起义，都遭到帝国主义的镇压。埃及和伊拉克在反对英国委任统治斗争中虽然取得了一定成就，但仍被强加了不平等的条约。

二、现代民族解放运动受到社会主义运动的深刻影响

从 20 世纪初开始，列宁就一直关注着东方的民族解放运动，对东方人民的斗争给予极高的评价和支持。在列宁看来，十月革命后，尽管许多殖民地半殖民地人民解放运动的领导者仍是资产阶级，其奋斗目标也仍是建立资产阶级共和国，但由于它们具有反帝反封建的倾向，因而也就具有了成为社会主义俄国的盟友的可能性与现实性。

由于列宁对东方民族解放运动的重视，十月革命后的苏俄对东方民族解放运动产生了广泛影响。1920 年 9 月，根据共产国际和东方许多革命组织的倡议，在巴库举行了东方各族人民代表大会，来自各国的数百名代表出席了会议，其中有 201 名伊朗代表、105 名土耳其代表、40 名阿富汗代表、7 名中国代表、14 名印度代表和其他国家地区的代表。1927 年 2 月，在苏联的支持和倡导下，在布鲁塞尔召开了被压迫人民代表大会，中国、印度、印度尼西亚、印支联邦、埃及、叙利亚、北非阿拉伯人、北非黑人及拉丁美洲的民族组织的代表参加了大会。参加大会的除了尼赫鲁、苏加诺等亚洲著名的民族主义领导人外，还有欧洲各国工人运动的进步组织的左翼代表及文化和科学界的著名人士。在此次大会上，成立了常设组织——反帝大同盟，中国的宋庆龄女士被选为名誉主席。现代民族解放运动蓬勃开展起来，并相互支持和相互鼓励。

"一战"后，受俄国十月革命的影响，在亚非拉国家中先后建立起 38 个无产阶级政党。其中，亚洲 15 个，非洲 5 个，拉丁美洲 18 个。在亚洲，中国、日本、朝鲜、越南、印度尼西亚、印度、土耳其、伊朗等国在二三十年代先后成立了共产党，其中，共产国际执委、荷兰人马林（1883—1942）曾参与过帮助创建印尼社会民主联盟和中国共产党。中国、朝鲜、越南等国的共产党逐步掌握了本国民族解放运动的领导权。在拉美，工人阶级摆脱了无政府工团主义和资产阶级社会民主主义的束缚，各国先后成立了共产党。1919 年 6 月，在布宜诺斯艾利斯举行了拉美各国共产党第一次代表大会。

亚非拉地区资产阶级政党在"一战"后也得到很大发展，并受到社会主义运动的深刻影响。在中国，孙中山改组国民党，实现了第一次国共合作，进行

反帝反封建的民主主义革命。在墨西哥，卡德纳斯执政后，将工会和农会组织吸纳入墨西哥革命党，从而使党内的工农成分大大增加。此外，苏加诺领导的印尼国民党、凯末尔领导的土耳其人民共和党、柴鲁尔领导的埃及华夫脱党等都得到了迅速发展。撒哈拉以南非洲地区的资产阶级政党出现虽晚，到40年代时也有了像尼日利亚民族民主党这样的组织。从总体上看，民族资产阶级虽然仍是亚非拉国家民族解放运动的主要领导力量，但他们都不同程度地受到社会主义运动的影响，使现代民族解放运动呈现出与以往不同的新气象。

这一时期亚非拉各国人民及其无产阶级政党将马克思主义与本国的具体实践相结合，形成了指引本国争取民族独立和人民解放的革命理论。如中国共产党人在中国新民主主义革命实践中创立的毛泽东思想，创造性地发展了马克思列宁主义，成功地将马克思主义中国化，指导中国的反帝反封建斗争走向胜利，成为亚非拉人民革命的宝贵财富。同时，在这场斗争中，一批引领风骚的资产阶级民族主义革命家，也通过吸收近代资产阶级民主思想的精华，并结合本国的斗争实践形成了自己的理论，包括孙中山三民主义、甘地主义、尼赫鲁主义、凯末尔主义、卡德纳斯主义、庇隆主义等有影响的思想体系。这些思想体系也对各民族民主革命进程起到过重要的指导作用。例如，甘地的非暴力主义和非暴力不合作策略不仅影响了20世纪印度的历史进程，也丰富了20世纪亚非拉人民反对殖民统治、争取国家独立斗争的内容和方式。

另外，亚非拉地区的民族解放运动在三四十年代部分地与反法西斯斗争交汇在一起，成为现代民族解放运动的一个新特点。

第二节　印度非暴力不合作运动

"一战"后，在甘地领导下，国大党改变了"一战"前与英国殖民者合作推行社会改革的温和态度，开始走上非暴力不合作道路，将争取印度独立作为斗争目标，并在"二战"期间发起让英国人"退出印度"的运动，迫使英国殖民者在"二战"后放弃了在印度的殖民统治。

一、甘地和甘地主义

1905—1908年，印度争取民族解放的自主自产运动在英印当局的军事镇压和政治引诱下转入低潮。由于一批激进派领导人被捕，温和派转而热衷于英印当局推行的宪政改革。国大党急需一位能将各方力量凝聚起来、推动解放运动的新领导人。在这种背景下，甘地脱颖而出，成为国大党的领袖。

莫汉达斯·卡拉姆昌德·甘地（1869—1948），出生于印度西部古吉拉特邦，青少年时期敬仰西方文明，然而残酷的现实把他引向了反对西方殖民主义的斗争。1893 年，甘地前往南非，在那里以非暴力不合作的方式积极投身于印度侨民反对种族歧视的斗争。经过斗争实践和对 1905 年印度自主自产运动的反思，甘地于 1909 年前后发表了政治小册子《印度自治》，初步提出后来被称为甘地主义的思想体系。

甘地主义是一个完整和庞杂的思想体系，主要内容为：以爱、真理、非暴力为主要内容的哲学宗教观；以争取印度自治独立为主的政治思想；主张印度教徒和穆斯林团结、消灭贱民制度、实行男女平等、富人庇护穷人的社会思想；限制大工业发展、发展乡村工业、提倡手工纺织的经济思想。甘地通过对印度教的一些基本原则进行重新阐释，将民主与平等思想灌输给印度社会，其核心是非暴力主义。

甘地认为，印度教有两种，一种是精英主义的印度教，另一种是一般民众信奉的印度教。对这两种形式的印度教，他都给予强烈批判。为了让印度社会精英们投身民族斗争，甘地重新阐释了印度教"梵我同一"的思想①。在他看来，行动——无论是社会的还是政治的——而不是沉思默想，才是实现"梵我同一"和自我价值的唯一道路。他称自己领导的运动为坚持真理的运动，而追求真理的唯一方式是遵从道德并付诸行动。同时，甘地认为正当的目的只有采取正当的非暴力手段去争取，通过暴力获得的政权仍然是暴力政权。他还主张以爱制恶，以德报怨，以精神力量战胜武装力量，以人道主义感化对方，以和平方法取得独立。

甘地主义实质上体现了印度资产阶级的政治理想。他们一方面认识到发动广大群众参与争取印度自治的斗争的必要性，同时又不想在印度发生社会暴力革命。而非暴力不合作的斗争方式既有利于动员群众，又有利于防止群众走上

---

① 印度教的基本教义，指作为宇宙最高主宰的"梵"和个体灵魂的"我"本质上是统一的，人生的最高理想状态是实现个人自我的"梵化"。

暴力革命的道路、打乱印度社会的等级秩序和阶级结构。

由于甘地在南非领导印度侨民反对种族歧视的斗争取得了胜利，并产生了重大影响，国大党决定派资深领导人郭克雷前往南非考察甘地。郭克雷在考察报告中给予甘地高度评价，国大党决定邀请甘地回国，担任国大党领袖。1915年，甘地受邀从南非回国。

二、非暴力不合作运动

与当时其他国大党领导人不同，甘地重视动员群众。他回国后深入全国各地了解情况，关心帮助民众。在甘地的示范下，国大党改变了作风，巴特尔、德赛、卡马拉季、夏斯特里、尼赫鲁等领导人也开始走向农村。

第一次世界大战期间，英国将印度拖入战争，给印度造成大量的人员伤亡、高额军费开支和粮食短缺等。国大党在"一战"中积极支持英国政府，期待英国在战后给予印度自治地位。但大战结束后，英国并不准备给予印度自治地位，而是于1918年发表了由印度事务大臣孟太古和驻印总督蔡姆斯福联合署名的"改革方案"，以继续推行"宪政改革""逐渐发展自治体制"来搪塞印度人。1919年3月，殖民当局还颁布了由英国法官罗拉特提出的法案，后称《罗拉特法案》，该法案规定授予总督特别权力，殖民当局有权不经起诉就逮捕、搜查和监视任何有反英活动嫌疑的人，可不经审讯即判刑或判服劳役，警察有权解散群众集会和示威游行。

英国人的上述做法激起印度人民愤慨。国大党根据甘地的提议，号召全印人民1919年4月6日举行总罢业。随之，各地爆发了示威游行和罢工。13日，约两万群众在阿姆利则城中的一个广场举行抗议集会。英国军队堵住广场出口，未发任何警告便向集会人群开枪，当场有379人被打死，1200多人受伤。

"阿姆利则惨案"在印度各阶层人民中激起强烈反抗。在孟买和阿麦达巴德发生了焚毁政府机关、邮局、警察局、破坏铁路等事件，愤怒的群众甚至同军队搏斗。1920年9月，国大党在加尔各答举行了具有历史意义的特别会议。在这次会议上，甘地提出了"非暴力不合作计划"。同年12月，国大党那格浦尔年会正式通过该计划。在此计划中，甘地规定非暴力不合作运动分为三步：一是放弃英国人授予的爵位、封号和名誉职位；二是罢课、离职、抵制法院和司法机关，并辅以"家家户户恢复手工纺织"和不买英国布；三是逐步走上抗税阶段。

在甘地的领导下，国大党进行了改组，设立了中央执行委员会，广泛建立地方支部，吸收工人、农民和手工业者入党，很快发展成为一个拥有 1000 万党员和 15 万志愿者与较为完善的中央和地方基层组织的政党。接着，国大党还通过了甘地主持起草的新党章。新党章规定国大党的斗争目标为"用一切合法的手段实现司瓦拉吉"。甘地对司瓦拉吉的含义做了新的解释，即：如有可能，在英帝国范围内自治；如有必要，就脱离英帝国独立。新党章第一次提出了独立的目标。

但是，英国不仅不考虑印度独立，甚至不准备给印度自治权，首相劳合·乔治还派军队前往印度镇压印度人民的反抗。在此关头，发生了曹里曹拉事件。曹里曹拉是联合省的一个村镇，1922 年 2 月 4 日，2000 多农民放火焚烧该地警察所，导致 21 名警察丧生。甘地认为此事表明运动已违反国大党非暴力原则。12 日，根据甘地提议，国大党决定停止第一次不合作运动。3 月 10 日，甘地被捕，印度民族主义运动再次转入低潮。

革命低潮并未持续多久。20 世纪二三十年代，印度政治出现了新因素。国大党内，一派人坚持甘地的主张，即暂停政治斗争，全力以赴进行建设性工作，如手工纺织、促进印度教徒和穆斯林团结等，为以后发动新的不合作运动做准备，这一派人被称为不变派。甘地和尼赫鲁属于不变派。另一派人则主张既然不合作运动已经停止，就没有必要再抵制立法会议，应重新参加选举，争取有更多的国大党人进入立法会议，这一派人被称为主变派。

1929 年 12 月，国大党年会在拉合尔召开，甘地推荐尼赫鲁为大会主席，会议通过了"争取印度完全独立"的决议，还授权甘地全权领导不合作运动。新选出的领导机构把 1930 年 1 月 26 日定为印度"独立日"。

1930 年 1 月 26 日，孟买和全国各地举行"独立日"活动。31 日，甘地向总督欧文提出 11 点要求，主要内容有：降低地税 50%，废除食盐专卖和取消盐税，削减军费至少一半，减少英国官员薪金 50%，保护关税，释放政治犯等。这些要求遭到殖民当局的拒绝。3 月 12 日，甘地亲率 78 名信徒前往印度西海岸名为丹地的村子制盐，一路上宣传动员群众，以抗盐税作为全面抗税的开始。

"食盐进军"在印度引发了示威游行、罢工和农民抗税斗争等运动。运动很快又冲破了甘地的非暴力原则，在部分地区发展为武装斗争。这遭到甘地领导的国大党的批评。

英国殖民当局仍采用镇压与分化瓦解的两面手法来对付印度民族解放运动。殖民当局在全国颁布特别法令，实行戒严，禁止集会、游行，宣布国大党等组织非法，逮捕了甘地、尼赫鲁等国大党领袖，将大批参加不合作运动的群众关进监狱。另一方面，当局也离间国大党同印度其他政治集团的关系。1930 年 11 月，英国召集印度多派政治力量在伦敦召开了第一次圆桌会议。甘地和国大党领导人最初抵制这次会议，但未能坚持到底。1931 年 1 月 25 日，总督欧文下令释放甘地及国大党工作委员会的所有成员。2 月 17 日，甘地与欧文在德里谈判，3 月 5 日签订《甘地—欧文协定》，也称《德里协定》。据此协定，英国承认国大党合法，释放除"暴力罪"之外的全部政治犯，停止对群众运动的镇压，国大党则停止不合作运动，并派代表参加伦敦圆桌会议。同年 9 月，甘地出席了在伦敦举行的第二次圆桌会议，他提出的印度自治的要求遭到拒绝。国大党随后走向妥协，1934 年 5 月，第二次非暴力不合作运动正式停止。

三、"退出印度"运动

第二次伦敦圆桌会议后，英国殖民当局于 1935 年颁布了新的《印度政府组织法》。依据该法，英国人在维持对印统治总体不变的前提下，将中央一些次要部门的领导权逐步让与印度人，并在邦一级开展选举，由选举中得到大多数席位的政党组织邦政府。国大党虽称之为"奴隶宪法"，但很快部分接受了这项法案，参加 1937 年的邦政府选举，并在大部分邦获胜。

1939 年 9 月 3 日，英国未经印度同意即宣布印度对德作战。国大党表示，在英国未给予印度独立地位之前，印度人民不愿在战争中支持英国。英国当局则坚持只有在战后才会考虑给予印度自治领地位。

作为对英国顽固态度的反应，1939 年 11 月，由国大党领导的七个邦政府集体辞职。1941 年 12 月，太平洋战争爆发后，英国寻求印度人民的支持，美国也在敦促英国人做出让步。1942 年，丘吉尔派内阁成员克里普斯爵士赴印寻求解决办法未果。1942 年 8 月 7 日，国大党全印委员会在孟买召开。8 日，通过了要求英国立即退出印度的决议，并决定动员所有力量开展最广泛的不服从运动，以实现印度的独立。9 日凌晨，殖民当局逮捕了甘地、尼赫鲁等国大党重要领导人，直到 1945 年 6 月 15 日才将他们释放出狱。甘地领导的非暴力不合作运动沉重地打击了英国在印度的统治，并为"二战"后印度独立创造了条件。

第三节 土耳其凯末尔革命

土耳其凯末尔革命是两次世界大战之间亚非地区具有重大影响的资产阶级革命，其宗旨是反对帝国主义侵略，捍卫民族独立，建立民族国家。革命胜利后，凯末尔领导土耳其人民成功地进行了现代化改革，为民族的复兴和国家的发展奠定了基础。

一、民族革命战争与共和国成立

"凯末尔革命"即1918—1923年由凯末尔领导的土耳其民族革命战争。这一革命是在土耳其面临严重的民族危机背景下发生的。

1914年8月，青年土耳其党人同德国签订了秘密同盟条约，随后被德奥集团拖入第一次世界大战。1918年10月，奥斯曼帝国战败投降，与协约国签署《摩德洛斯停战协定》，青年土耳其党政府垮台。奥斯曼帝国割让了除伊斯坦布尔以外的所有欧洲领土，而且在和约签署以后，英、法、意军队占领了伊斯坦布尔，进驻安纳托利亚高原和色雷斯。1920年8月10日，帝国政府被迫签订《色佛尔条约》，根据条约规定，土耳其海峡（又称黑海海峡）地区成为国际共管的特别区，在帝国名下的国土只剩安卡拉和黑海之间的一小块地方。

土耳其同时面临严重的经济危机，农业、工业、交通运输、财政金融陷于破产境地。1919年5月15日，希腊军队占领了土耳其重要城市伊兹密尔，素丹政府却命令帝国军队不得抵抗，并对首都城内反侵略的抗议活动进行严厉镇压。因此，反对帝国主义瓜分和武装干涉、维护民族独立成为土耳其民族的当务之急，而在大战中成长起来的民族资产阶级成为革命的生力军，领导革命的是凯末尔。

凯末尔祖上为迁居到奥斯曼帝国欧洲部分的城市萨洛尼卡的犹太人。早年投身军旅，曾参加青年土耳其革命，在第一次世界大战中指挥过保卫达达尼尔海峡战役，成功击退了协约国的英法联军。

以民族革命战争为主要形式的土耳其资产阶级革命经历了三个阶段。

第一阶段是政治组织时期（1919 年 5 月—1920 年 4 月）。1919 年 7 月成立了以凯末尔为首的代表委员会，9 月成立了安纳托利亚和鲁米利亚护权协会，通过了坚持民族独立和领土完整的内容广泛的政治纲领。1920 年 1 月 28 日还通过了《国民公约》，宣布土耳其享有同一切主权国家一样的独立和自由；土耳其领土完整；偿还国债不能违反独立原则；阿拉伯人居住区、西色雷斯和安纳托利亚东部三省（卡尔斯、埃尔达汗、埃尔温特）由当地公民投票，实行民族自决；废除治外法权。4 月 23 日，凯末尔在安卡拉召开大国民议会，组成了以代表委员会为中心、对议会负责的国民议会政府。

第二阶段是民族独立战争时期（1920 年 4 月—1922 年 9 月）。1921 年年初建立了土耳其国民军。在 1 月的伊涅纽战役中，土军以少胜多，打败希腊军队，扭转了战局。同时，大国民议会颁布的新法律宣布，把新国家正式命名为"土耳其"。3 月，反攻阶段开始。在 8 月 23 日至 9 月 13 日的萨卡里亚战役中，土军大败希军，促使法国承认大国民议会政府，意大利停止武装干涉。1922 年 8 月底，土军在多鲁佩纳尔的决战中俘获希军总司令，并于 9 月 18 日肃清了安纳托利亚的希腊侵略军。

第三阶段是外交谈判时期（1922 年 9 月—1923 年 10 月）。1922 年 10 月 11 日，协约国与土耳其签订停战协定。1923 年 7 月 24 日，英、法、意、日、希、罗、南七国与土耳其签订《洛桑和约》。条约确定了土耳其的边界，承认土耳其领土完整和国家主权，废除外国在土的领事裁判权和财政监督权。同日，上述七国、保加利亚与土耳其签订了《海峡公约》，规定黑海海峡在和平及战争时期均保持海空通航自由；海峡地区非军事化，由签字国组成的"海峡委员会"负责监督。《洛桑和约》的签订标志着土耳其人民反帝斗争取得重大胜利，但《海峡公约》的有关条款也损害了土耳其的主权。

10 月 24 日，大国民议会确定安卡拉为首都，29 日，宣布土耳其为共和国，凯末尔当选第一任总统。土耳其共和国的建立，标志着土耳其资产阶级革命的胜利。

二、凯末尔主义与资产阶级民主改革

凯末尔在革命和改革过程中，系统提出了具有土耳其政治文化特点的本土民族主义——凯末尔主义，1931 年的土耳其共和人民党第三次代表大会通过的新党纲将其概括为六项原则，1937 年被纳入宪法，成为土耳其国家的主流意识

形态。这六项原则是：（1）共和主义或民主共和主义，即废除君主专制、建立资产阶级共和国的国体原则；（2）民族主义，即保卫土耳其的领土完整、民族独立和应有的国际地位的原则；（3）民众主义，它体现为公民主权，即国家权力属于全体公民和法律面前人人平等的原则；（4）国家主义，即以国营经济为基础、同时鼓励私人工商业和坚持独立自主地发展民族资本主义经济的原则；（5）世俗主义，即国家权力与宗教事务相分离，反对宗教干预政治、法律、教育和社会生活的原则；（6）改革主义，即坚持不懈进行社会经济改革的原则。

六项原则体现出凯末尔主义反对帝国主义、坚持民族独立、建立和巩固统一的土耳其民族国家的民族主义思想，表现了反对封建专制主义和封建神权主义、坚持共和制的资产阶级民主主义原则。

凯末尔革命的胜利使土耳其摆脱了民族危机，为发展民族经济、推动社会、文化进步创造了条件。同时，土耳其共和国的建立，开创了西亚地区建立民族国家体系的先河，具有十分重要的意义。

建立民族国家后，进行现代化改革成为土耳其的当务之急，而土耳其共和国的现代化改革以世俗化为特征，具有明显的地域色彩和深远的历史影响。

土耳其建国后的首要任务是建立一个统一的民族国家，从而取代以素丹制和伊斯兰教的哈里发制相结合为特征的、政教合一的奥斯曼封建专制制度。从1922年11月到1924年3月，政府先后宣布废除素丹制，建立共和国；取消哈里发制，以资产阶级共和政体取代了旧的封建君权和神权政体。

随后是法律与宗教分离。1924年3月，政府撤销了宗教基金事务部，废除了宗教法和宗教法院，设立"宗教事务局"管理宗教事务，并确定了国民议会的立法权。4月，颁布了共和国宪法；1928年，从宪法中删去了"伊斯兰教为土耳其国教"的条款，从而确保了国家的世俗性。1934年12月，修改后的宪法规定年满22岁的妇女与男子享有同等的选举权。

1926年2月，大国民议会颁布了新的《民法》。新民法用法律面前人人平等的原则取代了宗教法中关于臣民之间不平等的规定，并废除了休妻制和多妻制，规定妇女在家庭、社会和经济生活中享有与男子平等的地位。此后又颁布了以欧洲法律为蓝本的《刑法》《刑事诉讼法》《商法》《海商法》《民事诉讼法》《法院组织法》和《律师法》等。以后又废除了伊斯兰教的各种法官称谓。法制改革结束了宗教法院与欧式法院并存的混乱局面，妇女的政治和社会权利得到承认，具有明显的进步意义。

教育与宗教的分离是教育改革的核心问题，它打破了宗教对教育的垄断。建国初期的教育体制十分混乱，宗教基金事务部管理伊斯兰教学校，而少数民族学校由各自的教会管理，外国人办的学校则归各国领事馆管理。同时，文盲占到居民总人数的89%。1924年3月，土耳其大国民议会通过了《教育统一法》，将所有教育统归教育部管理，所有教职人员在行政和财权上均隶属教育部。将伊斯兰教的影响清除出国家的世俗教育领域，为开展民族的、现代的和科学的教育铺平了道路。

此后，政府停办了各地的所有宗教小学和宗教中学；公、私立学校中一律停止教授宗教课程；取消了伊斯坦布尔大学神学系；按西方模式改造原有学校；把外国人和基督教会办的学校统一收归教育部管理；外国人办的学校必须执行教育部的教学计划，土耳其语文、历史和地理课均要由土耳其教师执教。此外，实行五年制小学义务教育；发展工业、农业、矿业、师范等各类职业技术学校及成人夜校；大力发展高等学校。

文化改革的主要特点同样是世俗化，同时确立土耳其民族精神。其中，文字改革占有重要地位。土耳其人旧称突厥人，10世纪在中亚皈依伊斯兰教后，接受阿拉伯字母放弃了传统文字，但以阿拉伯字母标识土耳其文存在诸多问题。1928年11月，大国民议会公布文字改革方案，决定自1929年元月开始用拉丁字母代替土耳其传统的阿拉伯化的字母。新字母简便易学，符合国际上通用的书写习惯。文字改革后，两年内有150多万民众进入国民学校学习新字母，其中有一半人摆脱了文盲状态。当然，文字改革也使年轻人难以阅读过去的各种文献，文化传承受到影响。另外，土耳其历史也受到高度重视。1931年，政府成立了历史学会，进行了校勘历史文献、讨论历史问题、编写教材等一系列工作。

在宗教领域，政府关闭了女修道院，限制神秘主义的苏非派的活动，并禁止筛海（伊斯兰教正统派宗教人士）、托钵僧（苏非派宗教人士）用咒语治病。政府还于1933年颁令，要求所有清真寺一律用土耳其语代替阿拉伯语进行宣礼。

在社会生活与习俗领域，政府规定所有男子必须戴欧式礼帽，并鼓励妇女废弃面纱。1925年12月，政府宣布废除旧历，正式采用国际通用的公历，同时规定星期日为每周休息日。1934年6月，大国民议会通过公民采用姓氏的决定，同时取消了旧的等级称号和头衔。大国民议会授予凯末尔的姓是"阿塔图克"（"土耳其人之父"）。

国家主义是土耳其经济改革的指导思想，即强调政府在经济领域的作用，由国家制订经济计划，指导和管理经济生活，并直接投资发展工业、交通运输、金融等经济部门。这些主要是借鉴了苏联的经验。但国家并不否定私人经济，而是强调两者并存。1933—1937 年实施了第一个五年计划。30 年代土耳其的经济发展较快，尤其是轻工业方面，但也出现了国营企业管理不善、农业受忽视等问题。为吸引外资，1927 年 6 月在伊斯坦布尔设立了自由贸易区，同年颁布了旨在鼓励私人企业的《奖励工业法》。

凯末尔的资产阶级民主改革是凯末尔主义的全面实践。它终结了奥斯曼帝国政教合一的封建专制体制，成功地建立了现代土耳其民族国家，并开展了以世俗化为中心的现代化、民族化、民主化改革，使土耳其在阿拉伯世界之前率先走上了民族复兴之路。但另一方面，凯末尔的民族化、现代化政策也存在着一些问题，如忽视库尔德人少数民族权益，脱离民众情感，权力过度集中等，相关改革也主要局限在制度层面和城市，对构成人口主体的乡村民众的影响微乎其微。

第四节　朝鲜、越南民族解放运动

朝鲜和越南近代分别沦为日本和法国的殖民地，两国人民为此展开了反抗殖民侵略和压迫的英勇斗争。"一战"后，马克思主义在这两个国家广泛传播，促成了共产党的建立，两国的民族解放运动进入了新的发展阶段。

一、朝鲜三一起义与抗日游击战争

1904—1905 年日俄战争后，日本占领了整个朝鲜。1910 年 8 月，日本强迫朝鲜签订了《日韩合并条约》，使朝鲜沦为日本的殖民地。

朝鲜总督由日本陆海军大将担任，直属天皇，独揽朝鲜的立法、司法和军政大权，在朝鲜实行"武断政治"。殖民当局还颁布法令，取缔一切集会、结社、言论和出版自由。日本"把一切最新的技术发明和纯粹亚洲式的酷刑结合在一起，空前残暴地对朝鲜进行掠夺"[1]。

---

[1] 《列宁选集》第 4 卷，人民出版社 2012 年版，第 316 页。

朝鲜人民开展了反日斗争。1910年前后，义兵起义持续近十年，队伍曾达14万余人。同时，朝鲜的爱国知识分子创办报纸，组织学会，兴办学校，积极传播抗日救亡图存思想。

1919年1月21日夜，长期被幽禁在王宫内的原高宗皇帝李熙被人毒死，传说是日本总督指使朝奸所为。日本向外宣称李熙是患脑出血而死，并声称要为其举行"国葬"，但规定葬仪须用日本"古礼"。朝鲜民族主义者决定利用此事，在国葬日展开反日示威运动。以天道教教主孙秉熙为首的宗教界领袖，推选出33位"民族代表"起草《独立宣言》，并提出"大众化、一元化、非暴力"的方针。他们联合学生团体，组成松散的反日爱国阵线。2月8日，数千朝鲜留日学生在东京集会，发布《独立宣言》。

3月1日下午，汉城学生队伍涌向市中心的塔洞公园，工人、市民和农民也蜂拥而至。在学生领袖金元璧、康基德等人主持下，学生代表郑在镕宣读了《独立宣言》，接着开始了示威游行。30万群众高举朝鲜国旗，高呼"朝鲜独立万岁！""日本军队滚出去！"等口号。示威遭到当局的血腥镇压。

3月1日，除汉城外，平壤、南浦、安州、宣州、义州、元山、仁川和大同等地也发生了示威和暴动。从3月至年底，在全国218个府、郡中，有217个府、郡爆发了示威和起义，参加斗争的群众达200万人以上。参加1919年运动的社会阶层广泛，青年学生是先锋，工农群众是主力，一些旅居海外的朝鲜侨民和爱国者等群体也加入其中。

日本总督长谷川好道迅即调集军队、宪兵和警察进行镇压。仅在3—5月间就屠杀7500多人，打伤1.59万人，逮捕4.69万人，破坏和焚毁了49所学校、教堂，烧毁715户民房。到1919年年底，在日军疯狂镇压下，三一起义失败了。三一起义作为朝鲜民族全民性的反帝爱国运动，显示出朝鲜人民的民族觉醒和顽强不屈的战斗精神。

三一起义失败后，日本改变了统治手法，由"武断政治"改为"文治主义"。受此影响，朝鲜资产阶级民族主义者开始分化。一部分上层分子与殖民统治者合作，成为亲日民族改良主义者；另一部分逃亡国外，在中国上海成立了"大韩民国临时政府"，企图依靠西方的支持获得独立；还有一些民族主义者组织"独立军"，在朝中边境进行抗日斗争。

俄国十月革命后，马克思主义开始在朝鲜传播，各地出现了共产主义小组和马克思主义研究团体。1925 年 4 月 17 日，朝鲜共产党①成立，金在凤、朴宪永等积极发动组织工人罢工、游行和集会，推动了工农运动与民族解放斗争的发展。

受世界经济危机的影响，1929 年，日本在朝鲜压低农产品价格，倾销日本商品，增加捐税，朝鲜的民族企业纷纷倒闭，农村中负债和破产的农民人数急剧增加。城市出现罢课、罢工，矿山发生工人暴动，农村发生农民抗租和武装反抗。日本殖民当局则撕掉"文治主义"的假面具，加强镇压。

1931 年九一八事变后，朝鲜成为为日本侵华提供物资和人员的重要基地。日本当局颁布《朝鲜临时保安法》和《思想犯保护观察法》，加强压制反日思想。殖民者还推行"皇民化运动"，采取强制朝鲜人改用日本姓名和与日本人通婚等措施，进一步实行奴化政策。

但朝鲜人民继续坚持反抗。30 年代，在中国东北和朝鲜北部边境一带，朝鲜人民革命军、韩国独立党军与中国抗日武装联合抗击日本侵略者。以金日成为代表的朝鲜共产主义者是这场斗争的中坚力量。

金日成（1912—1994）早年曾经在中国东北从事抗日活动，1932 年 4 月创建朝鲜人民革命军。当时，还有崔庸健、金策、徐哲、崔贤等朝鲜革命者领导的抗日队伍在中国东北抗击日本侵略者。

为了团结朝鲜抗日力量，1936 年 5 月 5 日，朝鲜祖国光复会成立，金日成被推举为会长。祖国光复会制定了纲领和章程，发表了成立宣言，提出抗日救国十大纲领，内容包括实现广泛的反日统一战线，推翻日本帝国主义的统治，建立朝鲜人民政府；解除日本军队、宪兵、警察的武装，组织为朝鲜独立而斗争的革命军队；没收日本帝国主义及卖国亲日分子的一切财产；同平等对待朝鲜民族的其他民族和国家亲密联合等。十大纲领全面规定了朝鲜民族解放和民主改革的任务，是朝鲜民族解放运动史上第一个完整的民族民主革命纲领。祖国光复会号召朝鲜人民在十大纲领的基础上团结起来，开展光复祖国的斗争。

二、越南安沛起义和义静苏维埃运动

"一战"前，在东南亚地区，英国占有缅甸、马来亚、文莱、沙捞越、沙巴

---

① 由于日本占领当局实行高压恐怖政策，朝共组织受到严重破坏，活动困难，同时党内又出现了严重的宗派斗争。1928 年秋，朝共解散，部分党员加入中共继续斗争。

和新加坡；荷兰占有印度尼西亚群岛，建立了荷属东印度；葡萄牙占有东帝汶；美国取代西班牙占有菲律宾群岛。暹罗（泰国）名义上是独立国家，但英、法通过协议，以湄公河河谷为界，划分了双方的势力范围，暹罗实际处于英法共同控制之下。而法国则占有越南、老挝和柬埔寨，建立了法属印度支那联邦。

"一战"后，英国提出了要大力加强对殖民地自然资源开发的策略，法国制定了"殖民地经济发展十五年计划"。英法对殖民地统治的策略和计划，反映出战后西方殖民者加强了对亚非殖民地半殖民地的掠夺。

随着宗主国加大在殖民地投资的规模和力度，铁路、公路、港口等一批基础设施建立起来。西方资本获得了丰厚利润，客观上也对东南亚经济的发展有一定的促进作用。"一战"前后，东南亚地区橡胶业得到发展，到1938年，世界上绝大部分的橡胶产自东南亚。

随着经济发展，东南亚社会也发生了变化。20世纪初，越南城市居民仅占全国人口总数的2%，20年代末30年代初增加到8%—10%。城市小资产阶级队伍迅速扩大，其中的知识分子接受西方教育，加快了独立与自由意识的觉醒，成为民族革命运动的积极参加者。1927年，越南成立了代表资产阶级利益的国民党，该党的纲领是建立独立的资产阶级共和国，参加者主要是要求民族独立的知识分子、职员、大学生、社会名流和民族资产阶级分子。

30年代初，资本主义世界经济危机波及越南。各地连年发生灾害和饥荒，各阶层人民生活恶化，促使越南人民反法斗争不断高涨。

1930年2月9日，爆发了由民族主义政党越南国民党领导的安沛起义。起义首先在安沛发动，随后波及临洮、永保和扶翼等地。越南国民党提出"把法国强盗赶回法国去，把南国（即越南）交还南人"的口号。起义以越籍士兵为主力，并有部分农民、学生和知识分子参加。但由于准备不周，没有充分发动群众、特别是农民，起义很快就被镇压。安沛起义是越南民族资产阶级领导的规模最大、也是最后一次起义，它标志着越南民族资产阶级领导的民族民主革命时期的结束。

1929年年中以后，越南出现了三个共产主义组织——印度支那共产党、安南共产党和新越共产主义联盟。1930年2月3日，胡志明（1890—1969）代表共产国际东方部在香港九龙秘密召开会议，实现了这三个组织的合并。同年10月，在党中央第一次会议上，通过了第一任总书记陈富起草的《资产阶级民权革命论纲》，制定了"打倒帝国主义、摧毁封建制度"的民族民主革命纲领与路线，并把党的名称改为印度支那共产党。共产党的成立标志着越南民族民主革命进入一个新阶段。

共产党一面着手统一和建立各级党组织，一面发展工会、农会，提出"反对白色恐怖""释放被捕起义者"和"改善人民生活"等口号，动员群众掀起抗法斗争。

1930年"五一"国际劳动节，越南许多省市的工人举行示威游行，农民发动抗税斗争。西贡（今胡志明市）附近农村每晚可听到召集农民的鼓声，形成了一个"红色地带"。从5月初开始，在义安、河静两省，纷纷建立起农村党支部、农会、妇女会、青年会和自卫队。9月下旬，这些地区的殖民政权瓦解，农会成为农村唯一的权力机关。党支部领导下的农会执委会负责农村的管理，出现了苏维埃式的工农革命地方政权。

在苏维埃管理的"红色乡村"，实施了初步的民主改革：废除苛捐杂税，减免地租，取消公债和贷款利息；收回被地主豪强霸占的村社公田公地，重新分配；建立法庭，惩办反革命分子；组织自卫队，整顿社会秩序；组织农民学习文化。

为镇压义静苏维埃运动，法属印支联邦总督巴斯基埃调集兵力，颁布戒严令，遍设军事据点，并利用阮氏傀儡朝廷，实行政治欺骗。他们在义静地区推行一些改良措施来麻痹和瓦解人民的斗志，而这时革命运动的领导者却犯了"左"倾错误，一度提出"拔掉知识分子、富农、地主、土豪老根"的口号，并违背宗教信仰自由政策，扩大打击面。1931年，西贡的党中央常委机关遭到破坏，陈富和其他中央常委被捕。4—5月，中圻①和义静地区党的领导干部也相继被捕。9月6日，陈富病死在狱中。1931年后，运动逐步低落，革命力量转入地下，义静地区的苏维埃政权不复存在。

义静苏维埃运动虽然失败了，但此次运动显示了越南劳动人民的革命力量和英勇斗争精神，越南共产党也得到充分锻炼，为后来八月革命的胜利准备了力量。

第五节　埃及独立运动

"一战"后，非洲大陆的民族独立运动开始兴起，各地武装起义和民族独

---

① 越南中部地区。

立斗争接连不断。其中，由民族资产阶级领导的埃及民族独立运动最具代表性。1922 年埃及独立，独立后通过了 1923 年宪法，实行君主立宪制。埃及成为两次世界大战期间非洲唯一从西方殖民统治下获得独立的国家。

一、1919 年三月起义

第一次世界大战爆发后，英国出于战略考虑，加紧了对埃及的控制。1914 年 11 月，驻埃英军总司令宣布在埃及实行军事管制，埃及政府的政策要由英国军事当局监督和控制。同年年底，英国单方面宣布英国为埃及的"保护国"，结束了埃及近 400 年来奥斯曼帝国藩属的地位，埃及正式沦为英国的殖民地。英国驻埃及代表兼总领事改称高级专员，行使最高领导权，包括埃及的对外关系，取消了埃及外交部。

"一战"对埃及的民族独立运动产生了很大影响。在大战期间，埃及成了英国和其他协约国在地中海的重要军事基地和局部战场，屯驻了大批协约国军队，许多民房被强征。同时，有 100 多万埃及民众组成劳工团和骆驼队，直接服务于协约国的战事。1916 年，英国殖民当局在埃及收购的棉花价格比国际市场价格低 50%，使棉农损失约 3200 万埃镑。由英国资本控制的埃及国家银行大量印发货币，把储备黄金运回英国，导致埃及货币贬值，通货膨胀加剧，工人等城市平民是物价暴涨的直接受害者。

埃及民族资本家利用外国驻军增加、同时欧洲工业品进口不畅之机，兴办了一批工商企业。战时不断扩大的运输需求，使铁路和码头工人数量增加，开罗、亚历山大、苏伊士港和塞得港等发展为工业劳动力集中的地区。埃及民族资产阶级和工人阶级的力量得到壮大，成为日后埃及独立运动的主要推动力量。随着战事临近结束，西方国家工业品再次涌入，埃及民族工业的发展空间被挤压；地主阶层虽然同殖民当局关系密切，但对限制棉花种植、廉价收购粮食和强行摊派等殖民政策十分不满。

此外，十月革命胜利后苏俄政府公布的要求"不割地不赔款"的《和平法令》，美国总统威尔逊强调一切附属民族自决权的"十四点"原则，尽管有本质不同，但对埃及现代民族独立运动的兴起都起到了推动作用。到 1918 年年底，要求国家独立、结束英国军事管制，已成为埃及民众的强烈呼声。

1918 年 11 月，代表埃及民族利益的柴鲁尔等三位立法议会议员与英国驻埃及高级专员举行会谈，表示希望尽快取消保护国制度，让埃及独立，并派代表旁听巴黎和会。尽管请求被拒绝，他们还是在 11 月 23 日组成了准备参会的"埃及代表团"。因为阿拉伯语中"代表团"称为"华夫脱"，因此后来这个民族主义政党就被称为"华夫脱党"。该党的章程是"通过一切合法的、和平的手段，即通过同英国谈判谋求埃及完全独立"。他们拟定了一份同意选派柴鲁尔等人为埃及民族代表的委托书，在短短十天内即获得十万多人的签名。在遭到英国殖民当局拒绝后，华夫脱党转而诉诸国际社会，致函各国首脑和驻埃使节，恳请他们支持华夫脱党出席巴黎和会和埃及独立。与此同时，柴鲁尔等人还在国内组织集会，以获取更多民众支持。英国政府认为华夫脱党的行为威胁到其在埃及的统治。1919 年 3 月 8 日，殖民当局逮捕了柴鲁尔等四位党的领导人，把他们流放到马耳他岛。此事成为三月起义的导火线。

3 月 9 日，数以万计的开罗学生走上街头，高呼"自由万岁""埃及万岁""华夫脱党万岁"等口号，举行示威游行，抗议英国殖民者的残暴统治。两天后，开罗各界民众积极响应，举行罢工、罢市。一些妇女也冲破习俗，揭去面纱加入反英运动行列。

开罗民众的反英斗争很快蔓延到全国各地。在齐夫塔、札加济格等城镇，居民们不仅组织游行，还攻占警察局，夺取枪支弹药，破坏车站、桥梁等基础设施，成立了新的地方政府。自 3 月 16 日起，开罗通往全国各地的铁路和通信联系几乎完全中断。参加起义的农民则扒铁路、剪电线，还主动出击，袭击载有英军的列车和轮船。3 月 18 日，八名乘火车去开罗的英国军官被杀。

英国殖民当局出动大批军警进行镇压，约有 3000 名埃及人丧生。同时更换了驻埃及的高级专员，召见未被捕的华夫脱党元老和其他社会名流，以削弱他们的斗争意志。4 月 7 日，柴鲁尔等人获释，并获准前往法国参加巴黎和会。三月起义随之结束。

这次起义由于缺乏统一和坚强的领导，在英国的镇压下结束，未能赢得埃及独立，但它向英国和国际社会表明了埃及民众独立的意愿，动摇了英国的殖民统治，掀开了埃及现代民族解放运动的序幕。

二、埃及独立

第一次世界大战结束后，英国拒绝结束对埃及的"保护"，这使柴鲁尔等人试图借助美国等西方国家帮助埃及独立的梦想破灭，华夫脱党继续发动民众进行各种形式的反英活动。

1919 年年底，英国政府向埃及派遣了以米尔纳勋爵为首的调查团，名义上是查明三月起义的原因，实则是试探与埃及民族主义者达成某种妥协的可能性。埃及人民以全面抵制和反英示威给予回应。次年 3 月，调查团黯然回国，在提交的调查报告中坦承：英国在埃及的保护制已不合时宜，应该在两国结盟的基础上承认埃及独立；埃及可以有外交权，但需与英国保持一致；英国在埃及享有驻军权，对埃及的立法和行政拥有监督权；英国也绝不对苏丹的实际管辖权做出让步。这份调查报告在以后数十年里成为英国同埃及谈判的基本方针。

因此，这份调查报告给予埃及的只是名义上的独立，因而遭到了以柴鲁尔为代表的华夫脱党激进派的拒绝。柴鲁尔主张谈判的先决条件是结束英国在埃及的军管制度和保护制度。1921 年 7 月 1 日，无党派人士阿德里率代表团赴英谈判，柴鲁尔留在国内继续从事反英斗争。12 月，英国当局再次逮捕了柴鲁尔等五位华夫脱党领导人，把他们流放到塞舌尔群岛。埃及人民掀起了新的反英高潮，示威游行和破坏交通活动遍及各地，罢工、罢市、罢课接连发生，一些地方的铁轨、电线等基础设施遭到更大破坏。

面对埃及的严峻局势，英国驻埃及高级专员艾伦比担心三月起义重演，急赴伦敦商量对策。1922 年 2 月 28 日，英国政府发表声明，宣布结束英国保护，承认埃及是独立的主权国家，但英国仍然保留在埃及的驻军权，维护大英帝国交通线的安全；保护埃及免遭外国及其代理人的入侵和干涉；保护外国在埃及的利益，保护埃及的少数民族；保留对苏丹的控制。此即所谓的"四点保留"。

根据此项声明，1922 年 3 月 15 日，埃及宣告独立，实行君主立宪，福阿德一世成为国王。至此，埃及在法律上结束了英国的保护统治，恢复了外交部，开始重新派遣驻外使节，成为继利比里亚、埃塞俄比亚之后非洲第三个独立的国家。但是，英国驻埃及的高级专员名称未变，依然掌握着埃及的命运。

三、1923 年宪法

正式宣布独立后，埃及萨尔瓦特政府委任了以前首相侯赛因·鲁什迪为主席的宪法委员会，着手起草宪法。宪法委员会由来自不同政治团体的 32 名成员组成，按职业划分，包括地主、商人、律师、法官、宗教领袖和知识分子等。但是，华夫脱党和祖国党采取了抵制态度，认为只有经国民选举产生的议会才能制定国家宪法。

1922 年 10 月，委员会向政府提交了宪法草案，主张实行君主立宪制，把埃及君主称为"埃及和苏丹的国王"，这遭到了福阿德一世和英国政府的反对。同年 11 月底，首相萨尔瓦特在内外交困之下宣布辞职，穆罕默德·陶菲克·纳西姆继任首相，但这届政府在王权和对英关系问题上依然苦无良策，只维系了三个多月。1923 年 3 月 15 日，著名法官、宫廷大臣亚西亚·易卜拉欣组建了新一届政府。两周后，他释放了柴鲁尔和其他政治犯，缓解了国内政治危机。后经各方妥协，4 月 19 日，国王终于颁布了埃及独立后的第一部宪法，史称"1923 年宪法"。

新宪法主要以比利时宪法为蓝本，规定埃及是一个君主立宪制国家，国王享有很大权力，有权选择和任命首相，解散内阁和下议院，根据内阁推荐可委任上议院议长和钦定上议院 2/5 的议员，委派驻外使节等，但国王需通过内阁大臣施政；立法权由国王和议会共享，议会实行两院制，上议院议员任期 10 年，下议院议员任期 5 年，任何法令须经上下两院通过和国王批准才能生效；内阁向下议院负责。宪法还规定，非埃及人不得担任埃及政府官员，但因条约和习惯而产生的外国既得利益不受宪法影响，这意味着英国可以继续在埃及派驻军队和顾问。

"1923 年宪法"规定国王享有种种权力并凌驾于宪法和国会之上，还保留了英国的特权，这为以后国王破坏议会民主制和英国干涉埃及内政留下了后患。尽管如此，这部宪法确认了埃及人民争取民族独立斗争的成果，仍具有历史进步性。

1924 年年初，埃及举行了首次大选，华夫脱党、祖国党等参加了竞选。由于柴鲁尔深孚众望，华夫脱党取得压倒性胜利，在 214 个议席中获得 195 席。华夫脱党从此真正转变为一个现代意义上的政党。1 月 28 日，华夫脱党组成新宪法实施后的第一届政府，柴鲁尔出任内阁首相兼内政大臣。他自称受人民之托组阁，因而这届内阁被称为"人民内阁"。内阁采取了一些有利于埃及民族利益和经济发展的措施，停止支付英国驻军的军费，并使埃镑脱离英镑集团，试图限制和取消英国等列强在埃及的特权，收回部分国家主权。这些措施直接触动了英国的利益。

同年 11 月 19 日，英国驻埃及军队总司令兼苏丹总督李·斯塔克在开罗遇刺。英国以此为借口向埃及发出最后通牒，要求柴鲁尔政府道歉，禁止一切反英政治示威，撤出所有在苏丹的埃及部队。通牒遭到柴鲁尔拒绝后，英国便出兵占领了亚历山大海关，包围了议会和政府大厦。在此情况下，23日柴鲁尔被迫辞职。随后成立的新政府接受了英国的条件。在此后的12年间，受国王干政和英国干涉等因素的影响，埃及政局动荡不安，内阁先后更迭了12次。1930年，受国王支持的伊斯梅尔·西德基内阁废除了1923年宪法，制定了旨在扩大国王权力的新宪法。埃及民众在此后的5年里开展了声势浩大的护宪运动，坚决反对新宪法，抵制议会选举，在一些地方甚至爆发了示威游行和武装起义。在民众和舆论的巨大压力下，国王不得不做出让步，宣布恢复1923年宪法。

1936年，英、埃双方经过谈判，在伦敦签订了为期20年的《英埃同盟条约》。规定英埃缔结军事同盟，英国终止对埃及的军事占领，但埃及领空向英军开放，英军可在苏伊士运河区驻军一万人，以保证英帝国的交通安全；恢复1899年《英埃共管苏丹协定》，允许埃及军队重新进驻苏丹；保护外国人和埃及少数民族的权利转归埃及政府；英国高级专员改称驻埃及大使。与1922年的英国声明相比，该条约使埃及在收回国家主权方面又向前迈进了一步，埃及的国际地位有所提高；1937年埃及加入国联，成为国际社会的平等一员。但苏伊士运河区仍在英国的绝对控制之下，埃及在外交上的自主权仍然有限，条约并没有使埃及获得彻底的民族独立。

第六节　拉丁美洲民族解放运动

拉丁美洲30多个国家中，有18个国家早在19世纪40年代前就已摆脱西班牙、葡萄牙的统治获得独立。但西、葡持续三个世纪殖民统治的后果，成为长期影响拉美地区政治、经济和社会发展的重要因素。这主要表现为：经济上以农矿初级产品出口为主要特征的单一经济结构；以大庄园制和种植园为主要形式的半封建大土地所有制；政治上高度集权的专制统治制度。美国建国后，将拉丁美洲视为后院并进行侵略扩张，成为拉美国家走向独立和民主的主要外部障碍。从拉丁美洲国家的政治发展看，19世纪20年代到70年代为考迪罗主义军事独裁统治时期。之后，代表大地主、大商人利益的寡头威权主义盛行。20世纪二三十年代，拉美进入资产阶级民主革命和改革时期。其民族解放运动有两种类型：一是小资产阶级领导的激进的民族民主运动，领导者具有强烈的反帝反封建思想，主张用武装斗争方式实现民族独立。二是民族资产阶级领导的进步的民众主义改革，其宗旨是发展民族经济，反对外国控制，实行土地改革和工业化。前者的代表是桑地诺的抗美斗争和普列斯特斯的武装斗争，后者的代表是卡德纳斯改革。

一、桑地诺抗美游击战争

1912 年，尼加拉瓜爆发内乱，保守派在美国的支持下获胜。1912—1925 年，尼加拉瓜被美国占领，美国通过当地的保守党政府进行统治，后者对美国做出了许多重要让步，包括 1916 年签署的《查摩罗—布里安条约》①，美国以 300 万美元换取了开凿运河权。1925 年 8 月，美国在确认保守党政府能够自我维持政权后，撤走了驻扎在当地的海军。两个月后，保守党与自由党之间的内战再次爆发。保守党首领查莫罗不甘心竞选失败，发动政变自命总统，自由党首领萨卡萨以维护宪法为名发动了护宪战争。1926 年美国海军再次占领尼加拉瓜，并持续到 1933 年 1 月。在美国监管下，1928 年和 1932 年举行过两次选举，均为自由党获胜，但实际权力仍在美国人手中，美国通过其驻尼大使馆、美国海军以及尼当地的国民警卫队、海关署长、铁路局长、国家银行等控制该国。

在 1926 年护宪战争开始阶段，自由党为一方，保守党和占领军为另一方，战争具有反帝性质。但随着护宪军在战争中的胜利，美国转而承认立宪政府，条件是护宪军交出武器。1927 年 4 月，美国政府派总统特使亨利·史汀生到尼加拉瓜，5 月，与护宪军司令蒙卡达签署了停战协定。但参加过护宪战争的奥古斯托·塞萨尔·桑地诺将军（1893—1934）② 拒绝交出武器。10 月，他在北方新塞戈维亚省的一个矿区组织一支矿工队伍，举起了象征"自由或死亡"的红黑两色战旗。

桑地诺谴责蒙卡达的背叛行为。1927 年 5 月 12 日，他发表宣言："我们甘愿做一个爱国者在战斗中死去，也不能像奴隶那样活着。"结合自己的亲身经历和对其他拉美国家的考察，桑地诺提出了以政治独立、经济自立、外交独立为核心内容的"自由祖国"概念，并根据敌强我弱的形势提出了人民武装和游击战的战略战术思想。1927 年 9 月，尼加拉瓜建立保卫民族主权军，明确了用

---

① 查摩罗当时是尼加拉瓜驻美大使，布里安当时为美国国务卿。

② 桑地诺出生于尼加拉瓜一个爱国商人家庭，自幼对美国十分反感。1923—1926 年，他曾在大革命之后的墨西哥生活，深受激进民族主义和社会革命思想影响。1926 年 6 月，他回国参加自由党反对保守党政府的斗争。

革命武装驱逐美国的任务。在 1927—1932 年，桑地诺的游击部队与美国海军及由美国训练和装备的国民警卫队战斗近二百次。他们创造了一套新型战术，将主动进攻和积极防御相结合，其形式是打扰、阻击、伏击和歼灭战。进攻时，速战速决，迅速转移。最重要的是，与给予他们支持和向他们提供消息的工农群众保持紧密的联系，建立自己的根据地。因此，美军的进攻屡屡失败。

1931—1932 年，尼加拉瓜抗美运动达到高潮。桑地诺已拥有了训练和装备精良的正规军，分为 8 个纵队，控制了全国 1/2 以上的领土。此时，美国国内陷入严重的经济危机，反战呼声高涨，胡佛政府已无力向尼加拉瓜增兵，遂决定撤军。1932 年年底，自由党人萨卡萨当选总统。美国为了保证自己在尼加拉瓜的利益，指定其亲信索摩查为国民警卫队司令。1933 年 1 月美国军队撤出尼加拉瓜。

桑地诺无意进行国内战争，在 1933 年 2 月与总统萨卡萨谈判时，双方签署了《和平协定》。然而，当他应邀与萨卡萨进行第二次谈判时，他和兄长及两名随从官员于 1934 年 2 月 21 日在首都机场被索摩查刺杀。

桑地诺是一位民族主义者，他领导的抗美游击战争是一场捍卫民族主权和民族独立的革命战争。他的爱国民族主义精神和坚持武装斗争的思想始终激励着尼加拉瓜人民。

二、普列斯特斯长征与瓦加斯的改革

20 世纪 20 年代的巴西，经济上，外国资本和半封建的大地产制占统治地位；政治上，代表大地主和外国垄断资本利益的独裁者实行统治，民众生活极端困苦。同时，第一次世界大战和俄国十月革命的影响已经波及巴西。1922 年，巴西共产党诞生，民主运动高涨。小资产阶级出身的爱国青年军官反对当局的统治，致力于建立"自由巴西共和国"。

1924 年 7 月 5 日，巴西圣保罗市爆发了以"尉官派"（中下级军官的革命派别）和警察为主力的武装起义，其目的是推翻贝纳德斯独裁政权，实现法治，建立民主共和国。起义军控制全城达 22 天之久，后在政府军的围攻下撤离，转移到森林河流地带进行游击战争。

同年 10 月 28 日，在南里奥格兰德州北部指挥修建铁路的工兵上尉路易斯·卡洛斯·普列斯特斯（1898—1990）领导铁路大队与几支警备部队举行起义，宣布支持圣保罗起义。起义军发表告民众书，要求建立民主制度，反对政府专制。普列斯特斯很快率部北上，于 1925 年 3 月抵达伊瓜苏河口，与圣保罗起义军会合，统一整编为一支 3000 人的纵队，米盖尔·科斯特① (1885—1959) 任司令，普列斯特斯任参谋长。这时，纵队正处在政府军包围进逼之下。4 月 12 日，起义军将领们召开了一次重要的会议。会上，科斯特等人主张与政府军就地决战，普列斯特斯则坚持打运动战，以摆脱政府军，得到了将士们的支持。会后，纵队开始了长征，称自己的部队为"普列斯特斯纵队"。

纵队的进军异常艰难，但将士们表示"我们决不让革命的火焰熄灭！"。纵队所到之处，袭击和捣毁反动政府的行政机构，释放政治犯，烧毁税租账簿；提出言论出版自由、实行无记名投票和免费实行初等教育等改革主张。在两年半的时间里，纵队转战南北，两次穿越巴西全境，行程 2.5 万多公里，前后与近 10 万政府军战斗。最后弹尽粮绝，于 1927 年 2 月撤入玻利维亚。普列斯特斯长征虽然以失败告终，却激发了巴西人民争取民主自由的斗志。

1929 年经济大危机爆发后，巴西经济的支柱咖啡业遭受致命打击；人民群众运动风起云涌，反对以咖啡业主为代表的寡头政治。1930 年，巴西举行总统大选，代表大地主利益的保守派候选人获胜。同年 10 月，军队发动政变，推翻了保守派政府，代表民族资产阶级利益的热图利奥·多内莱斯·瓦加斯 (1883—1954) 出任临时政府总统。

瓦加斯既反对保守势力，也反对左翼政党；他主张加强中央集权和国家对经济的干预。不仅如此，瓦加斯还采取了一系列改革措施：摧毁由地主、大出口商控制的州自治体制，加强中央集权；扩大选举权，给予妇女政治权利；推行教育改革；成立政府控制的工会；实行社会保险，实行最低工资和八小时工作制；改革税制；推动工业化计划，成立了一些国有大型工矿企业，加强国家对经济的干预等。改革取得了巨大成就，30 年代巴西新建的工矿企业比 20 年代增加了 10 倍。

1937 年，瓦加斯以出现社会"骚乱"为借口，强行解散国会，废除 1934 年宪法，禁止一切政党活动，实行独裁统治。1945 年 2 月，瓦加斯宣布放弃宪法授予总统的独裁权力，恢复代议制。但保守军人于 10 月发动政变，包围政府机关，迫使瓦加斯辞去总统职务。尽管瓦加斯的施政存在各种问题，但他的民

① 圣保罗起义军领导人之一。

族主义和改良主义改革在客观上推动了社会发展。

三、墨西哥护宪运动和卡德纳斯改革

墨西哥 1910—1917 年资产阶级革命的重要成果之一是颁布了"1917 年墨西哥宪法"。宪法包括土地改革、劳工权利、限制教会、限制外国资本等条款。其中第 27 条规定一切土地、河流和矿藏的所有权属于国家，私人只有开发权；国家有权征收和限制私有财产；限制外国人的财产；将公社土地、国有土地或没收的大地主土地划成小块，分配给农民使用。第 123 条规定工作日为八小时，每周工作六天；禁止雇佣童工，保证女工权利，同工同酬；规定了最低工资额；承认工人有组织工会和罢工权利；企业主不得随意解雇工人，必须为工人提供住宿和学校。另外，宪法中还有反教权主义的内容，规定宗教团体不得建立学校，教育世俗化；教会不得领有、经营和承典不动产。这些条款是墨西哥革命中农民、工人和民族资产阶级要求的反映。

但是，由于大地主、大资产阶级、教会和外国资本的势力依然强大，要坚持和维护宪法，并将宪法条文变为现实，仍面临着严峻的挑战。从 1917 年 2 月 5 日新宪法诞生之日起，到 1940 年卡德纳斯总统任期结束，墨西哥进步势力为此进行了不懈努力。

卡兰萨政府（1917—1920 年）坚持民族资产阶级的反帝立场。根据宪法第 27 条，于 1917 年和 1918 年颁布了石油输出和石油矿藏征税法，对外国资本家在墨西哥的土地、地下资源和矿藏的权利加以限制；1919 年还对不服从法令的外国公司采取了强硬措施。但是，卡兰萨无意进行激进的土地改革，并放任大庄园主夺回失去的土地。此外，他还镇压工人运动，并暗害了农民游击队领袖萨巴塔。最终，卡兰萨政府被奥夫雷贡与德拉韦尔塔的政变推翻。

奥夫雷贡政府（1920—1924 年）非常重视与工农群众的联系。他鼓励工人创建工会组织，委派工会领袖担任政府要职，以寻求工人团体的支持。同时，他积极推动土地改革。1920 年 6 月 23 日，墨西哥颁布"闲置土地法"，授权地方市镇政府将私人拥有的闲置土地交给愿意耕种的人使用。

卡列斯政府（1924—1928 年）继续推进改革。1925 年 12 月，墨西哥公布新的"石油法令"，限制美国石油公司在墨西哥拥有的租让权。此外，卡列斯政府采取严厉的反教权主义措施。1926 年，卡列斯下令驱逐外籍教士与修女，并封闭了部分修道院和教会学校。7 月 14 日，他签署了第 130 条法令，规定实

行世俗教育，解散教会、禁止神职人员从事政治活动，禁止外国人担任教会职务、剥夺教会占有的不动产；对违令者课以罚款并处以六年以下的徒刑。这引发了持续 3 年的天主教会武装暴乱，墨西哥政局陷入混乱。

1928 年 7 月总统选举时，天主教集团暗杀了呼声很高的奥夫雷贡。1929 年 3 月，爆发了"44 个将军的叛乱"，他们要求取消反教权主义法令，武装叛乱扩散到许多省份。由卡列斯任总司令的政府军对叛乱进行了坚决镇压，在共产党和工农群众的支持下，于 4 月扑灭了叛乱。尽管如此，墨西哥政权依然不稳，从 1928 年到 1934 年，墨西哥先后更换了三届政府。为了解决政权交接问题，1928 年，卡列斯将全国地方首脑和众多的党派团体联合起来，组建了全国性的国民革命党，因而成为国家权力的实际掌控者。虽然国民革命党很快成为卡列斯操纵国家政治的工具，但其成立标志着墨西哥政治开始走上了制度化的轨道。

1934 年 12 月 1 日，国民革命党主席拉萨罗·卡德纳斯·德尔里奥（1895—1970）就任总统，他在就职演说中表示要按照 1917 年宪法原则，实行进一步的改革。他在总统任内（1934—1940 年）改组了内阁、军队和州政府，于 1936 年把卡列斯及其核心骨干驱逐出境，于 1938 年春镇压了赛迪略将军发动的叛乱，从而使改革有了政治保障。具体而言，卡德纳斯的改革措施如下：

其一，强化土地改革，推进农村建设。卡德纳斯颁布了新的《土地法》，没收大庄园和教会的土地并分给无地农民。在他六年任期中，政府向近 100 万农民无偿分配了 4500 万英亩①土地，成为历届政府中分配土地最多者；同时，向农民发放贷款；建立村社，推行农业合作化；设立社会卫生和医疗部，为农民提供免费医疗。

其二，没收外国公司产业，开展国有化运动。1936 年 10 月，卡德纳斯政府在拉古纳没收了 60 万英亩的英国棉花种植园；1938 年又没收该地区两个意大利水稻种植园和尤卡坦半岛几个大型剑麻种植园，将土地无偿地分给农民和合作农场经营。1937 年颁布了《铁路国有化法令》，将外资控制的铁路收归国有。1938 年颁布了《没收石油公司财产法令》，成立墨西哥石油公司，把 17 家美国、英国和荷兰石油公司收归国有。

其三，改组国民革命党，推动政治秩序制度化。1938 年 3 月，卡德纳斯政

---

①　1 英亩约合 0.4 公顷。

府将国民革命党改组为墨西哥革命党，将广大工农群众以职团的形式吸纳入官方政党。这既为民众参政提供了机会，也扩大了革命党的群众基础，有利于墨西哥政局的稳定。

其四，开展扫盲运动，普及世俗教育。卡德纳斯认为，群众文化水平低下是墨西哥长期贫穷落后的根本原因之一。他反对教会对教育的垄断，提倡以世俗教育代替宗教神学教育，以自然科学代替经院哲学。为了普及世俗的学校教育，卡德纳斯政府拨出大量款项用于开办学校，扩大教育网，增加教师。

卡德纳斯改革在土地改革、劳工权利、限制教会、限制外国资本等方面全面贯彻了 1917 年宪法精神，是墨西哥革命后一系列护宪运动的最高峰。其中，土改瓦解了半封建的大庄园制，改变了农村的经济结构；国有化提高了国民的民族主义意识，削弱了外国垄断资本；官方党的改组完成了政治秩序的制度化。护宪运动的完成巩固了墨西哥革命的成果，为国家此后的经济发展和政治稳定奠定了基础。

思考题：

1. 亚非拉现代民族解放运动的基本特征是什么？
2. 试析亚洲民族解放运动。
3. 试述埃及独立和 1923 年宪法。
4. 试述墨西哥护宪运动和卡德纳斯改革。

▶ 拓展阅读

第六章　苏联社会主义改造和建设

帝国主义武装干涉和国内战争使苏俄经济遭到严重破坏。为了巩固新生的苏维埃政权，发展经济，在列宁的领导下，苏俄于 1921 年开始实施新经济政策，使生产逐步恢复，苏维埃政权逐步巩固。1922 年 12 月 30 日，苏维埃社会主义共和国联盟（苏联）成立，世界上第一个多民族的社会主义国家诞生。在社会主义建设中，苏联通过社会主义工业化和农业集体化，由农业国变成工业国。1936 年，苏联颁布新宪法，宣告社会主义制度在苏联基本确立。由于苏联社会主义改造和建设是在没有现成经验可循的情况下，在经济文化落后的国家建设社会主义的第一次尝试，因此不可避免地具有试验性和不成熟性等特点。

第一节　新经济政策的实施和苏联成立

1921 年，以粮食税代替余粮收集制为中心的新经济政策的实施，不仅化解了苏俄当时面临的经济困难、政治危机，而且也表明布尔什维克党开始探索一条在小农经济占优势的落后的俄国向社会主义过渡的正确途径。随着国民经济的全面恢复和苏维埃政权的不断巩固，建立统一的苏维埃社会主义共和国联盟提上日程。

一、国内战争结束时苏维埃俄国的严峻形势

"战时共产主义政策"是特殊时期的非常政策，对粉碎外国武装干涉、保证国内战争的胜利起到了重要作用。但随着战争逐步结束和国家正常的政治、经济生活的恢复，它所造成的严重后果也愈益凸显出来。首先，国内农业生产受到严重破坏。1920 年的耕地面积，与第一次世界大战前相比，减少约 7%，谷物产量为战前的 54%，棉花产量为 6%，甜菜产量为 8%。工业生产同样问题严重，与第一次世界大战前的 1913 年相比，重工业产量仅为当时的 1/8，生铁产量为 1/22，石油产量为 1/2。1920 年煤产量为 870 万吨，比 1899 年还要少。铁路运输是城乡联系的重要工具，由于燃料不足等原因，1920 年可以运行的机车数仅为 1917 年的 18%。与此同时，主要工业部门的工人人数也急剧减少。

1913年，大工业生产部门有240万人，到1920年时只有112.7万人，还不到7年前的1/2；1913年，中部工业区有冶金厂321家，工人17.27万，到1921年时，只有163家开工，工人仅为10万。

1920年12月，全俄苏维埃第八次代表大会通过决议，强调经济任务是国家当前最重要、最基本的任务。代表大会通过《告俄国全体劳动人民书》，号召苏维埃人民为恢复国民经济贡献出全部力量和热情。这时，新生的苏维埃政权面临的经济形势和国内矛盾十分突出。工业生产严重萎缩，工业品产值锐减；耕地减少，农产品产量下降，粮食等生活必需品奇缺，广大工农群众生活不断恶化，不满情绪日益滋长。继1920年10月苏俄最大的机器制造工厂——彼得格勒普梯洛夫工厂工人罢工后，1921年2月9日，彼得格勒电车库和波罗的海造船厂的工人也开始罢工。罢工工人的共同要求是提高工资，实行计件工资制，发放粮食奖金，降低工会所售产品的价格。1921年2月11日，彼得格勒有93家企业宣布倒闭，近3万名工人流落街头。在这一年，莫斯科、彼得格勒、哈尔科夫等地先后出现工人罢工和游行示威。

到1921年春，余粮收集制已经实行三年。广大农民在战争已经基本结束时仍然看不到生活改善的前景，不满情绪普遍增长。1920年年底到1921年年初，坦波夫州、沃罗涅什州、顿河流域、库班河流域、乌克兰和中亚，都出现了农民武装暴动。有些暴动的规模还比较大，如"安东诺夫暴动"波及坦波夫全州，参加者有5万多人。

工农群众的不满、城市和农村不断恶化的形势，不可避免地影响到军队。喀琅施塔得要塞位于彼得格勒的出海口，是波罗的海舰队的主要基地。1917年11月，波罗的海舰队的水兵为争取十月革命的胜利做出了重大贡献。但是1921年2月28日，喀琅施塔得水兵却发动了叛乱。这些水兵不久前还是南俄和乌克兰的农民，被称为"穿着军装的农民"。农村日益恶化的状况使这些士兵的思想产生波动，加上水兵生活水平下降及社会革命党和孟什维克的煽动，不满情绪在水兵中间迅速滋长。当部分水兵开始骚动时，苏维埃政府组织召开由各方面代表参加的联席会议，试图和平解决冲突，但叛乱分子却在会上逮捕了波罗的海舰队的政委和苏维埃主席，并占领喀琅施塔得市内的政治、军事机关。叛乱水兵成立了"临时革命委员会"，声称"喀琅施塔得基于广大群众、水兵和红军的意志，城市和要塞的政权不费一枪一弹已由共产党员那里转到了临时革命委员会手中"。一些人受社会革命党和孟什维克的蛊惑，提出"拥护不要共产党人参加的苏维埃政权"等口号。这表明苏俄国内的危机已经到了十分严重的程度。

1921 年 3 月 18 日，喀琅施塔得叛乱被彻底平息。但导致叛乱发生的根源，即广大群众特别是农民对党和苏维埃国家的不满情绪依然存在。以列宁为首的布尔什维克党中央认识到要彻底解决这个问题，必须改变现行的经济政策。1921 年 2 月 4 日，列宁在一次演说中明确提出："让我们重新考虑一下工人同农民的关系吧。"[①] 列宁认为，工农联盟是无产阶级专政的最高原则，真正做到巩固无产阶级专政，必须吸引千百万农民参加社会主义建设。因此，应该照顾广大农民的利益，用粮食税代替余粮收集制，而且必须使粮食税额要低于余粮收集制征收的数额。这一时期，列宁还先后接见了来自莫斯科、坦波夫、弗拉基米尔、乌法等地的农民代表团或农民代表，认真倾听了他们的意见。1921 年 2 月，俄共（布）中央开始讨论用粮食税代替余粮收集制的问题，《真理报》也同时开展了对这个问题的讨论。1921 年 3 月起，俄共（布）开始从战时共产主义政策向新的经济政策过渡。

二、新经济政策和国民经济的恢复

1918 年夏开始实施的"战时共产主义政策"，是应付战争被迫采取的非常措施。之后不久，随着"共产主义义务劳动"迅速在全国普及，布尔什维克党试图借"战时共产主义"方式，直接过渡到共产主义。这虽然是一种尝试，却反映了布尔什维克党当时对如何建设社会主义存在盲目性。在 1918 年 3 月俄共（布）第七次代表大会上，列宁实事求是地指出："要论述一下社会主义，我们还办不到；达到完备形式的社会主义会是个什么样子，——这我们不知道，也无法说。"[②] "我们不敢说我们准确地知道道路怎样走。"[③] "我们不知道，而且也不可能知道，过渡到社会主义还要经过多少阶段。"[④] 一开始，"直接过渡"思想在俄共（布）领导层中占了上风。列宁曾一度认为，国家在军事方面取得了决定性胜利，就应该用军事办法来解决经济问题。当时曾假定从旧的俄国经济直接过渡到按共产主义原则进行的国家生产和分配。但实践使列宁很快认识

---

① 《列宁全集》第 40 卷，人民出版社 2017 年版，第 319 页。
② 《列宁专题文集 论社会主义》，人民出版社 2009 年版，第 77 页。
③ 《列宁专题文集 论社会主义》，人民出版社 2009 年版，第 400 页。
④ 《列宁专题文集 论社会主义》，人民出版社 2009 年版，第 68 页。

到这是行不通的。后来他说："由于我们企图过渡到共产主义，到 1921 年春天我们就遭到了严重的失败，这次失败比高尔察克、邓尼金或皮尔苏茨基使我们遭到的任何一次失败都严重得多，重大得多，危险得多。"①

1921 年 3 月 8—16 日，俄共（布）在莫斯科召开第十次代表大会。大会的主要任务是，制定党在新的历史时期的经济政策。列宁在会上作了《关于以实物税代替余粮收集制的报告》，强调俄国革命胜利的重要原因之一，就是建立起了巩固的工农联盟。苏维埃政权始终力求在工人和农民之间确立合理的经济关系，自由贸易周转是工农业之间经济结合的形式。代表大会根据列宁的报告，通过了《关于以实物税代替余粮收集制的决议》。决议第一条写道：为了保证农民在比较自由地支配自己的经济资源的基础上正常地和安心地进行经营，为了巩固农业经济和提高其生产率，以及为了确切地规定农民所应担负的国家义务，应当以实物税代替余粮收集制这种国家收购粮食、原料和饲料的方法。决议还规定：纳税后剩余的一切粮食、原料和饲料，农民可以全权处理，可以用来改善和加强自己的经济，也可以用来提高个人的消费，用来交换工业品、手工业品和农产品，允许在地方经济流通范围内实行交换。3 月 21 日，全俄中央执行委员会也通过内容相同的法令。这是俄共（布）的经济政策的重大转变。这样，在苏俄的经济建设中允许引进市场概念和市场机制，承认市场关系，实现了社会主义经济学理论的飞跃。

5 月 26—28 日，俄共（布）召开了第十次代表会议。在这次会议上，开始正式使用"新经济政策"这个概念。会议强调，工农不仅要建立政治联盟，而且要建立经济联盟。新经济政策不是"暂时的退却"，或是对农民的"让步""妥协"，而是一个长期的政策。新经济政策的主要内容，是以征收粮食税代替余粮收集制。列宁指出：这"首先而且主要是一个政治问题，因为这个问题的本质在于工人阶级如何对待农民"②，"在其他国家的革命还没有到来之前，只有同农民妥协，才能拯救俄国的社会主义革命"③。列宁还认为，工农之间不仅要建立政治联盟，还要建立经济上的联盟。余粮收集制使农民失去了经济基础。农民对余粮收集制不满意是完全合理的，这种状况再也不能继续下去了。会议强调，党在当前的基本政治任务，就是使党和苏维埃的全体工作人员充分

① 《列宁专题文集 论社会主义》，人民出版社 2009 年版，第 253 页。
② 《列宁专题文集 论社会主义》，人民出版社 2009 年版，第 201 页。
③ 《列宁专题文集 论社会主义》，人民出版社 2009 年版，第 202 页。

领会和确切执行新经济政策。

　　根据新经济政策，农民按国家规定交纳粮食税的税额，比余粮收集制明显减少，1921—1922 年度全国税额为 2.4 亿普特①，比上年度减少 43.3%，油菜籽税额低 50%，肉类低 74.5%，亚麻低 93.3%。最初的"粮食税"是实物税，1923 年改为统一的货币农业税。这扩大了农民的经营自由，农民可自由选择种植盈利较多的作物。

　　1922 年 5 月和 10 月，全俄中央执行委员会先后通过了《土地劳动使用法》和《土地法典》，国家的土地政策和农业政策发生重大变化：允许农民自由使用土地，并可以在苏维埃的监督下，有条件地出租土地和使用雇工，也可以出租牲畜和农具。土地租期一般为三年，雇工应是"辅助性的"。1925 年 4 月，俄共（布）中央全会又进一步放宽政策，土地租期可延至 12 年，使用雇工人数也大幅增加。

　　新经济政策在苏俄国内引起了激烈的思想斗争。主要由立宪民主党人和十月党人组成的"路标转换派"，宣扬向新经济政策过渡，是苏维埃国家复辟资本主义的开端。因此，要利用一切机会打入苏维埃机关，企图使苏维埃政权加快演变成资产阶级政权。这一思想在苏俄有广泛影响，俄共（布）党内一些人也对新经济政策产生种种模糊认识。1922 年 3 月 27 日—4 月 2 日，俄共（布）召开了第十一次代表大会。列宁在中央委员会的政治报告中说：苏维埃俄国获得的成就证明新经济政策是正确的，无产阶级掌握着足够的政治权力；他还明确指出，"退却所要达到的目的已经达到了。这个时期就要结束或者已经结束"②，要停止党在向新经济政策过渡时期对资本主义分子做一定让步的战略性退却。列宁十分重视合作社的作用。因为合作社的伟大意义在于它是实现向社会主义过渡的最佳形式。合作社的发展也就等于社会主义的发展，1923 年 1 月，列宁在《论合作社》中批评了在实行新经济政策时忘记了合作社，对发展合作社的深远意义认识不足的倾向。他说："目前我们应该特别加以支持的一种社会制度就是合作社制度，这一点我们现在必须认识到而且必须付诸行动。"③ 列宁强调，苏维埃政权完全有可能通过合作社来建设社会主义。

　　"新经济政策的实质是无产阶级同农民的联盟，是先锋队无产阶级同广大

---

① 　1 普特约合 16.38 千克。

② 　《列宁专题文集 论社会主义》，人民出版社 2009 年版，第 326 页。

③ 　《列宁专题文集 论社会主义》，人民出版社 2009 年版，第 350 页。

农民群众的结合。由于实行了新经济政策,生产力已经开始提高了。"[1] 首先,新经济政策使农民的负担大大减轻。1925 年 4 月底提交俄共(布)第十四次代表大会的文件表明:战前农民税款人均为 10.37 卢布,1920/21 年度接近此数。实施新经济政策后逐年下降,1921/22 年度为 6.11 卢布,1922/23 年度为 3.98 卢布,1923/24 年度为 3.06 卢布,1924/25 年度略有增加,为 3.96 卢布。与此同时,农民的货币收入明显增加:1923/24 年度,全国农民出售亚麻、黄油、鸡蛋、羊毛及油料作物等,收入达 3 亿卢布;1924/25 年度出售粮食获得 2.77 亿卢布,1925/26 年度增加到 4.7 亿卢布。

新经济政策也包括工业、商业等方面的历史性变革。为贯彻新经济政策的原则,人民委员会和劳动国防委员会先后做出恢复大工业、振兴和发展生产的决定。同时通过改组建立了新的工业管理形式"托拉斯",在工业生产中实行经济核算。按照列宁的说法,"实际上就是在相当程度上实行商业的和资本主义的原则"[2]。这些措施有利于大工业的恢复。1921 年工业生产达到战前水平的 33%,1922 年为 40%,1923 年为 50%。

在工业方面,还恢复了私人小企业,实行租让制、租借制,进行管理体制的改革。在坚持发展社会主义大生产的前提下,将部分国有企业以租赁制和租让制的形式,转变为国家资本主义企业。为加快恢复国民经济,苏维埃政府还同意给外国资本家以租让权,其前提是不危害苏维埃国家的根本利益。1920 年 11 月 23 日,人民委员会颁布了《租让法令》。实质上,租让是苏俄同资本主义国家缔结经济协定的一种形式,是利用外国的资金、技术和设备发展苏维埃生产力。仅 1925 年,与美国、英国、德国、瑞典等外资签订的合同就有 113 项。1921 年 7 月 5 日《租借条例》颁布后,租借制作为国家资本主义的又一形式得到较快发展。到 1924 年,共出租企业 11488 家,租期从最初的 6 年,延长到后来的 12 年。1921 年 7 月 7 日政府通过《关于手工业和小企业的决定》后,私人企业也有了发展。这些私企的雇工最初在 20 人以内,后经批准,可发展到百人之内。

在商业方面,废除国家配给制和国家贸易垄断制,实行自由贸易制和商品交换。1921 年 5 月,《关于交换的法令》颁布,规定纳税后的农副产品、手工

---

① 《列宁全集》第 42 卷,人民出版社 2017 年版,第 358 页。
② 《列宁专题文集 论社会主义》,人民出版社 2009 年版,第 298 页。

业和小手工业产品，都可以自由交换和买卖。同年 8 月，人民委员会在贯彻新经济政策的指令中提出：应当采取措施发展国营的和合作社的商品交换，而且不应当只限于地方流转范围，在可能和有利的地方应当转为货币交换形式。

此外，国家决定允许私商经营批发和零售商业，作为国营商业的补充。私营商业有了长足发展，成为工农业产品销售、流转，城乡联系和相互补充的重要渠道。1921 年 10—12 月，国家发给私商营业证 18.5 万份，一年后增加到 50 万份。但是，商业发展中的国营成分仍居主导地位，1925/26 年度上半年国营商业的商品流转量比 1921/22 年度下半年增长 24.6 倍，而同期的私人商业仅增长 1.8 倍。1922 年秋，私商在全国零售周转额中虽然占 75% 左右，但到 1926 年则下降到 25%，国营上升为 57%，合作社占 18%。

在分配制度上，废止了平均主义的实物配给制，实行以技术熟练程度和生产效率为标准的劳动报酬级差制，并采取了多种分配形式。在劳动报酬中，实物部分逐渐减少，货币部分不断增加。

为了促进工业、农业和商业的发展，建立正常的货币流转秩序，1921 年 11 月，俄联邦国家银行成立，并采取有效措施减少赤字：1922 年 7—9 月，收入为 14200 万金卢布，开支为 26200 万；10—12 月，收入为 17800 万，开支为 20900 万；1923 年 1—3 月，收入为 23600 万，开支为 24300 万。由于赤字逐年减少，币值趋于稳定，人民生活有所改善。

实行新经济政策后，资本主义经济成分一度活跃，一些俄共（布）党员和工农群众对此产生了疑虑。针对这些问题，列宁满怀信心地指出，苏维埃政权会采取强有力的措施，保证国家的社会主义方向，"新经济政策在经济上和政治上都充分保证我们有可能建立社会主义经济的基础"[1]，"不必害怕资本主义的某些滋长"[2]。

新经济政策是苏维埃政权在遇到严重政治经济危机时被迫实施的一种新的经济政策，是在战时共产主义政策遭遇挫折后找到的一种适合俄国向社会主义过渡的正确政策。正如列宁所指出的："新经济政策的真正实质在于：第一，无产阶级国家准许小生产者有贸易自由；第二，对于大资本的生产资料，无产阶级国家采用资本主义经济学中叫做'国家资本主义'的一系列原则。"[3] 他

---

[1] 《列宁专题文集 论无产阶级政党》，人民出版社 2009 年版，第 335 页。
[2] 《列宁选集》第 4 卷，人民出版社 2012 年版，第 528 页。
[3] 《列宁专题文集 论社会主义》，人民出版社 2009 年版，第 393 页。

还说，"既然我们还不能实现从小生产到社会主义的直接过渡，所以作为小生产和交换的自发产物的资本主义，在一定程度上是不可避免的，所以我们应该利用资本主义（特别是要把它纳入国家资本主义的轨道）作为小生产和社会主义之间的中间环节，作为提高生产力的手段、途径、方法和方式。"[①] 也就是说，允许商品经济和私有制在一定范围内存在，学习和利用资本主义来改造小农经济，最终过渡到社会主义。这些重要思想具有重要的实践意义和理论价值，充分体现了列宁作为伟大的马克思主义者高瞻远瞩的理论勇气和实事求是的实践精神。

新经济政策的实施，不仅使俄共（布）解决了 1921 年春天的政治危机和经济危机，也是马克思主义政党探索在经济、文化落后的小农国家如何建设社会主义的有益尝试，对社会主义的实践和科学社会主义理论的发展，都有着重要意义。

三、苏维埃社会主义共和国联盟的成立

十月革命胜利后，原来沙俄帝国版图内的各国相继建立了独立的苏维埃共和国。在外国武装干涉和国内战争期间，各苏维埃共和国面临着抗击国内外反动势力、保卫新生的苏维埃政权的共同任务。在这种情况下，建立军事联盟尤其重要。1919 年 5 月，俄共（布）中央作出"关于军事统一"的决定。这一决定要求统一指挥红军，集中管理各苏维埃共和国的武装力量和各种资源，保障军事供给和铁路运输等，以确保战争的胜利。同时，这些苏维埃共和国之间在政治、经济和军事等方面建立了密切联系，奠定了进一步联合的基础。1920年，列宁在为共产国际第二次代表大会草拟关于民族和殖民地问题的提纲时，明确提出各苏维埃共和国之间的联邦制同盟问题。同年，俄罗斯苏维埃联邦社会主义共和国同乌克兰苏维埃社会主义共和国缔结了实行全面合作的同盟条约。1920—1921 年，俄罗斯苏维埃联邦社会主义共和国与白俄罗斯苏维埃社会主义共和国、南高加索各苏维埃社会主义共和国分别缔约。1922 年 3 月，阿塞拜疆、亚美尼亚、格鲁吉亚三国在第比利斯签订了同盟条约，外高加索苏维埃联邦社会主义共和国成立。这一系列同盟条约的签订，对化解各民族之间的隔阂，加强各民族的团结和红军的统一具有重要意义。

[①] 《列宁专题文集 论社会主义》，人民出版社 2009 年版，第 225 页。

随着苏维埃政权的不断巩固和国内经济社会生活秩序的逐步稳定，建立统一的苏维埃社会主义共和国联盟提上日程。1922年3月，乌克兰首先提出乌克兰与俄罗斯建立联盟的问题，随后南高加索联邦、乌克兰、白俄罗斯等，都提出了建立联盟国家的问题。8月中旬，根据俄共（布）中央决定，成立了由斯大林、古比雪夫（1888—1935）等与各苏维埃共和国代表组成的专门委员会讨论这个问题。斯大林起草了《关于俄罗斯联邦苏维埃社会主义共和国和各独立共和国的相互关系》的决议草案，规定乌克兰、白俄罗斯、阿塞拜疆、格鲁吉亚、亚美尼亚一律作为自治共和国加入俄罗斯联邦。但该草案分发给各民族共和国党中央委员会讨论时出现严重分歧。乌克兰、白俄罗斯和格鲁吉亚表示，不同意以取消各苏维埃共和国独立性的方式，把它们并入俄罗斯联邦。9月26日，列宁写信给俄共（布）中央政治局，强调乌克兰、白俄罗斯、格鲁吉亚和俄罗斯是平等的，建议把"并入俄罗斯联邦"改为同俄罗斯联邦一起联合成立苏维埃社会主义共和国联盟，即共同平等地加入新的联盟。

1922年10月6日，俄共（布）中央召开全会，通过了以列宁的建议为基础写成的决议，开始制定相关的法律文件。12月26日，全俄第十次苏维埃代表大会通过了《关于建立苏维埃社会主义共和国联盟的决议》。12月30日，俄罗斯苏维埃联邦社会主义共和国、乌克兰苏维埃社会主义共和国、白俄罗斯苏维埃社会主义共和国和外高加索联邦（阿塞拜疆、亚美尼亚、格鲁吉亚三国组成）的代表，在莫斯科举行苏维埃社会主义共和国联盟第一次代表大会，宣告苏维埃社会主义共和国联盟正式成立。

当时列宁因病重没能出席大会，被推举为名誉主席。他在写给大会的便笺中提出，要同大俄罗斯沙文主义进行决死战。斯大林在代表大会上作报告，他说，今天是苏维埃政权历史的转折点。它在已经过去的旧时期和已经开始的新时期之间竖立了一个路标。在旧时期，各苏维埃共和国虽然是同时行动，但是各自为政，它们首先关心的是自己的生存问题；在新时期，各苏维埃共和国孤立存在的局面已经结束，它们正在联合成统一的联盟国家，以便顺利地同经济破坏作斗争，苏维埃政权所考虑的已经不只是生存问题了，而且还有如何发展成一支能够影响和改变国际局势以利于劳动者的重要的国际力量的问题。

大会通过了苏联成立宣言和联盟条约。宣言指出，国际国内形势都要求各苏维埃共和国无条件地联合成一个联盟国家，这个国家既能保证外部的安全和内部的经济繁荣，又能保证各族人民的民族发展自由。此前，各苏维埃共和国的各族人民都举行了自己的苏维埃代表大会，一致通过了成立"苏维埃社会主义共和国联盟"的决议，保证这个联盟是各个平等民族的自愿联合，保证每个共和国有自由退出联盟的权利，保证现有的或将来产生的一切苏维埃社会主义共和国都可以加入联盟。联盟条约规定：联盟的最高权力机构为联盟苏维埃代表大会及其常设机关——联盟中央执行委员会；联盟有统一的中央行政机关，有统一的财政和国家预算，联盟公民有统一的苏联国籍；莫斯科作为联盟的首都。苏联的成立，实现了苏维埃各族人民建立平等联盟的愿望，宣告了世界上第一个多民族的社会主义国家的诞生，对苏联社会主义革命和建设，对世界被压迫国家、被压迫民族的革命运动，都产生了深远影响。

1924 年 1 月 21 日，列宁因病在莫斯科附近的哥尔克村逝世，终年 54 岁。列宁领导了十月革命，建立了世界上第一个社会主义国家，并领导了苏联早期的社会主义建设。在领导俄国革命和建设的长期实践中，列宁把马克思主义基本原理与俄国的具体实践相结合，把马克思主义发展到了一个新的阶段，即列宁主义阶段。为了表示对列宁的怀念，俄共（布）中央决定将彼得格勒改名为列宁格勒，并将列宁的遗体永久保存，安放在莫斯科红场的列宁墓中供人们瞻仰。苏联政府在讣告中表示，苏联各族人民将继续进行列宁的事业，沿着他指引的道路前进。

第二节　社会主义工业化

苏联社会主义工业化从 1925 年俄共（布）十四次代表大会提出"工业化路线"开始起步，到 1937 年第二个五年计划完成时基本实现。此时苏联已成为仅次于美国的世界第二、欧洲第一的工业强国。在工业化过程中，高度集中的计划经济体制开始形成。

一、社会主义工业化纲领的确定

20 年代中期，苏联农业的总产值，已达战前水平，苏联经济初步恢复后，全面建设社会主义问题提上日程。1925 年 12 月 18—31 日，俄共（布）召开第十四次代表大会。大会召开之前，已形成了加米涅夫和季诺维也夫为首的"新反对派"。"苏联一国能否建成社会主义"在会上引起激烈争论，会议还讨论了尽快实现社会主义工业化的问题。在这次代表大会上，俄共（布）改名为联共（布）。

斯大林在作政治报告时指出，苏联有力量解决任何矛盾和困难，"使社会主义在我国取得完全胜利即建成完全的社会主义社会"①。为了不使苏联成为资本主义国家的附属品，必须加快实现工业化，"把我国从农业国变成能自力生产必需的装备的工业国，——这就是我们总路线的实质和基础"②。季诺维也夫则在报告中完全否认苏联一国建成社会主义的可能性，否认苏联工业发展的社会主义性质，否认工农联盟路线。大会彻底否定了"新反对派"的提案，批准了社会主义工业化方针，但季诺维也夫对此仍持反对意见。会后，季诺维也夫担任的列宁格勒州委领导职位被撤销，以基洛夫（1886—1934）为首的新州委组成。在如何实现社会主义工业化的方针政策问题上，党内进行了不同意见的争论，最后确立了以斯大林的主张作为党的指导思想，亦即苏联社会主义工业化的方针：优先发展重工业，首先是钢铁工业和机器制造业；实行统一计划，集中管理；实行高积累、高速度；消灭非社会主义经济成分。

1926年年初，斯大林明确提出社会主义工业化要以重工业为中心。4月上旬，他在联共（布）中央全会的报告中进一步指出：在处于资本主义包围的形势下，"工业化首先应当理解为发展我国的重工业，特别是发展我国自己的机器制造业这一整个工业的神经中枢。否则就谈不到保证我国在经济上的独立"③。对此，斯大林还提出了采取高速度、高积累、高投资的政策。这次全会接受了斯大林的意见，通过了相应的决议，具体规定了工业化资金的来源，即通过不断加大国内的积累，保证以重工业为中心的社会主义工业化建设。1925—1926年，工业投资为8.3亿卢布，其中重工业投资为6.09亿卢布。1925年年底，苏联政府决定在乌拉尔、列宁格勒、莫斯科、罗斯托夫等地修建14座机器制造厂。1926—1927年，机器制造业的产量已经超过1913年的30%以上。自1926年起，第聂伯河水电站、西伯利亚铁路、列宁格勒电器工厂和大型输油管道等大型工业化建设项目陆续开工。1926—1927年，苏联工业产量的增长率高达18%，而美国在1901—1929年间，工业产量的年均增长率不超过4%。在不长的时间内，苏联社会主义工业化建设取得显著成就。

① 《斯大林全集》第7卷，人民出版社1958年版，第289页。
② 《斯大林全集》第7卷，人民出版社1958年版，第294页。
③ 《斯大林全集》第8卷，人民出版社1954年版，第113页。

俄共（布）十四大之后，苏共党内继续围绕苏联社会主义工业化方针问题展开争论。1926 年 7 月到 1927 年 9 月，季诺维也夫和托洛茨基联合发表《十三人声明》《八十四人声明》和《反对派政纲》，反对中央的基本路线和政策。在庆祝十月革命胜利十周年当天，他们在莫斯科、列宁格勒举行示威游行，公开对抗中央。1927 年 12 月，联共（布）召开第十五次代表大会。大会在对国家经济发展作总结时，充分肯定了社会主义工业化所取得的成就。1926/27 年度的工业产值已相当于战前的 109%，大会提出在此基础上要继续高速度发展工业，努力实现党的社会主义工业化纲领。大会还做出将季诺维也夫和托洛茨基开除出党的决议。不久，托季联盟的骨干分子加米涅夫、皮达科夫（1890—1937）、拉狄克（1885—1939）等 75 人也被开除出党。

二、第一个和第二个五年计划的实施

联共（布）第十五次代表大会批准了制定第一个五年计划的决议。1928 年年底至 1929 年年初，苏联开始实施发展国民经济的第一个五年计划。1928 年年底，苏联国家计划委员会同时拿出最低和最佳两个方案供选择，两个方案内容基本相同，区别在于最佳方案比最低方案各项经济指标高出 20%。斯大林力主采纳最佳方案作为第一个五年计划的方案。

1929 年 4 月和 5 月，联共（布）第十六次代表会议和最高苏维埃第五次代表大会先后召开，批准了第一个五年计划，苏联人民掀起了社会主义建设的高潮。第一个五年计划要求，国民经济建设将投资 646 亿卢布，其中工业的基本投资为 164 亿卢布，农业的基本投资为 252 亿卢布；工业产值从 1927/28 年度的 183 亿卢布增加到 1932/33 年度的 432 亿卢布；农业产值从 166 亿卢布增加到 258 亿卢布。

1929 年 3 月，列宁格勒"红色维堡人"工厂的工人向全国工人发出开展社会主义劳动竞赛的倡议，立即得到各地工人的响应。4 月 29 日，联共（布）第十六次代表会议通过《告苏联全体工人和劳动农民书》，提出开展社会主义劳动竞赛是实现五年计划的最好保证，五年计划和劳动竞赛密切联系在一起。5 月 9 日，联共（布）中央委员会通过了《关于工厂的社会主义竞赛》，进一步推动了社会主义劳动竞赛全面展开。9 月，苏联政府开始在企业设立奖励基金，其数额为因劳动竞赛而节省下来的资金的 40%。凡是在提高劳动生产率、提高产品的数量与质量和在节约燃料、原材料等方面做出贡献者，都可以受到货币等物质奖励。苏联实施第一个五年计划时，文盲约占总人口的 50%，工程技术人员和科研人员严重缺乏，劳动者的素质有待提高。为了改变这种状况，需要加快培养技术干部。1931 年 1 月底，斯大林在全苏社会主义工业工作人员第一次代表大会的演说中，提出"技术决定一切"的口号。这个口号，一是因为当时有相当数量的领导干部和技术人员鄙视技术，不愿意研究技术；二是针对当时苏联技术力量匮乏，工程技术人员和熟练工人严重不足的现实。"技术决定一切"口号的提出及实施，有力地推动了干部、群众努力学习文化和科学技术，从整体上提高国家的技术水平，以更好地完成第一个五年计划规定的目标。

苏联第一个五年计划实施后不久，资本主义世界爆发了严重的经济危机，几乎所有的资本主义国家都陷入危机。苏联利用西方迫切需要向外国输出资本和商品、寻找摆脱危机出路的机会，大量引进西方先进技术、技术人员和资金，加快了苏联的社会主义工业化发展。如苏联最大的第聂伯河水电站引进的是美国技术设备，高尔基汽车厂是 30 年代用美国福特汽车公司技术建起的新厂，斯大林格勒拖拉机厂的整套生产线是从美国拆运至苏联的，哈尔科夫拖拉机厂使用德国和美国制造的设备，并由美国人出任总工程师。

苏联人民以高度的政治热情和劳动积极性，在 1933 年 1 月提前 9 个月完成了第一个五年计划。"一五"期间，苏联建成 1500 多个现代化的大型工业企业，首次出现了拖拉机、汽车、飞机制造、机床、重型机械、精密仪器制造和化学合成工业等新兴工业部门。1932 年的工业产值是 1913 年的 234.5%，其中机器制造业产值比 1913 年增加 9 倍。工业产值在工农业总产值中所占比重，由 1928 年的 48% 增至 70.7%。重工业的从业人数由 1928 年的 310 万增至 1932 年的 650 万，增加 1 倍多。国民收入从 1928 年的 244 亿卢布增至 1932 年的 455 亿卢布，增长了 86%。苏联初步改变了落后的农业国面貌，初步建立起了独立的比较完整的国民经济体系，开始由农业国变为工业国，为实现社会主义工业化奠定了物质基础。

第一个五年计划期间，苏联人民的生活水平得到提高。1932 年，职工的全年平均工资比 1928 年增长 68%。苏联的教育迅速普及，1932 年识字人口达到 90%，在校小学生 1910 万，适龄儿童入学率达到 96%。高等学校在校生人数由 16.7 万增长到 52 万，为国家输送了 17 万多名专业人才。

1931 年年中，苏联开始制定第二个五年计划（1933—1937 年），1934 年 1

月召开的联共（布）第十七次代表大会批准了这个计划。"二五"计划规定，国民经济建设将投资 1330 亿卢布，其中工业投资为 695 亿卢布，重工业 534 亿卢布，比"一五"计划增长 3.6 倍。

但在实施第一个五年计划的过程中，仍然有许多重要产品的计划任务没有完成，主要原因之一就是严重缺乏技术工人和工程师，生产能力没有发挥出来。比如斯大林格勒拖拉机厂，1932 年 3 月一期工程投产时每天只能生产 3 台拖拉机，1934 年每天生产 68 台，勉强达到设计水平。1935 年 5 月 4 日，斯大林在红军高等院校学员毕业典礼上的讲话中首次提出"干部决定一切"，强调人才和干部是世界上所有资本中有决定意义的宝贵资本。为了解决技术干部严重缺乏的问题，确保完成"二五"计划，苏联加快了对各类干部的培养。1928年，苏联全国受过高等教育的专家仅 9 万名，而到 1937 年全国知识分子干部就达 960 万人，其中技术干部达 400 万人以上。与 1926 年相比，1939 年苏联的工程师人数增长 7.7 倍，农艺师增长 5 倍，教师增长 3.5 倍，医生增长 2.3 倍。在此期间，苏联在物理学、化学、地质学以及机械制造、发电、采矿、冶金、伐木等领域都取得重大技术成就，为胜利完成第二个五年计划奠定了坚实的人才和技术基础。

在"技术决定一切"和"干部决定一切"口号的推动下，苏联掀起了以斯达汉诺夫命名的社会主义竞赛运动——斯达汉诺夫运动。1935 年 8 月，顿巴斯煤矿年轻的掘煤工人斯达汉诺夫改进了掘煤方法，使一个采掘班在一个工作日内采煤 102 吨，超过普通采煤工作日生产定额的 13 倍，创造了世界最高纪录。9 月，斯达汉诺夫又刷新纪录，一个工作日采煤 175 吨。全苏很快在工业各部门普遍推行以斯达汉诺夫名字命名的生产技术革新运动。在斯达汉诺夫运动的推动下，苏联第二个五年计划期间工业劳动生产率提高了 82%，明显高于原计划的 63%。苏联第二个五年计划于 1937 年 4 月再次提前完成。

三、工业化的成就和问题

在"二五"计划期间，苏联总共有 4500 个大企业建成投产；工业总产值增长了 120%，其中重工业增长 139%，轻工业增长 100%；国民收入增长 109%。同时，在整个国民经济中，消灭了国内经济中的私有制成分，国家所有制和集体所有制成为苏联社会的经济基础，占国民经济的 99.8%。实践表明，苏联的社会主义工业化是基本成功的。

苏联社会主义工业化，初步实现了国民经济的技术改造，在各工业部门广泛采用新设备、新技术，劳动生产率有了很大提高，开始从落后的农业国变为有独立工业体系的社会主义国家。1937 年，苏联工业总产值在国民经济总产值中所占比例已达 77.4%；在世界工业总产值中约占 10.5%，超过德国、英国、法国，跃居欧洲第一，仅次于美国，为世界第二位，苏联工业化的速度和增长幅度都超过同期美国等资本主义国家。1939 年 3 月，联共（布）第十八次代表大会的决议指出：苏联已经成为一个能用所必需的全部技术设备保证经济和国防需要的经济独立的国家。这为后来打败法西斯、取得苏联卫国战争的胜利提供了坚实的物质保障。

与一般的资本主义国家工业化相比，苏联的工业化建设表现出明显的特点。资本主义国家的工业化多始于轻工业，因为轻工业投资少，获利快，通过发展轻工业，进行资本积累，再投资重工业。苏联的工业化首先从重工业开始，并始终以重工业为中心。苏联是当时世界上第一个也是唯一的社会主义国家，从苏维埃俄国诞生的第一天起，就处于国际帝国主义的封锁包围之中。在这种环境中建设社会主义，苏联必须要建立起自己强大的、独立的国防体系，就必须要有雄厚的工业基础，特别是重工业的支撑。但是，不断增加对工业特别是对重工业的投资，使工业固定资本不断扩大，轻工业，特别是农业增长缓慢。据苏联官方统计，从 1926 年到 1940 年，重工业增长 18.4 倍，年均增长率为 21.8%；轻工业增长 6.2 倍，年均增速为 14.1%；农业只增长 26%，年均增速只有 1.5%。工农业之间、轻重工业之间的比例严重失调。

苏联的工业化建设，是以政府行政计划代替市场调节分配社会资源，集中国家所有力量发展工业，以工业品对农产品的价格剪刀差来满足高速工业化的资金需要，是对农民的一种剥夺，使农民的利益和农业生产力遭受严重损害。此外，片面发展重工业，使人民迫切需要的生活日用品、粮食和农副产品短缺，无法满足人民不断增长的物质文化需求，影响了人民生活水平的提高，严重挫伤了人民的劳动积极性。而且，政府不断加强对国民经济的控制和管理，形成了高度集中的指令性计划体制经济，在筹集工业化资金等问题上采取强硬措施。这些做法，在苏联特定的历史时期，虽然对经济发展起过一定的积极作用，但正如毛泽东 1956 年在《论十大关系》中所指出的那样：苏联"片面地注重重工业，忽视农业和轻工业"①，是犯了原则性的错误，产生了严重问题。随着社会经济的发展，计划调节分配社会资源方面存在的严重问题开始显露。工农业的发展不协调，忽视人民的现实利益，导致苏联农业、轻工业发展长期落后，为苏联社会发展留下了严重隐患。

第三节　农业集体化

1927 年 12 月召开的联共（布）第十五次代表大会，作出加快实现农业集体化的决议。1932 年第一个五年计划结束时，苏联农业集体化基本完成，个体的小农经济被改造成为社会主义集体经济。农业集体化为农业机械化、现代化开辟了道路，但其中出现的强迫命令、强制与暴力等现象，破坏了农业生产力的发展，造成严重后果。

一、1928 年粮食收购危机和联共（布）党内斗争

新经济政策的实施，有力地推动了苏联农业生产力的恢复和发展。与第一次世界大战爆发前相比，1925 年的农业总产值超过战前的 7%，畜牧业超过21%。除马匹之外，全国牲畜的总头数已经超过 1916 年的水平。1925 年的播种面积达到战前的 99.3%。

在经济发展、市场繁荣的同时，也出现了一些问题。一是社会分化。因为实施新经济政策，苏联新增 50 万户富裕农户，1927 年时达到 100 万户。如何看待这些富裕农户，他们是富农还是中农，是鼓励劳动人民发家致富还是控制分化、缩小贫富差距，领导人意见并不一致。二是农民希望国家少干预市场，按供求关系确定价格，而政府担心市场会导致资本主义的蔓延。对于如何解决这一矛盾，人们的认识也不统一。苏联政府受到各方面影响，也拿不出始终如一的政策。时而向农民让步，时而打击私人买卖活动，压低农产品价格。1926年起，国家收购粮食价格降低 20%—25%，引起城乡关系紧张。1927 年粮食收购数量锐减，到年底仅仅收购到 1926 年计划收购量的 59%，远远不能满足工业化对粮食的迫切需求。

① 《毛泽东文集》第 7 卷，人民出版社 1999 年版，第 24 页。

1927 年 12 月，联共（布）第十五次代表大会集中讨论了农业问题。斯大林认为，改变农业落后的"出路就在于把分散的小农户转变为以公共耕种制为基础的联合起来的大农庄，就在于转变到以高度的新技术为基础的集体耕种制"①。只有当各地区都建立起集体农庄和国营农场后，才能确保国家的粮食需求。斯大林主张通过加快实现农业集体化解决粮食收购危机，而没有看到粮食收购减少的主要原因之一，是联共（布）中央 1926 年以来某些经济政策的失误。这次代表大会通过的决议指出：目前把个体小农经济联合并改造成大规模集体经济，是党在农村中的基本任务。这表明，联共（布）在开展社会主义工业化建设的同时，准备在农村开展农业集体化运动。因此，联共（布）第十五次代表大会被称作是"农业集体化的代表大会"。不过，当时只是强调"把分散的农民经济在农民进一步合作化的基础上逐步转上大生产的轨道"，并没有提出实行全盘集体化。1928 年，苏联开始实施第一个五年计划，对商品粮的需求进一步增长，而年初国家收购的粮食只有 513 万吨，比往年同期减少 189 万吨，到该年年底，收购量也未达到 1927 年粮食收购量的 3/4，不能满足国家对粮食的需要。

1927 年 12 月 14 日、24 日和 1928 年 1 月 6 日，联共（布）接连三次给地方党组织发出指示，要求迅速完成粮食征购任务，否则将受到严厉处分。党和政府开始采用非常措施来收购粮食。1928 年春，在联共（布）中央的领导下，3 万余名工人组成粮食收购队，下乡收购粮食。收购时，一些类似战时共产主义"余粮收集制"的做法又死灰复燃，如取缔粮食自由市场，禁止粮食买卖。购粮时，不完全支付现金，而是用"债券"代替，实际上是强行摊派。此外，部分工业品的销售拒收现金，要求农民必须用粮食交换。

1928 年的粮食收购危机加快了农业集体化的速度。斯大林通过到西伯利亚等农业产粮区视察，认为出现粮食收购危机的主要原因，是富农囤积居奇，蓄意制造饥荒，对抗苏维埃政权，因此要对富农采取"非常措施"。这里所说的"富农"，相当一部分是实施新经济政策后发展起来的富裕农民。

如何认识粮食收购危机，联共（布）中央内部出现了意见分歧。斯大林坚持认为，粮食收购危机是阶级斗争的表现。他的观点得到了莫洛托夫、卡冈诺维奇、伏罗希洛夫等人的支持。布哈林等不同意斯大林的观点。1928 年 9 月 30

① 《斯大林全集》第 10 卷，人民出版社 1954 年版，第 261 页。

日，布哈林在《真理报》上发表《一个经济学家的札记》，系统地提出了关于社会主义经济建设的基本主张。他认为出现粮食收购危机的原因是，国家用在工业上的投资过多，而对农业投资过少，另一方面是粮食收购价格过低，挫伤了农民的生产积极性，应该用价值规律调节市场。布哈林力主工业与农业、重工业与轻工业、积累与消费均衡发展，特别是减缓工业化速度，把更多的资金用于农业。他还反对用非常手段对待富农，认为这是"新军事共产主义政策"。布哈林强调说"新经济政策无论如何不应当取消"，因为它"本身包含着自我克服的根源，即社会主义胜利的根源"[①]。布哈林的观点得到李可夫（1881—1938）和托姆斯基（1880—1936）等人的支持。两派的争论涉及若干重大原则问题，如工业化速度和资金问题，小农经济的改造问题等，是一场要不要继续坚持新经济政策问题的斗争。针对布哈林的主张，1929 年 1 月，斯大林发表了《论联共（布）党内的右倾》的讲话，明确指出布哈林、李可夫和托姆斯基等人已经结成"右倾机会主义集团"。4 月，中央全会和中央监委联席会议通过了《关于党内事件》的决议，对布哈林的观点进行了批判，布哈林被宣布为右倾机会主义分子，是富农的思想家和保护人。在 11 月召开的中央全会上，布哈林等迫于压力宣读了《三人声明》，表示承认自己的错误，但布哈林仍被开除出政治局，李可夫和托姆斯基受到警告处分。

二、农业全盘集体化运动的开展

联共（布）批判布哈林等人后，加快了农业集体化进程。1929 年夏开始，苏联进入了全盘集体化阶段。6—9 月，集体农户从 100 万户增至 192 万户。11 月初，全国已经建立起 6.74 万个集体农庄。11 月 7 日，斯大林在《真理报》上发表《大转变的一年》，认为"大转变"的主要标志是 1929 年的集体化运动出现了具有决定意义的新现象，就是农民已经不像以前那样一批一批地加入集体农庄，而是整村、整乡、整区甚至整个专区地加入。这表明中农也加入集体农庄了。斯大林的文章发表后，进一步推动了全国的集体化运动。11 月中旬，联共（布）中央举行全会，研究集体农庄建设问题。全会认为，当时全国性的集体化运动的开展，表明苏联的社会主义建设事业进入一个新的历史阶段。全会还决定，派遣由工人组成的"集体化工作队"下乡，帮助各地开展全盘集体

---

① 《布哈林文选》中册，东方出版社 1988 年版，第 224 页。

化运动。不久，由 2.5 万名工人组成的工作队奔赴农村。

1930 年 1 月 5 日，联共（布）中央通过《关于集体化的速度和国家帮助集体农庄建设的办法》的决议，规定主要产粮区，即北高加索、伏尔加河中下游地区，应当在 1930 年秋或至迟在 1931 年春基本完成集体化；其他产粮区，主要是乌克兰、西伯利亚、乌拉尔、中部黑土地区和哈萨克斯坦，应当在 1931 年秋或至迟在 1932 年春基本完成集体化。决议还特别强调，全苏要在第一个五年计划期间，完成绝大多数农户集体化的任务。1930 年 1 月 20 日到 2 月 10 日，加入集体农庄的农户增加了一倍，有些地区从 10% 增加到 90%。

1929 年 12 月 27 日，斯大林在《论苏联土地政策的几个问题》的报告中，提出"向农村资本主义分子展开了全线进攻"，宣布"我们已经从限制富农剥削趋向的政策过渡到消灭富农阶级的政策"[①]。1930 年 1 月 30 日，联共（布）中央通过了《关于在全盘集体化地区消灭富农经济的措施》的决议。2 月 1 日，中央执行委员会和人民委员会又通过《关于在全盘集体化地区巩固农业社会主义改造和同富农斗争的措施》的决议。一场消灭富农阶级的政治运动在全国掀起。富农的财产大多被剥夺，不允许他们加入集体农庄，一些富农及家属被驱逐到边远地区。1930 年和 1931 年，全国有 60 万富农被剥夺财产，52.5 万富农被强迫迁往西伯利亚、乌拉尔和北部边区。

一些地区为追求高速度，扩大了消灭富农的范围，强行实现集体化，侵犯了一些中农的利益，导致这些地区出现骚乱。一些农民滥宰牲畜、家禽，以免被划为富农。1929—1930 年，全国约有 1/2 以上的马匹、约 1/3 的猪和羊被屠宰。一些地区发生了农民暴力对抗工作队的事件。1930 年 3 月 2 日，斯大林发表了题为《胜利冲昏头脑》的文章，批评某些人在集体化运动中违反了农民自愿的原则，丧失了清醒的理智和冷静的眼光。3 月 14 日，联共（布）中央通过了《关于反对歪曲党的集体化运动的路线》的决议，开始纠正农业集体化中混淆敌我、对中农使用暴力等突出问题。决议重申集体农庄只能建立在自愿的基础上，不得用任何手段强迫农民加入集体农庄；禁止强制实行住宅、牲畜、家禽等公有化。但在实践中，这些要求并没有真正落实。

在纠正农业集体化运动偏差的过程中，出现了大规模退出集体农庄的现象。到 1930 年 6 月，留在集体农庄的农户由原先的 1400 万户降为 630 万户，

---

① 《斯大林全集》第 12 卷，人民出版社 1955 年版，第 146—147 页。

占总农户数的比例由 60%降至 23.6%。1930 年 6 月底召开的联共（布）中央第十六次代表大会上，斯大林在政治报告中提出要同时在城乡向资本主义成分展开全线进攻，加快集体农庄的建设。经过普遍整顿，集体农庄到 1930 年秋又重新大规模发展。这一年的最后 4 个月，约有 100 万农户加入集体农庄。至 1932 年第一个五年计划结束时，参加集体农庄的农户占到全国总农户数的 61.5%，集体化耕地面积占总耕地面积的 75.7%。1937 年，集体农庄发展到 24.25 万个，参加集体农庄的农户达 93%，耕地面积达 99.1%，此外还建立了 3992 个国营农场。

在农业集体化运动中，联共（布）中央对发展农业机器生产、建设拖拉机站十分重视，认为拖拉机是宣传集体化优越性的最好工具，机器化是促进和巩固集体化最重要的措施。广泛设立拖拉机站，是使个体农民生产劳动社会化的方式之一。苏联工业稳步发展，为农业提供了更多的拖拉机、联合收割机等先进的农业机械。1932 年 6 月初，全国已建立起 2502 个拖拉机站，拥有拖拉机 14.8 万台。到 1937 年年底，拖拉机站已发展到 5818 个，有各种类型的拖拉机 36.58 万台。"二五"期间，农业机械化水平大幅提升，由 1932 年全国平均的 21%提升到 1937 年的 63%。农村电网逐步建立，农村用电量增加了 7 倍，这一切都保证了农业集体化的持续发展。1933 年 1 月，联共（布）中央宣布：把分散的个体小农经济纳入社会主义大农业轨道的历史任务已经完成。

三、农业全盘集体化的完成和存在的偏差

农业集体化是苏联对农业进行社会主义改造的一次社会实践运动，使苏联农村发生了翻天覆地的变化。富农阶级被消灭，个体农民变成集体农庄庄员，分散的小生产关系变成集中的大生产。但是，农业全盘集体化运动并不是基于农业发展本身的要求，更不是基于农民的要求，而是为配合国家工业化运动而实行的一种带强制性的措施，不可避免地出现了严重的问题和错误，苏联社会主义经济建设为此付出了沉重代价。

苏联农业集体化的偏差，主要表现在四个方面：

其一，片面认为农业集体化的公有制成分越高，就越接近社会主义，用高度集中的计划经济的思路去组织集体农庄，统购统销，否定商品经济价值规律的作用，无视劳动者的切身利益，伤害了农民的劳动积极性。在全盘集体化高潮中，各地不同程度出现了强迫实行住宅、小牲畜和家禽的公有化，变相剥夺

农民的现象。因此，农业集体化并没有使农业、畜牧业的产量迅速增长。第一个五年计划完成后，粮食产量仍低于1928年的水平。第二个五年计划完成后，粮食的增产也极其有限。畜牧业的发展更不理想，在第一个五年计划期间，牛、马、猪、羊的存栏数都明显下降。1933年的畜产品生产只有1928年的65%。1953年，粮食产量还没有达到1913年的水平。

其二，列宁曾提出：要"尽可能使农民感到简便易行和容易接受的方法过渡到新制度"①。而农业集体化却严重违背了列宁关于改造农民的自愿和渐进原则，用行政命令或变相暴力强迫农民加入集体农庄，一度破坏了农业生产力，使苏维埃政权的基础——工农联盟受到威胁。1930年1月25日，联共（布）中央对基层苏维埃发出警告，要求他们在大规模的全盘集体化运动中发挥作用，否则就会变成"富农苏维埃"。组织400余万工人"集体化工作队"下乡，他们为完成或超额完成上级规定的"定额"，用简单粗暴的方法追求高速度，要求村民在规定时间加入集体农庄，否则将没收财产，人员流放。

其三，在农业集体化过程中，联共（布）中央采取严厉的行政命令和半军事化手段，出现了对富农的过火斗争，激化了矛盾，在清算富农时，扩大化的现象时有发生，把许多中农也划作富农，把他们应该受到保护的财产"公有化"，使中农的利益受到严重侵害。全盘集体化之前，在全国2450万农户中，中农有1500万户，占61%。到1929年年底，全国加入集体农庄的中农有50万户，仅占中农总户数的3.3%。但很快出现了强迫中农加入集体农庄的热潮，一些地区甚至提出"谁不加入集体农庄，谁就是苏维埃政权的敌人"。中农为表示不满，在加入集体农庄前，普遍屠宰牲畜，致使1930年第一季度全国猪的存栏数减少1/3，羊减少1/4，大牲畜减少1400万头。

其四，农业全盘集体化后，在农业中实行了严密的高度集中的计划经济体制，用行政命令的手段管理农业，使广大农民和农村干部失去生产和分配的自主权，严重打击了农民的生产积极性，阻碍了农业生产力的发展和提高。

第四节　20世纪30年代苏联的政治生活

第一、第二个五年计划完成后，苏联已经消灭了剥削阶级，社会阶级结构

---

① 《列宁专题文集 论社会主义》，人民出版社2009年版，第350页。

发生了根本变化。1936年颁布的新宪法宣布：苏联已经消灭人剥削人的现象，已经建成社会主义社会。随着斯大林在党内最高地位的确立，20世纪20年代末30年代初开始出现对斯大林的个人崇拜。1934—1938年的苏联肃反运动及其扩大化，使社会主义民主和法制遭到破坏，造成了严重的后果和久远的影响。

一、阶级结构的变化和新宪法的制定

第一、第二个五年计划完成后，苏联经济和社会结构发生了新的变化。在经济上，基本完成了社会主义工业化和农业集体化、商业国有化或合作化，建立起较完整的社会主义经济体系。在社会结构方面，除地主阶级和资产阶级外，富农阶级也被消灭了。联共（布）中央认为，剥削阶级被消灭后，苏联的阶级结构和社会属性已经发生根本性变化，苏联社会是由工人阶级、集体农民和知识分子组成的社会主义社会。

在苏联，工人阶级已经摆脱资产阶级的剥削，成为国家的主人，是苏维埃国家的领导力量。随着社会主义工业化的稳步发展，一些偏远和落后地区的工业也有了长足发展，工人的人数不断增长，工人阶级的主导作用不断增强。1913年俄国有工人1140万，到1937年则增加到2670万。通过社会主义革命和建设的实践，工人的政治思想觉悟有了明显提高，他们以饱满的政治热情，积极开展多种形式的社会主义劳动竞赛，不断提高劳动生产率。工人努力学习文化知识，掌握先进的生产技术，不断提高工业生产的现代化水平。第二个五年计划结束时，工人中已经基本扫除了文盲。

苏联的农民已不是小生产者的农民，而是集体农庄的农民。以往苏联农村中的富农、中农和贫雇农，被单一的集体农庄的农民所代替。农村中已经消灭了剥削阶级和剥削制度，避免了农民出现两极分化。农业集体化后，农业生产开始大规模地使用先进的农业机械，采用先进的农业技术。农民的小生产者意识逐渐得到克服，开始逐步适应社会化的集体农业生产，集体农庄的农民的生产劳动越来越具有工业化劳动的特点。

第二个五年计划结束时，苏联的知识分子有960万人。知识分子不仅在人数，而且在结构和社会作用等方面，都发生了深刻变化，成为苏联社会主义革命和建设的一支重要力量。十月革命胜利后，大部分旧知识分子都转变到苏维埃政权方面，成为新知识分子中的一部分。他们在自己的工作中，为社会主义

建设做出了积极贡献。苏维埃政权自己培养的新一代知识分子，大多出身工农家庭，通过系统的理论学习和社会实践锻炼，逐渐成长为各条战线的骨干。新一代知识分子的迅速成长，推动了脑力劳动和体力劳动差别的缩小，他们和工人、农民紧密团结在一起，活跃在社会主义建设的第一线，发挥着越来越重要的作用。

在苏联社会阶级结构中，知识分子继工人、农民之后，成为重要的组成部分，这与十月革命后苏维埃教育的迅速发展有直接关系。第一、第二个五年计划期间苏维埃教育发展迅速。在第一个五年计划期间，苏联培养出17万余名受过高等教育和30万余名受过中等教育的专门人才。"二五"期间，苏联继续扩大高等院校招生名额，高等学校在校生人数达54万人，超过英、法、德、日、意在校大学生人数的总和。为解决社会主义建设中急缺高级专门人才的问题，还开始向国外派遣留学生。在发展高等教育的同时，大力发展初等、中等教育，在全国推行普及初等义务教育，扫除文盲，在城市实行七年制普及教育。与第一个五年计划初期的1929年相比，中等教育有了广泛的发展。两个五年计划期间，学校增加了近4万所，其中80%是新建立的，儿童入学率达到98%，50岁以下成年人的识字率达89.1%。迅速发展的苏维埃教育，不仅重视科学知识的传播，也重视马列主义思想教育，这对于苏联新一代知识分子的成长具有决定意义。

第二个五年计划完成后，经济和社会结构发生了根本变化，1924年通过的《苏联宪法》和此时苏联的现实已不相适应，需要根据新的情况进行修改。1935年2月6日，全国苏维埃第七次代表大会决定修改宪法。1935年2月7日，由31人组成的以斯大林为主席的宪法起草委员会成立，开始拟订新的宪法草案。

1936年6月，新宪法草案公布，交全民讨论，约有3600万人参加了草案的讨论。在全民讨论的五个半月里，报纸刊发了大量的人民来信，工人、农民和知识分子以主人翁的态度对修改宪法草案提出了数以万计的建议，宪法草案有48处做了修正。

1936年11月25日，全国苏维埃第八次非常代表大会在莫斯科开幕，斯大林在《关于苏联宪法草案》的报告中宣布，苏联已"在基本上实现了社会主义，建立了社会主义制度"，"人剥削人的现象已被铲除和消灭"。[1]

---

[1]　《斯大林文集》，人民出版社1985年版，第107—108、102页。

新宪法规定：苏联是工农社会主义国家。苏联的政治基础是劳动者代表苏维埃，苏联的一切权力属于城乡劳动者，由各级劳动者代表苏维埃行使。苏联的经济基础是社会主义经济体系和生产资料社会主义所有制。苏联的社会主义所有制有两种形式，即国家所有制，合作社和集体农庄所有制；实行"各尽所能，按劳分配"的社会主义分配原则；苏联是 11 个平等的加盟共和国联合组成的联盟国家，有全联盟的国家权力机关和国家管理机关，有全联盟的法律、国民经济和国籍。最高国家权力机关是苏联最高苏维埃，它行使苏联立法权，选举苏联最高苏维埃主席团和人民委员会；苏联公民，不分民族和性别，一律平等，均享有劳动权、休息权、受教育权，有言论、出版、集会、结社等自由，人身不受侵犯；苏联公民必须遵守公共生活准则，爱护公共财物，保卫社会主义祖国。新宪法还指出，工人阶级和其他劳动阶层中最积极最有觉悟的公民阶层组成共产党，它是为建设社会主义制度而奋斗的先锋队，是一切社会团体和国家机关的领导核心。

12 月 5 日，大会一致通过了《苏维埃社会主义共和国联盟宪法》。新宪法宣告资本主义制度在苏联已被消灭，社会主义制度在苏联已用立法形式固定下来。该宪法是在斯大林参加和指导下制定的，故又称"斯大林宪法"。为了纪念这个历史性的事件，"12 月 5 日"，即苏联新宪法通过的那一天，被定为"苏联宪法节"。

新宪法超前地宣布苏联社会主义已"基本建成"，其实距"基本建成"还差得很远。由于没有突出宪法的法律属性，权力机关监督实施的体制存在固有的缺陷，因此苏联 1936 年宪法的实施并不理想。在宪法运行机制上，既没有建立有效地预防与解决违宪的制度，也没有处理好执政党与宪法的关系。1936 年宪法通过后不久，联共（布）中央将肃反运动扩大化，使得公民基本权利缺乏保障，对斯大林的个人崇拜愈演愈烈，给苏联社会主义发展造成了极为严重的负面影响。

二、30 年代的肃反运动

30 年代，苏联历史进入关键性的转折时期。随着工业化和农业集体化的完成，社会主义制度基本确立，苏联形成了高度集中的计划经济体制。与此同时，政治生活领域也发生了重大变化，逐步形成高度集权的政治体制。在这一政治体制的形成过程中，30 年代的肃反运动是一件影响深远的历史事件。

　　肃反运动是苏共党内斗争和阶级斗争扩大化的产物。1928—1932 年通过沙赫特案件与工业党、农业党和孟什维克中央联盟案，一大批与斯大林观点不同的领导人先后被驱逐出领导核心，斯大林逐渐取得了党内最高领袖的地位。在连续不断的党内斗争中，一些领导干部和党员遭到残酷斗争和无情打击，大批党员被开除出党，不少人被逮捕、监禁、流放甚至处死，制造了大量的冤假错案。

　　在党内激烈斗争的同时，斯大林于 20 年代末开始系统提出"社会主义社会阶级斗争日益尖锐化"的错误理论。1928 年，他在联共（布）中央全会的发言中提出："随着我们的进展，资本主义分子的反抗将加强起来，阶级斗争将更加尖锐。"① 斯大林还认为，"垂死阶级的反抗并不是脱离外界而孤立进行的"②，而且必然会反映到党内。他强调"阶级的消灭不是经过阶级斗争熄灭的道路，而是经过阶级斗争加强的道路达到的"③。阶级斗争越来越尖锐的理论成为斯大林发动肃反运动的深层政治思想根源。

　　30 年代初国际形势风云四起，德、日、意法西斯日益猖獗。欧、亚两个战争策源地形成后，苏联处于东西受敌的危险境地，英法等国推行的绥靖政策更使局势恶化。在战争威胁日益严重的形势下，苏联自然对帝国主义间谍破坏活动怀有高度的敏感和警惕性。斯大林十分强调"苏联是处在资本主义包围的环境中"，一些资本主义国家"等待时机来进攻它，粉碎它，或者至少破坏它的实力和削弱它"，强调"从马克思主义的观点看来，资产阶级国家向苏联后方派遣暗害分子、间谍、破坏分子和杀人凶手，比它们向任何一个资产阶级国家后方派遣的人数应当多一两倍，这样设想不是更正确些吗？"④ 险恶的国际环境、斯大林对国际形势及其后果的认识和估计，是他发起肃反运动的重要国际因素。

　　1934 年 12 月 1 日傍晚，联共（布）中央政治局委员、列宁格勒州委书记基洛夫在州委机关所在地斯莫尔尼宫被内务部工作人员尼古拉也夫枪杀。这一事件成为肃反运动的导火索。当晚，斯大林等领导人赶到事故现场，亲自过问这一案件。在同一天，苏联中央执行委员会和人民委员会根据斯大林的建议，

① 《斯大林全集》第 11 卷，人民出版社 1955 年版，第 149—150 页。
② 《斯大林全集》第 12 卷，人民出版社 1955 年版，第 265 页。
③ 《斯大林全集》第 13 卷，人民出版社 1956 年版，第 190 页。
④ 《斯大林文集》，人民出版社 1985 年版，第 141 页。

通过《关于修改各加盟共和国现行刑事诉讼法典的决议》。决议规定：凡属恐怖组织和对苏维埃政权工作人员进行恐怖活动的案件，侦察工作不能超过十天；控告结论在正式开庭审判前一昼夜交给被告；原告、被告双方都不参加审判；不接受判决上诉书和赦免请求书；极刑判决被宣布后立即执行。这一决议为大规模的肃反运动提供了法律依据，历时四年之久的肃反运动由此开始。

苏联宣布，经过初步侦查，基洛夫被杀是由原季诺维也夫反对派成员组成的恐怖组织"列宁格勒总部"策划的，该组织的行动目标是暗杀斯大林和其他苏联领导人。1935年1月15日，苏联最高法院宣布季诺维也夫为"地下反革命小组的主要组织者和最积极的领导人"，判处有期徒刑十年，加米涅夫被判刑五年。1月18日，联共（布）中央向全国党组织发出秘密信，要求各地动员所有力量深挖敌人，在全党实行审查和更换党证。

1935—1938年，肃反运动一浪高过一浪地在全国广泛深入地开展，先后举行了三次令人震惊的公开审判。1936年8月苏联最高法院军事法庭举行了第一次公开审判，指控季诺维也夫等人与已被驱逐出境的托洛茨基相勾结，组成"托洛茨基—季诺维也夫恐怖中心"，策划暗杀基洛夫，并阴谋暗杀斯大林为首的苏联领导人，夺取党和国家领导权。法庭以间谍、人民敌人的罪名判处季诺维也夫、加米涅夫等16名被告死刑，并不容上诉，立即处决。

在这次公开审判中，以雅戈达为首负责肃反运动的内务人民委员部（简称内务部）无中生有、捕风捉影，使有些指控不能成立。例如，审判中指控"托洛茨基—季洛维也夫恐怖中心"的一个代表，曾在1932年与托洛茨基的儿子塞多夫在丹麦哥本哈根布利斯托尔旅馆会见。但被告被处决的一个星期后，丹麦《社会民主报》发表文章指出，那座旅馆在这两人"会见"之前很久就已经拆了，而且那段时间塞多夫还在柏林技术学院参加考试，根本未到哥本哈根。

为此，斯大林下令改组内务人民委员部，由叶若夫接替雅戈达担任内务人民委员。1936年9月25日，斯大林和日丹诺夫在给政治局委员的指示中说："雅戈达显然没有能力揭露托洛茨基分子和季诺维也夫分子集团"，雅戈达领导的内务部"在这件事情上至少落后四年"，"绝对迫切需要任命叶若夫同志为内务人民委员"。叶若夫主持肃反运动后，肃反运动进入扩大化阶段，清洗、镇压的规模迅速扩大。

1937年年初至1938年年底，苏联肃反运动扩大化进入最高潮。

1937年1月的"托洛茨基平行总部"案成为肃反运动中的第二次公开审

判。皮达可夫、拉狄克等人被指控"接受托洛茨基指示","从事侦察和军事破坏工作，实行恐怖和暗害勾当"。皮达可夫等 13 人被判处死刑，拉狄克等 4 人被判处十年或八年监禁。

3 月，斯大林在中央全会上强调，"在我们所有的和几乎所有的组织中……都在某种程度上碰到了外国代理人的暗害、破坏和间谍活动"，"外国代理人，包括托洛茨基分子在内，不仅打入了我们的基层组织，而且窃取了某些重要职位"。同时，斯大林认为苏联阶级斗争具有新的特点，即阶级敌人已从党外转入党内；指出"托洛茨基主义 7—8 年前曾是工人阶级中的政治派别"，现在已变成"一伙暗害分子、破坏分子、间谍和杀人凶手组成的寡廉鲜耻的、无原则的匪帮"，因此，必须改变党内斗争的方式，由"辩论的方法"改用"连根拔除和粉碎的方法"①，坚决消灭一切暗藏的反革命分子。

这次会议后，肃反运动进一步发展，并扩大到军事系统。1937 年 6 月，特别军事法庭对一批苏军高级将领进行秘密审判，副国防人民委员图哈切夫斯基、基辅军区司令员雅基尔、白俄罗斯军区司令员乌鲍列维奇等 8 人被指控组织"反苏军事中心"，犯有间谍和叛国罪，被处以死刑。随后，军队内的清洗进一步扩大，大批军官被捕或枪决。第一批被授予红军元帅的 5 人中有 3 人被处死，15 名集团军司令中有 13 人被处死，另有 4 万多名营级以上的中、高级军官遭迫害。

1938 年 3 月进行了第三次公开审判，以"谋害罪"和"叛国罪"对所谓"右派和托派联盟"案的成员进行起诉，包括布哈林、李可夫在内的 19 人被判处死刑。

肃反运动中，一些居留在苏联的外国共产党和共产国际的领导人也被牵连，蒙受灾难，如波共中央总书记列申斯基（1889—1937）、南共中央书记弗拉基米尔·乔皮奇（1891—1938）等均被处死。

到 1938 年，肃反运动使苏联全国处于混乱和恐怖气氛之中，社会经济生活陷于半瘫痪状态。考虑到人民的承受力已接近极限，同时清洗的目的已基本达到，斯大林决定终止镇压运动。1938 年 7 月，撤去叶若夫内务人民委员职务，由贝利亚接任。11 月 26 日，内务部发布命令，"立即停止所有大规模逮捕和强行迁出现象"。此后，肃反运动趋于平息。

---

① 《斯大林文集》，人民出版社 1985 年版，第 136、142、151 页。

　　肃反运动严重败坏了社会主义国家和社会主义制度的声誉，给苏联社会主义事业和国际共产主义运动造成难以估量的损害。肃反运动及其扩大化摧残了苏联各领域的精英力量，给苏联社会造成了严重创伤。

　　据苏联档案所载：在联共（布）十七大上当选的 139 名中央委员和候补委员中有 98 人在肃反运动中被清洗，出席十七大的 1996 名代表中有 1108 人被清洗；一大批优秀的军事领导干部也被清洗——红军将领中被枪杀的有 16 名集团军司令、副司令中的 15 人，67 名军长中的 60 人，199 名师长中的 136 人，全部 4 名空军高级将领，全部 6 名海军上将，15 名海军中将中的 9 人，全部 17 名集团军政委和副政委，29 名军级政委中的 25 人。[①] 这使苏联红军的指挥作战能力受到严重削弱，也是卫国战争爆发初期苏联接连失利的重要原因之一。

　　肃反运动及其扩大化严重破坏了社会主义民主和法制，进一步强化了苏联政治体制中的弊端，使个人崇拜更为盛行。这一体制妨害了社会主义制度优越性的发挥，压制了广大群众和干部建设社会主义的积极性和创造性，使苏联社会主义制度和机制日益僵化，命令主义、教条主义和个人专断日益盛行。

　　纵观苏联 20 世纪二三十年代的历史，可以说，这是在没有现成经验可循的情况下，在经济文化比较落后的国家进行的建设社会主义社会的第一次尝试。它在取得开创性成就的同时，又犯有严重的错误。这些都给后人留下了值得永远铭记的历史经验和教训。

思考题：

　　1. "新经济政策"的主要内容和实质是什么？

　　2. 苏联社会主义工业化的成就和问题各有哪些？

　　3. 苏联农业全盘集体化的成绩和失误分别体现在哪些方面？

　　4. 苏联肃反扩大化的主要原因和教训是什么？

[①]　苏联历史档案选编编委会：《苏联历史档案选编》第 30 卷，社会科学文献出版社 2002 年版，第 630 页。

第七章　资本主义世界经济危机及其主要影响

1929—1933 年，资本主义世界爆发了空前严重的经济危机。在经济危机的打击下，严重的社会危机也随之而来。为了应对危机，美国实行了罗斯福"新政"，英国取消英镑的金本位，实行保护关税政策，法国的"人民阵线"政府加强对经济生活的干预，德国和日本则建立了法西斯独裁统治，对外侵略扩张，分别成为欧洲和亚洲的战争策源地。

第一节　1929—1933 年资本主义世界经济危机

1929—1933 年的经济危机席卷了整个资本主义世界，对社会经济秩序造成猛烈冲击。经济危机引发了资本主义世界的社会危机。

一、经济危机的爆发和表现

20 世纪 20 年代是世界资本主义发展相对稳定的时期。1926 年，各主要资本主义国家经济都达到"一战"前的水平，并出现不同程度的繁荣。其中美国最为突出，1919—1929 年，工业生产率提高 40%，农业生产率提高 26%，直到 1929 年夏，美国的经济形势依然良好。工业生产指数从 1923—1925 年的平均 100 升至 1929 年 6 月的 126。1929 年夏季的三个月中，通用汽车公司的股价从 268 美元升至 391 美元，美国钢铁公司的股价从 165 美元升至 258 美元。

美国等西方国家在经济繁荣的同时也存在着诸多问题和风险。在 20 年代的西方社会，特别是被美国史学家称为"疯狂的 20 年代"的美国社会，社会风气和价值观念都发生了很大变化，发财致富成为普遍愿望，投机活动备受青睐，有组织的犯罪活动及享乐之风盛行。美国等国日益膨胀的生产能力和物质供应大大超过国内外有支付能力的需求，但从各个方面不断传达出来的危机信息，并没有引起人们的关注。由此，一场席卷整个资本主义世界的经济危机便不期而至。1929 年 10 月，特大经济危机首先在美国爆发。24 日，纽约华尔街股市突然崩盘，平时平均每天股票交割 200 万—300 万股，这一天突然抛出 1280 万股。此后，股价一个月内下跌 40%，随后是连续三年下跌。1929—1932

年，华尔街股票交易所中 55 家上市公司的平均股价由 252 美元跌至 61 美元。美国钢铁公司的股价由 262 美元降至 22 美元，通用汽车公司的股价由 173 美元降到 8 美元。5000 多家银行倒闭，近 900 万储户的储蓄荡然无存。

危机波及工农业生产。1929—1932 年，美国的工业生产几乎下降了一半，整体经济倒退到 1913 年的水平。在危机最低点，全国有 1200 万—1300 万人失业，在岗工人的工资也下降了 35%—40%，农业总收入比 1929 年下降 60%。到 1932 年，美国的工业总产量和国民总收入减少近一半，商品价格下降近 1/3，出口额下降 70%，200 多个城市的经济面临崩溃。农产品价格暴跌，大量小农破产。面对严重的经济状况，人们几乎绝望，以致有人在日记里写道："世界末日已经来临。"

欧洲各主要资本主义国家都被卷入危机之中，在经济上严重依赖美国投资的德国和奥地利首当其冲。由于美国公司收回了在国外的短期贷款，1931 年 5 月，掌握奥地利 2/3 以上债务和资产的维也纳银行宣布破产，在欧洲引起一片恐慌。7 月，德国四大银行之一的达姆斯纳特银行破产，柏林证券交易所关闭。1931 年 5—7 月，德国国家银行的黄金储备减少 42%，经济形势迅速恶化。英国、法国、加拿大、日本和许多殖民地半殖民地国家也相继卷入经济危机。危机使英国的农业和外贸出口遭受重创，农产品价格下降 34%，国际收支在历史上首次出现逆差，英镑的金融稳定地位受到强烈冲击。1931—1932 年，英国失业工人占全部劳动力的 1/4。法国的经济危机来得较晚，但一直持续到 1936 年。如果以 1929 年法国全国工业总产值的指数为 100，1935 年则降至 67.4。许多企业、银行倒闭。危机对在法国经济中占重要地位的中小企业打击最大，130 多家纺织厂破产。许多农民失去土地，农民收入减少 1/3。

与以往出现的历次经济危机相比，这次危机有其显著特点。首先是生产下降幅度之大，波及范围之广，持续时间之长，失业率之高，都是空前的。以往历次危机中，资本主义世界的工业生产和世界贸易最大跌幅是 7%，而这次危机中，资本主义世界工业生产下降 36%，世界贸易总额缩减了 2/3。以危机中的最低点和危机前的最高点相比，美国出口额下降 70%，英国下降 50%，德国则下降了 69.1%。

其次，在这次危机中，深刻的农业危机与空前严重的金融危机和工业危机相伴随。农产品大量"过剩"，价格暴跌。美国的农产品批发价格指数从 1929 年的 104.9 跌至 1923 年的 48.2。世界市场上的小麦价格下降 70%，大豆、棉花、咖啡等价格下降 50% 以上。为了维持农产品价格，农业资本家和大农场主大量销毁农产品，水果烂在地里，玉米和小麦代替煤炭做燃料，奶牛屠宰后扔在山里，成吨的牛奶倒进密西西比河，使之成为"银河"。而广大农业工人和失业者却在饥寒交迫中挣扎，露宿街头，不少人从垃圾堆里捡拾食物。

此外，这次危机之后没有出现以往常见的经济复苏，而是从 1933 年开始进入"特种萧条"，直到 1936 年各国生产才有复苏的迹象，但 1937 年下半年美、英、法等国又出现了新的危机。

二、经济危机产生的原因

资本主义生产社会化和生产资料私人占有这一资本主义社会的基本矛盾，是造成这场危机的根本原因。同时，"一战"后资本主义世界经济秩序的不合理和美国战后经济结构的严重失衡，对经济危机的爆发也产生了重要影响。

首先，第一次世界大战破坏了原有的经济秩序，战后重建的资本主义世界经济秩序存在严重的不平等现象。美国战后成为资本主义世界最大的债权国，其黄金储备占世界总储备的一半，纽约开始取代伦敦成为世界金融中心。作为世界金融霸主，美国还在海外特别是在欧洲大量投资，世界经济特别是欧洲经济严重依赖美国金融，使得债务国经济受制于美国。美国的对欧金融政策，与战债挂钩。如果欧洲国家不归还战债，就不能从美国借债。欧洲国家因无力偿还战债而得不到美国的大额借款，从而影响本国生产的恢复，导致出口减少，外汇匮乏，不得不减少从美国进口商品，特别是农产品。这使得美国的海外市场急剧缩小，出现了生产"过剩"危机。

其次，美国的经济结构严重不平衡。20 年代美国工农业发展不平衡，工业各部门之间发展也不平衡。汽车、电力、电气等新兴产业迅速发展；纺织、煤矿、造船等行业长期萧条；农产品价格下降，农业长期不景气。

再次，社会财富分配严重不公也是导致经济危机的重要原因。1920—1929年，美国的工业生产率增长了 55%，而工人工资只增长了 2%，农业工人的工资更低，还不到非农业工人工资的 40%。即使在较为繁荣的 1921—1929 年，美国的失业工人平均每年也达 220 万左右。农村中的贫困现象普遍存在。这种状况不利于经济的持续发展，一方面是高生产增长率和资本家高投资能力，另一方面是相对狭小的市场和大众低下的购买力。投资大于购买，生产多于销售。这是资本主义基本矛盾在经济上的表现，它直接促成了生产"过剩"。

最后，证券市场缺乏监管是当时美国经济中存在的又一问题。20 年代，美国的股票市场投机严重，几乎人人都想通过买卖股票发财。政府推行的方便贷款政策更助长了股票交易。1924 年，美国纽约证券交易所登记的交易额是 270 亿美元，1929 年 8 月增加到 900 亿。股票发行面额大大超过社会上的流通资金。加上当时美国许多银行是单独经营，缺少抵御金融风险的足够财力。因此，一旦股价下跌，人们就大量抛售手中的股票；如果一家银行倒闭，储户就纷纷跑到其他银行去取款，造成整个金融市场崩溃。正是上述种种矛盾的综合作用，导致了有史以来最严重的经济危机的爆发。

三、从经济危机到资本主义社会危机

1929—1933 年的经济危机对整个资本主义世界造成了强烈冲击，所有遭受危机的国家都出现了严重的政治动荡和社会危机。

危机造成大规模的失业。这段时期美国的失业工人达 1300 多万，约占全部劳动力的 1/4；英国的失业人数为 300 万，占劳动力的 1/5 到 1/4；德国的失业状况更为严重，失业人数达 600 万，约有 2/5 的劳动者完全失去工作，另有 1/5 的人从事临时性工作，也就是说，有一半的劳动者处于贫困和绝望之中。失业者到处游荡，毫无希望地从一个城市到另一个城市寻找工作。法国失业工人最多时达 200 万，农村中还有很多隐形失业者。人们的生活陷入极度贫困的悲惨境地，到处看见排队领取救济的队伍，因绝望而自杀的情况时有发生。

社会不公平现象在危机中变得更加突出。在美国繁荣时期，金融界和企业界获利巨大。纽约股市崩盘之后，政府曾对华尔街的幕后操纵者进行调查，一些道貌岸然的金融家和企业家的丑行被揭露出来而相继破产。他们牺牲人民利益，发行空头证券，偷税漏税，弄虚作假，巧取豪夺。即便在经济危机这样特别艰难的时刻，大企业和大银行的老板和高级经理们仍然拿着高额工资和红利，却不愿承担社会责任，而是想方设法逃税。福特等大老板还不计后果地削减工资，拒绝对企业中的失业工人承担任何经济责任。欧洲各国最初采取的应对措施，也多是以保护大资本家和大商人的利益为重，提高捐税，向人民转嫁危机，这一切都大大激化了社会矛盾。

大规模的失业和严重的社会不平等，造成人们的强烈不满和社会混乱。在美国和欧洲各国，到处可以看见饥民和失业者的游行队伍。英、美、法、德都出现了政治骚动。在英国，1930 年全国罢工工人达 30 万，1931 年增至 50 万。

1934 年 9 月，伦敦 15 万工人游行示威，各地工人还多次举行到伦敦的"饥饿进军"，迫使政府于 1935 年对失业补助金做出新规定。1931 年，美国的失业者举行了向华盛顿的"饥饿进军"。法国 1936 年出现了 1700 多次罢工；德国 1930—1932 年间每年有几十万工人举行罢工。各国失业者的反抗极大地冲击着资产阶级的政治统治。

在经济危机期间，英国出现了法西斯组织"英国法西斯联盟"，力图效仿意大利建立专制政权。法国出现了"束棒""法兰西行动同盟""青年爱国者"和"法兰西团结"等法西斯组织和极右组织。这些组织大多主张推翻议会制，建立独裁政权。美国发生了政治骚动，出现了"黑衣社"和"银衣社"等法西斯性质的组织，资产阶级民主制度受到冲击。

严重的经济危机还使资本主义国家与殖民地半殖民地之间的矛盾激化。资本主义国家向殖民地半殖民地倾销商品，压低原料和农产品价格，致使这些国家和地区的经济遭受毁灭性打击，推动民族解放运动进一步高涨。

危机也激化了资本主义国家之间的矛盾。美国首先筑起关税壁垒。1930 年 5 月，美国国会通过法案，提高了 850 多种商品的关税。此举立刻引起其他国家的愤慨和连锁反应，33 个国家提出抗议，1931 年有 25 个国家采取报复性措施，至 1932 年年底有 76 个国家采取了类似行动。1932 年，英国在渥太华召开英联邦会议，决定在英联邦内实行关税优惠。法国则采取限额输入的办法，保护本国的商品市场。资本主义各国之间出现激烈的关税战和市场战。

各国间的金融货币战也随即展开。1931 年 9 月，英国首先放弃金本位，使英镑贬值 1/3。随后，20 多个国家陆续放弃金本位。11 月，英国同英联邦国家组成英镑集团，贸易往来用英镑结算。与英国经济联系密切的瑞典、丹麦、葡萄牙、埃及、伊拉克、泰国、阿根廷和巴西也参加进来。法国、荷兰、意大利、比利时、波兰和瑞士组成维持金本位的贸易集团。美国在 1933 年 3 月放弃金本位，禁止黄金出口，1934 年美元贬值 40%。美国还与菲律宾、加拿大及大多数拉美国家组成美元集团，1939 年改成美元区，其内容与英镑集团相似。到 1935 年，世界大部分地区被分成英镑区、美元区、金本位区、日元区及德国统治下的外汇控制区，它们之间的货币战愈演愈烈。

美、英等国还千方百计控制资源，缔结限额生产的国家间协定，对橡胶、锡等重要原料进行控制。德国、日本和意大利等资源不足的国家则企图用武力夺取资源，争夺生存空间。

面对激烈的市场战、货币战和资源战，资本主义国家也曾打算通过协商建立稳定的经济秩序，以图走出危机。1933年6月22日至7月21日，66个国家在伦敦召开国际经济会议，力图达成降低关税、稳定货币的协议。但每个国家都想牺牲别人，保全自己。经过激烈的讨价还价，会议无果而终。此后，世界经济形势更加恶化。紧张的国际关系不仅延长了危机，还延长了危机后的萧条。危机过后，整个资本主义世界陷入了长时间的"特种萧条"。面对严峻的经济、政治、社会和国际形势，美、英、法等国积极采取措施，应对危机。

第二节　美国罗斯福"新政"与英法的调整

面对危机，美国实施了"新政"，放弃自由放任的经济政策，国家开始对经济进行大规模干预。英国和法国也采取了国家干预的措施，对社会经济政策做出调整。这些改革和调整对阻止经济危机和社会形势的进一步恶化起到了重要作用。

一、罗斯福"新政"及其影响

1929年资本主义经济危机爆发时，胡佛任美国总统。面对危机，胡佛采取了保护主义政策。1930年，美国国会通过了《霍利—斯穆特关税法》，提高了850多种商品的关税，以保护国内工业品市场。1932年，国会根据总统要求拨出价值10亿美元的黄金，应对欧洲人兑付黄金，维持金本位。然而，黄金继续外流，致使经济持续下滑。在国内政策方面，1931年，政府拨款扩大联邦土地银行的信贷能力，后来又建立国内信贷银行系统，供房屋抵押贴现之用。在农业方面，胡佛政府为了稳定价格曾下令收购农产品，但拒绝了联邦农业局提出的由联邦政府出面，全面调整农业耕种面积和农业生产、控制农产品价格的建议，致使农业危机旷日持久，大有深化之势。

迫于形势，胡佛采取了反危机措施，对国家经济进行了小规模的干预。1929年6月，政府颁布了《农产品销售法》，以政府收购农产品的办法来维持价格。1932年1月，政府成立了复兴金融公司，对国家金融政策的实施进行调控。但是，由于胡佛仍然坚持自由放任的经济学说，坚决反对联邦政府大规模干预经济，更反对联邦政府出资救济失业者，因此他对经济进行的小规模干预与调控，在经济危机日益严重的时刻，无疑是杯水车薪，起不到克服危机的作用。经济形势仍在恶化，失业人数急剧增加，成千上万的美国人因失去存款和保险金、无力偿还债务而流落街头。在不到两年的时间里，用包装盒、木板和铁皮搭起来的棚户区如雨后春笋般出现在美国各个城市，无家可归的人蜷伏其中。这种简易的棚户被称作"胡佛小屋"，棚户区则被称为"胡佛村"。

经济危机爆发后，美国的法西斯势力开始发展。1934 年美国法西斯组织"美国军团"曾企图组织 50 万退伍军人向华盛顿进军，在美国建立法西斯独裁统治，但由于事前真相败露，遭到人民反对而失败。

1932 年大选中，民主党人富兰克林·罗斯福（1882—1945）以绝对优势当选第 32 任美国总统。罗斯福担任总统后，立即实施了与胡佛完全不同的政策，开始了政府对国家经济的全面干预。由于罗斯福在接受总统提名时曾说："我向你们保证，我对自己发誓，要为美国人民实行'新政'"，因此他上台后实施的政策就被称为罗斯福"新政"。"新政"大体可以分为两个阶段：从 1933年 3 月罗斯福就职到 1935 年年初是第一阶段。这一阶段的主要内容是应对危机中出现的紧急问题，提出复兴经济的方案和计划；第二阶段是 1935—1939 年，这一时期主要致力于具有深远意义的政治、经济和社会改革。"新政"的全部内容可用"三 R"来概括，即救济（Relief）、改革（Reform）和复兴（Recovery）。

为了应对危机，国会赋予总统空前的权力。罗斯福利用这些权力，在 1933年 3 月 9 日至 6 月 16 日间，力促国会通过了一系列重要的应急性"新政"立法，在美国历史上被称为"百日新政"。

"新政"首先从整顿危机影响最深的金融业开始。就职前一天，罗斯福就命令财政部长起草银行改革法案。1933 年 3 月 9 日，参众两院一致通过了《紧急银行法案》，授权总统对个别银行进行整顿，以便让有偿付能力的银行尽快开业。12 日，罗斯福发表第一次"炉边谈话"，向人民保证银行储蓄是安全的。6 月，《格拉斯—斯特高尔法》通过，规定联邦储备银行管理银行投资，将投资银行和商业银行分开，限制银行的投机活动。同时，成立联邦储备保险公司，对数额达 5000 美元的存款予以保险。1934 年通过证券交易法，成立证券交易委员会，制止证券交易中的欺诈行为。这些法案的实施，初步稳定了国内的金融秩序。1933 年 3 月 10 日，罗斯福政府宣布停止黄金出口；4 月 19 日放弃了胡佛极力维护的金本位；同年 10 月，美元贬值 30%。这些措施增强了危机时期美国商品的出口能力。

在解决农业危机方面，1933年5月国会通过《农业调整法》，目的是提高农产品价格，增加农民收入，稳定农业生产。政府限制主要农产品的产量，减少耕种面积，销毁部分农产品，还对农产品进行价格补贴。同时，增加面粉厂、纺织厂和屠宰厂等农产品加工企业的加工税，补贴减耕农民的损失。根据法案成立的农业调整署购买并屠宰了20多万头即将产崽的母猪和600多万头小猪。这些措施使农产品产量失控的局面得到缓解，农产品价格有所提高。1932—1936年，农业纯收入增加50%。但是，当千百万人食不果腹的时候，罗斯福政府却下令毁掉部分农产品，这种做法受到广泛批评。1936年，最高法院宣布该法令违宪。

在救济失业者方面，面对遍及全国因经济危机而陷入极端贫困、生活难以为继的民众，国会在1933年5月通过了联邦紧急救济法，成立联邦紧急救济署，由罗斯福的私人顾问霍普金斯主持救济署的工作。霍普金斯把单纯救济改为"以工代赈"，向失业者提供从事公共事业的工作机会，恢复失业者的自尊心和自立精神。这一做法取得良好效果，受到广泛赞誉。百日"新政"期间，还通过了《公共工程和保护自然资源法案》。1933年3月即组成民间资源保护队，按军事编制组织男青年种树、建水坝、建森林防护，约有200万青年参加了这一活动。1933年5月，国会通过《田纳西河流域管理局法》，控制洪水泛滥，改良土壤，增加航运，建立水电站，对田纳西河流域进行综合治理，使该流域的七个州受益。1935年，国会拨款45亿美元加强公共工程建设。霍普金斯主持的工程振兴局仅1936年就吸收了300万人参加兴建公路、体育馆、美术馆和医院等公共设施。

1933年6月，国会通过了《全国工业复兴法》，用以整顿危机中的工业。根据这一法令，成立了"全国复兴署"，召集工商界、劳工组织和公众代表共同拟定公平竞争法规，制定有关各行业生产规模、产品价格和销售范围的规章，约有200万雇主接受了公平竞争法规。公平竞争法规的实施整顿了工业生产秩序，避免了危机时期企业间的恶性竞争。法案还规定了最低工资和最高工时。作为对资本家的让步，法案暂时取消了反托拉斯法对垄断的限制。

为了缓和在危机中极度紧张的劳资关系，《全国工业复兴法》的第七条第一款明确规定了劳工的权利，雇员有权组织起来，集体与雇主谈判签订雇用合同。雇主必须遵守最高工时和最低工资限制，禁止雇用童工。

1933—1935 年，"新政"第一阶段的紧急措施阻遏了危机进一步恶化，缓解了急剧动荡的局势和普遍存在的绝望情绪。到 1935 年年初，失业人数从 1933 年年初的最高点减少了 400 万；从 1932 年到 1935 年年初，农民的现金收入由 40 亿美元增至近 70 亿美元，经济部分复苏。

"新政"遭到既得利益集团和右翼势力的攻击。1935 年 5 月 27 日被称为 "黑色星期一"，这一天，信奉自由放任政策、敌视"新政"立法的保守的最高法院宣布《全国工业复兴法》违宪，该法第七条第一款关于劳工权利的内容也一并废止。1936 年 1 月，最高法院又以侵犯各州政府的权力为由，宣布《农业调整法》违宪。"新政"前期的两大主要法案被废止，国会中的阻力也在加大。除了上述来自上层和右翼的阻力之外，"新政"还面临着广大工人要求深入改革的压力。"新政"第一阶段，劳工的实际困难远未得到解决。1935 年，全国就业工人虽比 1933 年多了 400 万，但失业者仍达 900 万之多。全美各地罢工持续不断，并以要求承认工人组织工会的权利和改善劳动和生活条件为主要目的。罢工打破了行业界限，发展到过去很少发生罢工的汽车工业、纺织工业等大批量生产的工业部门。"新政"第一阶段遇到日益增多的挑战和不满，推动着罗斯福政府深化"新政"改革。1935 年以后，"新政"一改以前临时性、应急性的做法，侧重于制定新的运作规则，实施更具长远意义的政治、经济和社会改革，把"新政"推进到第二阶段。

在第二阶段，罗斯福政府进行了社会改革，建立社会保障制度。危机期间，社会不平等凸显，劳资关系紧张，各种社会矛盾激化。《全国工业复兴法》被判违宪，其中关于工人权利的条款也被废止，从而引起工人的极大不满和工会组织的强烈抗议。罗斯福认为，如果没有有组织的工人群体的支持，社会稳定无从谈起，经济不可能顺利发展，政府统治也难以稳固。1935 年之后，罗斯福利用社会弱势群体要求改革的社会压力和劳工组织的力量，力促国会通过更多的立法，把改革推向深入，史称"第二次新政"。

在这一阶段，美国通过了几项关键性立法。1935 年 6 月 27 日，国会通过了《全国劳工关系法》（又称《华格纳法》）。该法规定，工人有组织工会的权利，雇主不得干预、控制劳工组织，不得拒绝与工人集体谈判，雇主不公平对待劳工的行为为非法，依据该法成立的劳工关系委员会负责处理劳工与雇主的纠纷。该法令代替被废除的工业复兴法第七条第一款，保证了工人的基本权益。1935 年 8 月 14 日通过的《社会保障法》对失业者、老人和残疾人提供一定的社会保障。该法规定对残疾无谋生能力者提供救济；对 65 岁以上退休人员，依据其原工资水平，每月提供 10—85 美元养老金；失业保险金的一半由雇主和工人交付，各缴纳工人工资总额的 1%，联邦政府承担另一半。1935 年还通过了一项对大公司征收超额累进所得税的法令。此后两年，各州政府都建立了失业保险制度，为大约 2800 万工人提供了保险。上述立法措施对富人征税，对普通民众提供救济，相应缩小了社会财富分配中的贫富差距，对稳定社会和复兴经济起到了重要作用。

1938 年 6 月，国会又通过了一项关于最低工资和最高工时的立法。法案规定，劳动者每周最高工时 40 小时，工作 7 年后，每小时工资不得少于 40 美分。

罗斯福还企图对三权分立的国家体制进行调整。为了解决最高法院人手不够、办事效率低下、对总统权力过分掣肘等问题，1937 年 2 月 5 日，罗斯福向国会提出了"最高法院改组计划"咨文，要求当出现已任职 10 年、70 岁还未退休的法官时，应增加一名法官，联邦最高法院法官最多可以增加到 15 名。这个计划在全国引发了激烈的辩论，最终在保守派强烈的反对下，参议院以 70 票反对、20 票赞成和 5 票弃权的表决结果扼杀了这个计划。罗斯福还改组行政机构，建立了白宫办公厅、预算局、国家资源计划处、人事管理联络处和政府报告署等总统办事机构，加强了总统权力。

罗斯福"新政"的实施，避免了美国社会经济形势的进一步恶化。从 1935 年开始，美国几乎所有经济指标都开始呈上升趋势。国民生产总值从 1933 年的 1415 亿美元增至 1939 年的 2049 亿美元，失业人数在 1939 年降至 800 万。"新政"的实施稳定了金融秩序，整顿了工农业生产，为千百万失业者提供了就业机会，在一定程度上改善了经济发展不平衡和社会分配不公的状况。在努力维持经济平稳发展的同时，尽力保证贫困者的最低生活。从经济发展的角度看，劳动者就业率的增加和购买能力的提高，对于社会经济的恢复和发展具有积极意义。此外，就业的增加还有利于危机年代美国社会的稳定，避免了因经济危机而引起激烈的社会动荡。罗斯福"新政"中关于国家干预经济，进行宏观调控，建立美国福利制度的一些做法，不仅为战后美国多届政府所继承，而且对其他一些西方国家也都产生了不同程度的影响。但罗斯福"新政"并未解决资本主义社会中生产资料资本主义私有制与生产社会化之间的根本矛盾，因此也就不可能完全解决经济危机问题。直到第二次世界大战爆发之前，美国始终未能走出 1933 年经济危机的阴影。

二、英、法应对危机的措施

经济危机在 1930 年第一季度蔓延至英国，1932 年第三季度英国的危机达到顶峰。与"一战"后进行过大规模固定资本更新的美、德、法相比，危机虽然对英国工业的冲击较小，但农业受影响严重，农产品价格在 1930—1932 年下跌了 34%。大量工人失业，1932 年危机最严重的时候，英国失业工人约 300 万，失业率达 23%。

危机使英国的对外贸易、海外投资受到严重影响，更猛烈冲击了英镑的稳定地位。1931 年年初开始，黄金滚滚外流，1—3 月流出价值 700 万英镑的黄金，7 月 13—30 日流出 3400 万英镑。同年 9 月，英国银行的黄金储备几近枯竭。

英国应对经济危机的主要措施之一，就是废除金本位制，以提高其商品在世界市场上的竞争力。1931 年 9 月 21 日，英国政府正式宣布废除金本位制，停止实施英国 1925 年金本位法中规定的按照规定价格出售黄金一款。英镑对美元的比率从 1∶4.86 降到 1∶3.40。为了加强贬值后英镑的国际金融地位，同年英国推动英联邦各成员国和一些与英国经济联系密切的国家组成英镑集团，参加该集团的国家的外汇储备存放在伦敦，其货币与英镑挂钩。集团成员国之间的贸易以英镑计算。英国虽然废除了金本位制，但世界贸易中仍有 40%—50% 用英镑结算。

为保护国内生产和市场，危机时期英国还放弃了其经济繁荣时期实施的自由贸易政策，转而实行保护关税政策。1931 年年底，英国先后颁布《禁止不正当进口法》和《1931 年农产品法》等临时法案，1932 年 2 月又颁布了《进口税法》，规定除少数商品外，对一切进口商品征收 10% 的关税，向对英帝国商品采取歧视性措施的国家的商品征收 100% 的关税。1932 年，保护性关税被推广到整个英联邦。1932 年 7—8 月，在加拿大首都渥太华召开了专门讨论经济问题的英联邦特别会议，英国和各自治领之间签订了一系列双边贸易协定，互相减免或降低部分商品的关税。这种特惠制不仅扩大了英国同各自治领之间的贸易，也加强了英国商品在国际市场上的竞争力。

在危机的影响下，30 年代英国的政治明显右转。1931 年 8 月，英国组成由保守党和自由党参加的"国民政府"。虽然工党领袖麦克唐纳出任首相，但保守党在议会中居多数。政府相继削减了 10% 的失业工人补助金，颁布了《煽动叛乱法案》，防止工人反抗。后来鲍尔温和张伯伦先后出任首相，在国内依旧采取偏右的政策，在国际事务中，面对来自德国日益迫近的战争威胁，幻想采用绥靖外交来避免战争。

在一系列经济复兴工程的推动下，20 世纪 20 年代法国的发展速度仅次于美国，1930 年其生产刚刚达到顶峰，这些工程延缓了危机的到来。所以，与其他国家相比，经济危机对法国的影响相对较晚。1930 年 11 月法国乌斯特克银行宣告破产，标志着法国经济危机的开始。随后是大批企业和银行倒闭，仅 1931 年就有 118 家银行破产，生产大幅度下降，对外贸易萎缩，失业人数激增，国内一片萧条。法国是从危机中脱身最慢的国家。1933 年许多国家已经从危机中复苏，而法国的危机总体上一直延续到 1935 年。1935 年，法国钢减产一半，铁减产 2/3，棉纱和汽车减产 35%，中小企业破产 13370 起，1250 万工资收入者中，失业人数 200 万。

危机导致法国国内政局动荡。1932 年 5 月的选举中，激进党、社会党和一些小资产阶级民主派组成的"左翼联盟"获胜，但该联盟拿不出行之有效的办法解决危机，而是继续实行紧缩开支、削减工资、保持金本位等紧缩通货的政策，使法国深陷经济停滞之中，社会更加动荡，出现了"法兰西行动同盟""火十字团""青年爱国者"和"法兰西团结"等法西斯组织和极右组织。1934 年年初，报界揭露了白俄侨民斯塔维斯基从事金融投机的丑闻，涉及大量政府要员，舆论大哗。2 月 6 日，法西斯和右翼组织利用这一机会纠集 4 万多人冲击国民议会，军警被迫开枪，近 20 人死亡，多人受伤，法西斯组织的进攻被制止，是为"二六"暴动。

1935 年危机再度加重。1936 年年初，左翼三大政党——社会党、激进党和共产党及其他一些团体达成前所未有的联合，通过了人民阵线纲领。在 1936 年 4—5 月的选举中，人民阵线各党获胜，6 月组成以社会党勃鲁姆为总理的人民阵线政府。勃鲁姆上台后，立即着手进行一系列社会改革。首先，促使法国雇主协会和总工会达成《马提翁协议》，并促使议会通过集体合同法案，用立法手段调解劳资关系，承认工人可以有组织地同资本家谈判。其次，政府加强对经济生活的干预，提出市政工程计划，为中小企业贷款，加强对法兰西银行的控制，军火和飞机工业国有化等。第三，改善劳动者的工作条件和福利待遇，提出带薪休假和每周 40 小时工作制法案等。

勃鲁姆的社会经济改革措施受到人民的欢迎，却遭到大资产阶级和右翼组织的反对。他们组织"资本外逃"，致使法郎大幅贬值，加剧了政府的财政困难。勃鲁姆要求议会赋予政府"采取一切必要措施"的临时权力，遭到拒绝，政府被迫于 1937 年 6 月辞职。1938 年 3 月勃鲁姆虽然再度执政，但仅维持了 26 天。人民阵线名存实亡，法国政局的动荡一直持续到"二战"爆发。

第三节　欧洲战争策源地的形成

经济危机使德国的社会矛盾急剧尖锐，魏玛共和国出现危机。1933 年，希特勒上台后实行法西斯独裁统治，撕毁《凡尔赛和约》，扩军备战，欧洲战争策源地形成。意大利为了实现称霸地中海地区的野心，在 1935 年 10 月入侵埃塞俄比亚。

一、魏玛共和国的危机与希特勒上台

20 世纪 20 年代是"一战"后德国发展相对稳定的时期，外国资本、特别是美国资本大量流入，使德国工业生产在 1927 年恢复到战前水平，1929 年超过英法成为欧洲第一经济强国。但德国经济发展过分依赖国外的资本、市场和原料，潜伏着严重的危机。

当美国经济发生危机时，美国投入德国的短期贷款被迅速抽回，使德国很快失去了对外借款的约 60%。德国经济的支柱之一倒塌，一度繁荣的德国经济陷入危机，仅 1931 年就有一万多家银行企业破产。危机期间，工业生产下降 40.6%，钢产量减少 73.1%，煤炭减产 46%，机械制造减产 73%。农产品价格暴跌，大批小农破产，农业生产下降 30%。

经济危机带来了严重的社会危机。从 1929 年 9 月到 1930 年 9 月，失业人口从 132 万增至 300 万，到 1932 年 2 月超过 600 万。而德国政府用削减工人工资、救济金和养老金，提高纳税额度的办法向人民转嫁危机，与此同时却向资本家提供 100 多亿马克的补助金和贷款，引起人民的强烈不满。

经济危机同时引发了政治上的动荡。1928—1933 年，德国先后更换了四届政府，均无法克服财政困难。1930 年 3 月，以社会民主党人米勒为首的内阁，因无法调和参加政府各党派的意见分歧，不能解决财政困难而辞职。这是魏玛

共和国最后一届民主选举产生的政府。随后上台的天主教中央党布吕宁政府也没有得到国会多数的支持，只能依靠总统颁布的"紧急法令"维持统治。

在共和国面临严重危机的时候，纳粹运动却在迅速发展。1928年纳粹党员不足10万，在491个国会议席中仅占12席。但经济危机为纳粹运动的发展提供了机会。希特勒利用破产农民、失业工人和城乡中小资产阶级对现实的不满，从社会中下层中寻找支持者。1930年3月，纳粹党公布了《农民纲领》，提出取缔土地投机，禁止土地抵押和土地拍卖，给农民减免税款，提供贷款。纳粹通过宣传争取到很多破产农民的支持，在农村的得票比例远高于城镇。同年5月，纳粹党又提出了《迅速提供就业——战胜危机的纲领》，对失业工人做出扩大公共工程、迅速提供广泛就业、国家资助中小企业的许诺；对中小企业主和商人进行保护，提出要处死奸商和高利贷者、废除"利息奴役制"等主张。同时，纳粹党极力引诱失业青年加入冲锋队，对他们说"这里有你们所要的一切"。纳粹党还用"砸碎凡尔赛和约的枷锁""恢复德意志帝国昔日的辉煌"等口号，来迎合怀有民族主义复仇情绪的德国人。

希特勒还极力争取大资产阶级的支持。1931年下半年，希特勒跑遍德国，同企业界重要人物私下会谈。1932年1月27日，希特勒在杜塞尔多夫企业家俱乐部向克虏伯、胡根贝格等300多名德国顶级的大企业家发表演说，攻击民主制度，大谈在经济领域和政治领域树立个人权威，保证根除马克思主义，绝不触动私有财产和企业家权利。他鼓吹德意志种族优越论，为德国夺取新的生存空间。希特勒的主张深得大资本家的支持，从此，纳粹与德国垄断资产阶级开始联盟。1930—1932年，希特勒从垄断资本家那里得到7000万—9000万马克的资助。

同时，纳粹举行了各种大规模的群众集会、讲演会、火炬游行，张贴广告，散发传单，制造声势，宣传纳粹的主张，希特勒本人也租用飞机周游德国多个城市，进行"飞行演说"。在纳粹党强大的宣传攻势下，越来越多陷于绝望的德国人把走出危机的希望寄托在希特勒身上。1929—1933年，纳粹党成员由15万增至100万。1930年9月议会大选，纳粹党从12席增至107席，成为国会第二大党。

1930年9月以后，经济危机日益严重。外国资本撤离德国，1931年7月，德国银行全部关闭，失业人数达600万。靠总统紧急法令执政的布吕宁政府不能解决失业问题，被人称为"饥饿总理"。1932年5月30日，布吕宁因在东普鲁士土地法令问题上与总统意见相左而辞职。继任的巴本政府于1932年7月举行了新的选举，纳粹党由1930年的107席增至230席，成为国会第一大党。

但此次国会选举，纳粹党并未获得绝对多数。社会民主党占133个议席，共产党占89个议席，只能组成联合政府。共产党和纳粹党都拒绝参加联合政府。同年11月，再次举行议会选举，共产党从89席增至100席，而纳粹党议席则减少了34个，希特勒为此非常沮丧。

纳粹党在选举中的失利，引起垄断资产阶级的恐慌。他们担心一旦纳粹党崩溃，其手中的几百万选票转到左派中，将危及垄断资本家的利益。为防止这种局面出现，垄断资本家们不仅给纳粹党大量资金援助，解救其财政困难，而且沙赫特、梯森、克虏伯和西门子等20名金融家、企业家和地主联名上书总统兴登堡，要求任命"民族运动中最大集团的领袖"希特勒参加政府，并"居于领导地位"。垄断资产阶级的帮助使得纳粹党起死回生。

1932年12月2日，施莱歇尔将军出任总理，他力邀纳粹党中强调经济国有化纲领而不是种族主义纲领的格里哥·斯特拉瑟出任副总理，试图借此把纳粹党内支持斯特拉瑟的议员拉到自己一边，形成支持自己的议会多数。因希特勒全力阻挠，施莱歇尔未能如愿。1933年1月4日，在大银行家施罗德的策划下，希特勒与巴本达成天主教中央党与纳粹党组建联合内阁的协议，两党联合组阁，以保证议会中的多数，希特勒本人出任总理，巴本及其支持者担任部长。这笔政治交易迫使施莱歇尔辞职。1月30日，兴登堡任命希特勒为总理。

二、德国法西斯专制制度的确立和扩军备战

希特勒组阁之初，纳粹党在内阁中只有三名部长，为了建立纳粹一党专政的法西斯独裁政权，希特勒宣布解散国会，3月5日举行新的大选。

为了达到通过大选掌握政权的目的，希特勒首先控制舆论。2月4日，希特勒签署了关于暂时禁止报纸出版和公开集会的命令。根据这一命令，不仅共产党的宣传出版机构被取缔，社会民主党和天主教中央党的报纸出版权也被取消，包括广播电台在内的所有新闻机构都被置于纳粹的控制之下。

1933年2月27日，希特勒的亲信戈林一手策划了所谓"国会纵火案"，纳粹政府立即诬陷是共产党人纵火作为起义的信号，希特勒以此为借口宣布全国进入紧急状态，逮捕了共产党领袖台尔曼和4000多名共产党人、工会组织领导人，及6000多名进步人士。上千人被枪杀。28日，在希特勒要求下，兴登堡

颁布了《保护国家和人民法令》，以紧急时期为借口，取消公民的基本权利，把叛国罪和纵火罪由无期徒刑改为死刑，制造恐怖气氛。

在白色恐怖之下，1933 年 3 月 5 日举行了议会选举。共产党尽管因国会纵火案受到打击，但仍获得 81 席，社会民主党获 120 席，纳粹党要尽卑鄙手段，得到 288 席，占 44%，但没有达到单独组阁的票数。为获得更大权力，希特勒要求宣布共产党的议席无效。23 日，他强令国会投票通过了《消除人民和国家痛苦法》（即《授权法》）。在投票前，所有共产党议员和部分社会民主党议员被禁止出席。《授权法》授予希特勒政府为期四年的独裁权。此间，政府无需经国会同意就可颁布法律，资产阶级民主制度名存实亡。

《授权法》之后，希特勒立刻推行使地方政府、工会组织和军队全部纳粹化的政策。1933 年 3 月 31 日，希特勒颁布了《各邦与国家一体化法令》，要求除普鲁士以外的各邦议会可不经选举而改组，使其和国会选举结果保持一致。4 月 7 日又颁布了各邦一体化的第二道法令，规定国家任命的大员在各邦执掌大权，可以任命各邦的政府人选。同日，还颁布了《重建公务员体制法令》，以整顿为名，把非纳粹党人从政府重要岗位中排挤出去，使行政权全部落入纳粹党之手。

随后，希特勒实施党禁。1933 年 6—7 月，一直是魏玛共和国第一大党的社会民主党和民族人民党、国家党、人民党、天主教中央党等主要政党先后被迫解散，共产党则在 1933 年 3 月选举后就转入地下。5 月初，自由工会被解散，工人们被强迫加入 5 月 10 日建立的"德意志劳动阵线"。议会中的多党制被取消，纳粹党成为全国政治意志的唯一体现者。

1934 年 8 月 1 日，希特勒强令国会通过《国家元首法》，确立权力一体化的原则，把总统和总理合二为一。次日，兴登堡去世，希特勒集国家全部最高权力于一身。19 日通过又一次"公民投票"，希特勒成为国家元首兼总理。由此，魏玛共和国寿终正寝，极权体制确立，第三帝国形成。

德国法西斯专制制度的建立有其深刻、复杂的社会历史原因。

首先，魏玛共和国产生于"一战"战败后和 1918 年 11 月德国无产阶级革命的风暴中，社会根基不牢。魏玛共和国成立时特殊的历史条件，使得它从诞生之日起，就没有得到左右翼力量的认可。左派认为它是镇压革命的产物，右派认为它是革命的派生物，两派都把它和令德国感到屈辱的《凡尔赛和约》连在一起。这种情况大大削弱了支持和护卫共和的力量。魏玛共和国宪法赋予总统的权力过大，使希特勒上台后即独揽大权。

其次，普鲁士向现代经济发展的过程中，保留了容克地主大地产制等封建残余，旧帝国的官吏和军官们保留了职务和特权，垄断资产阶级势力强大。在这种情况下，德国的资产阶级软弱，成长缓慢，资产阶级的现代民主政治力量薄弱。当30年代世界经济危机袭来、社会矛盾尖锐时，垄断资产阶级为了摆脱危机，选择对内镇压、对外扩张的法西斯主义就成为必然。

再次，德国共产党和社会民主党等左派力量对纳粹党上台的可能性估计不足。虽然两党都领导人民对纳粹进行了英勇反击，但两党之间的分歧使它们未能组织起有力的反纳粹统一战线。在1932年总统选举的关键时刻，社会民主党不顾共产党"谁选择了兴登堡，谁就选择了希特勒，谁选择了希特勒，谁就选择了战争"的告诫，没有支持台尔曼，而是选择了兴登堡，为希特勒上台提供了条件。

最后，纳粹党早期的一些口号和政策迎合了相当一批德国民众的期望与要求，使得纳粹党在上台之前就已经拥有了较为广泛的群众基础，而经济大危机则给纳粹党带来了上台的机会。经济危机把德国各阶层人民抛进苦难的深渊，他们在走投无路之际，寄希望于一个强人带领他们走出苦难。加之"一战"后的凡尔赛体系对德国的压迫，使得德国民众心中淤积着强烈的民族情绪。摆脱苦难的热切渴望和狭隘的民族情绪融合在一起，很容易被极端主张和极端分子所利用，成为纳粹运动进一步扩大的催化剂。

纳粹党取得全部权力后立即实施纳粹纲领，希特勒加强了对政治、经济和社会生活的全面控制，并迅速走上扩军备战的道路。

1933年7月，由垄断巨头和纳粹党头目组成的控制全国经济的最高机关——德国经济总会成立。1934年11月，该组织颁布了《德国经济有机建设条例》，把垄断资本和国家政权结合起来，通过国家经济部门和地区系统牢牢控制全部私人企业的订货、原料分配和生产，大力推动国民经济向军事经济转轨。纳粹政府还颁布《国民劳动秩序法》，规定工人不得主动辞职。纳粹德国的"德国食品管理总会"，要求农民必须按国家规定进行生产，把农产品低价卖给国家，将农业经济纳入国家统制的轨道。1938年5月，德国政府通过法规，赋予政府的劳动机构调派任何德国公民从事任何工作的权力。仅1938年，就有100多万工人被迫背井离乡，去修建军事要塞和公路。16—35岁的未婚妇女，也必须从事1—2年劳役。

纳粹统治下的德国，全部社会文化生活，包括报纸、音乐、电影、广播、新闻等，都要受到以戈培尔为首的"德国文化总会"的控制。一切人类进步的思想文化都遭到禁止，进步书籍被烧毁，报纸的新闻、标题一律由纳粹党的宣传部门控制。种族理论被定为学校的主要课程，学校成为军事训练的基地。青年人被强迫加入"希特勒青年团"，接受战争教育和军事训练。

希特勒上台后推行极端的反犹政策，主要有两个原因：第一，纳粹理论含有强烈的民族沙文主义和扩张主义思想。希特勒鼓吹雅利安—北欧日耳曼人是优等民族，有权统治全世界，而犹太民族是劣等民族，不配成为德国公民。第二，历史上，犹太人失去祖国之后流亡世界各地，饱受欺凌和痛苦。但他们在千百年的流亡生活中，一直保留着自己的文化传统和宗教信仰。近代以来，西欧各国犹太人先后获得公民权利。犹太人为了生存，勤奋努力，他们中一些人事业有成，许多人成为科学家、律师、医生、企业家和银行家等，上升为中产阶级。当德国遭到经济危机打击时，希特勒就宣称这些犹太人的成功造成了德国的贫困，并借此进一步掀起反犹浪潮。1933—1935 年，纳粹政府颁布多项法令，禁止犹太人经商和担任国家公职，1938 年起更用暴力强迫犹太人移居国外，11 月 9 日晚制造了"水晶之夜"，砸碎 7000 余家犹太人商店的玻璃橱窗，捣毁 800 多家犹太人的店铺，191 座犹太教堂被焚烧。当夜有 90 余人死亡，数百人后来被逼死。

1936 年 8 月，希特勒明确提出解决德国经济问题的根本办法是扩大生存空间。10 月，纳粹政府成立"四年计划办公室"，由戈林负责，以使德国经济在四年内完成战争准备。1933—1939 年，德国的消费品生产增长 43%，而军需工业增长了 11 倍。1936 年以后，军备开支逐年增长，到战争开始前的 1939 年，德国的军火生产比英美两国军火总产量的两倍还多，为发动战争做好了军事准备。

1933 年 10 月 14 日，希特勒以未能满足德国"军备平等"要求为由，退出日内瓦国联裁军会议，随后又退出国联。1935 年 3 月，希特勒宣布恢复义务兵役制，公然破坏《凡尔赛和约》中对德国军队的限制。1936 年 3 月，德国出兵莱茵兰非军事区，撕毁 1925 年德国与相关各国签订的维持莱茵兰现状的《洛迦诺公约》。

经过四年的准备，到 1939 年 8 月，德国的军事力量已有 103 个陆军师，包括 5 个装备完整的装甲师、3200 辆坦克、4093 架军用飞机。海军有 57 艘潜艇、

22 艘驱逐舰、9 艘巡洋舰和 6 艘装甲巡洋舰。其总体军事实力超过所有邻国，再度成为欧洲乃至世界的军事强国。

三、意大利入侵埃塞俄比亚

在世界资本主义经济大危机的冲击下，1932 年意大利工业总产值比 1929 年减少了 33.2%，5.5 万多个中小企业倒闭，广大农民失去土地，全国失业人口达 100 万以上，人民普遍不满，社会矛盾尖锐。以墨索里尼为首的法西斯独裁政府试图通过发动对埃塞俄比亚（旧称阿比西尼亚）的战争来转移国内矛盾。

埃塞俄比亚地处红海南端，具有重要的战略地位和丰富的自然资源。意大利力图通过吞并埃塞俄比亚，将其在非洲的殖民地厄立特里亚、索马里连成一片，与英国在东非的殖民地相对峙，并控制英国与亚非殖民地连接的战略通路。为此，墨索里尼于 1932 年 7 月指使殖民大臣德·博诺起草了《在埃塞俄比亚采取行动的计划》。1934 年 12 月 5 日，意军突然袭击驻扎在奥加登省瓦尔-瓦尔绿洲的埃塞俄比亚部队。20 日，墨索里尼拟定了"彻底征服阿比西尼亚"的秘密指令，做好了全面侵略埃塞俄比亚的前期准备。

意大利挑起瓦尔-瓦尔事件之后，反诬是埃塞俄比亚人挑起的事端。1935 年 3 月 17 日，埃塞俄比亚向国联发出呼吁，要求国联按盟约第 15 条来处理埃意纠纷，意大利则坚持埃意双边自行解决。英、法非常清楚意大利正在准备入侵埃塞俄比亚，但故意偏袒意大利，操纵国联行政院将处理时间拖延了 6 个月。

法国为了拉拢意大利，共同对付正在重新武装的德国，对意大利的侵略采取了纵容政策。1935 年 1 月 7 日，法国外长赖伐尔在罗马与意大利签订了多项协定，规定：在奥地利的独立和完整受到威胁时，法意两国将互相协商；法、意在突尼斯与索马里问题上相互让步。赖伐尔还私下向墨索里尼承诺：法国允诺意大利在埃塞俄比亚"自由行动"。

而英国当时最关注的是德国重整军备问题，认为意大利征服埃塞俄比亚不会对英国在埃塞俄比亚的利益构成致命冲击。为了拉拢意大利，英、法在 4 月 14 日说服意大利建立起所谓的共同对付德国的"斯特雷扎阵线"，承诺三国将为"维护集体和平"而"亲密合作"。6 月，英国新任外务大臣霍尔在内阁会议上提议，埃塞俄比亚将其南部奥加登省的部分地区割让给意大利，英国将英属索马里的泽拉港及连接内地的一条走廊补偿给埃塞俄比亚，这一建议获得内阁批准。但墨索里尼意在吞并整个埃塞俄比亚，拒绝了英方的提议。7月25日，英国宣布不再对意埃双方颁发出口武器许可证。这一举措显然对拥有武器制造能力的意大利不构成影响，而工业极端落后的埃塞俄比亚却因此得不到武器装备的支持。

1935年9月4—6日，国联行政院召开会议并通过决议，由英、法、波、西、土组成五国委员会。18日，五国委员会按照英法意愿提出建议：由国联任命外国顾问帮助埃塞俄比亚进行改造；英、法让出索马里海岸的领土，给埃塞俄比亚一个出海口，以便意埃进行领土交换；英、法在其既有权益得到保证的情况下，承认意大利在埃塞俄比亚享有特殊利益。这个建议实际上是在承认意大利在埃塞俄比亚享有特殊利益的前提下，对埃塞俄比亚实施国际共管。该建议仍未满足意大利的野心，22日被墨索里尼拒绝。

1935年10月3日，意大利悍然入侵埃塞俄比亚。6日，意军占领埃北部重镇阿杜瓦，15日，占领阿克苏姆。11月3日，意军发动对马卡雷-多洛的进攻，经五天激战占领该城市，但伤亡巨大，无法继续推进。只有很少武器，手持大刀长矛的埃塞俄比亚人民，在皇帝海尔·塞拉西一世的领导下英勇抗击侵略者。到1936年1月，意军被迫增兵至40万。

1935年10月5日，国联行政院成立了研究埃塞俄比亚问题的六国委员会。同日，美国宣布根据中立法禁止向意、埃双方出售武器；7日，行政院会议全体（除意大利外）通过了六国委员会提交的报告，宣布意大利是侵略者。英、法主张对意大利的禁运物资不包括石油、钢铁制品和铜、铅、锌、煤等重要战略物资，因此虽然9—11日召开的国联大会以多数票通过了对意大利实行经济制裁的决议，但并没有达到制裁的目的。墨索里尼后来谈道，如果当时国联把经济制裁扩大到石油，那他就不得不在一个星期内退出埃塞俄比亚。

12月8日，英国外交大臣霍尔和法国外长赖伐尔签订了《意大利—埃塞俄比亚冲突的共同解决提纲》（简称"霍尔—赖伐尔协定"），要求埃塞俄比亚割让奥加登省和提格雷省的一部分领土给意大利，将埃塞俄比亚南部划为意大利经济发展和居留区，作为补偿，埃塞俄比亚则得到意属厄立特里亚的一块狭小沿海地域和一个出海港口。连当时英国外交部官员都承认，协定使"侵略者得到的东西比他已经得到的还要多一些"。9日，英、法报纸披露了该协定的内容，舆论哗然，霍尔和赖伐尔被迫下台。

1936年3月，乘德军进入莱茵兰非军事区吸引英法注意力之机，墨索里尼发动了更大规模的进攻。意空军对埃塞俄比亚的乡村、城镇、医院等非军事区实施了野蛮轰炸。意大利还公然违反国际法，在战争中使用了化学武器。4月15日，意军占领了埃军的大本营德赛城，埃皇于5月1日流亡到英国。5月5日，埃首都亚的斯亚贝巴被意军占领。9日，埃塞俄比亚被意大利强行兼并。后来，意大利将埃塞俄比亚与索马里、厄立特里亚合并为意属东非帝国。

英、法等国继续对意采取绥靖政策。7月4日，国联大会以多数票通过了终止对意大利进行经济制裁的决议，6日，协调委员会决定于1936年7月15日终止制裁。

意大利吞并埃塞俄比亚后，很快得到德国的承认，德意关系改善，并结成罗马—柏林轴心，意大利成为欧洲战争策源地的重要一员。

英、法对意大利侵略埃塞俄比亚的妥协退让态度动摇了欧洲集体安全体系。欧洲小国认为，国联既然不能保卫埃塞俄比亚，也就不可能保卫它们，于是开始到国联之外寻找出路。美国执行所谓"中立"政策，英、法则对德意法西斯实行绥靖政策，这就更使欧洲小国加强了通过各种途径寻求自保的努力。1936年5月，希腊表示不承担巴尔干半岛以外的义务；同年7月，斯堪的纳维亚半岛四国和荷兰、西班牙、瑞士等国表示，以后不接受任何制裁行动；10月14日，比利时废除与法国的军事同盟；1937年3月25日，南斯拉夫与意大利签订互不侵犯和仲裁条约，加入罗马—柏林轴心。

第四节 亚洲战争策源地形成

19、20世纪之交，日本资本主义进入帝国主义时期，与此同时，军人势力煊赫，军国主义统治体制得到巩固。1929—1933年的世界经济大危机造成日本国内社会矛盾尖锐，使得法西斯势力猖獗。日本法西斯势力主张通过战争转嫁国内危机，与老牌帝国主义国家争夺殖民地，首先侵略中国，进而称霸东亚，成为日本的既定国策。亚洲战争策源地最终形成。

一、日本法西斯势力迅速发展

日本帝国主义因其政治、经济、社会发展保留了封建残余，所以有如下明显特征：在政治领域，传统的军阀势力在政治舞台上占据特殊地位，天皇拥有至高无上的权力，军部只对天皇负责，有帷幄上奏权，议会和内阁都制约不了军部。在经济领域，日本的军事工业在国民经济中居于主导地位，封建、半封建剥削方式依然广泛存在。在社会生活中，封建宗法制仍占统治地位。在思想文化领域，神道和儒教被奉为正宗，忠君成为国民的最高行为准则。

在俄国十月革命影响下，日本的工农运动开始高涨。日本统治者为镇压革命加紧培植各种反动势力，法西斯思潮随之泛滥。日本法西斯与德意法西斯一样，主张建立专制独裁政权、侵略扩张，妄图主宰世界。但由于国情不同，日本法西斯带有自己明显的特征。日本具有神权传统，1919 年，法西斯主义理论家北一辉在其著作《日本改造法案大纲》中，要求建立神权政权，鼓吹天皇制。在对外扩张上，日本由于地处东亚，因此其对外侵略的目标首先是中国，接着是亚洲，然后才是全世界。1929 年 12 月，中国《时事月报》刊登了一份与"东方会议"有关的文件，即通称为"田中奏折"的《帝国关于满蒙的积极根本政策》。尽管学术界对该文件的真伪有不同看法，但其中所说"惟欲征服中国，必先征服满蒙；如欲征服世界，必先征服中国"的设想，与日本帝国主义的侵略步骤是一致的。日本此后不久对中国发动侵略战争，很快成为亚洲战争的策源地。

法西斯思潮对日本社会冲击很大，军队和社会上出现了名目繁多的法西斯组织。20 世纪二三十年代，军队内部出现了"一夕会""樱会"等 100 多个法西斯团体，很多军部大员都参加了法西斯组织，如永田铁山、东条英机和冈村宁次就是"一夕会"的成员。社会上也出现了"爱国勤劳党""血盟团""国粹大众党""爱乡塾""大日本生产党"等法西斯团体。这些法西斯组织的共同特点，是蛊惑人心，借用民众的力量打击政敌，力图用法西斯军事独裁取代资产阶级政党政治。

30 年代，世界经济大危机波及日本。城市工人失业，农村凋敝，农民破产，官僚腐化堕落，财阀聚敛财富，社会不满情绪增加。国内阶级矛盾日趋尖锐，以纺织、铁路和钢铁工人为主的工人运动和农民运动不断高涨，遭到政府的残酷镇压。1928—1932 年间，有三万多人因"危险思想"而被逮捕。法西斯分子在军部支持下不断策动暴力事件，法西斯势力迅速壮大。1930 年 11 月 14 日，爱国社成员佐乡屋留雄在东京车站狙击滨口首相，使其重伤致死。1931 年 3 月和 10 月，樱会分子策动两次未遂政变。1932 年 2 月 9 日，血盟团分子枪杀民政党核心人物、前藏相井上准之助，3 月 5 日，又枪杀三井财阀领导人团琢磨。5 月 15 日，陆海军法西斯分子袭击首相府、内大臣官邸、警视厅、政友会本部、三菱银行、日本银行等，杀死首相犬养毅，史称"五一五"事件。之后组成以海军大将斋藤实为首相的"举国一致"内阁。至此，维持不到十年的政党内阁（1924—1932）宣告结束。

二、国民经济军事化

明治时代以来一直奉行对外扩张战略是日本国民经济走向军事化的社会历史原因，而 20 世纪 30 年代初世界经济大危机对日本的打击，则是日本国民经济走向军事化的现实社会因素。

经济危机很快冲击了日本的金融、外贸、工业、农业等国民经济的几乎所有领域。商品和股票价格率先暴跌，外贸大幅下降，工业生产急剧萎缩，大批中小企业和金融机构破产倒闭。为了摆脱危机，日本实行了国民经济军事化，加快了对外侵略扩张的步伐。

30 年代初，日本开始探索建立优先发展军事生产的经济体制。首先，通过推行卡特尔和托拉斯化，加紧对国民经济各部门的控制，强化政府与垄断资本的结合，使国民经济适应其战争政策。其次，为促进军事工业发展，加强政府对与军事工业有关的工业资源的管制，成立了资源局（后改为企划院），后来成为日本战争经济的总参谋部。

1931 年 12 月，犬养毅内阁上台，国民经济步入军事化轨道。犬养毅组阁之后，根据当时国内生产萎缩和国际金融环境的变化，立即放弃了"井上财政"[①]，下令禁止黄金出口，恢复通货膨胀政策，扩大军事支出和军事订货，形成"军需通货膨胀"。其间，新老财阀与军阀结合，形成"军财抱合"。这一政策推行的结果，既养肥了新老财阀，也改变了国民经济结构，使日本的国民经济步入军事化。1931—1936 年，日本政府年支出总额增加约 50%，而军事支出却增加 1.4 倍。

1936 年上台的广田内阁是一届"准军事独裁内阁"。8 月，广田内阁按照军部法西斯的要求颁布"庶政一新"纲领，其中心内容便是军备第一。为了大

---

① 井上财政，指滨口内阁时期大藏大臣井上准之助（1869—1932）所推行的财政政策，主要内容一是紧缩通货，通过推行"产业合理化"降低成本，扩大出口；二是解除黄金出口的禁令，恢复金本位制。

规模扩军备战，广田内阁大力扶植经营军事工业的新老财阀。陆军提出六年内新建41个师团、142个航空中队，海军提出五年内新建66艘军舰的扩军计划，为此，11月的内阁会议通过了占1937年财政总预算46%的军事预算。为解决庞大军事预算所需财源，大藏大臣马场瑛一推行财政服从国防的"马场财政"，试图通过增税和增发公债解决财政困难。

随着全面侵华战争的扩大，第一届近卫内阁（1937—1939）提出扩大生产、平衡国际收支、调整物资供应等加强战时经济的三项原则，初步建立起战时经济统制体制。由于实行战时经济统制政策，军事工业迅速发展。由于政府对财阀的资助日益增加，财阀的势力迅速扩大，军部与财阀的关系更加紧密。1940年7月，第二届近卫内阁通过了《基本国策纲要》，其重要内容之一是加强战时经济新体制，日本国民经济实现了全面的军事化。

三、法西斯政权在日本建立

1931年9月18日夜，日本蓄谋发动了九一八事变，日军很快占领中国东北全境。1933年1月占领山海关，3月又攻占了热河省。

随着侵略战争的扩大和国内外矛盾的激化，统治阶级内部的矛盾也尖锐起来。围绕着实行法西斯军事独裁统治和侵略中国这两个共同目标，军部分裂为激进的"皇道派"和缓进的"统制派"两派。皇道派倡导天皇中心主义，主张取消政党政治，由天皇依靠军队直接进行统治，实行军事独裁，发动大规模侵略战争。这一派的核心人物有前陆军大臣荒木贞夫大将和教育总监真崎甚三郎大将。他们与民间的激进法西斯组织及下级军官沆瀣一气，企图通过政变把当时控制着政府、主张缓进的"统制派"赶下台。统制派主张利用军部现有地位控制内阁，建立高度国防国家，加速对外侵略，为达此目的必须"统制"（约束）军队的行动。这一派的核心人物有时任陆军大臣林铣十郎、陆军省军务局长永田铁山及关东军宪兵司令官东条英机。

1935年8月，"皇道派"核心人物真崎甚三郎被撤换。同月，"统制派"核心人物永田铁山被皇道派军人相泽三郎杀死，两派矛盾发展到白热化。

1936年2月26日，皇道派青年军官20余人，率领近卫步兵1 400余人袭击官衙，杀死内大臣斋藤实、藏相高桥是清、教育总监渡边锭太郎，重伤侍从长铃木贯太郎，首相冈田启介和前内大臣牧野伸显侥幸逃脱。统制派以"肃军"为名镇压了政变。"二二六"事件后，以统制派为核心的军部法西斯势力在日本取得统治地位。

皇道派发动的政变虽然被镇压了，但统制派在建立法西斯政权、推行法西斯政策方面，与皇道派一脉相承。继任首相广田弘毅是右翼组织"玄洋社"的主要成员、狂热的法西斯分子，其内阁成为"准军事独裁内阁"，在组织架构上恢复了军部大臣现役制，军部法西斯几乎完全控制了内阁，内阁的大政方针和政府的人事安排都听命于军部。同时，内阁在"庶政一新"的口号下强化法西斯专政，设置了包括首相、外相、藏相、陆相、海相在内的"五相会议"。名义上是"五相会议"负责决策并处理国内外大事，但内政、外交和国防大权还是控制在军部手里。

广田内阁强化法西斯专政。在外交上，1936年8月7日，"五相会议"通过了"基本国策"，要求外交与国防相配合，确保日本在东亚大陆的地位，同时向南洋发展。11月25日，日本与德国签订《日德防共协定》，其目的是反苏反共，并与英、法、美争夺势力范围。

在内政上，广田内阁于1936年5月通过《不稳文书临时管理法》和《思想犯保护观察法》，禁止群众示威游行，严格管制舆论宣传，以巩固后方，适应对外侵略的需要。

1937年6月组成的近卫文麿第一届内阁，加强了对共产党人和左翼人士的迫害。12月15日，近卫政府逮捕了一批著名的共产党人和左翼作家。在这些被捕人士中，有日本共产党领导人加藤勘十、著名评论家山川均和荒烟寒村、九州帝国大学教授向坂逸郎和作家中村伊之助等。1940年7月，近卫文麿第二次组阁后，制定了《基本国策纲要》，这是一个包括政治、经济、文化、外交、国防等全方位的法西斯纲领，其主要内容包括：取消各种政党，实行一国一党一君万民的日本式法西斯统治；建立包括统治阶级各界首脑在内的大政翼赞会，辅佐天皇，加强政治统治；建立"报国会"，通过法西斯手段对各界群众团体进行控制；在经济领域，通过成立"统制会"，加强垄断资本。为贯彻和实施这个纲要，近卫内阁在日本推行了建立政治经济新体制的运动。与此同时，政府进一步强化了对金融、劳动力、工资政策等方面的管控措施。近卫新体制的推行，表明广田内阁时期形成的法西斯专政已经系统化、制度化。

思考题：

1. 如何理解资本主义世界经济危机产生的原因和影响？

2. 罗斯福"新政"的主要内容和影响有哪些?

3. 欧洲战争策源地是如何形成的?

4. 亚洲战争策源地是如何形成的?

第八章　各国反法西斯斗争与世界大战的迫近

20 世纪 30 年代初，德、意、日法西斯兴起并在世界各地挑起战争。世界各国人民对法西斯主义的侵略进行了英勇抵抗。九一八事变后，中国人民反对日本帝国主义的战争，打响了武装反抗日本法西斯主义的第一枪，成为世界反法西斯战争的开端。苏联、共产国际和国际社会进步力量积极支持弱小国家反抗法西斯侵略，主张建立国际反法西斯统一战线。英、法、美等西方大国持续推行绥靖政策，加速了第二次世界大战的全面爆发。

第一节　中华民族全国性抗战开始

中国抗日战争是世界反法西斯战争的开端。西方国家对日本侵略中国推行绥靖政策，纵容日本不断扩大侵华战争。从 1931 年九一八事变开始，中国军民就对日本侵略进行了英勇顽强的抵抗。以 1937 年的七七事变为开端，中国开始了全国抗战，中华民族同仇敌忾、团结御侮，建立了抗日民族统一战线，沉重打击了日本法西斯，粉碎了日本帝国主义短期灭亡中国的狂妄计划，开辟了对日持久作战的广阔战场。

一、九一八事变与世界反法西斯战争的开始

九一八事变是日本帝国主义长期奉行对外侵略扩张政策的必然结果，也是世界法西斯国家发动对外侵略战争的开端。九一八事变爆发后，中国军民就打响了世界反法西斯战争的第一枪。

早在明治年间，日本就制定了侵略中国的政策，形成了针对朝鲜、中国等亚洲国家侵略扩张的大陆政策，并多次发动和参与侵华战争。以中日甲午战争为开端，日本对华侵略加剧。第一次世界大战期间，日本出兵占领中国山东，并提出企图灭亡中国的"二十一条"。20 世纪 20 年代后半期，日本法西斯势力兴起，其侵略中国的活动更加猖獗。

中国东北东连朝鲜，北邻苏联，资源丰富，战略位置极其重要，是日本向中国全境扩张的必经之地，也是日本占领整个中国进而北攻苏联西伯利亚以及

向东南亚和太平洋地区扩张的前沿。1927 年 6—7 月，日本田中义一内阁（1927—1929）召开东方会议，主要讨论侵华问题。1931 年 1 月，日本"满铁"副总裁松冈洋右（1880—1946）就公开叫嚣"满蒙"是日本的"生命线"。6 月，日本陆军省与参谋本部会议制定了《解决满洲问题方策大纲》，准备用武力占领中国东北。同月，日本关东军高级参谋板垣征四郎（1885—1948）等人制定了在沈阳柳条湖爆破铁路、进攻沈阳进而占领东北的计划。9 月 18 日，日本关东军按预定计划在中国东北柳条湖炸毁了南满铁路一段，并污蔑是中国军队所为，以此为借口悍然大举进攻中国东北。1932 年 2 月，日本占领了东北三省。3 月 1 日，日本炮制了伪满洲国傀儡政权。为了策应在中国东北的侵略行动，1932 年 1 月 28 日，日本又在上海挑起一·二八事变。日本军国主义发动九一八事变与侵占中国东北标志着法西斯势力开始打破凡尔赛—华盛顿体系所确立的世界秩序，东方战争策源地正式形成。

日本占领中国东北之后，进一步向华北扩张，为发动全面侵华战争做准备。1933 年 3 月上旬，日军攻占热河全境并向长城一线推进，继而突破中国军队防线，进入河北滦东地区。1936 年 8 月 11 日，日本内阁在《第二次处理华北纲要》中提出全面掠取华北战略资源的计划，9 月向中方提出开发华北资源的要求，遭到中方拒绝后，日本决定用武力夺取华北，以达到控制中国的目的。

九一八事变后，以蒋介石为首的国民党政府奉行"攘外必先安内"的政策，对日本侵略采取不抵抗政策，致使中国的民族危机不断加深，激起了中国人民的抗日救亡热潮。从日本侵略中国东北开始，东北人民自发组织的抗日义勇军和部分东北军官兵就进行顽强抵抗，中国共产党组织和领导的抗日武装成为东北人民抗战的中坚力量。1931 年 9 月 22 日，中共中央指示满洲省委组织游击战争，并派出优秀干部到东北组织抗战。1933 年，中共将分散在东北各地的抗日武装统一起来改编为东北人民革命军，1936 年 2 月，又成立东北抗日联军，到 1937 年，抗联总兵力发展到四万余人，沉重打击了日本侵略军。在一·二八事变后的淞沪抗战中，驻守上海的国民革命军第十九路军爱国官兵在中国共产党和广大民众的声援下奋起抵抗，多次击退日军的猛烈攻势并重创日军。1933 年日军进攻热河，中国军队利用长城防线进行坚决抵抗。第二十九军在喜峰口、罗文峪，第十七军在古北口顽强阻击，英勇抵抗，数次击退日军进攻。1933 年 4 月 28 日，日军突破长城防线。5 月 26 日，国民党爱国将领冯玉祥

（1882—1948）、方振武（1885—1941）和共产党员吉鸿昌（1895—1934）等人，在张家口成立察哈尔抗日同盟军，收复被日伪盘踞的察东，但察哈尔抗战在日本关东军的攻击下失败。中国抗日军民的抗战，鼓舞了全国人民的斗志，推动着中国走向全民族抗战。

中国共产党站在抗日救亡的最前列，号召全民族起来抗日图存，积极组织和支持各阶级阶层抗战，大力推动建立抗日民族统一战线。1935年，中国共产党发表《为抗日救国告全体同胞书》（《八一宣言》），诚恳呼吁全国各党各派各界各军团结起来，停止内战，一致抗日。12月，爆发了席卷全国的一二·九学生抗日救亡运动。同月，中共中央政治局在瓦窑堡会议上制定了建立抗日民族统一战线的方针。1936年，中共为争取国共合作抗日，将反蒋抗日的方针改变为逼蒋抗日，后又改变为联蒋抗日。在中共抗日民族统一战线政策的号召和全国人民抗日救亡运动的推动下，1935年至1936年上半年，张学良（1901—2001）的东北军和杨虎城（1893—1949）的西北军与中国工农红军订立停止内战、一致抗日的协定。1936年12月12日，张学良与杨虎城在劝谏蒋介石联共抗日无果的情况下，发动了震惊中外的西安事变。中共中央从抗日大局出发，促成了西安事变的和平解决，推动了全国抗日民族统一战线的正式形成，为中华民族走向团结抗战奠定了基础。

二、西方大国对日绥靖政策

九一八事变之后，苏联、各国共产党与各国人民纷纷以各种形式表达同情中国、反对日本侵略的态度。但是，英、美等西方大国为了维护在亚洲的殖民利益，对日本继续采取绥靖政策。1931年9月21日，中国将日本发动九一八事变侵略中国的行径诉诸国际联盟，而英国主导下的国联却不分侵略与被侵略，只是要求中日双方停止一切冲突。日本将战火扩及整个中国东北后，国联行政院才于10月14日做出限期让日本撤兵的决议，但没有对日本采取任何有效的制裁措施。美国总统胡佛坚决反对制裁日本，认为日本在中国东北的侵略行动是为了"恢复秩序"，美国不能提出"异议"。美国甚至反对国联限定日本撤军的时间。1932年1月7日，虽然美国照会日本，提出"不承认原则"，其关注重点是"门户开放"原则和列强在华权益是否受到了侵犯，仍没有明确谴责日本对中国的侵略。

为了维护西方列强在东北的权益，1932年4月21日，国联派出李顿调查团前往东北进行实地调查。10 月，国联发布《国联调查团报告书》。报告书虽然指出东北是中国的一部分，九一八事变是日本预谋的结果，"满洲国"是日本炮制的傀儡政权，但报告书对事变的原因却作出了颠倒黑白的结论，对日本关于"满洲为日本之生命线"的观点表示同情，并认为不必恢复中国东北的原状。报告书尽管说明了中国军队并没有进攻日本军队，却对中国的民族革命运动进行诬蔑，为日本侵略中国东北的行为进行辩解。报告书还主张以"国际合作""国际共管"的方式实现东北"自治"。

九一八事变后，美国虽对日本独占东北不满，但并无任何反对日本侵略扩张的实际行动。英国的对华政策是维持现状。美、英还照常向日本出售军火，法国则贷款 8 亿法郎给日本。英、美等西方大国和国联对日本侵略采取的绥靖政策，极大地助长了日本在中国扩大侵略的野心，它以迅速侵占热河和宣布退出国联的实际行动，表明了它坚持侵略扩张政策的决心。

日本在占领中国东北后，又将侵略矛头指向华北。1933 年年初，日军进攻山海关。英国财政大臣张伯伦却认为没有必要限制日本对中国华北的贸易扩张，希望用改善英日关系的办法来防止日本对英国在华利益的损害。美国新任总统富兰克林·罗斯福宣布美国不准备鼓励对日本实行制裁。英、美的态度更使日本有恃无恐。1934 年 4 月 17 日，日本外务省天羽英二（1887—1968）以外务省发言人名义发表"非正式"声明，宣称日本对东亚负有"特殊责任"。英美尽管表示不满，但采取的立场是尽量减少与日本的摩擦。1936 年，日本加紧在华北增派兵力，而英、美对此没有做出强烈反应。

英、美的绥靖并没有使西方列强的安全得到保证。日本在部署发动全面侵华战争的同时，也开始准备在占领中国之后，或北上进攻苏联，或南进与英、美争夺东南亚和太平洋地区的霸权。中国的抗日战争抑制和消减了英美绥靖政策的恶果，使日本未能完成灭亡中国的第一步战略目标，进而抑制了法西斯战火在亚太区域的迅速扩大。

三、七七事变与中国的全民族抗战

1937 年 7 月 7 日夜，日军驻丰台的中国驻屯军一部，在卢沟桥附近演习时声称一名士兵失踪，要求进入宛平城搜查，遭到拒绝后，即向中国守军发起攻击，并炮轰宛平城。中国驻军第二十九军一部奋起抵抗，是为七七事变，又称卢沟桥事变。

七七事变后，日本调动关东军2个旅团、日本朝鲜军1个师团、国内3个师团侵入中国华北。7月11日，日本内阁五相会议通过派兵华北提案，日本政府发表《派兵华北声明》，实际上是全面侵华战争的动员令。7月28日，日军占领北平，29日攻陷天津。其后，日本迅速将侵略战火扩大到整个华北和华中地区。七七事变不是偶然事件，是日本法西斯集团争霸世界的既定方针和关键步骤。在德、日、意法西斯轴心初步形成，并与世界人民之间的矛盾构成世界主要矛盾的形势下，日本发动的全面侵华战争，事实上已经超出中日两国的范围而成为第二次世界大战的开端。

日本发动全面侵华战争初期，英、美继续推行绥靖政策。中国多次要求英、美援引相关国际公约谴责日本的侵华行径，但都遭到英、美的拒绝。1937年9月12日，中国政府照会国际联盟，建议依据国联盟约条款采取坚决措施制裁日本侵略，但未被国联采纳，国联也没有明确宣布日本是侵略方。11月3—24日，英、法、美等九国公约国会议在布鲁塞尔召开，讨论中日战争问题，日本拒绝参加。会议宣言只是重申九国公约原则，要求中日双方停止战争行为，连日本是侵略方、中国是被侵略方都没有明确指认。这些国家为了自身利益的最大化，都不愿意率先制裁日本而单独卷入冲突。11月24日，会议通过了《九国公约会议报告书》，强调九国公约和平原则的有效性、必要性和普遍适用性，要求中日终止敌对行动，采取和平程序，会议拒绝了中国政府关于制裁日本的正义要求，使日本更加肆无忌惮地在亚太地区侵略扩张。

七七事变后，中国在以国共合作为基础的抗日民族统一战线的旗帜下，实行全民族抗战。在华北，中国军队在察哈尔、河北和山西等省顽强阻击日军的进攻。1937年9月下旬，八路军一一五师在山西平型关伏击日军，歼灭日军第五师团所部1000余人，打破了日军"不可战胜"的神话。1937年8月13日至11月12日，在淞沪会战中，中国抗日军民顽强抵抗日军达3个月之久，日本不得不一再加派军队，陆军达9个多师团，伤亡1.4万多人。日军于12月13日攻占南京后，制造了惨绝人寰的南京大屠杀，被日军野蛮屠杀的中国平民和被俘士兵达30余万人。1938年3月23日至4月6日，中国军队在台儿庄与日军展开血战，取得了台儿庄大捷，歼灭日军1万余人。1938年秋，日军在武汉会战中投入了9个师团、约40万人，是发动全面侵华战争以来日军一次性投入兵力最多的战役。中国军队进行了顽强阻击，打死打伤日军近4万人。10月26日，日军攻占武汉。在此前后，日军还于10月21日占领广州。武汉会战之后，抗日战争进入战略相持阶段。

从七七事变爆发到 1938 年武汉沦陷期间，中国共产党领导下的八路军和新四军在配合正面战场进行作战的同时，在日本占领区开辟了敌后抗日根据地，广泛发动人民群众进行游击战争。1938 年以后，日本不得不动用重兵"围剿"敌后抗日根据地，但屡遭失败，日本华北方面军参谋长笠原幸雄称中国共产党及其军队是"华北治安之癌"。中国敌后战场的建立，与正面战场形成了在战略上相互配合的战场格局。到 1938 年下半年，日本先后有百万大军投入中国战场，国内仅仅剩下一个师团。中国的顽强抵抗打乱了日本的战略步骤，打破了日军企图速战速决灭亡中国的战略企图，使日本陷入了中国持久战的泥潭，进退两难。

中国的抗战得到了国际社会进步力量的广泛支持。苏联除对中国提供物资支持外，还派出志愿飞行员与中国军队并肩作战。中国的抗战极大地消耗了日军的有生力量，沉重地打击了日本的嚣张气焰，抑制了英、美等西方大国在东亚推行的绥靖政策，推动了世界各国人民奋起抵抗法西斯侵略。

第二节　西班牙内战

1930 年，西班牙开始实行民主共和制，遭到国内各种保王派与右翼势力的激烈反对和破坏。1936 年，西班牙人民阵线政府建立，推动各项改革。以弗朗西斯科·佛朗哥（1892—1975）为首的西班牙反动势力策动叛乱，企图以武力推翻政府，西班牙内战爆发。人民阵线政府领导西班牙人民开展了捍卫民主共和的英勇斗争。德、意法西斯支持西班牙反动势力并对西班牙进行武装干涉，共产国际与国际正义力量积极支持西班牙人民的正义斗争，而英、法、美等西方大国则推行"不干涉"政策，纵容和支持以佛朗哥为首的叛军。西班牙民族解放与反抗外敌侵略的正义战争在敌强我弱的情况下最终失败。

一、西班牙内战与德、意武装干涉

20 世纪初，西班牙是一个经济落后、政治衰败的半封建性质的国家。第一次世界大战结束后，西班牙社会矛盾尖锐。从 1917 年到 1922 年，西班牙更换了 11 届政府。1923 年 9 月，普里莫·德里维拉将军通过政变建立了军事独裁政权，遭到西班牙人民的强烈反抗。1930 年，德里维拉被迫辞职，继任的贝伦格尔将军组织的新政府仍然无法平息广大民众要求共和的呼声。2 月 12 日，贝伦格尔政府辞职，新组成的阿斯纳尔政府于 4 月 12 日颁布举行市政选举的法令，并举行全国选举，共和派在选举中获胜，国王阿方索逃离西班牙。

1930 年 4 月 13 日，西班牙自由共和党领袖阿尔卡拉·萨莫拉组成临时政府，宣布共和国成立，并于 1931 年 12 月 9 日通过新宪法，规定实行普选制，设立一院制议会，政府对议会负责，实行政教分离，推行教育世俗化，保证言论、出版自由，允许加泰罗尼亚享有地方自治权等。1932 年 9 月 9 日，临时政府通过土地改革法案，规定在大地产集中的区域进行局部重新分配地产。9 月 25 日颁布了加泰罗尼亚自治宪章。

西班牙共和国进行的改革遭到各种保王势力的破坏和反抗。1933 年 2 月 28 日至 3 月 5 日，西班牙各右翼党派在马德里召开代表大会，成立了以天主教行动党为核心的西班牙自治权利同盟，简称西达党。10 月 29 日，何塞·安东尼奥·普里莫·德里维拉（普里莫·德里维拉之子）建立了法西斯政党即西班牙长枪党，其纲领以墨索里尼主张的法西斯理论为基础，与德国纳粹党性质相同。12 月 3 日，西班牙举行议会选举，右派联盟和中派获胜。12 月 16 日，以亚·莱鲁斯为首的新政府组成，该政府与其后的历届政府从 1933 年 11 月起到 1936 年年初，都采取了反改革的政策。

西班牙右翼政府的政策遭到共和联盟、左翼激进社会党等左翼势力的反对。1934 年 10 月 5 日，工人社会党发动工人举行全国总罢工，马德里、巴斯克、莱昂等一些城市从罢工发展到起义，史称"十月起义"。尽管起义失败，但推动了西班牙反法西斯人民阵线的建立。1936 年 1 月 15 日，共和联盟、共和党左翼、社会党、共产党等党派组成人民阵线，其纲领是：大赦 1933 年 11 月以后被捕的政治犯；降低赋税和消灭高利贷，减少地租，普遍发放农业贷款，废除现有的租佃法，分配土地给农民和佃农；提高劳动者工资。在 2 月 16 日的大选中，人民阵线获得胜利，组成了以曼努埃尔·阿萨尼亚为首的左翼共和党—共和联盟联合政府，并立即实施人民阵线纲领，得到广大人民的支持和拥护。

西班牙反动势力在选举失败后，决定以武力推翻共和国。金融资本家、大地主贵族、教会上层教士、军队上层反动将领是武装叛乱的积极支持者和参与者。法西斯组织西班牙长枪党、西班牙在摩洛哥的雇佣殖民军、西班牙国民警卫军是叛乱的基本力量。叛乱的发动者还向墨索里尼求援获取军事装备。1936年7月17日，武装叛乱从西属摩洛哥开始。18日，西班牙各城市爆发叛乱。19日，佛朗哥从西班牙加那利群岛飞抵西属摩洛哥德士安，成为叛军首领。叛乱迅速向西班牙全国蔓延。

针对武装叛乱，西班牙人民阵线政府号召并领导人民进行武装反击。7月19日，马德里武装警备队、巴塞罗那和加泰罗尼亚地区以及多个城市的叛乱被平定，佛朗哥率领的叛军仅控制着西班牙北部和南部的部分省份。

佛朗哥叛军在未能取得叛乱成功的情况下，急于从摩洛哥增派军队到西班牙，由于海峡被西班牙共和国军队所控制，遂向德国与意大利求助。德、意立即插手西班牙内战。

德国快速介入西班牙内战有几个原因。首先，德国认为可以将英法的注意力从德国重整军备方面引开。其次，西班牙地处伊比利亚半岛，扼制地中海西部的通道，如果控制了西班牙，就可以使法国腹背受敌，还能切断英国通往中东的交通线。德国还企图获取西班牙的铁矿与铜矿。再次，德国希望通过与意大利共同介入西班牙内战，拆散英、法、意因埃塞俄比亚问题建立起的合作关系。另外，德国还将最新研制的飞机、坦克等武器运到西班牙，将西班牙内战作为新式武器的试验场。意大利干涉西班牙内战主要是企图控制地中海通往大西洋的直布罗陀海峡，从而获得东地中海霸权。

7月28日，德国派飞机将叛军14000多人和大量军需物资从摩洛哥运往西班牙。在此前后，德国将几批德国的机枪、大炮、坦克和军事技术人员运到葡萄牙的里斯本和其他港口，为直接干涉西班牙内战做准备。1936年11月，德国秃鹰军团以及600多架飞机、约200辆轻型坦克和700门大炮抵达西班牙。德国在柏林成立了援助西班牙叛军的特别参谋部。在西班牙内战中，德国向佛朗哥叛军提供了总计约5亿马克的军事援助，派出军队约5万人。

1936年8月，意大利政府成立了武装干涉西班牙委员会。整个西班牙内战期间，意大利投入兵力达15万人，消耗军费约140亿里拉，提供近1000架飞机、2000门大炮、700辆坦克、1.2万辆汽车，还有数目巨大的各种军械装备等。

正当德、意直接参与西班牙叛军叛乱、大肆干涉西班牙内战之时，英、法却采取了"不干涉"政策。1936年8月19日，英法互换照会，宣布对西班牙实施武器和战争物资禁运，"不干涉"政策开始生效。到9月3日，共有27个国家签订了"不干涉协定"。9月9日，"不干涉西班牙委员会"在伦敦成立，由英国财政大臣摩里逊担任主席。德、意两国也参加了"不干涉协定"，打着"不干涉"旗号继续向佛朗哥叛军输送武器和派遣干涉军。而未参加"不干涉协定"的美国尽管宣布"中立"，但同时又是佛朗哥叛军所需燃料的主要提供者，美制武器弹药也经过德、意源源不断地送到叛军手中。因此，所谓的"不干涉"或"中立"，实际上只是对西班牙人民阵线政府的扼杀，对佛朗哥叛军非常有利。

英、法等西方大国这样做，一方面是出于对西班牙人民阵线的敌视，将其归咎于国际共产主义运动的操纵，并担心其蔓延至欧洲其他国家，希望德、意对西班牙内战的干涉成为"德国领导的反布尔什维克十字军进军的第一个战役"；另一方面是希望通过绥靖德、意，缔结新的洛迦诺公约，因而不愿在西班牙内战的问题上与德、意冲突。

二、苏联和国际纵队的支援

西班牙内战一开始，共产国际就号召各国共产党和进步组织与人士声援西班牙人民的正义斗争。苏联起初也参加了"不干涉委员会"，力图阻止佛朗哥叛军得到外来援助。苏联旗帜鲜明地支持西班牙共和国，1936年8月3日，莫斯科十多万群众高举"不许干涉革命的西班牙！"的标语牌在红场举行游行示威，声援西班牙共和国。当看到"不干涉"的情况完全相反时，苏联政府于10月23日正式宣布支持西班牙人民阵线政府。到10月底，苏联人民自发为西班牙人民募集了4700万卢布。从1936年10月至1938年8月，苏联向西班牙人民阵线政府提供了数量可观的各类武器，组织约3000名志愿人员直接参加西班牙人民的正义斗争，其中包括军事顾问、飞行员、坦克手及各类专家。据苏联国防部军事历史研究所统计，从1936年10月至1939年1月，苏联向西班牙提供的武器有：飞机648架、坦克347辆、装甲车60辆、火炮1186门、机枪20486支、步枪497813支。1937年5月15日，毛泽东代表中国共产党、中国工农红军写信给西班牙共产党，表达中国共产党和中国人民对西班牙人民正义斗争的热情支持。国际社会进步团体也在巴黎成立援助西班牙共和国的国际委员会，募集援助捐款、医疗以及各类生活物品。罗曼·罗兰、萧伯纳、阿尔伯特·爱因斯坦、欧内斯特·海明威、约里奥·居里等世界著名人士，呼吁国际社会支持西班牙共和国反抗法西斯野蛮行为的斗争。

1936年10月22日，西班牙人民阵线政府批准建立国际纵队，来自世界54个国家的共产党员、社会民主党员、无党派进步人士通过公开和秘密途径汇集西班牙参加国际纵队。国际纵队的誓词写道："我自愿来到这里，为了拯救西班牙和全世界的自由，如果需要，我将献出最后一滴鲜血。"国际纵队总共有七个，其中包括一些著名的团体，如法国的"巴黎公社百人团"、德国的"台尔曼营"、意大利的"加里波第旅"、美国的"林肯大队"、白求恩率领的加拿大医疗队、旅居欧美的100多名华侨组成的"中国支队"。朱德、周恩来、彭德怀等曾送锦旗给支队战士，上面写着："中西人民联合起来，打倒人类公敌——法西斯蒂!"整个内战期间，国际纵队的人员达到近四万人，其中近一万人献出了宝贵生命。参加国际纵队的苏联军事顾问帮助西班牙共和国建立共和军，训练飞行员、坦克手、步兵，参加制订军事行动计划。国际纵队在保卫马德里和其他一些重大战役中与西班牙人民并肩战斗，用生命和鲜血谱写了国际主义的英雄篇章。美国作家海明威以北美报业联盟记者的身份奔赴前线报道战事。他根据西班牙人民英勇斗争的事迹，写作了《第五纵队》《丧钟为谁而鸣》等优秀的战地作品。1938年10月，西班牙共和国政府根据国际不干涉委员会的规定通过决议，决定从西班牙撤出志愿军。国际纵队为西班牙人民反法西斯斗争作出了卓越的贡献。

三、西班牙共和国的失败

1936年10月，西班牙共和国军队和国际纵队进行了著名的马德里保卫战。11月7日，佛朗哥叛军在德国军队的支持下向马德里发动总攻，但未能向前推进。西班牙共产主义第五团各营，国际纵队巴黎公社百人团等部队坚守在前线最艰苦的地段。马德里25000名共产党员有2000人在前线作战，妇女儿童也参加到战斗之中。苏联的50名坦克手驾驶坦克，100多名飞行员驾驶飞机加入保卫马德里的行列。从1936年9月至1937年3月，叛军四次大规模的攻势被击溃。1937年3月8日，有四个师的意大利正规军在瓜达拉哈拉地区发动进攻，德国提供飞机、坦克和大炮支援。十天之后，共和国军队转入反攻，击毙击伤意军数千人，俘虏意军1000人。此后，共和军与佛朗哥叛军形成了较长时间的对峙。

马德里保卫战开始后，1936年10月7日，以左翼社会党人拉哥尔·卡瓦列罗为首的第一届人民阵线政府颁布法令，宣布没收共和国敌人的一切财产，把542万公顷土地和大地主的财产分配给38万户雇农和农民。10月，又颁布了一系列改革法令，如劳动保护、提高工资、限制童工、男女平等、八小时工作制等。11 月，共和国政府迁到巴伦西亚。1938 年后，社会党人胡安·涅格林组成第二届人民阵线政府，并于 4 月 13 日发布了"十三条纲领"，宣布战争的目的是保证西班牙的绝对独立和完整，将领土从外国侵略者手中解放出来，尊重各地区自由而不损害西班牙统一，重申保留社会改革的各项举措等。人民阵线政府继续推行民主改革，极大地鼓舞了西班牙人民，是马德里保卫战能长期坚持的重要原因之一。

由于敌我力量悬殊，西班牙共和国军队在进行了近三年的顽强抗击后，最终在佛朗哥叛军和德意法西斯军队的联合绞杀下失败。1938 年 3 月 11 日，德国法西斯军队侵入阿斯图尼亚。6 月，叛军对巴伦西亚发动猛烈攻势，被共和军击溃。7 月 25 日，共和军发动埃布罗河战役，佛朗哥叛军投入最精锐的部队，战斗持续达四个月之久，共和军主力在此役中遭受重大损失。1939 年 1 月 26 日，共和军放弃巴塞罗那。2 月 11 日，叛军占领了整个加泰罗尼亚。2 月 27 日，英、法撕下"不干涉"面具，承认佛朗哥政府，断绝了与共和国政府的外交关系。3 月 6 日，共和军中央战线新任司令卡萨多上校发动军事政变，请求与叛军谈判，但佛朗哥坚持共和军无条件投降，卡萨多逃亡英国。3 月 28 日，马德里陷落于叛军之手。

西班牙人民的抗争既是阻止法西斯独裁势力上台、捍卫民主共和的斗争，也是反对德、意武装干涉，维护国家独立主权的正义战争。西班牙共和国坚决抗击德、意法西斯武装干涉的战争，是欧洲反法西斯战争的开端，尽管最终失败，但在世界反法西斯战争历史上留下了光辉的一页。

第三节　建立广泛的反法西斯统一战线

随着法西斯的兴起与对外发动侵略战争，国际社会正义力量开始了反法西斯斗争，各国共产党站在反法西斯斗争的前列。共产国际召开第七次代表大会总结反法西斯斗争的经验教训，剖析了法西斯的反动本质，号召建立反法西斯统一战线，及时指导各国共产党和人民开展反法西斯斗争。

一、共产国际第七次代表大会

1935 年 7 月 25 日至 8 月 25 日，共产国际在莫斯科举行了第七次代表大会，出席会议的有来自 65 个国家和地区的 510 名代表。共产国际执行委员会总书记季米特洛夫在大会上作了《法西斯的进攻与共产国际在争取工人阶级统一、反对法西斯的斗争中的任务》的报告，指出法西斯是"金融资本的极端反动、极端沙文主义、极端帝国主义分子的公开恐怖独裁"，德国法西斯"已经成为帝国主义战争的主要挑拨者"。报告指明了反对法西斯的方针与方法，强调必须建立工人阶级的统一战线来努力制止法西斯夺取政权，推翻法西斯政权，认为工人行动的统一，是当时具有头等意义的大事。报告也特别强调了建立反法西斯广泛统一战线的重要性和必要性：必须建立起反法西斯人民阵线，这一阵线在工人阶级的基础上，包括农民、城市小资产阶级和其他所有进步力量。反法西斯人民阵线是在法西斯兴起的阶段，无产阶级和城乡劳动群众联盟的一种特殊形式。报告号召各国共产党制定能够代表各阶层人民利益的纲领，在更广泛的基础上建立起统一战线，以适应形势的需要。共产国际第七次代表大会报告所提出的建立广泛反法西斯统一战线的主张，也是对世界已经开展的反法西斯斗争的经验总结。季米特洛夫还充分肯定了法国、西班牙等国建立人民阵线及人民阵线政府的做法与经验，赞扬中国共产党提出的建立抗日民族统一战线的主张，表示"坚决地支持中国人民争取从一切帝国主义强盗及其中国走狗那里完全解放出来的斗争"①。

大会通过的《关于建立反法西斯统一战线的决议》，进一步揭露了法西斯的阶级本质，呼吁各国人民行动起来反对法西斯，制止战争的爆发，要求各国共产党建立起工人阶级统一战线，反对帝国主义的侵略。同时，会议决定共产国际执行委员会"一般不直接干涉各国党内部组织的事务"。这样，大会体现了共产国际在策略方面的重大转变，纠正了以往"左"倾宗派主义的错误，不仅有利于最广泛地团结世界反法西斯力量从事反法西斯战争，而且也有利于各国共产党根据本国国情开展反法西斯斗争。

共产国际第七次代表大会是在世界上法西斯兴起并开始发动侵略战争的情况下召开的，大会在对世界形势的准确分析、反法西斯斗争策略的制定与实施等方面提出了指导性意见，对各国共产党正确认识世界主要矛盾，采取正确路线和方针反对法西斯势力和法西斯侵略，提供了及时的引导。同时，大会也对各国共产党通过反法西斯斗争，将民族解放战争与社会革命结合起来，争取社

---

① 《季米特洛夫选集》，人民出版社 1953 年版，第 102—103 页。

会主义前途有着重要影响。

二、各国共产党领导人民开展反法西斯斗争

德、意、日法西斯的侵略，遭到被侵略和受到侵略威胁的各国人民的坚决反对，在世界范围内掀起了以反战为主要内容的民主运动。各国共产党始终站在斗争的最前列，推动国际反法西斯统一战线的建立。

1933年12月，西班牙以亚·莱鲁斯为首的亲法西斯政府成立，废除了西班牙共和国所实行的改革，对革命的左翼人士、工人、农民进行残酷的迫害，引发了1934年西班牙全国性的罢工和游行示威。在反抗反动政府的浪潮中，西班牙共产党提出建立反法西斯统一战线的号召和主张，得到西班牙广大人民群众、进步党派和团体的拥护和响应，其中包括社会党人和无政府工团主义者。在西班牙共产党的倡导和促进下，西班牙人民阵线在1936年年初正式成立，实现了共产党、社会党、共和党左翼、共和同盟等各党派和工会组织的联合与合作。1936年2月，西班牙举行议会选举，人民阵线赢得胜利，并由共和党左翼与共和同盟组成人民阵线政府，推行了一系列民主改革措施。人民阵线政府在反对佛朗哥叛乱和德、意武装干涉的斗争中，起到了领导西班牙人民武装反抗法西斯势力的重要作用。

1934年年初，法国兴起了反法西斯运动的高潮。在法国共产党的推动下，法国人民和各进步阶层、党派组成了反法西斯人民阵线，并于1936年1月公布了人民阵线纲领，明确提出解散法西斯组织，解除法西斯武装的主张，积极呼吁建立对付法西斯战争威胁的集体安全与国际合作。这一纲领得到法国广大民众的支持，加快了法国国内反法西斯力量联合的步伐。4月，人民阵线在法国议会选举中获胜，以社会党领袖莱昂·勃鲁姆（1872—1950）为首组成人民阵线政府，制止了法西斯势力在法国上台，也在欧洲和世界反法西斯运动中起到了积极作用。

德国和意大利共产党虽然面临着法西斯的残酷迫害和疯狂镇压，两国共产党仍努力推进反法西斯力量的联合。1934年8月，意大利共产党和社会党在法国巴黎签订两党统一行动的协定，确定两党联合起来，共同反对法西斯主义和法西斯政府的战争政策。1936年12月21日，德国人民阵线筹备委员会发表了《建立德国人民阵线！争取和平、自由和面包》的呼吁书，这是德国共产党、社会民主党、社会主义工人党等进步团体经过协商，在联合斗争问题上采取的

新步骤。由于法西斯政府的残酷镇压，德共和意共建立统一战线的目标最后未能实现，反法西斯力量遭到严重削弱。

在世界反法西斯局部战争阶段，亚洲各国建立的反法西斯统一战线中，最有成效的是中国共产党推动建立的中国抗日民族统一战线。此外，日本共产党在国内也发动了争取工会统一的运动。在反对法西斯，争取和平、民主、自由的口号下，日本最大的两个工会"总同盟"和"全劳"在 1932 年合并，增强了反战力量。在美洲，美国共产党与进步力量积极行动，争取建立工人统一阵线。南美洲的许多国家的进步党派、团体和人士也开展各种活动，为建立人民阵线做出了积极努力。

随着世界战争威胁的逐步加剧，在苏联和各国共产党的推动下，世界反法西斯力量在争取民主、反对侵略的斗争中加强了联系与合作。1931 年日本发动侵略中国的九一八事变后，1932 年春，根据亨利·巴比塞（1873—1935）和罗曼·罗兰（1866—1944）的倡议，成立了国际反战委员会，参加委员会的有马克西姆·高尔基（1868—1936）、马赛尔·加香（1869—1958）等国际著名人士。国际反战委员会建议各国知识分子和世界各大冶金业、化学工业和运输中心的工人推选代表参加国际反战大会。为响应这一号召，各国纷纷成立国际反战大会发起人小组，选出了出席反战大会的代表，但是反战大会遭到了各国资产阶级政府的阻挠。瑞士政府不许反战大会在境内举行，声言这次大会"是苏联共产党人策动的"。荷兰政府虽然同意大会在阿姆斯特丹召开，但提出了保留条件，即不许苏联代表入境。1932 年 8 月 27 日，国际反战委员会克服重重阻力，在阿姆斯特丹召开了国际反战大会，各国选出的约 5000 名代表中的 2244 名出席了会议，他们来自 25 个国家，代表着世界 3000 万反战战士。1933 年 6 月 4 日，欧洲反法西斯大会在巴黎成功举行。9—10 月，远东反战反法西斯大会在中国上海举行。此外，在澳大利亚也召开了反战大会、世界青年反战大会、国际大学生反战大会。

1936 年 9 月 3—6 日，国际和平大会在布鲁塞尔举行，参加大会的有共产党人、社会党人、自由党人、保守党人和宗教界人士。大会代表确认并公布了四项原则：第一，国际条约不可破坏；第二，裁减军备；第三，加强国际联盟和集体安全；第四，在国际联盟范围内建立一项有效制度来制止国际紧张局势的持续发展，避免世界战争的发生。大会还通过了《告世界人民宣言》，呼吁和号召各国人民团结起来反对侵略，维护世界和平。

由于西方国家对法西斯势力的一味纵容，国际社会的联合反战运动到 1937 年之后便被弱化。尽管如此，各国共产党和进步人士争取国际反法西斯统一战线的斗争及一系列国际反战运动，都对世界人民起到了动员和号召的积极作用，为世界反法西斯战争奠定了广泛的群众基础。

第四节　德国吞并奥地利和捷克斯洛伐克

在世界法西斯兴起并开始对外发动侵略战争时期，以英、法、美为首的西方国家对德、意、日法西斯先后采取了姑息纵容的绥靖政策，力图以牺牲其他国家与弱小民族的利益来维护自身的既得利益。在欧洲，英、法还希望把法西斯的侵略祸水引向苏联。德国法西斯正是利用英、法、美的绥靖政策，打着反苏反共的旗号，实施其先东后西的战略。英、法绥靖政策的推行也使构筑欧洲集体安全体系的希望和努力最终流产，德国得以利用英、法与苏联，苏联与东欧国家之间的矛盾一步步实现自己的战略目标。

德国法西斯对外侵略扩张的首要步骤是吞并奥地利与捷克斯洛伐克。在希特勒实施吞并奥地利与捷克斯洛伐克的计划时，英、法都采取了步步退让的绥靖政策，该政策在慕尼黑会议上达到顶峰。德国法西斯对奥地利和捷克斯洛伐克的占领，为侵略波兰，挑起第二次世界大战准备了条件。

一、德国吞并奥地利

1933 年希特勒上台之后，采取措施在奥地利扶植法西斯势力。1934 年 7 月 25 日，奥地利纳粹分子闯进总理府枪杀了总理恩格尔伯特·陶尔斐斯（1892—1934），占领了广播电台大楼，宣布驻意大利公使林特伦为总理，但是这一叛乱被奥地利政府迅速镇压下去。此时，意大利立即插手这一事件，派出四个师到勃伦纳山口，并向奥地利政府许诺支持奥地利独立。意大利支持奥地利的做法，除顾及自身利益外，依据的是 1921 年 10 月 4 日英、法、意、捷四国同奥签订的《关于恢复奥地利的议定书》，其中要求奥地利"保证不放弃独立"。意大利的做法得到了英法的支持。此时，希特勒上台仅一年多时间，羽翼未丰，为避免过早激化与英法的矛盾，否认与叛乱有任何关系，以等待时机。

1936 年到 1937 年的国际形势发生了有利于德国的变化。首先，德国从一系列事件中看到了英法的软弱。英法对意大利发动的侵略埃塞俄比亚的战争采取了纵容的态度。德国派少量军队进入莱茵兰非军事区，这是公然违反《凡尔赛和约》和《洛迦诺公约》的行为，英、法对此没有采取干涉行动。其次，意大利因为陷入侵埃战争无暇顾及奥地利，英、法、意对奥问题采取一致行动的可能性减弱。第三，英、法等西方大国尚未从经济大危机中摆脱出来。第四，奥地利新任总理库尔特·许士尼格（1897—1977）极力避免刺激德国，并于1936年7月11日与德国签订秘密协定，该协定要求奥地利按照德国外交政策来开展本国外交活动，大赦关在奥地利监狱的纳粹党政治犯，并拉拢纳粹人员进入政府部门。

鉴于上述形势，希特勒认为吞并奥地利的时机已到。1937年11月5日，希特勒召集外交部长牛赖特、国防部长勃洛姆贝格、陆军总司令弗里奇、海军司令雷德尔、空军司令戈林举行军事会议，重申了首先向东欧侵略扩张的既定战略。希特勒撤换了对东扩战略提出异议的牛赖特，任命里宾特洛甫接任外交部长；撤换弗里奇，由勃劳希契接任陆军总司令；撤换勃洛姆贝格，由希特勒本人控制最高军事统帅权。此时法国和英国的态度也进一步增加了德国的信心。11月8日，法国财政部长博内对德国驻奥地利大使巴本表示，法国同意1936年7月的德奥协定，还同意捷克斯洛伐克境内的德意志少数民族应享有广泛的自治权利。11月19日，英国枢密大臣哈利法克斯也对希特勒明确表示，奥地利、捷克斯洛伐克以及但泽自由市这些影响欧洲秩序的变更问题迟早会发生，这些他不关心，他关心的只是希望通过和平方式来实现这一变更。

1938年2月12日，希特勒在会谈中再次威逼奥地利总理许士尼格在德国事先准备好的协议草案上签字，在该协议中，奥地利政府承诺：随时就德奥两国关心的问题与德国交换意见；在道义、外交、媒体出版等方面支持德国的愿望与行动；允许奥国内的纳粹党合法化，取消禁止奥地利民社党活动的禁令；接受奥地利法西斯头目进入政府内阁并在内务、保安、国防、财政等要害部门担任部长；对奥地利法西斯分子实行大赦；德奥在军事上进行合作，包括两国交换军官制度化，两国总参谋部定期举行共同会议；将奥地利经济并入德国经济体系等。其后，德军在德奥边界采取模拟入侵军事行动进行威慑，迫使奥地利总统2月16日宣布赦免纳粹罪犯，任命赛斯-英夸特（1892—1946）为内政部长。但这些仍不能满足希特勒吞并奥地利的最终要求。2月20日，希特勒宣布，德国对居住在奥地利和捷克斯洛伐克的德意志人负有使他们获得政治与精神自由的责任，并鼓励奥地利的纳粹党徒闹事，要求德奥合并。

在德国军事施压和国内乱局的情况下，3月9日，许士尼格宣布于3月13日举行全民投票，决定奥地利是否与德国合并。希特勒于3月11日对奥地利发出最后通牒：要求许士尼格辞职，由赛斯-英夸特任总理，否则，德军将在3月12日开进奥地利。同日，希特勒下达了在3月12日军事占领奥地利的指令。许士尼格依据《圣日耳曼条约》向英、法、意求助，但遭到拒绝，被迫应允希特勒的所有要求。12日，德军越过德奥边境占领了奥地利。14日，希特勒宣布奥地利为德国的一个邦，任命赛斯-英夸特为该邦行政长官。德国吞并了奥地利，完成了对捷克斯洛伐克的钳形包围，为德国实施东扩战略获取了第一个战略据点。

二、绥靖政策与《慕尼黑协定》

绥靖政策是对侵略者姑息、妥协、不惜牺牲他国领土、主权甚至本国人民的利益，以求换得暂时的和平和安全的政策。"二战"前，英、法对德国推行避战求和、维护既得利益的绥靖政策，慕尼黑协定的签订是绥靖政策的高峰。

德国吞并奥地利之后，又将下一个侵略目标指向捷克斯洛伐克。在地缘上，捷克斯洛伐克地处欧洲中心，西部与德国接壤，东部与苏联近邻，北部连接波兰，南部通向巴尔干半岛。在经济上，捷克斯洛伐克拥有丰富的矿产资源和发达的军事工业，闻名欧洲的斯柯达兵工厂在1938年8月到1939年9月的产量，几乎等于同期英国各兵工厂产量的总和。捷克斯洛伐克拥有1400万人口，其中约350万德意志人居住在西北部与德国接壤的苏台德地区。苏台德地区在第一次世界大战前属于奥匈帝国，历史上不是德国的领土。

占领捷克斯洛伐克可以增强德国的实力。希特勒还有通过占领捷克斯洛伐克分化法、捷同盟关系，阻止捷、苏接近的政治考虑。希特勒上台后出于对捷克斯洛伐克的觊觎，首先策划了"苏台德危机"，为占领捷制造借口。1933年10月，德国扶植了以康拉德·汉来因为首的亲德纳粹党的苏台德德意志人党，从事分裂捷克斯洛伐克，将苏台德并入德国的阴谋活动。1937年6月24日，德国国防部长兼国防军总司令勃洛姆贝格依照希特勒的指令，拟定代号"绿色方案"的进攻捷克斯洛伐克的计划。德国占领奥地利后，希特勒召见汉来因，要求由苏台德法西斯分子阴谋挑动事端，为德国占领捷克斯洛伐克做前期准备。1938年4月24日，在苏台德德意志人党代表大会上，汉来因向捷克斯洛伐克政府提出苏台德"自治"、释放纳粹政治犯、捷政府应将亲英法政策改变为亲德政策等八条纲领。捷政府在英、法的压力下同意了苏台德德意志人党的部分要求，但汉来因等法西斯分子以捷政府拒绝苏台德地区完全自治为由，中断了与捷政府的谈判。5月19日，希特勒在德捷边界集结大量军队，准备入侵捷克斯洛伐克，制造了"五月危机"。20日，捷政府宣布进行局部动员，并征召后备兵源。捷克斯洛伐克人民也积极支持本国政府的备战。

在德国挑起"五月危机"后，法、英、苏等欧洲大国表示支持捷克斯洛伐克政府。法、英不希望德国未与自己商议就自行处理捷克斯洛伐克问题。5月21日，法国外长宣称，法国将承担执行1924年法捷签署的《法捷同盟友好条约》的责任与义务。英国在同一天也宣称，法国如果履行法捷条约的义务，英国也不能保证自己在事态的压力下不介入。苏联则多次声明，表示要采取一切措施保证捷克斯洛伐克的安全。由于捷政府不屈服于压力和法、英、苏的表态，德国此时也未做好战争准备，希特勒下令德军撤离德捷边境，指令汉来因继续同捷政府谈判，暂时缓解了危机。

希特勒采取了以退为进的策略。5月30日，他向德国陆海空三军总司令下达关于"绿色方案"的命令，方案规定：德国在最近的将来将用军事行动"粉碎"捷克斯洛伐克。德国同时也在苏台德地区组建并武装法西斯"志愿军团"，在德国西部则进行军事演习，紧锣密鼓地构建"齐格菲防线"①，向英法和捷克斯洛伐克施加压力。法国和英国的强硬态度自然也是表面性的。5月22日晚，英国驻法国大使向法国外长宣读了英国外交大臣哈利法克斯的电文，称法国不要误解英国政府5月21日的声明，英国不会立即与法国联合采取军事行动来保护捷克斯洛伐克免受侵略。8月初，英国首相张伯伦（1869—1940）派出隆西门爵士出访捷克斯洛伐克，劝导捷贝奈斯（1884—1948）政府将苏台德割让给德国，但贝奈斯政府只同意自治，不同意割让。英、法的一些报刊文章认为，不值得为捷克斯洛伐克的边界区打一场世界大战，并鼓噪要求捷将苏台德割让给德国。英国的态度，使德国不断提高要价并武力威胁。9月21日，希特勒公开表示，德国对苏台德区的"自治"不感兴趣，再次在德捷边境屯集重兵。

----

① 齐格菲是中世纪德语史诗《尼伯龙根之歌》里龙血浴身、刀枪不入的英雄王子，人们以此来形容防线的坚固。防线从1936年德国占领莱茵兰非军事区之后开始修筑，1939年基本建成，目的是为了掩护德国西线，并作为向西进攻的屯兵场，因而也称"西部壁垒"。

9月13日，张伯伦给希特勒发去急电，建议"寻求和平解决的办法"。15日张伯伦亲自飞往德国向希特勒许诺，他将尽力劝说法、捷将苏台德割让给德国。希特勒一方面假意表示在与英国再次会晤前不采取军事行动，另一方面又采取一系列措施对英、法、捷政府施加压力。张伯伦回国后立即与法国政府商定方案，提出将苏台德地区中德意志人占50%以上的地区割让给德国。英、法两国以声明的形式将这一方案交给捷政府，引起捷全国人民的义愤，也遭到捷政府的拒绝。英、法随即以捷若不接受方案而引起战争，应独自承担责任，英国不会介入战争，法国也将不履行法捷条约为由，迫使捷政府接受了这个方案。22日，张伯伦再次飞往德国，在哥德斯堡向希特勒告知英法迫使捷政府同意的方案，但希特勒却再次提高要价，提出德国将对苏台德德意志人占居民50%以上的地区实行军事占领，其他部分则由公民投票决定其归属。希特勒表示，如果英、法想进攻德国，他将战斗到底。随后德国宣布三军动员令，以恫吓英、法。

面对德国法西斯的侵略威胁，捷克斯洛伐克掀起了全国性的抗议浪潮，要求政府抵抗侵略。9月25日，捷驻伦敦公使向英国提交了拒绝哥德斯堡条款的照会，捷政府还向全国发布动员令。苏联也多次声明将按《苏捷互助条约》予以援助。但是，张伯伦被希特勒的战争恫吓所震慑。27日，他在对英国全国广播讲话中表示，英国不能为了一个遥远的小国而卷入一场战争。28日，张伯伦向希特勒和墨索里尼建议，召开英、法、德、意四大国会议，用和平而非武力方式解决苏台德割让问题。希特勒同意四国会议在柏林召开，并向英、法、意发出邀请，但不让当事国捷克斯洛伐克参加。

1938年9月29日，张伯伦、达拉第、希特勒、墨索里尼在德国慕尼黑会晤后，于当晚签订《慕尼黑协定》（全称《德国、联合王国、法国及意大利间的协定》）。协定规定，捷克斯洛伐克从10月1日开始的10天之内，将苏台德等边境地区和与奥地利接壤的南部地区割让给德国；捷将这些地区的军事设施、厂矿企业全部无偿交予德国；捷将特青地区划归波兰，将卢西尼亚南部划归匈牙利。根据这一协定，捷克斯洛伐克实际上被肢解。在协定的附件中，英、法将保证捷的新国界不受无端侵略；德国和意大利则将在捷境内的波兰和匈牙利少数民族问题已告解决时，才对捷的新国界给予保证。捷克斯洛伐克的代表没有被允许参加会议，只是到会议结束后才被带到会议大厅阅读协定文本，而英、法也不等捷方做出答复，即宣布该计划已被捷政府接受。

慕尼黑会议是英法绥靖政策的高峰，其结果并不像张伯伦所吹嘘的那样带来了"我们时代的和平"，而是进一步加剧了欧洲乃至世界的战争危机。

三、德国吞并捷克斯洛伐克

《慕尼黑协定》签署后，希特勒就立即着手吞并整个捷克斯洛伐克。1938年10月6日，在德国的策动下，由希特勒操纵的约瑟夫·提索（1887—1947）在斯洛伐克宣布成立"自治政府"，自任政府首脑。1939年3月14日，提索发表了由德国外交部起草的"独立宣言"。16日，提索致电希特勒请求德国保护，德军随即开进斯洛伐克。

至此，原来的捷克斯洛伐克只剩下波西米亚和摩拉维亚。3月14日，希特勒召见捷新任总统哈查，强迫他在德国已经拟定好的《德捷协定》上签字，同意把捷交给德国占领。15日，德军进驻波西米亚和摩拉维亚。16日，希特勒宣布成立"波西米亚—摩拉维亚共和国"，任命德国前外交部长牛赖特任第一任"保护长官"。这样，德国肢解和吞并了整个捷克斯洛伐克。

捷克斯洛伐克发达的军事工业体系、兵工厂和40个师的军队都落入德国手中。德国夺取捷克斯洛伐克之后，稳固了其在中欧的战略地位，不仅具备了与英法抗衡的筹码，也彻底摧毁了法国在东欧长期经营的安全体系，使欧洲小国纷纷倒向德国。《慕尼黑协定》与德国吞并捷克斯洛伐克，也使苏联长期谋求构建欧洲集体安全的努力受到严重冲击。

第五节　英、法、苏三国谈判与《苏德互不侵犯条约》

德国吞并奥地利与捷克斯洛伐克后，波兰便成为德国新的侵略目标，世界大战全面爆发迫在眉睫。英、法此时被迫对德国做出一些强硬姿态，但并没有完全放弃绥靖政策。在极其紧迫的形势下，苏联提议与英、法举行三国谈判以谋求联手制约德国。但由于英、法在谈判中缺乏诚意，不愿意与苏联订立相互平等的协议，谈判未能成功。为避免首先受到德国的进攻，苏联转而与德国签订互不侵犯条约。

一、德国觊觎波兰与英国对波兰的保证

德国占领捷克斯洛伐克之后，将下一步的侵略矛头指向波兰。1939年3月

21 日，希特勒以最后通牒的形式威逼波兰将但泽移交德国。22 日，德国占领默麦尔。德国的步步进逼引起国际社会对英法绥靖政策的普遍不满和指责，英、法政府不得不做出貌似强硬的姿态应付国际舆论，也借此应对德国扩张对英法造成的威胁。同日，英、法互换照会正式结成同盟。31 日，张伯伦在英国下院声称英国无条件支持波兰的安全与独立。4 月 6 日，英波缔结临时性互助条约。法国政府表示坚守法波同盟义务，并在 13 日发表支持波兰的声明。此外，英国宣布对希腊、罗马尼亚、丹麦、荷兰等国的独立提供保证，公布了其与土耳其签订的互助协定。英国议会通过大宗军事拨款方案，并宣布实行普遍义务兵役制。

但此时英法并未完全放弃绥靖政策，也未给予波兰实质性的援助，只是在外交策略上做了相应的变化，目的在于以联合波兰组成所谓"东线"，造成两线"威慑"德国的态势，使德国不敢贸然进攻波兰。但英、法仅靠虚张声势已经无法阻遏德国发动大战的野心。1939 年 4 月 3 日，希特勒签署入侵波兰的"白色方案"。28 日，德国宣布废除《德波互不侵犯条约》。5 月 22 日，德意签订《德意友好同盟条约》，它同 1936 年 10 月 25 日德意达成的协调外交政策的同盟条约（即柏林—罗马轴心）、同年 11 月 25 日德日签订的反共产国际协定（意大利于 1937 年 11 月 6 日加入）一起，初步形成了以柏林—罗马—东京为轴心的军事集团，史称"轴心国"。这样，德国入侵波兰已是箭在弦上，唯一需要顾虑的就是苏联了。

二、英、法、苏三国谈判

苏联在 20 世纪 30 年代一直寻求与英、法等国合作，建立起欧洲集体安全体系以遏制德国的战争步伐。尽管慕尼黑事件后苏联增加了对英法的不信任，但并未完全放弃与英、法建立反法西斯联盟的努力。1939 年 3 月中旬，德国向罗马尼亚发出最后通牒，要求垄断罗马尼亚的贸易出口，并享有监督罗马尼亚经济的权利，实际上是将罗马尼亚变为德国的附庸。罗马尼亚于 3 月 17 日向英国求援。18 日，英国外交大臣哈利法克斯询问苏联，如果罗马尼亚遭受德国侵略，苏联是否对罗提供积极援助。苏联根据和平不可分割和集体安全的原则，提议通过缔结互助条约共同遏制法西斯国家的侵略，建议英、法、苏、波、罗、土六国举行会议，共商抵抗德国侵略大计，但遭到英国拒绝。由于日趋紧迫的欧洲局势，英法最后也同意与苏联商讨联合的问题。由此，从 4 月到 8 月，苏、英、法三国在莫斯科进行了关于缔结互助条约的谈判。

4月14日，哈利法克斯向苏联说明，英、法两国已经向波兰和罗马尼亚提供了安全保证，希望苏联公开声明，一旦苏联的任何欧洲邻国遭到侵略并进行抵抗时，如果向苏联提出援助要求，苏联将随时提供援助。法国外长博内在同日也建议补充法苏互助条约，规定双方任何一方因援助波兰或罗马尼亚而同德国发生战争时，对方"将立即予以援助和支持"。17日，苏联提出建议：（1）苏、英、法三国签订一项为期10年的互助条约。任何一个缔约国遭到侵略时，其他缔约国应立即提供包括军事援助在内的一切援助；（2）当位于波罗的海与黑海之间与苏联毗邻的东欧国家遭到侵略时，苏、英、法三国应在最短期间内，讨论和确定在上述两种情况下进行军事援助的规模及方法。但是，英国代表在回应苏联建议时却提出：如果英、法因援助波兰而与罗马尼亚卷入战争，苏联有立即援助英、法两国的义务，而若苏联因援助东欧任何一个国家而卷入战争，英、法两国则没有援助苏联的义务。这种片面的回应，苏联当然不会接受。法国鉴于自身直接受到德国的威胁，对苏联的建议持相对肯定的态度，但从根本上还是紧随英国的政策。同时，英、法也不肯向波罗的海沿岸国家提供任何安全保障，这意味着苏联西北边境的邻国安全得不到保障，如果德国占领这些国家，就会将侵略矛头直接指向苏联。因此，英、法的这种政策影响了三国谈判的进行。

苏联从共同抵御德国法西斯的大局出发，又提出希望与英、法在平等互利的原则下，缔结苏、英、法三国互助条约。苏联的建议得到英、法舆论界的肯定。5月底，英国政府表面上同意缔结互助条约，但仍然坚持原来提出的不平等条件，三国谈判由此陷入僵局。

在谈判陷入僵局的情况下，7月9日，苏联为了加快与英、法合作的步伐，不等政治谈判的结果，又建议举行苏、英、法军事谈判，但英、法采取拖延态度。苏联派出以国防委员伏罗希洛夫为首的、拥有签订条约全权的高级代表团参加谈判，而英国代表团团长则是一名没有全权证书的退役海军上将，法国代表团团长是一名兵团司令。英国政府还训令代表团应缓慢进行谈判。苏、英、法谈判从8月12日开始，在关键问题上三国产生了分歧，即：当德国侵略波兰、罗马尼亚、法国时，苏联能否有权通过波兰和罗马尼亚的领土打击德国。苏方坚持若"过境权"得不到解决，则苏联无法援助波、罗、法、英，因为苏联与德国之间没有共同边界，但波兰、罗马尼亚坚持不同意苏军过境，英法也始终未对它们施加压力。因这一关键问题未得到解决，苏、英、法军事谈判走进死胡同。8月21日，苏联代表团团长伏罗希洛夫发表声明，认为苏联"有一切理由"对英法"是否想同苏联进行实际而认真的军事合作"表示怀疑，建议长期休会。

苏、英、法军事谈判是第二次世界大战爆发前欧洲大国尝试建立反法西斯联盟的最后一次机会，而这一机会的丧失使德国发动世界大战将不存在任何障碍。鉴于英、法长期奉行对德绥靖政策，对苏联建立欧洲集体安全体系的提议和努力持排斥态度，加上三国谈判中英法缺乏诚意，苏联不得不转而同意进行与德国签订互不侵犯条约的谈判，以避免自身首先受到德国的战争打击。

三、《苏德互不侵犯条约》

希特勒深恐苏、英、法三国谈判成功，因此，一方面对英国展开秘密外交，阻止英、法与苏联合作，另一方面，又于1939年4月恢复德苏贸易条约谈判，改善德苏关系。苏联没有拒绝与德国接触，但主要外交目标仍然放在苏、英、法三国谈判上，并于8月7日拒绝了德国就划分势力范围达成协议的建议。同月19日，苏联与德国在柏林签署苏德经济协定。

8月20日，德国致电苏联，强调德波关系随时都有可能"出现危机"，如果苏联不马上与德国签订互不侵犯条约，苏联将卷入这场危机。此时，苏、英、法谈判陷入僵局，苏联意识到自身已处于孤立无援的境地。在东方，日本继攻击苏军的张鼓峰事件后，又挑起了反苏武装进攻的诺门坎事件。在西方，德国吞并奥地利与捷克斯洛伐克，并占领了立陶宛的默麦尔，苏联面临两线作战的危险。在这种情况下，苏联选择了与德国妥协，避免首先与德国开战，以争取时间加强战备的战略方针。23日，苏德签署为期十年的《苏德互不侵犯条约》。条约规定：（1）缔约双方保证绝不单独或联合其他国家彼此间进行任何武力行动、任何侵略行为或者任何攻击。（2）如果缔约一方成为第三国敌对行为的对象时，缔约另一方将不给予该第三国任何支持；缔约任何一方不加入直接或间接旨在反对另一方的任何国家集团。《苏德互不侵犯条约》附有《秘密附加议定书》，其中规定苏德双方除了在波罗的海地区和比萨拉比亚领土问题上达成某种协议之外，还决定波兰如发生领土与政治变动时，苏德以纳雷夫河、维斯瓦河、桑河一线为界划分两国势力范围。在属于波罗的海国家（芬兰、爱沙尼亚、拉脱维亚、立陶宛）的地区发生领土和政治变更时，立陶宛的北部边界将成为德国和苏联势力范围的界限。

《苏德互不侵犯条约》是第二次世界大战即将全面爆发的特定历史条件下的产物,是苏、英、法三国谈判破裂之后苏联对英法继续推行绥靖政策的回应。苏联签署该条约,试图避免德国首先发动进攻苏联的战争和德、日从东西两线夹击苏联,争取到了一年半的备战时间。但是,条约有利于德国避免东西两线作战,顺利实施对波兰的进攻。同时,条约的签署对世界反法西斯斗争也产生了迷失斗争方向、模糊敌我界线的消极影响。条约所附的秘密协定规定苏德划分势力范围,更是背离了社会主义国家对外政策的基本原则,损害了苏联一贯坚持的反法西斯形象。

思考题:

1. 中国、西班牙、苏联、英国、法国的反法西斯斗争各有什么特点?

2. 西方国家绥靖政策产生的背景是什么?绥靖政策实施后产生了怎样的后果?

3. 试析《苏德互不侵犯条约》。

4. 中国抗日战场是如何开辟的?其国际影响有哪些?

第九章　第二次世界大战

1939 年 9 月 1 日，德国进攻波兰，第二次世界大战进入全面爆发阶段。面对法西斯国家的侵略，中国、英国、苏联、美国和遭受侵略的各国奋起抵抗，使第二次世界大战成为一场波澜壮阔的反法西斯战争。在这场战争中，全世界先后有 60 多个国家和地区、约 17 亿人口卷入，参战国家动员兵力总数达 1.1 亿人，战火蔓延到亚洲、非洲、欧洲、大洋洲、大西洋、太平洋和印度洋等广大区域。这场由法西斯国家发动的世界大战，使人类在物质和精神上蒙受了前所未有的劫难。

第一节　第二次世界大战全面爆发

从 1939 年 9 月 1 日德国进攻波兰至 1941 年 12 月 8 日日本发动太平洋战争，是第二次世界大战全面爆发阶段。在这一时期，法西斯国家将战争扩大到欧亚非等广大地区，英、法、苏、美等世界大国先后被卷入战争。1942 年 1 月 1 日，以美、英、苏、中为首的世界反法西斯联盟成立，法西斯与反法西斯两大阵线在世界范围内展开了生死搏斗。

一、德国入侵波兰与"二战"全面爆发

1939 年 4 月 3 日，希特勒下达进攻波兰的"白色方案"密令。9 月 1 日凌晨，德国以优势兵力突袭波兰，第二次世界大战全面爆发。

德国进攻波兰时，投入了 160 余万兵力、2000 余架飞机、2800 辆坦克，而波兰仅有 100 万军队，且装备陈旧落后。英法虽然对德宣战，却是宣而不战，导致波兰孤军作战。德军凭借优势兵力和闪击战快速推进。面对德国的入侵，波兰政府准备不充分，抵抗不力，在败局已定后流亡国外。但波兰爱国军民在各地进行抵抗，尤其是华沙军民奋起抗击。9 月 8 日，德军开始进攻首都华沙，28 日，华沙陷落。10 月 5 日，波兰停止了有组织的抵抗。9 月 17 日，苏联根据与德国达成的瓜分波兰的秘密条约，以保护波兰境内的乌克兰人和白俄罗斯人为名，出动军队占领了波兰东部的西乌克兰和西白俄罗斯地区。

德国占领波兰后，苏联便借机着手建立沿波罗的海到黑海的"东方战线"，作为阻遏德军攻苏的屏障。10 月 5 日，苏联以安全为由，向芬兰提出割让、租借和置换领土的要求。11 月 13 日，苏芬谈判破裂。30 日，苏联发动了苏芬战争，历时三个多月，迫使芬兰签订和约，由此获得了靠近边境的芬兰土地，还迫使芬兰将汉科半岛及附近岛屿租给苏联作为军事基地（租期 30 年）。1940 年 6—8 月，苏联先后占领了爱沙尼亚、立陶宛、拉脱维亚三国以及罗马尼亚的比萨拉比亚和北布科维纳地区。至此，苏联将西部边界扩展了二三百公里，建立了"东方战线"。

"二战"爆发后，英、法未采取实际行动支援波兰，法德边境出现了"西线无战事"的"奇怪战争"。英、法本指望德国占领波兰后向东进攻苏联，但德国却挥戈西向，直指英、法等国。1940 年 4 月 9 日，德军攻占丹麦，同日攻入挪威，5 月 10 日，德军大举进攻荷兰、比利时、卢森堡和法国，诱使法军主力集中于法比边境，却以装甲部队为主力的 45 个师的优势兵力穿过阿登山口，出其不意地进入法国，英法联军迅即崩溃。15 日，德军一路向英吉利海峡推进，英法军队主力溃退到英吉利海峡的敦刻尔克。此时，希特勒突然命令德军停止追击，给了英法军队以喘息之机。从 5 月 26 日至 6 月 4 日，英国成功地从法国的敦刻尔克将 33.6 万英法联军及少数比利时军队撤退到英国，史称敦刻尔克大撤退。

6 月 5 日，德军转兵向南，突破索姆河防线，向巴黎推进。10 日，意大利对法宣战，从阿尔卑斯山侵入法国。德、意夹击使法国政府做出放弃巴黎，逃亡南方波尔多的决定。法军总司令魏刚大肆宣扬失败主义，造谣说巴黎爆发了革命，极力主张法国政府尽快投降。13 日，法国政府宣布巴黎为"不设防城市"，亲德派将军当茨枪杀了试图组织抵抗的巴黎市民和士兵。由于法国政府的投降，14 日，德军兵不血刃占领巴黎。15 日，德军突破马其诺防线，包围了 50 万法军。17 日，法国贝当（1856—1951）政府请求停战。22 日，德法签订停战协定。协定规定，法国北部和西部，包括巴黎在内的 3/5 的国土由德国占领，其余 2/5 的国土由贝当政府管辖，以维希为首都，史称维希政权。维希政府名义上是独立政权，实际上是受德国控制的傀儡政权。

6 月 17 日，戴高乐（1890—1970）将军飞往伦敦，成立了"自由法国"，领导法国人民进行抵抗斗争。18 日，戴高乐向全世界宣布"无论发生什么情况，法兰西抵抗的火焰决不应该熄灭，也决不会熄灭"，表达了法国人民抵抗德国法西斯的决心与信心。

法国败降后，希特勒先放出和谈气球，企图诱降英国，未能奏效。7 月 16 日，希特勒发布"关于准备在英国登陆作战"的 16 号指令，即"海狮计划"，计划出动 3000 多艘舰船、25 万多军队，横渡英吉利海峡进攻英伦三岛。要进行渡海作战，必先要掌握制空权。此时，德国飞机可动用 2600 余架，而英国飞机却不足 700 架，德国优势明显。但德国低估了英国政府和人民抵抗侵略的信心和斗志。自 1940 年 5 月 10 日丘吉尔出任英国政府首相后，领导英国军民毅然走上了坚决抵抗法西斯侵略之路，动员全国军民抗战。7 月 10 日，德国空军开始对英国进行轰炸。从 8 月 9 日开始，德国空军对伦敦等地进行大规模的狂轰滥炸，一直持续三个月之久，投下了 6 万吨炸弹，给英国造成了重大人员伤亡和财产损失：8.6 万人遇难，100 余万幢房屋被炸毁。英国军民进行了顽强抵抗，在空战中使用了雷达，使德军遭受沉重打击，损失飞机 1733 架，不得不放弃进攻英国的计划，掉头进攻苏联。

二、苏德战争爆发

进攻苏联是德国法西斯的既定国策。希特勒认为社会主义苏联是德国称霸世界的最大障碍，只有征服了苏联，才能统治世界。为此，早在 1940 年 1 月德国就开始秘密进行侵苏战争准备。为了在进攻苏联之前形成有利的国际战略态势，德国采取了一系列行动。

一是积极寻求与日本、意大利结盟。1940 年 9 月 27 日，德、意、日三国在柏林签订《德意日三国同盟条约》，三国军事同盟建立。条约规定：日本承认德意在欧洲建立"新秩序"的领导权，德意承认日本在东亚建立"新秩序"的领导权；当缔约国一方受到目前未参与欧战或中日冲突的一国攻击时，三国以政治、经济和军事手段相互支援。三国军事同盟的建立标志着轴心国集团的正式形成。

二是夺取巴尔干地区，完善进攻苏联的战略态势。早在 1939 年 4 月 17 日，意大利就出兵占领了阿尔巴尼亚。1940 年 10 月 28 日，墨索里尼下令意军入侵希腊，遭到希腊军队的顽强抗击而失败。此前 9 月，德国在罗马尼亚策动法西斯分子发动政变夺取了政权。10 月，德军进入罗马尼亚。11 月，罗马尼亚和匈牙利加入了三国同盟。1941 年 3 月 1 日，保加利亚加入三国同盟。4 月 6 日，德军袭击南斯拉夫，17 日，南斯拉夫投降。德国在进攻南斯拉夫的同时，发动了入侵希腊的战争。5月27日，雅典陷落。6月1日，希腊沦亡。至此，德国控制了巴尔干，完成了德国自北向南全面进攻苏联的战略部署。

三是控制北非。1940年7月，意大利军队一路从利比亚向英控埃及进攻，另一路从埃塞俄比亚向周围的英国殖民地发动进攻。到9月，意军控制了利比亚和索马里。12月初，英军发动反击，意军节节败退。到1941年2月，意军近十万人投降，使德国陷入被动局面，希特勒不得不出兵挽救败局。同月，德国派出隆美尔统帅的机械化军队"非洲兵团"支援意军。4月，德军又重新夺回利比亚，控制了北非，在利比亚与埃及边境与英军展开拉锯战。

巴尔干作战结束后，希特勒将入侵苏联提上日程。1940年7月21日，希特勒下令准备对苏作战，德军制订了进攻苏联的"巴巴罗萨"计划。12月18日，希特勒批准了这一计划。1941年6月中旬，德国完成了入侵苏联的兵力配置，计有德军460万人、仆从国军队90万人，坦克3712辆、大炮47260门、飞机4950架。

此时，苏联也在紧张地进行卫国战争准备：一是扩充军事力量和武器装备。随着战争的临近，加紧生产飞机、坦克和各类大炮。到卫国战争前夕，已拥有总数约500万人的陆海空军，具备了有相当实力的军事力量。二是建立支撑战争的大后方。在东部的乌拉尔地区建立了国防工业和重工业基地。三是在1941年4月13日与日本订立了中立条约，以避免两线作战。

1941年6月22日拂晓，德国撕毁《苏德互不侵犯条约》，集中170多个师的庞大兵力，兵分三路，以机械化部队为先锋，在空军掩护下，发动了对苏联的闪电战。在苏联共产党和斯大林领导下，苏联人民开始了伟大的卫国战争。由于对德国的突然袭击准备不足，苏军仓促迎战，损失惨重。战争第一天，苏军就损失飞机1200架，数十万苏军面临被德军分割包围的境地。至7月9日，德军已推进五六百公里，到达苏联腹地。7月10日，北路德军向列宁格勒推进。9月中旬，德军包围了列宁格勒，但遭到苏联军民的顽强抵抗。中路德军猛攻通向莫斯科的要塞斯摩棱斯克。7月16日，斯摩棱斯克陷落。7月11日，南路德军在基辅展开攻势，苏军顽强抵抗至9月20日撤退。8月初，南路德军对苏联重镇敖德萨发起攻击，苏军抵抗了两个多月，10月6日，敖德萨陷落。

1941年9月，希特勒决定采取集中兵力中央突破的战略，以莫斯科为主攻目标制订了"台风"作战计划，以 75 个师、180 万军队的庞大兵力，从三个方向向莫斯科推进。9 月 30 日，德军发动强大攻势，苏联军民开始了莫斯科保卫战。10 月 2 日，德军推进了 200 公里，逼近莫斯科。10 月中旬，德军推进到距莫斯科不到 100 公里的地方。在国家生死存亡的紧急关头，斯大林于 11 月 7 日在红场发表演说，号召苏联军民以钢铁般的意志阻止德国侵略。数十万红军参加了红场的阅兵式，并直接开往前线。11 月底，德军推进到莫斯科近郊，遭到苏军的顽强抵抗。12 月 6 日，苏军展开反击。到 1942 年 1 月，苏军推进 150—300 公里，歼敌 30 余万人，取得了莫斯科保卫战的胜利，打破了德军"常胜不败"的神话，宣告了德国闪电战的破产，极大地增强了苏联军民打败德国的决心，鼓舞了世界各国人民夺取反法西斯战争胜利的信心。

三、太平洋战争爆发

第一次世界大战后，日本把美国视为其争霸亚太地区的主要对手。日本发动九一八事变时，法西斯少壮派军官就认定：日本要称霸东方，必然要同美国决战。1936 年 8 月 7 日，日本内阁五相会议通过了《国策基准》，决定将以苏联为敌的北进政策和以美英为敌的南进政策并列为日本基本国策。由于 1937 年 7 月全面侵华战争展开后，日本陆军主力深陷中国战场无力发动对苏战争，加上苏联在远东兵力的强大，日本始终没有机会实施北进政策。1939 年 9 月"二战"进入全面爆发阶段后，世界大国无暇顾及远东，为日本南进提供了机会。1940 年 5、6 份，德军迅速攻占了西欧、北欧，法国投降，德军开始进攻英国，东南亚与西南太平洋地区成为英、法无力防御的地带。7 月 27 日，日本大本营、政府联席会议决定："捕捉良机，解决南方问题"，开始准备发动太平洋战争。

日本为南进做了如下准备：一是建立举国一致的"近卫新体制"。政治上建立大政翼赞会，强化对国民的控制；实行国民经济军事化。二是结盟德意，"中立"苏联。1940 年 9 月 27 日，日本与德意签订了三国同盟条约，利用德意牵制美英。1941 年 4 月 13 日，日本与苏联签订中立条约，以消除南进的后顾之忧。三是企图尽快结束中日战争，轻装南进。1940 年，日本当局试图诱降蒋介石，未能奏效，被迫背着中国战场的重负南进。四是制订对美作战计划。日本海军联合舰队司令官山本五十六基于海军美强日弱的原因，按照"偷袭"和"先发制人"的战略战术，制订了海军偷袭美国珍珠港，陆军同时向马来亚、菲律宾进攻的南进作战计划，被日本大本营所采纳。同年3月，日本开始同美国举行马拉松式的谈判，其目的是麻痹美国，掩饰其战争准备。

1941年7月2日，日本御前会议最后确定了南进方针。8月1日，美国宣布禁止向日本出口航空燃油，沉重打击了日本。日本急欲获得东南亚的石油等战略物资，便加快了南进的步伐。10月18日，东条英机（1884—1948）组阁。11月5日，御前会议决定在12月初对美、英、荷开战。12月8日凌晨（珍珠港当地时间7日），日本海军按预定计划偷袭了美国在夏威夷的军事基地珍珠港，经过3小时轰炸，炸沉、炸伤美舰24艘，击毁飞机260余架，炸死炸伤官兵3680余人，美国太平洋舰队遭受重创。

在珍珠港事件爆发的当天，日本40万陆军在海空军配合下，向香港、马来亚、菲律宾、关岛等东南亚地区和西南太平洋岛屿发动袭击，美、英、荷守军猝不及防，迅速败退。随后，美、英等二十余国相继对日宣战，太平洋战争爆发，第二次世界大战成为全球性战争。不久，日军又迅速占领了西起缅甸、马来亚，东至中部太平洋的吉尔伯特岛，南迄新几内亚、所罗门群岛，北达阿留申群岛（此时未到达该群岛）的广大区域。日本虽然军事上进展顺利，但战略上却面临着在中国战场和太平洋战场两线作战的境地。

四、国际反法西斯联盟的建立

第二次世界大战进入全面爆发阶段后，德军席卷欧洲，法国败降，英国岌岌可危。美国在欧洲的利益受到严重损害，意识到不能再置身战争之外，开始公开支持英、法等国的反法西斯斗争。1940年12月29日，罗斯福宣布美国"必须成为民主制度的伟大兵工厂"。1941年3月11日，美国国会通过了《租借法案》，以租借方式向英国等反法西斯国家提供援助。27日，美英共同制定了"先欧后亚"战略。6月22日，苏德战争爆发的当晚，丘吉尔发表广播演说，表示坚决支持苏联的卫国战争。24日，罗斯福在记者招待会上宣布，美国愿意援助包括苏联在内的所有抵抗法西斯的国家。28日，罗斯福派特使霍普金斯到苏联讨论援苏的具体计划。7月3日，斯大林发表广播演说，表示愿意与欧美反对德国法西斯的国家和人民结成统一战线。12日，苏、英签订《在对德作战中联合行动的协定》。8月初，罗斯福与丘吉尔在大西洋北部的美国军舰上举行会谈，发表了著名的《大西洋宪章》，宣布两国不谋求领土扩张，也不承认法西斯国家侵略造成的领土变更，并表达了摧毁法西斯暴政和确立世界和平的决心。9月24日，苏联表示同意《大西洋宪章》的基本原则，奠定了美、英、苏三大国合作的基础。《大西洋宪章》中有关民族自决的内容也推动了殖民地半殖民地民族解放运动的发展，将民族解放运动与反法西斯斗争结合起来，扩大了反法西斯统一战线的基础。1943年1月11日，美英两国分别与中国签署了《中美关于取消美国在华治外法权及处理有关问题之条约》和《中英关于取消英国在华治外法权及其有关特权条约》，取消了两国在华的治外法权。

9月29日至10月1日，美、英、苏三国代表在莫斯科举行会议，讨论美、英对苏提供援助问题，签订了援助苏联议定书，主要内容是：从1941年10月至1942年6月，美、英每月向苏联提供400架飞机、500辆坦克和其他武器及军用物资，苏联则向美英提供军用生产所需的原料。11月7日，罗斯福发表声明，认为保卫苏联对美国十分重要，宣布《租借法案》适用于苏联。

中国是世界反法西斯联盟的积极推动者。1940年德、意、日三国同盟建立后，中国即与美、英协商建立三国合作机制。11月9日，蒋介石约见美、英驻华大使，正式提出三国进行经济、军事合作的方案，美、英均以未同日本作战而拒绝。1941年12月8日，太平洋战争爆发的当天，中国政府紧急与美、英、苏进行协调，建议中国与三国正式结成反法西斯联盟。次日，中国国民政府对日正式宣战。31日，罗斯福致电蒋介石，提议组建中国战区，"以完成我等共同抗敌力量之联系与合作"，由蒋介石"指挥现在或将来在中国、安南及泰国境内的联合国家军队"，并在蒋介石指挥下，由中美英三国政府代表组织一个联合参谋机构。1942年3月，应蒋介石请求，美国派遣史迪威来华，出任中国战区参谋长。

1941年12月22日至1942年1月14日，美、英首脑在华盛顿举行会议，再次确认了"先欧后亚"的战略，并根据罗斯福的建议，起草了反法西斯国家的宣言草案。1942年1月1日，美、英、苏、中等26个国家的代表，在华盛顿签署了著名的《联合国家宣言》，规定各签字国保证运用全部军事与经济资源对德意日及其仆从国作战，不与法西斯国家合作，不单独同法西斯国家缔结停战协定或和约。此后，又有21个国家陆续加入。《联合国家宣言》的发表标志着以美、英、苏、中为首的世界反法西斯联盟的正式形成，也为联合国的建立奠定了初步的基础。

第二节 世界反法西斯战争的战略转折

1942 年下半年至 1943 年，反法西斯盟国经过艰苦抵抗，在欧亚非实现了反法西斯战争的战略转折。中国的持久抗战牵制了日本陆军主力，有力支援了盟国的作战。欧亚各国兴起的抵抗运动，给法西斯以沉重打击。在此期间，美英中、美英苏盟国首脑分别举行了开罗会议和德黑兰会议，协调并加强了各国的战略合作。在经济上，随着反法西斯盟国全面转向战时生产，产量超过轴心国集团，为反法西斯战争的胜利奠定了经济基础。

一、斯大林格勒会战

在苏德战场，莫斯科战役后，德军实力有所削弱，但同苏军相比总兵力仍占优势。德军经过短暂休整后，希特勒决定发动夏季攻势，重点是斯大林格勒（原称察里津，今伏尔加格勒）。斯大林格勒是苏联南方的工业中心，是连接莫斯科与南部地区的战略要地。德军企图攻占斯大林格勒，切断苏联中部与南部的联系，向南可夺取高加索石油区，向北可迂回包围莫斯科，消灭苏军主力。1942 年 6 月，德国南方集团军兵分两路发动攻势，一路直指斯大林格勒，一路向高加索推进，打响了举世闻名的斯大林格勒会战。8 月 23 日，德军将苏联斯大林格勒方面军分割为两部分，出动大量飞机对斯大林格勒进行狂轰滥炸，苏联军民伤亡惨重。在斯大林"不让敌人前进一步"号召的鼓舞下，苏联守军在全体市民配合下拼死抵抗。

9 月 13 日，德军开始进攻斯大林格勒，并攻入西北部市区，斯大林格勒危在旦夕。苏联守军同德军展开了激烈的巷战。在苏军的顽强抗击下，德军战斗力遭到极大消耗，成为强弩之末。斯大林格勒军民的顽强阻击，为苏军的重新集结赢得了宝贵时间。10 月，苏军秘密调集了 110 万人的兵力、近1500 辆坦克、1350 架飞机、15000 多门大炮，从斯大林格勒南北两面对德军实施反包围。11 月 19 日，苏军出其不意发动猛烈反攻，从南北两面对 33 万德军形成了钳形包围。至 1943 年 2 月 2 日，苏军仅在斯大林格勒就歼灭德军14 万人，俘虏 9 万余人。而在长达 200 天的斯大林格勒会战中，整个苏德战场德军及其仆从国军队死伤、失踪及被俘近 150 万人，约占其在苏德战场总兵力的 1/4。

斯大林格勒会战的胜利，扭转了苏德战场的整个战略形势，苏军夺取了战略主动权，开始了战略反攻，迫使德军转入战略防御和退却。这场胜利是苏德战场的战略转折点，不仅对苏联卫国战争，也对世界反法西斯战争的进程产生了重大影响。毛泽东曾给予高度评价，认为斯大林格勒会战不但是苏德战争的转折点，也是"第二次世界大战的转折点"[①]。美国总统罗斯福也高度赞扬斯大林格勒会战是"同盟国反侵略战争中的转折点"[②]。斯大林格勒会战的胜利极大地提高了苏联的国际威望，鼓舞了世界反法西斯国家的斗志，推动了国际反法西斯联盟的合作。

希特勒不甘心失败，决定在 1943 年发动夏季攻势以扭转战局。苏德军队在莫斯科与基辅之间的库尔斯克地区展开激战，史称库尔斯克会战。希特勒调集了 90 万兵力、2700 辆坦克和自行火炮、2000 余架飞机，从南北两面夹击库尔斯克地区的苏军两个方面军。斯大林洞察了希特勒的企图，迅速调集了 133 万兵力、3444 辆坦克和 20000 门大炮、2172 架飞机，严阵以待。7 月 5 日，德军开始发动攻击，但在苏军抗击下推进缓慢。12 日，苏军主力发动反攻，仅在普罗霍洛夫卡的狭窄地区，双方就出动坦克总数约 1200 辆，展开了史无前例的坦克大会战，德军溃败。在库尔斯克会战中，德军共损失 50 万人、1500 辆坦克、3000 余门大炮，遭到惨败。苏军也付出了很大代价，但从总体上获得了胜利。从此，德军再也无力发动战略性进攻，最终丧失了战役主动权。库尔斯克会战结束后，苏军乘胜在 2000 公里的战线上举行反攻作战，9 月 8 日，解放了顿巴斯，11 月 6 日，收复了基辅，将战线向西推进了 400 余公里，为大反攻创造了条件。

二、盟军在北非的胜利

在北非地中海战场，1942 年 5 月 26 日，得到补充的德国隆美尔非洲兵团向驻守埃及的英军发动新一轮进攻，6 月 21 日，攻陷托卜鲁克（也称图卜鲁格），数万英军投降，德军直指距亚历山大港仅 100 公里的阿拉曼。

8 月 4 日，丘吉尔亲自到开罗任命蒙哥马利为第八集团军司令，并迅速补

[①] 《毛泽东选集》第 3 卷，人民出版社 1991 年版，第 884 页。
[②] ［苏］转引自泽姆斯科夫著：《欧洲第二战场外交史》，叶月明译，军事译文出版社 1985 年版，第 140 页。

充坦克等重型武器，准备反攻。8月31日，德意非洲兵团向阿拉曼发动进攻，英军坚守防线。10月，英军扩充到23万人、1440辆坦克、2000门火炮、1200架飞机，而"非洲兵团"仅10万余人、558辆坦克、1200门火炮、350架飞机。10月23日夜，蒙哥马利指挥英军在1000多门大炮掩护下，分南北两路向非洲兵团发动猛烈攻击。北路英军从沿海向南推进，27日，德军溃退。南路英军于11月2日突破意军防线。此时，隆美尔的非洲兵团已无力反攻，节节败退。4日，德军撤退，意军四个师投降。13日，英军收复托卜鲁克。此后，隆美尔接连丢弃了利比亚的班加西、的黎波里，逃到突尼斯。1943年1月23日，英军占领的黎波里，阿拉曼战役宣告结束。

在阿拉曼战役中，盟军共毙、伤和俘虏非洲兵团5.9万人，击毁、缴获坦克450辆。从此，德意法西斯军队开始在北非节节败退。阿拉曼战役扭转了北非战场的战争局势，具有重大战略意义。

当阿拉曼战役正在进行时，1942年7月，美英制定了在法属北非登陆的"火炬计划"，组建了11万人的"北非远征军"，由美国将军艾森豪威尔任总司令。11月8日，美英盟军在摩洛哥的卡萨布兰卡（今贝尔贝达）地区登陆，法国维希政府军队投降。25日，盟军开始进攻突尼斯。此时，希特勒派出五个师的德意军队迅速增援，在突尼斯与盟军进行拉锯战。1943年4月6日，德意军队后撤到突尼斯城。5月13日，在盟军的重重包围下，25万德意军队走投无路，缴械投降，盟军控制了北非。

1943年1月14—23日，罗斯福与丘吉尔在卡萨布兰卡举行会晤，决定在地中海开辟新战场。6月，艾森豪威尔被任命为美英盟军总司令。7月9日夜，盟军开始在西西里岛登陆，意军一触即溃，希特勒紧急调遣七万兵力支援，双方展开激战。8月16日，盟军攻占西西里，打开了意大利的南大门。

此时，意大利法西斯内外交困，北非和地中海战场的失败和人民的反战，使墨索里尼政权风雨飘摇。7月25日，意大利国王艾曼努尔三世解除墨索里尼的一切职务并将其囚禁，任命巴多里奥元帅为总理。28日，新政府宣布解散法西斯党。8月6日，意新政府要求同德国解除同盟条约，被希特勒拒绝。9月3日，意新政府同美英签署了投降书。同日，盟军在意大利本岛登陆，占领意南部。10日，德军占领意北部和罗马。12日，希特勒派伞兵在意中部的一个山顶旅馆劫走了被囚禁的墨索里尼，扶植他建立了"意大利社会共和国"傀儡政府，形成了意大利南北对峙的局面。10月13日，已投降盟军的意大利新政府宣布退出三国同盟并向德国宣战，美、英、苏宣布承认意大利为共同作战的一方。意大利投降标志着三国同盟的瓦解，沉重打击了法西斯国家，为盟国从地中海进攻德国建立了前哨阵地。

三、太平洋战场的战略转折与大西洋反潜艇战的胜利

在太平洋战场，1942 年春，日军攻占东南亚和西南太平洋的广大地区后，试图继续南进攻占澳大利亚，或西进印度和印度洋，与德、意在中东会师，但因其陆军主力投入了中国战场，侵缅日军进攻印度又遭失败，其计划无法实现。

美国在太平洋战争初期失利后，逐步加强了太平洋战场的兵力。1942 年 3月，罗斯福任命尼米兹为太平洋战区司令，麦克阿瑟为西南太平洋战区司令。4 月 18 日，从美国航空母舰上起飞的 16 架 B-25 轰炸机，先后空袭了日本东京、横滨、名古屋、神户等城市。这是"二战"爆发以来日本本土首次遭到空袭。为了防止美军再次空袭，日本大本营决定扩大中部太平洋和西南太平洋的防御圈，急于寻找美国舰队主力进行决战。

5 月 7—8 日，日本海军在澳大利亚的珊瑚海对美军特混舰队发动攻击，双方都损失了一艘航母。珊瑚海海战后，日本海军精心策划了中途岛海战，其目的是消灭美国太平洋舰队主力。为了这次作战，日本海军联合舰队动用了 8 艘航空母舰、350 艘各类舰艇、1000 架飞机，分成 6 个编队执行不同任务。此时，美国太平洋舰队通过破译日军密码获悉了日方的全部计划，秘密地将 3 艘航母埋伏在中途岛附近海域。6 月 4 日清晨，日本海军发动了中途岛战役。在混战中，日军损失 4 艘重型航母和 330 架飞机（含备用机）；而美军只有 1 艘航母被击沉，损失飞机 147 架。5 日，日军各水面舰队在美军航母舰队的追击下仓惶撤退。中途岛海战是太平洋战场战略转折的开端，日本联合舰队从此一蹶不振，失去了在太平洋的制海权。

中途岛战役后，美军决定夺取东所罗门群岛作为西南太平洋反攻的基地。8 月 7 日，美军由 3 艘航母和 80 艘军舰组成的特混舰队及 1.9 万名海军陆战队，向东所罗门群岛的瓜达尔卡纳尔岛发动攻击，几乎没有遇到抵抗便占领了该岛。12 日，日本大本营决定夺回瓜岛，派出日军登陆作战。于是，美、日两国军队在瓜岛展开了你死我活的争夺战。在海战中，日军虽击沉了美军 2 艘航母，但由于始终未能掌握制海权，导致瓜岛海域被美军封锁，补给中断，瓜岛成为日军的"饥饿之岛"和"死亡之岛"。1943 年 2 月 1 日，日军残部撤出瓜

岛。在瓜岛战役中，日军损失 24600 人，而美军仅损失 1592 人。瓜岛战役完成了太平洋战场的战略转折。

1943 年 5 月，美国确定了同时从西南太平洋和中部太平洋进行反攻的"双叉冲击"战略。9 月，日本制定了确保"绝对国防圈"① 战略。6 月，在西南太平洋地区，麦克阿瑟指挥美军开始进攻所罗门群岛。美军采用"蛙跳战术"，越岛推进，到 1944 年 7 月，已攻占新几内亚，打开了通向菲律宾的道路。在中部太平洋地区，1943 年 11 月，尼米兹指挥的美军舰队攻占吉尔伯特群岛，1944 年 2 月攻占马绍尔群岛，7 月攻占马里亚纳群岛，并以马里亚纳为基地，对日本本土进行大规模轰炸。1944 年 10 月，美军发动菲律宾战役，至 1945 年 3 月收复菲律宾。接着，美军又于 1945 年 3 月和 7 月相继攻占了硫黄岛和冲绳岛，完成了最后进攻日本本土的准备。

从发动战争时起，切断盟国的海外交通线就是德国海军的主要作战目标。最初，德国主要利用大型水面袭击舰打击盟国商船队。但是在英国海军以优势兵力进行的围剿面前，这些袭击舰的活动并不成功。法国战败后，德国获得了大西洋沿海的优良海军基地，缩短了舰只进入大西洋的航程，可用潜艇的数量也有所上升，于是采用"狼群战术"的潜艇战成为德国海军打击盟国海上交通线的主要手段。为保障商船队安全，盟国实行护航运输体制。1941 年 12 月，美国参战后，希特勒下令在大西洋实行"无限制潜水艇战"。1942 年德国的潜水艇战进入高峰，共击沉盟国船舶 1160 艘，总吨位达 626.6 万吨。但随美国经济转入战时生产体制，盟国的造船能力突飞猛进。1941 年第一艘自由轮从开始建造到下水用了 244 天，采用流水线操作之后，平均每艘自由轮的建造时间只需要 42 天。盟国建造的船只数量远远超过被德国潜艇击沉数量。盟国海军的反潜技术也不断提高，声呐、无线电测向仪、深水炸弹、护航航空母舰和反潜飞机纷纷投入使用，给德国潜艇造成了重大损失。1943 年 5 月 24 日，德国海军司令邓尼茨不得不下令潜艇撤离北大西洋，德国的潜艇战以失败告终。此后，德国潜艇在大西洋的活动目的仅仅在于牵制盟军的作战行动了。

由于德意日法西斯在 20 世纪 30 年代已经完成了国民经济军事化，因此战争爆发之初，轴心国的军事产量与盟国相比一度占有优势。但是，随着盟国完

---

① 所谓"绝对国防圈"，是指放弃西南太平洋的所罗门群岛、新几内亚东部，中部太平洋的吉尔伯特群岛、马绍尔群岛等地，确保西起缅甸、马来亚，经印度尼西亚、新几内亚西部，再延伸到马里亚纳群岛、小笠原群岛、千岛群岛一线，作为绝对不后退的作战范围。

成由平时经济向战时经济的转变，它在人口、资源、技术方面的潜力立刻显现出来。1943 年，盟国的军备生产已经超过了轴心国。巨大的工业潜力为盟国取得反法西斯战争胜利奠定了坚实的经济基础。

四、中国战场的持久抗战

武汉、广州失陷后，中国抗日战争继续进行着。以国民党为主体的正面战场和以共产党为主体的敌后战场，相互支持和配合，构成了中华民族持久抗战的光辉篇章。

1938 年冬，日本大本营制定《战争指导方针》和《对中国事变处理方案》，主要内容是用持久战略代替速决战略，将日军正面战场进攻的重点，放在武汉周围、桂南地区和中条山地区。日军先后发动了南昌会战、随枣会战、第一次长沙会战、枣宜、豫南会战、上高会战、第二次长沙会战等。

1939 年 9 月 17 日至 10 月 8 日的第一次长沙会战，是 1939 年正面战场上规模最大的一次会战。第九战区代理司令长官薛岳指挥 24 万中国军队，与冈村宁次率领的第十一军在长沙以北展开激战。日军虽然渡过新墙河和汨罗江，但在中国军队的顽强抵抗下，被迫撤回原阵地。1941 年 9 月，第二次长沙会战开始，日军 12 万兵力大举进攻，在 9 月 28 日曾一度攻占长沙。中国军队从长沙外围汇集，破坏了日军的交通补给线，日军在 30 日从长沙退回原阵地。枣宜会战中，第三十三集团军总司令张自忠在战斗中遭到日军优势兵力围攻，在 1940 年 5 月 16 日壮烈殉国。

日军攻陷广州后，在 1939 年 2 月至 8 月，先后侵占海南岛、潮州、汕头等地，企图切断中国的沿海对外交通。日军紧接着又发动桂南会战，力图切断西南的对外交通线。11 月 24 日，日军占领南宁，其前锋攻占距南宁以北 40 公里的重要据点昆仑关。中国第五军在军长杜聿明的指挥下，12 月 17 日开始强攻昆仑关。经过浴血奋战，第五军在 31 日将昆仑关全部收复。日军旅团长中村正雄少将被击毙，全旅团伤亡 4000 多人。中国军队也付出了重大代价，有 1.1 万多人受伤，近 5600 人牺牲。1941 年 5 月，日军在黄河以北的晋南豫北发动中条山战役，第一战区司令长官卫立煌率部队约 18 万人，牵制着日军三个师团。日军分三路进攻，中条山守军失利，在遭受惨重损失后撤出。

国际反法西斯同盟建立后，中国加强了与盟国之间的合作。1942 年 3 月中国抽调三个军 10 万人组成远征军入缅作战，解救出包括英军司令亚历山大在内的英军 7000 余人。但由于英军配合不力，缅甸作战失败，中国西南交通运输线被切断。中国远征军一部分退入印度，大部分退回云南。

1942 年 6 月末，日本大本营制订了"四川作战"方案，计划出动 16 个师团的庞大兵力，从西安、武汉两路夹击四川。由于日本陆军主力在华只能维持战略相持局面，没有余力进攻四川，所以侵华日军认为四川作战是"穷极之策"。此时，日本在瓜岛战役中失利，"四川作战"计划也就胎死腹中。1943 年，日本只是在武汉周围进行了小规模作战。1944 年，美军在太平洋战场展开大规模反攻，日军节节败退。为了挽救危局，日本发动了打通大陆交通线的"一号作战"（中国称"豫湘桂战役"），企图通过中国贯通日本与东南亚的联系。从 4 月到 12 月，日本出动 15 个师团的庞大兵力，打通了中国大陆的平汉、粤汉、湘桂铁路线。但从全局来看，"一号作战"延长了日军的战线，兵力更加吃紧，原计划调往太平洋战场的兵力被迫留在中国。

在中共领导的敌后战场，战斗十分艰苦。中共领导的人民武装在敌后广大乡村普遍建立抗日游击根据地，如晋察冀、晋西南、晋西北、晋冀豫等抗日根据地，以灵活机动的战略战术打击日军。日军对根据地进行残酷的封锁、分割和扫荡，实行烧光、杀光、抢光的"三光"政策，实行所谓"铁壁合围""强化治安"，制造了一个个无人区。尽管环境十分险恶，但八路军紧紧依靠群众，与人民群众建立起血肉联系，战斗力不断增强。1939 年 9 月，被称为日军"山地战专家"的阿部规秀中将，在晋察冀根据地开始冬季大扫荡，11 月 7 日，阿部规秀在河北涞源黄土岭附近，被杨成武部击毙，日本朝野震动，惊呼"名将之花凋谢在太行山上"。在打击日本侵略者的斗争中，八路军的总兵力由最初的 3.4 万人，发展到 1939 年年底的 27 万多人。

1940 年是反法西斯战争形势极其黯淡的一年，也是中国战场经受严峻考验的一年。英、法等欧洲大国或败或降，美国置身事外，而苏联也竭力自保。这种急剧变化的国际形势，被日本视为战胜中国的大好时机。为迫使中国投降，日本在 1940 年多管齐下，对中国展开又一轮全面攻势。5 月 1 日至 6 月 12 日，日军发动枣宜会战，攻占了入川门户宜昌，形成了进军中国西南大后方的态势。5 月 18 日至 9 月 4 日，日军航空兵实施"101 号作战"，对重庆等地实施了持续 100 多天的高强度狂轰滥炸。6、7 月间，日本利用英、法战败之机，迫使其关闭了通往中国的滇越铁路和滇缅公路，切断了中国获取外援的重要通道。与此同时，日军还以诱降蒋介石集团的"桐工作"，对中国展开新一轮政治诱降攻势。

面对抗战爆发以来空前严重的内外危机，中国共产党和八路军总部决定在华北敌后实施大规模攻势作战，给日军一个打击，给全国军民一个振奋。1940年8月20日夜，位于华北敌后的八路军同时行动，对35万日军盘踞地区的公路、铁路、煤矿和据点发起全面袭击。此次大规模作战至1941年1月24日，历时五个月，参战八路军共有105个团20余万人，还有大量民兵游击队协助作战，故称"百团大战"。据八路军总部的不完全统计，仅至12月5日的三个半月，八路军就进行大小战斗1842次，毙伤俘虏日伪军4.3万余人，摧毁日军据点2993个，破坏铁路公路1976公里，摧毁车站、桥梁和隧道261座（个）。百团大战是抗战以来中国军民在敌后战场实施的最大规模的攻势作战，也是整个第二次世界大战中各国在敌后实施的最大规模的游击战役。此战沉重打击了日军的战略后方，减轻了正面战场中国军队的压力，振奋了中国军民坚持抗战的决心，成为1940年低迷的世界反法西斯战争中的亮点。

遭到百团大战重创的日军进一步加强对敌后战场的进攻。1941—1942年，持续发动了大规模的"治安战"，敌后战场进入了抗战以来的最艰苦时期。日军凭借优势兵力和优势装备，向抗日根据地发动了残酷的"扫荡""清乡""蚕食"作战，在军事上采用"灭绝作战""急袭包围""对角清剿"等战术，企图将抗日武装"一网打尽"。针对日军的重点进攻，中共提出了"十大政策"，抗日军民采用"地道战""地雷战""交通破击战""政治战"等战术，使日军"扫荡"屡屡失效，保卫了抗日根据地。

1943年下半年，日军既要应付美军在太平洋方向的锐利攻势，又要准备实施"一号作战"，不得不从敌后战场抽调兵力。因此，同1941—1942年相比，敌后战场面临的压力有所减轻，各抗日根据地度过了困难时期，陆续转入局部反攻。到1944年年底，日本占领区压缩到"点"（城市）和"线"（重要交通线两侧），而敌后抗日根据地则得到显著扩展，总人口上升到9000万人，正规军扩大到65万人，为1945年的大反攻创造了条件。

总之，从1939年9月到1944年年底，中国的正面战场与敌后战场互相配合，在极其艰苦的条件下持久抗战，始终抗击着日本陆军主力，有力地支援了盟国在太平洋战场和欧洲战场的作战。

五、世界各国人民反法西斯斗争

在第二次世界大战中，德国和日本分别在其占领区建立了"欧洲新秩序"

和"大东亚新秩序",疯狂掠夺被占领国的资源和财产,对广大人民进行惨无人道的统治和压榨。欧亚各被占领国人民针对法西斯的野蛮侵略和统治,开展了艰苦卓绝的抵抗斗争。

在欧洲德、意占领区,广大人民开展的地下抵抗运动如火如荼。在苏联,1941年7月18日,苏共中央发布了《关于在德军后方组织斗争》的决议。9月5日,斯大林签署了《关于游击运动的任务》的命令,要求沦陷区党组织领导人民开展广泛的游击战争。1942年12月,苏联游击队发展到1013支。到1943年年底,游击队队员达25万人,共歼敌30余万人。在波兰,波兰工人党和人民开展了以武装斗争为主体的抵抗斗争。1943年4月,华沙爆发了犹太人起义。1944年8月,又爆发了华沙起义。这两次起义体现了波兰人民不屈的斗争精神。在苏联组建的波兰第一集团军,配合苏军参加了光复国土的战斗。在南斯拉夫,以共产党领导的人民武装为主体的抵抗运动发展迅速,到1943年,人民武装发展到30万人,解放了2/3的国土。在希腊,以共产党为核心的民族解放战线,将各地游击队组建成希腊人民解放军,不断袭击德、意等占领军,到1944年11月,控制了全国大部分国土。在罗马尼亚、保加利亚、阿尔巴尼亚、匈牙利、捷克斯洛伐克、意大利等国,各国共产党和爱国政党都积极开展了抵抗运动。在北欧和西欧,法国共产党领导的抵抗运动蓬勃兴起,武装力量"马基"的游击活动十分频繁,到1944年已发展到50万人,他们与戴高乐领导的"战斗法国"联合行动,成为配合盟国解放法国的重要力量。挪威、荷兰、比利时、丹麦、卢森堡、芬兰、德国等国也开展了地下抵抗运动。

在亚洲,1940年日本入侵印度支那后,印支共产党在胡志明领导下,动员广大人民进行抗日、抗法斗争。1941年,胡志明领导"越南独立同盟"成立了人民武装,建立根据地,开展武装斗争。1945年6月,"越盟"已在越南北部、中部建立了抗日根据地,将人民武装力量更名为解放军,将根据地更名为解放区,为最后打败日本、光复国土奠定了基础。在东南亚,1942年3月,菲律宾共产党将抗日游击武装合并成立了"人民抗日军",建立了根据地,开展游击战争,并在美军登陆菲律宾的作战中发挥了重要作用。在马来亚,马来亚共产党创建了以华侨为主体的"人民抗日军",开展抗日游击战争。在缅甸,1942年3月,日军占领仰光后,缅甸共产党便组建了抗日游击队。1944年8月,缅共联合其他抗日组织成立了"反法西斯人民自由同盟",组建缅甸革命军打击日军。在印度尼西亚,印度尼西亚共产党建立了"反法西斯人民运动"进行抗日斗争，被日本镇压后，又于 1944 年组建了"自由印度尼西亚运动"，开展各种形式的抗日斗争。

欧洲抵抗运动和亚洲抗日斗争沉重打击了德、意、日法西斯，加速了它们的失败。

六、开罗会议和德黑兰会议

斯大林格勒会战后，反法西斯盟国转入战略反攻。在这种形势下，盟国亟须召开首脑会议协调反攻战略、讨论尽快结束战争和对战后世界的安排等问题。

1943 年 10 月 19—30 日，美、英、苏三国在莫斯科举行了外长会议，以美、英、苏、中四国名义发表了《关于普遍安全的宣言》，宣布了迫使法西斯国家"无条件投降"的战争目标。11 月 22—26 日，美、英、中三国首脑罗斯福、丘吉尔、蒋介石在开罗举行会议。苏联因尚未参加对日作战，故未参加。会议的议题主要是军事和政治两个方面。军事方面主要是联合对日作战问题，重点讨论了发动缅甸战役问题。政治问题包括中国的国际地位、对日本的军事占领、收回中国失地、建立战后强有力的国际机构等几个方面。三国表示团结一致，决心将战争进行到日本无条件投降。会议发表的《开罗宣言》庄严宣布，"三国之宗旨在剥夺日本自 1914 年第一次世界大战开始以后在太平洋所夺得的或占领之一切岛屿，在使日本所窃取于中国之领土，例如满洲、台湾、澎湖群岛等，归还中华民国。日本亦将被逐出于其以暴力或贪欲所攫取之所有土地"[1]。由钓鱼岛、黄尾屿、赤尾屿、南小岛、北小岛、大南小岛、大北小岛和飞濑岛等岛屿组成的中国台湾附属岛屿钓鱼岛群岛，也包括在其中。中国收复领土的神圣权利终于得到国际社会的庄严保证和法律保障。

开罗会议结束后，美、英、苏三国首脑罗斯福、丘吉尔、斯大林，立即于 11 月 28 日至 12 月 1 日在伊朗德黑兰举行会议，史称德黑兰会议。会议的中心议题是协调三国的反攻战略，以便尽快打败德国法西斯结束欧洲战争。具体问题研讨主要集中于美英在欧洲开辟第二战场问题。斯大林要求美、英尽快实施在法国北部登陆开辟第二战场的"霸王作战计划"，并表示苏军将在同一时间发动攻势，防止德军西调，以配合第二战场的开辟。但丘吉尔却主张在巴尔干

---

[1] 《国际条约集（1934—1944）》，世界知识出版社 1961 年版，第 407 页。

开辟战场，其目的是既要阻止苏军进入巴尔干，又能由英国控制巴尔干。斯大林认为，巴尔干离德国的心脏地带太远，在巴尔干进行登陆作战对实现尽快打败德国的目标意义不大。罗斯福支持斯大林的意见，希望实施"霸王作战计划"，以便美军能尽快到达柏林，阻止苏联在欧洲的扩张。经过激烈争辩，会议决定以"霸王作战计划"为主开辟第二战场，时间定为 1944 年 5 月。

会议就战后对德国的处置问题交换了意见，三国首脑都认为，要使德国不再成为欧洲和世界和平的威胁。但在如何处置德国的问题上，三国首脑未形成一致意见。会议还讨论了波兰的领土边界问题。斯大林坚持要求承认 1939 年 9 月苏联占领的波兰领土。他还认为 1941 年 6 月德国入侵苏联前苏联领土的完整性是不能更改的。美、英首脑都不同意斯大林的意见，但鉴于苏德战场苏军转入大反攻的实际情况，丘吉尔被迫做出让步，承认了苏联占领的波兰领土，作为补偿，将德国东部的一部分领土划归波兰，以换取苏联支持英国在巴尔干的利益。斯大林和罗斯福都认可了丘吉尔的意见。斯大林表示，在打败德国之后，苏联军队将调往远东参加对日作战。罗斯福还提出了建立联合国的建议，得到了斯大林的同意。

开罗会议和德黑兰会议是战时美、英、中和美、英、苏盟国首脑分别举行的第一次会晤，会议宣示了四大国将反法西斯战争进行到底的决心，消除了盟国内部的许多矛盾与分歧，协调了各国的战略配合，为夺取反法西斯战争的最终胜利奠定了坚实基础。

第三节　世界反法西斯战争的胜利

进入 1944 年后，盟国展开了全面的战略反攻。在欧洲战场，在苏美英东西夹击之下，1945 年 5 月 9 日，德国战败投降。在亚太战场，中美苏和亚洲各国团结奋战，迫使日本于 1945 年 8 月 15 日宣布战败投降。

一、美英开辟第二战场

根据德黑兰会议的决定，美英盟军着手实施"霸王作战计划"。1944 年年初，盟军在英国设置最高司令部，艾森豪威尔担任总司令。按照"霸王作战计划"，盟军将横渡英吉利海峡，在法国北部进行登陆作战。到 5 月底，盟军已集中 86 个师近 288 万兵力、6500 多艘军舰和运输船只、11590 架飞机，是第二次世界大战中投入兵力最多、装备最先进、规模最大、准备最充分的登陆作战。登陆地点选择了法国北部的诺曼底，这里的英吉利海峡海面宽阔，沿岸暗礁遍布，缺乏登陆港口，风险极大，但也是德军布防最薄弱的地带，能起到出其不意的效果。从 1943 年中期起，盟国空军对德国及法国沿海地区的军事工业基地、交通线、军事设施等进行了长时间的大规模轰炸，使该地区的军工生产、交通要道、防空力量等遭到严重破坏，为诺曼底登陆创造了有利条件。

进入 1944 年后，苏军集中 600 万的庞大兵力展开了反攻作战。1 月 27 日，苏军解除了德军对列宁格勒长达 900 天的围攻。2—3 月，苏军解放了第聂伯河右岸的乌克兰领土，并攻入罗马尼亚。4 月，苏军收复重要城市敖德萨。6 月，为配合诺曼底登陆作战，苏军发动了白俄罗斯战役，8 月底解放了白俄罗斯。苏军的反攻使德军无法西调，对诺曼底登陆作战是重大的战略支持。

1943 年，希特勒为防备美英盟军在法国北部登陆，部署加强西线防御，但由于德军主力在苏德战场作战，在长达 2100 公里的西线只配置了 60 个师的兵力、2692 门大炮。而且，德军统帅部错误认为盟军会选择适合登陆作战的加来海峡登陆，因而将西线防御重点放在加来，在诺曼底地区只有 10 个师的兵力。

1944 年 6 月 6 日 1 时 30 分，盟军三个空降师空降到诺曼底德军防线的后方，迅速占领了一些军事要地。接着，盟军飞机和军舰对诺曼底沿岸德军阵地进行了狂轰滥炸，为登陆部队扫清了障碍。凌晨 6 时，盟军分乘数千艘舰船，从英国横渡英吉利海峡向诺曼底进发。6 时 30 分，盟军先头部队开始登陆，迅速突破德军防线，当天，已有五个师登陆成功，并与空降兵会合，迅速建立了滩头阵地。到 12 日，盟军已有 32 万余人到达诺曼底。希特勒陆续调集军队增援诺曼底，一度给盟军造成很大困难。但盟军巨大的空中优势和装甲部队的密切配合，挫败了德军的疯狂反扑。到 7 月 24 日，盟军胜利完成了诺曼底登陆作战，建立了正面宽约 100 公里、纵深 30—50 公里的大型登陆场，为展开大反攻建立了前沿阵地。

在近七周的诺曼底登陆作战中，盟军共歼灭德军 11 万余人，击毁坦克 2117 辆，盟军也付出了 12 万余人伤亡的巨大代价。但从全局看，诺曼底登陆成功为盟军从西线进攻德国开辟了通道。此后，盟军在西线大举进攻，与东线的苏军一起对德国形成东西夹攻之势。7 月下旬，盟军在法国北部发动大规模攻势，于 8 月 25 日收复巴黎，9 月将德军赶出了比利时，解放了卢森堡，逼近德国领土。9月12日，实施"霸王作战计划"和"龙骑兵作战计划"①的盟军在法国的蒙巴尔会师，成功地建立了一条纵贯法国南北的战线，加快了打败德国的进程。

二、攻克柏林与德国败降

第二战场开辟后，盟国军队从东西两面夹击德国。在东线，1944年夏，苏军发动全面反攻，相继解放了西乌克兰和波罗的海沿岸地区，到年底，苏联收复了几乎所有的国土。10月，苏军解放了罗马尼亚和保加利亚。在西线，1944年冬盟军推进到阿登地区。此时，希特勒集中了25个师的兵力在阿登地区发动反扑，盟军始料不及，德军在三天内推进了30—40公里。1945年1月12日，为配合盟军在阿登地区阻击德军的反扑，苏军冒着严寒在从波罗的海至喀尔巴阡山的漫长战线上提前发动大反攻，并乘胜追击。从1月下旬开始，苏军攻入德国东部地区，粉碎了德军的反扑；2月，挺进到德国腹地，准备向柏林发动总攻；3月，解放了波兰；4月，解放了匈牙利；5月，解放了捷克斯洛伐克，进入南斯拉夫。

1945年年初，德军又在阿尔萨斯发动反攻。1月6日，丘吉尔紧急向斯大林求援。在苏军的配合下，盟军终于突破阿登防线。3月，盟军渡过莱茵河进攻鲁尔地区，32万德军投降，德军西线全面崩溃。5月，盟军解放了挪威和丹麦。在西南欧，盟军于1944年10月在希腊雅典登陆。此时，希腊人民解放军已经解放了大部分国土。1945年年初，盟军已占领意大利中南部。意共利用这一形势，于4月下旬发动起义，将德军逐出国境，游击队逮捕了逃亡中的墨索里尼，并于4月28日将其处死，意大利获得解放。

在德国四面楚歌之际，1945年2月4—11日，美、英、苏三国首脑罗斯福、丘吉尔、斯大林，在苏联克里米亚半岛的雅尔塔举行会晤。三国一致表示将协同作战，尽快结束欧洲战争；在波兰边界划分和波兰政府组建等问题上，三国达成了一致意见；三国协商了联合国的机构设置，确定美、英、苏、中、法五国为联合国安理会常任理事国，决定于4月25日在美国旧金山召开联合国制宪会议；会议还讨论了战后的安排、对战败国的处理和构建战后国际秩序等一系列问题。苏联同意对德作战结束后2—3个月内参加对日作战，作为交换

① 该作战计划是盟军于1944年8月在法国南部发起的两栖登陆攻击作战计划。

条件，三国签订了秘密协议。该协议主要内容是：第一，日俄战争中日本占领的"库页岛南部及邻近一切岛屿须交还苏联"，"千岛群岛须交予苏联"。第二，"外蒙古（蒙古人民共和国）的现状须予维持"，"大连商港须国际化，苏联在该港的优越权益须予保证，苏联之租用旅顺港为海军基地须予恢复"；"对担任通往大连之出路的中东铁路和南满铁路应设立一苏中合办的公司以共同经营之；经谅解，苏联的优越权益须予保证而中国须保持在满洲的全部主权"①。雅尔塔秘密协议是在中国未参加会议，更未得到中国允许的情况下签订的，其中，关于外蒙古维持现状的决定，严重损害了中国的主权和领土完整，为后来外蒙古从中国分裂出去埋下了隐患；在中国大连和旅顺海港、中东铁路和南满铁路等问题上，也损害了中国的主权和利益。但从总体上看，雅尔塔会议协调了三国的战略配合，有利于尽快打败德国；奠定了战后国际关系体系，即雅尔塔体系的基本框架。

1945年4月16日，苏军打响了柏林战役。苏军集中了250万兵力、6250辆坦克、7500架飞机、42600门大炮。希特勒则集中了近100万兵力、1500辆坦克、3300架飞机、1万余门火炮，死守柏林。4月25日，苏军在波茨坦以西包围了柏林，并在当天中午与集结在易北河畔的美军会师。26日，苏军向柏林发射了2.5万吨炮弹，摧毁了德军的防御工事。27日，苏军攻入柏林市区，同德军展开了激烈的巷战。29日，苏军逼近德国国会大厦和总理府。希特勒见大势已去，口述遗嘱，指定德国海军司令卡尔·邓尼茨（1891—1980）为继承人后，于4月30日自杀身亡。5月1日，苏军攻占国会大厦。5月2日，柏林守军投降，柏林战役结束。

5月7日，德国政府代表在盟军总部由艾森豪威尔主持的仪式上，签署了无条件投降书。苏联认为，苏军是战胜德国法西斯的主力，而柏林也是苏军攻克的，因此要求正式签降仪式必须由苏联政府的代表主持。在斯大林的坚持下，5月8日夜（莫斯科时间5月9日），德国政府代表又在柏林苏军指挥部签署了投降书，5月9日被确定为欧洲反法西斯战争胜利日。德国的败降标志着世界反法西斯战争取得了决定性的胜利。

三、亚太地区的反攻与日本败降

进入1945年后，陷入困境之中的日本企图将中国作为与盟国决战的战场，

---

① 《国际条约集（1945—1947）》，世界知识出版社1959年版，第8页。

在战争全局明显不利的情况下，侵华日军为稳住阵脚，应付盟军可能在中国大陆的登陆，开始收缩战线，转入防御。中国军队在正面战场乘机进行尾追作战，收复广西、湖南、江西等省。在缅甸北部，中国远征军在美英盟军配合下发动对日反攻作战，至 1945 年 3 月收复了缅甸北部地区和中国云南省的边境地区。

1945 年 4 月，党的第七次全国代表大会在延安召开。七大的历史性贡献，是确定毛泽东思想为党的指导思想。七大通过的党章指出：毛泽东思想，就是马克思列宁主义的理论与中国革命的实践之统一的思想，就是中国的共产主义、中国的马克思主义。大会还提出党的政治路线是：放手发动群众，壮大人民力量，在我党的领导下，打败日本侵略者，解放全国人民，建立一个新民主主义的中国。

在敌后战场，毛泽东发出"扩大解放区，缩小沦陷区"的号召，展开了以攻占战略要地为主要目标的春季和夏季两大攻势，在河北、山东、山西、河南、江苏、广东等省歼灭日伪军 12 万余人，攻克城市 53 座。中国战场的反攻，使日军步步后退到城市和交通线两侧地区，日本企图在中国进行决战的计划破产。

在太平洋战场，1945 年 4 月 1 日，美军发动冲绳战役，在航空母舰舰载飞机和军舰炮火的猛烈轰击下，参战的日本海军全军覆没，陆军伤亡惨重。6 月 17 日，美军发动总攻击，23 日，全歼日本守军。在冲绳战役中，美军共歼灭日军 11 万余人，但在日本空军"神风特攻队"1500 多架次的自杀式袭击下，美军舰艇被击沉 34 艘、击伤 368 艘，官兵伤亡近 5 万人。

1945 年 7 月 17 日至 8 月 2 日，美、英、苏三国首脑在柏林近郊波茨坦举行第三次会晤。会议讨论了对德国的占领问题，决定由苏、美、英等国分区占领；确定了使德国非军国主义化、民主化和肃清纳粹主义的方针；关于战争赔偿问题，会议规定德国必须最大限度地对盟国造成的损失和灾难进行赔偿；会议划定了德国东部的边界；会议还集中讨论了对日作战问题，苏联重申了履行对日作战承诺；会议讨论了结束对日战争的条件和战后处置方针等。7 月 26 日，以美、英、中三国的名义发表了《波茨坦公告》，盟国重申将战争进行到日本无条件投降为止，开罗宣言之条件必将实施，决定战后对日本实行占领并实施非军事化和民主化方针，规定战后日本的主权限于本州、北海道、九州、四国及盟国所决定的其他小岛之内。

7月29日，盟国军队便打响了对日最后一战。在中国，正面战场和敌后战场均展开了对日大反攻作战，日军在大城市和主要交通线负隅顽抗。8月6日和9日，美军先后在日本广岛和长崎投下原子弹，人员伤亡近20万人。9日，苏联出动170余万大军越过中苏边境，向日本关东军发动强大攻势，迅速突破日军防线，到20日占领中国东北的主要城镇。在朝鲜，苏军迅速解放了朝鲜北部。在东南亚，盟军在缅甸国民军的配合下收复仰光，解放了缅甸。在越南，8月13日，印支共产党决定在越南各地举行总起义，取得了"八月革命"的胜利。① 在马来亚，人民抗日军解放了半数以上的乡村地区。至此，日本在东南亚的统治土崩瓦解。

8月15日，日本广播了天皇的投降诏书，宣布"朕已命帝国政府通告美、英、中、苏四国，接受其联合公告"。9月2日，在东京湾美舰"密苏里号"上，举行了日本向盟国投降签字仪式，日本在《投降书》中承诺接受盟国的波茨坦公告，"对联合国无条件投降"，"切实履行波茨坦宣言之条款"，从而宣告了世界反法西斯战争和中国抗日战争的结束。9月9日，中国战区日军投降签字仪式在南京举行。9月3日被确定为中国抗日战争胜利的纪念日。

四、第二次世界大战胜利的世界历史意义

第二次世界大战是20世纪发生的第二次全球规模的战争，也是人类有史以来一次规模最大的全球性战争。法西斯国家发动的第二次世界大战，使人类在物质上和精神上蒙受了前所未有的劫难。第二次世界大战造成的军民伤亡人数是历次战争中最多的。据不完全统计，战争中军民伤亡共8000余万人。其中，苏联死亡约2700万人，中国伤亡约3500万人，波兰死亡600万人，南斯拉夫死亡170万人；德国死亡650万人，日本死亡250万人。战争对参战国的城市、乡村、工业、农业等造成的物资总损失高达4万亿美元以上。无论是战胜国人民还是战败国人民都为这场战争付出了惨重的代价。这次战争带来的重大伤亡和损失及其惨痛的经历给众多国家、民族、社会、家庭与个人造成了巨大的精神创伤，也使各国人民深刻认识到战争的危害与和平的珍贵。

第二次世界大战的胜利是反法西斯盟国的共同胜利。"二战"中无论是大国还是小国、强国还是弱国，在反法西斯的旗帜之下，团结协作，并肩作战，

① 9月2日，越南民主共和国宣布成立。

都做出了不同程度的贡献。

中国是世界反法西斯联盟四大国之一，是在亚洲大陆抗击日本法西斯的主要国家，为第二次世界大战的胜利做出了重要贡献。中国战场是世界上开辟最早、持续时间最长的反法西斯战场，打破了日本法西斯企图在短时间内灭亡中国的狂妄计划，迫使日本陆续将陆军主力和海空军部分兵力投入中国战场，陷入了中国持久战的泥潭而不能自拔；中国战场牵制和制约着日本北进、南进等世界战略的展开，有力地支援了苏联卫国战争和美英盟国在太平洋战场及欧洲战场的作战；中国的持久抗战赢得了世界的尊重，中国开始从国际政治舞台的边缘地带进入了中心区域，为世界反法西斯联盟的建立和巩固、为战后国际新秩序的建立贡献了力量。中国抗日战争还为新中国的诞生奠定了基石。

战争期间，世界各国人民依靠自身的理智、智慧和力量，把社会制度与意识形态的分歧暂时放在一边，以伟大的反法西斯联盟的全面合作与战略协同，进行了一场正义的战争，最终打败了法西斯轴心国，拯救了人类文明，恢复了世界和平，推动了人类社会的进步，对人类历史的发展产生了深远的影响。

第二次世界大战彻底改变了国际政治格局并打破了旧的国际政治秩序结构。它大大加速了欧洲作为传统力量中心的衰落，促进了美国与苏联的崛起，从而最终改变了世界范围内的力量对比，完成了自 20 世纪初开始的国际政治格局大变革：以欧洲大国均势为中心的传统国际政治格局被完全摧毁，取而代之的是美苏对峙的两极格局。战争末期创建的联合国和世界经济组织，为维护世界和平，推动世界各国人民之间的政治经济交往与合作，发挥了重要的作用。战争期间美苏等大国以牺牲部分中小国家利益为代价而做出的战后安排，带有明显的强权瓜分势力范围的特征。虽然法西斯被打败了，但是霸权主义、强权政治依然存在，世界各国人民并没有真正走上和平与繁荣的康庄大道，在国际政治经济生活中仍然面临反对霸权主义和强权政治的艰巨任务。

第二次世界大战为一系列欧亚国家走上社会主义道路创造了条件。"二战"期间，欧亚各国共产党、工人党毅然站在反法西斯斗争的第一线，组织和领导本国人民积极参加反法西斯战争，赢得了广大民众的支持和信任，苏联在"二战"期间为反法西斯战争胜利做出的卓越贡献，进一步使世界各国人民认识到了社会主义制度的伟大，为社会主义超越一国范围形成世界体系打下了坚实的基础。战后，多达世界 1/3 的人口选择了社会主义道路，进行建设社会主义制度的实践和探索，这种现象堪称迄今为止人类历史上最有意义的重大篇章。

　　第二次世界大战从根本上动摇了殖民主义统治的根基，加速了殖民体系的瓦解，大批亚非拉殖民地、半殖民地国家和人民纷纷抓住这一有利时机，开展争取民族解放和独立的正义斗争，形成了战后民族解放运动的高潮。战后一大批亚非拉国家获得独立并活跃在世界政治舞台上，成为反对霸权主义与强权政治、推动建立公正合理的国际政治、经济秩序的重要力量。

　　第二次世界大战还大大推动了科学技术的发展。世界大战期间，出于迫切的军事需要，交战各国纷纷投入大量人力、物力、财力去发展相应的科学技术，制造更为先进的武器。在追求战争胜利的推动下，现代火箭技术、雷达技术、核技术、计算机技术等取得了飞跃性发展。"二战"期间的科学技术进步不仅改变了战争进程，而且也为战后新科技革命的迅速发展提供了条件，对战后人类生活面貌的改变发挥了重要作用。

　　总之，第二次世界大战是人类历史上划时代的历史事件，是 20 世纪世界历史从战争与动荡阶段到追求和平与发展阶段的转折点，对世界历史的发展进程具有深远影响。

思考题：

　　1. 第二次世界大战各阶段的主要内容是什么？

　　2. 试述开罗会议、德黑兰会议、雅尔塔会议及波茨坦会议。

　　3. 论述中国在第二次世界大战中的地位与作用。

　　4. 第二次世界大战的胜利有什么世界历史意义？

▶ 拓展阅读

第十章 20世纪上半期的科技与文化

19、20世纪之交的现代物理学革命，推动了20世纪上半期现代科学技术迅猛发展。20世纪上半期，人类在科学理论和技术应用上都取得了许多重要突破。这些科技成就极大地促进了生产力的发展，改变了社会生产关系和人类生活的面貌。与此同时，科学技术的进步、社会的变革以及战争和动荡，又为哲学、经济学、历史学、文学艺术、心理学等人文社会科学的发展提供了现实和思想的土壤。

第一节 20世纪上半期科学技术的重大发展

20世纪上半期是科学技术发展的重要时期。世纪之初，相对论和量子力学的建立，给物理学带来了革命性变革，极大地提高了人类对宏观世界和微观世界的认识。在物理学革命的带动下，化学、生物学和宇宙学、系统科学等各个学科都取得了新的理论突破。技术发明和应用也加速行进，高分子合成材料、无线电技术和新的交通运输工具，在推动生产力迅猛发展的同时，深刻地影响了人类的物质与精神生活世界。

一、20世纪上半期现代科学的勃兴

1900年，德国物理学家普朗克提出的"量子假说"揭开了物理学革命的序幕。20世纪初的物理学革命，不仅引起了物理学观念的彻底改变，而且引起整个科学思想的变革。这场革命为人们认识自然提供了新的思考方式，为20世纪整个科学和技术的革命奠定了基础。量子力学和相对论的思想和方法被广泛地应用到自然科学的各部门，使化学、生物学、天文学、地学等都产生了革命性的变化，而且产生了一系列相互交叉的综合性学科。粒子物理学、量子化学、分子生物学、现代宇宙学、系统科学等新学科的兴起，从微观结构、宇观天体和生命世界等各个侧面，更加深入地揭示了自然界的本质和规律。

1. 粒子物理学的发展

首先是在世纪之交的物理学革命的导引下，20世纪上半叶粒子物理学有了

很大发展。1919年，卢瑟福和助手合作，用 α 粒子轰击某种轻元素，使它成为氢元素，第一次实现了元素的"嬗变"。1922年，其他物理学家用同样的实验方法，进一步实现了元素的"嬗变"。1932年美国物理学家劳伦斯发明回旋加速器后，这方面的研究进展更快，不仅实现了元素的嬗变，甚至还产生了许多新元素。在微观世界粒子运动方面，在普朗克研究的基础上，经丹麦物理学家玻尔、法国物理学家德布罗意、德国物理学家海森堡、奥地利物理学家薛定谔和英国物理学家 P. A. M. 狄拉克等共同努力，作为物理学的分支学科之一，研究微观粒子运动规律的量子力学建立。

除了元素的嬗变、量子力学建立外，此前中子和正电子存在的预言也得到了证实。1934年10月，意大利物理学家昂利克·费米发现，用中子轰击铀可造成铀的核裂变，同时他还发现通过"慢速的中子"所产生的人工放射性更强。1938年，奥地利女科学家丽莎·梅特内和德国科学家奥托·哈恩、弗里茨·施特拉斯曼进一步论证了核裂变的链式反应，为原子能的开发和利用奠定了坚实的理论基础。1941年，美国政府决定发展核武器，开始了名为"曼哈顿工程"的原子弹研究工作，由美籍犹太人奥本海默领导这一工程，费米参加了这项工程。1942年12月2日，第一座原子反应堆完成了第一个释放原子能的试验。1945年7月，世界上第一颗原子弹在美国爆炸成功。

2. 化学理论的突破

化学也取得重大发展。关于电子的知识和量子力学被应用于分析化学现象，成为20世纪上半期化学理论发展的主流。1927年，英国科学家海特勒等人应用量子力学理论深入研究共价键①的形成和作用时，开辟了量子化学的道路。量子化学的诞生，标志着化学从一门经验科学向推理性科学的转变。化学家们还用 X 射线法来揭示物质的分子结构秘密，这为高分子化学的建立准备了条件。1932年，德国化学家施陶丁格发表了第一部高分子化学论著《高分子有机化合物》，标志着这一学科的形成。

在有机化学方面，科学家们已经能人工合成许多对医药或工业有价值的物质。1935年，研究出可以用于治疗链球菌引起的疾病的磺胺。1938年，用于治疗肺炎和其他疾病的新药磺胺吡啶问世。这些化学合成药物与

---

① 共价键是化学键的一种。1916年，美国化学家路易斯（1875—1946）提出两个原子可以共有一对或多对电子，以使两个原子都处于外层有8个电子的稳定状态。这种共用电子对的结合方式叫共价键。

抗生素，如青霉素、链霉素、氯霉素和金霉素等一起，挽救了成千上万人的生命。

3. 生物学的进展

20 世纪上半期，在物理学、化学取得重大发展的推动下，生物学和医学也取得了新进展、新突破。从生物学来看，随着生物催化剂酶从活细胞中分离提取成功，生物化学进入以研究生物体内新陈代谢为中心的第二阶段。从医学上来看，由于医学与现代物理学、化学、生物学相结合，并广泛运用了上述学科的新成果，一些新的分支学科形成，医学水平显著提高。以生理学为例，此时生理学除了对呼吸过程的化学作用有了详尽认识外，还发现了激素。1922 年，加拿大生理学家、外科医师班廷和贝斯特从胰脏中分离出胰岛素，从而拯救了成千上万的糖尿病人的生命。1936 年，美国生理化学家肯德尔从肾上腺分离出可的松，可用于风湿关节炎等疾病的治疗。

在遗传学方面，被忽略了 35 年的奥地利生物学家孟德尔遗传理论在 1900 年被三个不同国籍的生物学家同时"再发现"，遗传学从此翻开了新的一页。随后，美国遗传学家摩尔根在以往研究成果的基础上，确定遗传物质在染色体上，并提出了遗传学的连锁和互换定律。1926 年摩尔根系统论述基因理论的著作《基因论》出版。摩尔根的基因遗传理论认为，位于细胞核中的染色体是最基本的遗传物质。基因就位于染色体上，并且呈直线排列。摩尔根因为在遗传学上的卓越贡献，荣获 1933 年诺贝尔生理学或医学奖。

4. 现代宇宙学的诞生和发展

现代物理学和现代天文学的结合产生了现代宇宙学。1917 年，爱因斯坦首次将广义相对论应用于宇宙学的研究，建立了有限、无边、静态的宇宙模型。爱因斯坦开创性的工作，使现代宇宙学进入百家争鸣的时代。继他之后，苏联的科学家弗里德曼通过求解广义相对论引力场方程，得出了一个均匀的各向同性的演化宇宙模型。1929 年美国天文学家哈勃发现了恒星的光谱红移现象，说明宇宙正在不断膨胀。基于哈勃的发现和广义相对论的推论，1932 年，比利时天文学家勒梅特提出宇宙是由一个极端高热高压的"原始原子"大爆炸而产生的理论。1948 年，美国物理学家伽莫夫进一步发展了勒梅特的理论，提出了大爆炸宇宙学说，并对早期宇宙中元素的合成做出了猜测。伽莫夫还预言，现今宇宙残存有大爆炸留下的背景辐射。后来 3K 微波背景辐射的发现为大爆炸宇宙模型提供了强有力的支持。

5. 系统科学的诞生

在现代科学革命中，系统科学的出现是一件大事。早期的系统科学包括一般系统论、信息论和控制论。1948年，美国生物学家贝塔朗菲创立了以一般系统为研究对象的系统论。同年，贝尔实验室的科学家香农发表了《通信的数学理论》，提出信息编码定理与编码冗余度和消除传递过程中的噪音干扰理论，奠定了信息论的基础。也是在这一年，维纳出版了《控制论》一书，认为所有不确定的随机过程，均可采用统计与时间序列方法进行信息控制处理；还讨论了负反馈原理和反馈系统，奠定了控制论的基础。系统论、信息论和控制论的诞生对现代科学的发展和人们思想观念的转变，产生了重大影响。

二、现代技术的迅猛发展

现代科学的革命性突破，使自然科学在20世纪得到了飞速发展，也极大地促进了科学向技术的渗透，出现了一批新兴的技术。例如，原子核物理的研究实现了核爆炸，建成了核反应堆，使原子能的开发和利用成为可能。通过对分子、原子和固体电子的运动规律的探索，对不同波段的电子辐射的研究，发明了使电子元件发生革命性变革的半导体器件和其他固体电子器件，推动了微电子技术的巨大发展。在机械的、电磁的计算工具的基础上，吸取了数理逻辑和微电子学的成果，诞生了电子计算机，发展出了电子计算技术。此外，电力技术、内燃机技术、高分子合成、航空技术等也发展起来，深刻地改变了人们的生活。

电力技术的开发和利用是第二次科技革命的主要成果，但20世纪20年代以前，电力技术并不发达。随着经济的发展，对电力的需求不断增加，促使电能生产不断改进，电力生产部门飞速发展起来，逐渐形成了以电力技术，如电解、电热、电声、电光源和电加工技术、电气技术等为核心的技术体系，人类生活由"蒸汽时代"进入"电气时代"。电气化成为第二次科技革命的主要内容。电力技术的普及引发了各种发明的诞生，如：20世纪20年代无线电设备、冰箱和电力热水器等都相继在美国出现。一些因缺乏合适能源而被搁置的电动车、空气净化器、洗衣机、洗碗机等都有了实际应用的可能。

内燃机的发明和应用也是第二次科技革命的一项主要成果，而且该项技术的发展和扩散主要是在20世纪20年代之后。1900年，美国登记注册的汽车数量为8000辆，1910年为458300辆，1920年为8131522辆，1930年为23034753

辆。汽车工业的发展带动了公路建设的发展。20 世纪 30 年代末,德国开始修建高速公路。同一时期,美国也开始修建高速公路。

随着对高分子研究的深入和实验技术的改进,各种高分子化合物纷纷问世,其中合成纤维、合成橡胶和塑料发展尤快。1935 年,美国杜邦公司化学家卡罗瑟斯合成了人造丝。为了研发高分子聚合物新产品,杜邦公司调集了 230 余名科研人员,投入 2700 万美元巨资,于 1938 年研制并生产出尼龙。尼龙投入市场后大受欢迎。"二战"中,尼龙还被用来制作降落伞,成为重要的战略物资。在合成橡胶方面,1930 年,苏联研制出丁纳橡胶。1934 年,德国研制出丁苯橡胶。"二战"爆发后,由于橡胶重要的战略意义,其研制、合成加快。塑料是三大合成材料中发展最快的一种。20 世纪上半期,已研制并投入生产的塑料有氯乙烯塑料、聚氯乙烯塑料、聚苯乙烯塑料、有机氟塑料、高压聚乙烯塑料等。各种化工产品的问世,极大地改变了人们的社会生活。

航空运输业也发展起来。1903 年,莱特兄弟制造了世界上第一架飞机,并进行了世界上最早的持续动力飞行。尽管飞行时间只有 59 秒,飞行距离 260 米,但预示了人类飞行时代的到来。1919 年以后,欧洲各主要国家都成立了航空公司,开辟了多条航线。至 1930 年,航线遍及欧洲大陆及其海外领地。美国在 20 世纪 20 年代建立起了民用航空运输体系。1926 年,美国开辟了国内定期航线。1927—1937 年,客机市场占美国飞机销售额的 42%。

20 世纪上半期,由于战争的需要,科学技术被迅速运用于军事领域。如,第一次世界大战中内燃机技术迅速推广,汽车工业得到迅速发展。"一战"结束后,随着经济转轨,高科技军用技术又转为民用技术,促进了技术的进一步发展。各国政府都更加重视科技。在第二次世界大战中,飞机和坦克被广泛用于实战,重工业和基础工业、交通运输业等得到了迅速发展。

第二节　科技进步对世界历史进程的影响

科技进步对世界历史进程产生了多方面的深刻影响。其中,生产关系的调整、人类社会生活的变化尤为突出。

一、科技进步与生产关系的调整

科技进步促进了生产力的发展,引起资本主义生产关系的调整。科技进步加速了大工业的发展，最终确立了大工业文明在世界上的统治地位。例如，1913 年，德国总资产列前 25 位的企业分属煤炭、钢铁、机械工程、金属加工、电气、化工、采矿和造纸业。20 世纪初美国的电气、钢铁、汽车、橡胶、机械、矿业和航空工业等，也得到迅速发展。资本主义的生产资料所有制也发生了变化：一方面，生产资料越来越为少数人所垄断，另一方面，以所有权和控制权的一定分离为特征的公司的数量和种类大大增加。例如，在英国制造业中，单一所有权的私人业主制和小合伙制企业不断消亡，同时私人有限责任制公司数目不断上升。在大型私人有限责任公司中，大股东控制着公司的决定权。在德国，垄断公司的发展更加迅速。1893—1915 年，德国煤炭辛迪加以绝对优势控制着整个煤炭生产市场，其市场份额在 80%—90%。正是大企业的建立、大工业文明的出现，使资本主义完成了由自由竞争向垄断的过渡。随着大企业、大公司的发展及垄断程度的不断提高，工人人数不断增多，但其地位却很低下。在这种条件下，人与人之间的关系，就是统治与被统治、管理与被管理的关系。工人劳动所创造的剩余价值为垄断资本家所占有，工人所得只是一份赖以生存的工资。

垄断是生产力发展所引起的资本主义生产关系的变化。相对于自由资本主义，垄断资本主义适应了生产力进一步发展的客观要求，它创造了规模巨大的企业，扩大了生产规模，发挥了规模效应的优势，提高了经济效益，而且垄断资本所具有的财力优势有助于其进行科技和生产研发活动，从而推动了技术革新进程。正如列宁所说："竞争转化为垄断。生产的社会化有了巨大的进展。就连技术发明和技术改进的过程也社会化了。"① 但必须看到，垄断也使资本主义的社会矛盾更加激化。1905 年，德国因罢工损失的工作日为 1900 万个，1924 年达 3600 万个。在 1929—1933 年资本主义经济大危机中，资本主义的各种矛盾更加尖锐，以致在一些国家法西斯分子上台执政，实行独裁统治，资本主义社会面临前所未有的危机。

20 世纪上半期，苏联社会主义制度的优越性为科学技术迅速发展创造了有利条件，而科学技术的迅速发展又加快了社会主义建设的步伐，使社会主义生产关系得到进一步巩固。通过培养和引进一大批科技人才，引进外资和设备，优先发展重工业，苏联建立了三个大钢铁厂和斯大林格勒拖拉机厂、第聂伯河

① 《列宁专题文集　论资本主义》，人民出版社 2009 年版，第 115 页。

水电站和乌拉尔重型机器厂等大型项目。上述大型企业的建立，使苏联社会主义工业体系更加完备。30 年代末 40 年代初，苏联已实现了工业化，从农业国变成了工业国。1937 年，苏联的工业总产值已占世界工业总产值的 13.7%，跃居欧洲第一，是世界第二大工业强国。苏联用 14 年的时间（1927—1940 年）走完了主要资本主义国家用 50—100 年才走完的资本主义工业化里程。特别是 1929—1933 年资本主义经济大危机爆发时，苏联的经济建设非但没有受到影响，反而迅速发展。社会主义建设的巨大成就，充分展示了社会主义制度的优越性，也鼓舞了苏联人民和世界无产阶级对社会主义的信心。

二、人类社会生活的新变化

科学技术的发展引起了人类生活的巨大变化。

第一，世界人口增长、城市化进程加快。20 世纪上半期，由于科学技术的广泛应用，人们的工作环境和生活条件大大改善，全世界人口增加了 10 亿以上，大于整个 19 世纪人口增长的绝对数字。其中，20 世纪 20 年代以前，欧洲的人口增长率超过了亚洲和非洲。在人口大量增加的同时，人口的大流动也在进行，包括国内和国际的人口流动。为了适应工业化的趋势，人们不断地从乡村移居到城市。例如，1895 年至第一次世界大战期间，法国有 200 万乡村居民迁往城市。1939 年，10 万人以上的城市在苏联有 81 个，德国 56 个，英国 57 个，法国 17 个。此外，在城市的周边，"郊区"也发展起来。大量人口居住在城市和郊区，彻底或基本脱离了乡村生活和农业劳动，成为靠工资度日的城市居民。人口激增和城市化的发展，从一个侧面反映了人类社会开始由农业社会向工业社会的转变。这种转变使人们的生活节奏加快，人们之间的联系、交往增多，相互影响变大。在这种交往中，人们的时空观发生了变化。

第二，物质生活发生变化。科技进步使人类的劳作条件得到极大改善。20 世纪以前，城乡的生产劳动以重体力为主。科学技术的进步，使现代大企业拥有先进的技术装备，工人逐渐从繁重的体力劳动中解脱出来，同时农业也朝着机械化方向发展。1910 年以前，美国农业生产以畜力为主，此后 10 年，收割机、摘棉机、割草机、喷雾机、施肥机等农用机械在全美推广开来，美国实现了农业机械化。到 20 世纪 30 年代，其他主要资本主义国家也都实现了农业机械化。20 世纪上半期，越来越多的产品被生产出来，社会各阶层的物质生活水平明显提高，人们的衣食住行都有了明显改善。各种合成纤维大大丰富了人们的衣着面料，农业的增产提供了丰富的食物，改善了人们的食品结构，汽车、电灯、电话和家用电器的普及极大地方便了人们的交通和生活。

第三，精神生活发生变化。科学技术的广泛应用使得国民收入普遍增加，人均收入不断提高，人们用于文化、娱乐和服务等方面的开支所占比例日益增加。电影是文化消费中最受欢迎的一种。20世纪20年代有声电影问世，结束了30余年的无声片时代，"哑巴"电影说话了。从那时到1937年，英国人花在看电影上的费用达4000万英镑。第一次世界大战结束后，随着美国"好莱坞时代"的到来，美国的电影院激增到两万多个。1946年，在私人汽车迅速发展的推动下，美国出现了汽车（露天）影院。此外，为了满足大众的口味，各种各样的大众化报刊越来越多，体育活动、博彩业时兴起来。娱乐大众化成为人们交往中不可缺少的纽带。

第四，教育得到迅速发展。科技进步对人们的文化素质提出了更高要求，教育日益受到重视，大力发展教育已成为世界性趋势。1918年，英国政府通过了进一步推动义务教育和公费教育发展的新教育法。妇女教育也有所发展，1920年，牛津大学允许妇女作为正式学生入学，妇女开始拥有获得学位的权利。在美国，1920年已完全实现小学生免费教育。1920—1940年，公立中学的学生增加200%。1920—1940年，大学生人数从59.8万增至149.4万。研究生教育比本科生教育发展得还快：1920年，美国有研究生1.6万人，其中615人被授予博士学位；1940年研究生人数达10.6万人，其中3290人被授予博士学位。

苏联在教育方面取得的成就更为突出。十月革命前，俄国文盲占人口总数的79%。苏俄政权建立后开展了扫盲、普及教育运动。1920—1940年，苏俄（苏联）共扫除文盲5000万人。1939年，全国识字的劳动者的比率已提高到87%，其中农村居民占84%，全国范围内的扫盲任务基本完成。在教育普及方面，全国初等教育的普及用了不到20年就完成了。在高等教育方面，1933—1934年，苏联已有高校714所，为十月革命前的7倍。1940—1941学年度，苏联在校大学生为81.17万人，超过英、法、意等欧洲22个国家在校大学生的总和。

但是，20世纪上半期，人类社会生活向更高文明阶段发展的同时，失业、贫困、暴力、两极分化、社会不公等问题依然存在，人们还是缺乏安全感、归属感和幸福感。

第三节　20 世纪上半期的哲学社会科学

20 世纪上半期，人类历史风云变幻。科学技术的进步、工业大生产的发展、大规模战争和危机动荡，使人类对现实世界的认知发生了很大改变，哲学、心理学、历史学和文学艺术等哲学社会科学领域随之出现了新思潮。

一、马克思主义哲学

马克思主义哲学是具有完整科学形态的世界观和方法论，强调从实践出发解决人与世界的关系。实践为人提供了认知对象，人不仅认识世界，而且要改造世界。实践观是马克思主义哲学的核心组成部分，实践观点是马克思主义哲学的基础，贯穿于全部辩证唯物主义和历史唯物主义，从而在世界观、自然观、历史观和认识论上都获得了全新解释。这些在 20 世纪上半叶马克思主义哲学的发展中，继续有鲜明的体现。

1908 年，列宁针对第二国际机会主义者妄图用马赫主义"修正"和"发展"马克思主义，撰写了《唯物主义和经验批判主义》，次年在莫斯科出版。马赫主义，又称经验批判主义，以主观唯心主义为其特征，创始人是奥地利物理学家、哲学家马赫和德国哲学家阿芬那留斯。列宁在书中提出了科学的物质概念，在批判马赫主义主观唯心主义"不可知论""主观真理论""中立论"等错误观点时，阐明了辩证唯物主义认识论原理，深入地论述了实践的观点是认识论首要的基本观点。列宁指出，真理问题是认识论的重要问题之一，否定绝对真理就等于否定了物质世界的客观存在，导致否定客观真理，其本质是主观主义和不可知论。列宁不仅捍卫马克思主义学说基本原理，而且丰富和发展了辩证唯物主义和历史唯物主义，特别是丰富和发展了唯物辩证法，在马克思主义哲学发展史上产生了深远的影响。

1914 年 8 月，第一次世界大战爆发。列宁认为，这标志着帝国主义和无产阶级革命新时代的到来，要运用辩证思维研究新时代出现的新情况、新问题。此外，考茨基等在战争爆发后提出"超帝国主义论"，为帝国主义的侵略政策、战争政策辩护，混淆庸俗进化论和唯物辩证法的原则界限，对其也要揭露，肃清其影响。1915年，列宁侨居瑞士期间，撰写了《谈谈辩证法问题》。

列宁认为，一切事物都包含着矛盾，都是矛盾着的对立面的统一体，对立统一规律是辩证法的实质。列宁还论述了对立统一规律的客观性和普遍性。辩证法作为一种学说，它研究的是自然、社会和思维中的最普遍的规律，而不是个别事物的个别现象，也不仅仅是某一类事物的现象，把研究事物自身中矛盾确定为辩证的实质，是因为矛盾是客观的、普遍的，而且这种客观性、普遍性也是事物发展的源泉动力。对于辩证法的这些规定的正确性，已经而且继续由人类实践，以及作为这种实践经验总结的科学史来检验。继《谈谈辩证法问题》之后，列宁还撰写了《无产阶级革命的军事纲领》《第二国际的破产》《帝国主义是资本主义的最高阶段》等用辩证法思想解决现实问题的名著。

在中国，1935年中央红军长征胜利到达陕北后，中国革命由国内战争向抗日战争转变，斗争尖锐复杂，国内外各种纷繁矛盾交织在一起。为了迎接和指导伟大的抗日战争，争取抗战的完全胜利，就要以马克思主义哲学为武装，对思想路线问题进行深入思考。毛泽东将马克思主义哲学中国化，将辩证唯物主义和历史唯物主义与中国革命的实际紧密结合起来，帮助全党尤其是党的领导干部，掌握马克思主义哲学这一伟大的认识工具，彻底清算思想路线上的形形色色主观主义遗毒。1937年7、8月间，他在延安抗日军政大学讲授《辩证法唯物论（讲授提纲）》，《实践论》和《矛盾论》即是其中的一部分。

马克思恩格斯第一次将科学的实践观引入自己的哲学体系，实现了人类认识史上的伟大变革。毛泽东继承、发展了马克思主义关于实践的基本观点，并从中国的革命实际需要出发，做了进一步的发挥和阐释。他在强调人类的生产活动是最基本的实践活动的同时，还指出阶级斗争、政治生活、科学和艺术活动等，也是人的社会实践。社会实践是人的认识的基本来源；是人的认识发展的根本动力；是人们对于外界认识的真理性标准。关于认识运动的总规律，他认为欲获得对一个具体事物的正确认识，往往需要经过由实践到认识，又由认识到实践多次的反复才能达到。从这一认识出发，毛泽东揭露和批判了"唯理论"和"经验论"，指出这是党内存在的教条主义和经验主义的认识论根源。

1937年抗日战争全面爆发后，要求我们党必须对中国社会状况、对中国革命的基本问题做出新的分析和判断。毛泽东在《矛盾论》中，通过对两种宇宙观、矛盾的普遍性、矛盾的特殊性、主要的矛盾和主要的矛盾的方面、矛盾诸方面的同一性和斗争性、对抗在矛盾中的地位等的分析和阐述，从中国的实际出发，论述了中国社会矛盾的特殊性，论证了马克思主义普遍真理与中国革命实践相结合的重要性，对克服党内存在的主观主义、教条主义有重要的意义。毛泽东从五个方面分析了矛盾的特殊性，阐释了矛盾普遍性和特殊性的关系，强调认识和把握矛盾的特殊性和相对性的重要意义，明确指出"用不同的方法去解决不同的矛盾，这是马克思列宁主义者必须严格地遵守的一个原则"[1]。在《矛盾论》中，毛泽东还论述了唯物辩证法和形而上学是两种根本对立的宇宙观；共性和个性的关系是关于事物矛盾问题的精髓；善于抓住主要矛盾，集中精力解决主要矛盾；矛盾的同一性和斗争性的关系。《实践论》和《矛盾论》进一步丰富了马克思主义认识论和辩证法思想，在毛泽东思想发展史上占有重要的历史地位。

二、人本主义与科学主义哲学思潮

20世纪上半期，科学技术发展日新月异，极大地促进了人类社会的进步和物质文明的发展，增强了人们对科学精神和理性主义的信念。同时，资本主义的内在矛盾日益深化，战争、经济危机和社会危机使人们对传统的理性思想产生怀疑和动摇。在这种情况下，西方哲学思想发生了激烈变化，出现了形形色色的哲学流派，形成了各种哲学思潮。围绕着对待科学和理性的态度，这些思潮和流派大体上可以分为现代人本主义和科学主义两大思想体系。

现代人本主义哲学思潮把人和人的发展、自由、价值和尊严放在思考的中心位置，着力探讨现代世界中人的存在、人的处境和人的本质等方面的问题。它所涉及的内容广泛，包罗的流派众多。大体说来，唯意志主义、生命哲学、实用主义、现象学、精神分析学和存在主义等，都属此范畴。由于这些纷繁复杂的学派面对着相同的主题，因此它们具有一些共同的特征。首先，人本主义哲学家都关注个体的存在及其价值。存在主义哲学家雅斯贝斯（1883—1969）强调个体存在的独特性和自由，他在《时代的精神状况》（1931）一书中提出，解决现代人精神危机的唯一办法，就是要提高现代人内心深处的自觉性，使每个人获得充分的自我意识，重建主体价值。此外，生命哲学家柏格森、现象学大师胡塞尔等均表现出对个体的关注。其次，人本主义哲学思潮普遍摒弃理性

[1] 《毛泽东选集》第1卷，人民出版社1991年，第311页。

主义人学观，强调从非理性理解人的本质。唯意志主义哲学家尼采（1844—1900）改造了叔本华的生命意志①，提出权力意志，认为支配人一切行为的，不是理性和道德的原则，而是为自身生存发展不断征服异己者的权力意志。他曾呼吁"一切价值的重估"，并设计了理想的"超人"，它实际上是一个掌控一切的主体。奥地利精神分析学家弗洛伊德（1856—1939）认为，人潜意识中的本能和性冲动是人的全部行为的动机和力量。总之，强调个体本位、主体性和非理性是现代人本主义哲学的三个突出特征，它有助于尊重人、重视人。但是，人本主义对这些特征的过分强调也带来了很大的负面影响，比如，非理性的过分张扬，导致对一切价值、意义的消解，造成了思想的迷失和混乱；个体"自我"的极度膨胀，导致了人的无节制的欲望和盲目的功利追求，甚至为恶披上了合法的外衣。因此，我们应该合理对待现代人本主义哲学的得失。

科学主义是在20世纪相对论等新的科学理论的发现和科技革命的深入发展中产生和发展起来的。在科学主义看来，自然科学知识是最精确可靠的知识，是其他学科的典范；自然科学的方法是人类认识世界唯一正确有效的方法，应该用于包括人文社会科学在内的一切研究领域。这样，一批具有良好科学素养的学者，力图将科学的方法引入哲学领域，他们希望通过经验分析的路径，使哲学科学化、精确化，这一哲学流派被统称为科学主义哲学思潮。这一思潮包括新实在主义、批判实在主义、分析哲学、逻辑实证主义等哲学流派。它们反对传统的形而上学，主张哲学应探讨经验世界的问题，反对超出经验去追寻终极的、形而上的原因，研究中注重科学（尤其是数学与物理等自然科学）的成果、语言分析、经验和逻辑，讲求实证。这个哲学思潮内部流派众多，其中有代表性的是逻辑实证主义。

逻辑实证主义（亦称为逻辑经验主义）产生于20世纪20年代。当时一批聚集在维也纳讨论有关科学的哲学问题的学者成立了"石里克小组"，1928年，他们以这个小组为基础建立了维也纳学派，成立了以奥地利著名物理学家和哲学家马赫的名字命名的"马赫学会"，目的是"传播并发扬科学的世界观"，"创造现代经验主义的精神工具"。1929年，他们在布拉格发起并举办国际会议，发表了哲学宣言《科学的世界观：维也纳小组》，这份宣言阐释的基本理念和纲领，标志着逻辑实证主义正式诞生，也引领了现代哲学、现代科学哲学

---

① 叔本华（1788—1860）认为，人最本质的东西是意志，理性不过是实现人的意志的工具。

的发展方向。逻辑实证主义拒斥形而上学，认为只有经得起逻辑程序证实或证伪的命题才是科学命题，因而经验证实原则是这个流派的根本原则。在这些哲学家看来，哲学只是一种发现意义的活动，主要是对科学陈述进行逻辑分析和语言分析，检验其是否符合逻辑句法规则。也就是说，科学是求证命题的真理性，哲学则是阐释命题的意义所在，哲学是科学的"女王"。

逻辑实证主义促成了一场影响巨大的哲学科学化运动，把科学主义思潮推到了新的高度。但它过分强调数理逻辑、经验检验和语言分析，显示出狭隘的经验论和极端相对主义的倾向。20世纪50年代后，逻辑实证主义开始衰落。

三、文化形态史观、年鉴学派与苏联史学

在被誉为"历史学的世纪"的19世纪，各种历史思想和史学流派纷纷涌现，推动了史学的专业化和学科化，使之成为一门独立的人文学科。第一次世界大战的残酷厮杀，动摇了人们对西方文明的盲目乐观情绪，传统史学的历史叙述模式受到怀疑。一些学者开始尝试以新的视角探究西方文明的前途，文化形态史观应运而生。

德国哲学家施宾格勒是"文化形态史学"的创立者。他把当时西方世界的文化危机感上升到哲学忧思的高度，其代表作《西方的没落》就是这种背景的产物。按照施宾格勒的观点，西方文化当时面临的危机仅仅是历史进程中的一个片段，只有洞察整个世界历史，才能弄清作为一个片段的西方文化趋于没落的奥秘。在他看来，"文化是贯通过去与未来的世界历史的基本现象"，所谓世界历史，就是各种文化的"集体传记"。文化是一种有机体，像生物有机体一样具有生命周期，它们的兴亡盛衰构成了世界历史的总体进程。施宾格勒认为，包括西欧在内的每一种文化都是一种动态存在的整体，有自己的生存土壤，自己的观念、情感和生活，自己的死亡。开展文化形态学研究，首先必须破除西方传统的史学观念。长期以来，西方人的历史意识以西欧为中心，忽略或贬低其他文化对世界文明的贡献，他把这种观念体系比作历史领域的托勒密体系，为此，他要发动一场"哥白尼革命"。

根据这样的文化形态历史观，施宾格勒从世界历史上找到了八种存在过和存在着的高级文化类型：埃及文化、印度文化、巴比伦文化、中国文化、古典文化（希腊罗马文化）、伊斯兰文化、墨西哥文化、西方文化。每种文化有机体都会经历前文化时期、文化时期和文明时期这几个发展阶段，最终完成生命

周期走向灭亡；它们都有自己独特的生长土壤，形成自身的个性和发展形式，没有哪一种文化比另一种文化先进。在这八种文化中，前七种业已走完了其生命历程，只有西方文化的生命力尚存，但它最终也会走向没落和消亡。施宾格勒表面上在讲西方的没落，实则在鼓吹西方的复兴，特别是妄想建立一个统治世界的德意志大帝国。这表明，斯宾格勒仍是欧洲中心论者的信奉者和鼓吹者。

继施宾格勒之后，英国史学家汤因比在其12卷本的《历史研究》中，承袭并发展了文化形态史观。汤因比首先阐明了历史研究的单位。他提出，历史研究的具体单位既不是某一个民族国家，也不是另一个极端的全体人类，而是由"具有特定时空关系的某一群人类"组成的文明社会。据此观点，汤因比把人类近6000年的文明史划分为21个文明社会，后来，他又增加了5个"停滞发展的文明"。汤因比认为，这些文明之间存在着上代文明和下代文明的亲缘关系，如古代中国文明与远东文明，但它们之间是可以进行比较的，因为相对于30万年漫长的人类史，文明史仅有区区6000年，所以在哲学意义上可以假定它们是平行的。汤因比还以"挑战与应战"的解释模式阐述了文明社会的演进历程和兴衰动力。文明的起源，是人类面对自然环境或人文环境的挑战而进行成功应战的结果；文明的生长，取决于挑战强度的适中，强度不足或强度过大都可能使文明停滞；文明的衰落，起因于少数精英分子对挑战的应战能力的削弱，创造性丧失，多数人撤回对他们的支持，社会因此趋于分裂；最终，分裂的文明社会在内外各种力量的重新组合和相互冲突中走向瓦解，新一代文明同时孕育诞生，开始新一轮循环过程。在谈到西方文明的命运时，汤因比认为，只要处理得当，西方文明就可以保持活力、继续发展。

由于汤因比创立了独特的历史哲学，西方学者称他为当代最伟大的史学家、国际智者。但也有学者对他的历史研究提出了批评，苏联学者沃尔夫曾在《新政治家与民族》周刊对《历史研究》做出这样的批评："一个人越读他的书，就越怀疑作者的一般方法是否正当和一般结论是否健康。"他对汤因比学说中的主观主义和唯心主义倾向进行了批评。

年鉴学派是20世纪上半期诞生于法国的一个重要的史学流派。它的兴起，一方面是因为传统史学的不足，它以政治、军事、外交事件和少数杰出人物为主要关注对象，忽略对绝大多数民众物质生活和精神世界的探讨；另一方面与20世纪初西方现实环境和文化思想相关，即工业化和民主化的不断进步使民众在社会生活中的作用日益加强。与此同时，社会变革和战争动荡的冲击，迫使人们重新审视和反思西方文明的价值，这增强了西方知识分子的现实感和批判精神，而马克思主义理论以及社会学等其他学科的发展，也使西方知识分子注意到社会、经济、文化等人类生活其他领域的重要性。西方要求进行史学革新的呼声日益增强，年鉴学派应运而生。

1929年，法国斯特拉斯堡大学两位学者吕西安·费弗尔和马克·布洛赫共同创办了《经济与社会史年鉴》（简称《年鉴》）杂志，这是年鉴学派诞生的重要标志。他们在发刊辞中提出，要打破学科间的壁垒，进行跨学科合作研究；在借鉴前人的基础上立意创新，通过具体研究彰显理论，反对空谈。费弗尔和布洛赫都希望《年鉴》成为新史学的实验场，他们针对传统史学的弊端，提出了一系列新的史学研究原则和方法。首先主张进行总体史的研究，布洛赫指出："唯一真正的历史就是整体的历史"，这一历史包含了人类社会的全部层次，包括政治、经济、社会、文化、心态和人口等各方面。也就是说，历史不仅仅是政治、军事或外交事件，"属于人类、取决于人类、服务于人类的一切，表达人类、说明人类存在、活动、爱好和方式的一切"都是历史。其次是提倡"问题史学"，主张历史与时代结合。换言之，历史学家应该具备敏锐的现实感和深沉的历史感，善于从现实出发研究历史、把握历史。与传统史学相比，年鉴学派扩大了历史研究的范围，采用了更为多样的研究方法，开拓了新的史学研究领域。年鉴史学之所以在20世纪下半叶保持着强大的生命力和影响力，也是与上述宗旨分不开的。

除上述史学理论和方法之外，这一时期马克思主义历史唯物主义和辩证唯物主义对历史研究的影响也越来越大。十月革命胜利后，著名史学家波克罗夫斯基（1868—1932）担任苏联马克思主义者历史学家协会主席。在他的领导下，苏联史学界确立了马克思主义的指导思想和方法论，开拓了如革命运动史、阶级斗争史等新的研究领域，并对一系列历史问题作出新的评价。其代表作《俄国历史概要》是苏联早期流行的历史教科书，强调阶级斗争是推动历史发展的动力，揭露和挞伐沙皇专制制度，对俄国封建主义和资产阶级史学体系进行了批判。

四、现实主义和现代主义文学

批判现实主义文学思潮产生于19世纪30年代前后。当时，随着西方资本主义经济的发展，资本主义制度的固有矛盾和弊端日益显现，揭露和批判社会黑暗的批判现实主义文学逐渐成为占主导地位的文学思潮。进入20世纪后，世界历史的急剧发展和社会生活的日益复杂，要求作家们从更多的视角探究人类的现实和心灵世界，世界文学呈现出多元发展态势。现实主义文学重新定向，并形成新的特征。现代主义文学应时而起，各种流派纷纷涌现。

20世纪上半期的现实主义文学，不再像19世纪那样主要局限在少数西方国家。尽管英、法、美等国的现实主义文学创作仍在继续发展，不但涌现出如萧伯纳、约翰·高尔斯华绥、罗曼·罗兰、德莱塞、海明威等文学宿将，还出现了如英国的劳伦斯和毛姆、法国的莫里亚克等许多新秀。这些作家善于吸收其他流派的创作经验，全方位、多层次地描绘了资本主义的新现实，刻画了社会急剧变迁中的人的命运和人的精神。此外，在中欧、东欧、南欧乃至拉美，一批世界闻名的作家和经久不衰的作品也脱颖而出。德国现实主义作家托马斯·曼的长篇小说《布登勃洛克一家》《魔山》达到了现实主义的新高度，他的哥哥亨利希·曼的"帝国三部曲"——长篇小说《穷人》《臣仆》和《首脑》——生动而细致地描绘了垄断资产阶级统治下的德国的全景、矛盾及其症结；奥地利作家茨威格的《格里沙中士案件》、法国作家巴比塞的《炮火》、德国作家雷恩的《战争》和雷马克的《西线无战事》，反映了第一次世界大战的血腥残酷和非正义本质。捷克作家雅罗斯拉夫·哈谢克的长篇政治讽刺小说《好兵帅克》，揭露了奥匈帝国的腐朽及其强加给捷克民族的种种灾难。

20世纪上半期的现实主义文学，把内容的真实性和描写方式的客观性作为创作基本原则，全面地描绘了资本主义的发展、矛盾、危机及其对人的精神世界的影响，艺术上博采众长、积极探索、勇于创新，在人物塑造、情节设置、结构谋篇等方面都有不少创获。人道主义和民主主义仍然是作家重要的思想武器，他们抨击不人道的社会现实，同情下层人民，向往人人平等的美好社会，但仍企图以人道主义作为解决社会病痛的药方，未能正确认识到资本主义体系的根本矛盾和最终出路。

现代主义文学是20世纪上半期众多新兴文学流派的统称。它肇始于19世纪最后十年，至20世纪20年代发展到鼎盛阶段。在这个时期，后期象征主义、表现主义、未来主义、意识流小说、超现实主义和意象派等各种文学流派纷至沓来。后期象征主义以美国诗人艾略特为代表，《荒原》《四个四重奏》是其代表作。《荒原》通过隐喻、暗示、象征、联想等手法，融合诗人的情感、想象、知识、历史、现实，反映了物质文明给现代人带来的孤独感和失望情绪，成为现代主义诗歌的巅峰之作。表现主义文学的先驱是瑞典作家斯特林堡，其戏剧《鬼魂奏鸣曲》《到大马士革去》开启了这一文学派别。奥地利作家卡夫卡的名声最大，其《变形记》以描写小人物在扭曲变形世界里的孤独、恐惧和无助而著称，而《城堡》则描绘了现代人难以克服的困境。美国作家奥尼尔的戏剧《琼斯皇帝》《毛猿》也因其寓意深刻而成为现代主义的代表作。未来主义热情拥抱新科技，并以反传统而闻名。意大利作家马里内蒂（1876—1944）发布了未来主义文学的宣言，他的剧作《他们来了》、法国诗人阿波利奈尔（1880—1918）的诗歌《意识的图像》、苏联诗人马雅可夫斯基（1893—1930）的长诗《穿裤子的云》都是未来主义文学代表作。意识流小说采用内心独白、时空倒错的叙述方法和象征性的艺术结构，借助于心理时间描摹人物的意识流动过程，其主要代表作有法国作家普鲁斯特的《追忆似水年华》、爱尔兰作家乔伊斯的《尤利西斯》、英国作家伍尔夫的《到灯塔去》和美国作家福克纳的《喧哗与骚动》等。以布勒东为代表的超现实主义文学蔑视一切传统，强调听从潜意识的召唤，用近乎抽象的语言来表现心灵的即兴感应。这一文学流派的代表作还有法国作家布勒东的小说《娜佳》、阿拉贡的散文集《巴黎的乡下人》。

尽管现代主义文学流派繁多，但仍然存在着一些共同的特征。首先在文艺表现的思想内容方面，它们都注重表现人性的异化，具有反理性主义或非理性化的思想特征。其次在艺术特征方面，它们采用象征、荒诞、暗示、联想和意识流等表现手法，曲折地表达作家对现代世界的感受。现代主义文学的滥觞，与 20 世纪世界历史的发展有着密不可分的联系。第一次世界大战对西方传统价值观和伦理道德观的冲击，让西方知识分子对资本主义的伦理价值体系产生了怀疑。现代主义文学在艺术上大胆创新，采取各种新颖独特的创作技巧，深刻揭露了 20 世纪资本主义社会面临的尖锐矛盾和精神危机。但是，现代主义文学拒绝直面社会现实，认为只有心理世界才是"纯粹的真实"或"最高的真实"，并遁入精神世界不能自拔，因此具有悲观主义和虚无主义的倾向。

五、社会学

社会学，起源于 19 世纪末期。顾名思义，社会学是研究社会现象的学科，强调从社会整体概念出发，通过社会关系和社会行为来研究社会的结构、功能、发生、发展规律。社会学一词由法国哲学家学、实证主义的创始人奥古斯特·孔德（1798—1857）提出，社会学这一学科也由他开创。孔德认为社会学是"科学之首"，可以将历史、心理和经济学等人文学科整合在一起。19世纪末20世纪初，社会学在美国、德国等西方国家得到迅速发展并非偶然，反映了资本主义发展进入帝国主义阶段后社会矛盾加剧，以及人类对社会及其本质的认识，在不断深化。

斐迪南·滕尼斯（1855—1936），德国的现代社会学的缔造者之一。他在西方社会学史上，因最早提出"社会学体系"而享有盛名。在他看来，社会学是研究人及其生理、心理和社会本质的科学，可以分为一般社会学和专门社会学，后者又分为纯粹社会学、应用社会学、经验社会学等。"公社"与"社会"是社会学分析的两个基本概念；人类共同生活的特征，如意志类型、意志取向、行动方式、互动表现、生活范围、维护手段和结合性质等，在"公社"与"社会"中会有不同的内容。他的代表作《公社与社会》《社会学的本质》《马克思的生平和学说》和《社会学导论》等，在社会学界有广泛而深远的影响。20世纪初德国社会学家、哲学家格奥尔格·齐美尔（1858—1918），把社会学划分为一般社会学、形式社会学和哲学社会学三类。他提出"理解"概念，认为研究者难免带上主观的价值取向，其知识也具有主观的和相对的性质。他认为，随着选择性的创新，人的认识会不断进步，个体将得到发展，但人不可能仅凭思考就对生活有全盘的认识。德国另一位社会学家马克斯·韦伯（1864—1920）被认为是西方现代社会学的奠基人之一，其代表作是《新教伦理与资本主义精神》。他强调要以解释的方式理解社会行动，将社会学建立在对社会行动作"解释性的理解和因果性的说明"，而"解释性的理解"同样也是研究社会学的基本方法，因此，他的社会学被称为"理解社会学"。

西方学术界因法国社会学家杜尔克姆（旧译涂尔干，1858—1917）的学术贡献，经常将他与卡尔·马克思（1818—1883）、马克斯·韦伯并列。杜尔克姆的代表作是《社会分工论》《自杀论》《宗教生活的基本形式》。他对社会本质的认识，持社会唯实论和社会整体观；强调社会学的研究对象是社会事实，认为社会事实是独立存在，它不是"个体事实"，而是多数人的共同的思想和行为。一种思想和一种行为，如果仅仅发生在个人身上，不能算作是社会事实，只有它成为多数人的共同思想和行为时才获得社会事实的性质。如果说孔德在社会学史上，第一个提出要对社会现象进行实证研究，那么，杜尔克姆则实践并发展了孔德的这一重要的思想。

20世纪初，始创于欧洲的社会学传入美国，作为一个独立的学科，得到迅速发展。芝加哥大学和哥伦比亚大学都较早成立了社会学系，芝加哥大学还创办了《美国社会学杂志》，这两所大学很快成为介绍和研究社会学的中心。芝加哥大学的斯莫尔（1854—1926），是美国第一位社会学教授，对美国社会学的形成，做出了重要的贡献。他的代表作《社会研究导论》，是世界上第一部社会学教科书。作者强调：社会学研究要避免孤芳自赏，消除门户之见，重视社会学同其他相关学科的"综合"。哥伦比亚大学社会学教研室的吉丁斯（1855—1931）在《社会学原理》等著作中，提出了社会学研究中著名的"类意识"概念，认为意识是一种状态，在这种状态下的一切生物，不管他在自然界中占有什么地位，都承认其他有意识的生物与自己属于同一类。他还强调，社会学在方法上是一门统计科学，推动了美国社会学研究中的定量研究方法。

苏联是世界上第一个社会主义国家，社会学在苏联出现了一个"肯定—否定—再肯定"的过程。1917年十月革命前，社会学在俄国已经有了长足发展。十月革命胜利后，一些社会学家继续坚持唯心主义的社会学立场。如索罗金（1889—1968）在《社会学中的新思潮》《社会学体系》等著作中，公开与唯物史观抗衡，攻击新生的无产阶级政权。苏联理论界对资产阶级社会学进行了严厉的批判，但在建设马克思主义社会学时，却片面地将历史唯物主义等同于马克思主义社会学，"等同论"盛行一时。20世纪30年代后期，苏联在全面批判资产阶级意识形态时，社会学被宣布为"伪科学""反科学"而被取消。马克思主义社会学的建设中途夭折。

20世纪50年代后期，苏联社会学在30年代后期消失后开始恢复。1958年，苏联社会学会成立；1968年，苏联科学院社会学研究所成立；1974年，《社会学研究》杂志创刊。莫斯科大学、列宁格勒大学陆续开设社会学课程，一些重要的学术专著相继出版，如奥西波夫的《苏联社会学研究的理论和实践》、兹德拉沃梅斯洛夫的《社会学研究的方法论和程序》、科恩的《19世纪至20世纪初资产阶级社会学史》等。

六、凯恩斯主义

凯恩斯主义，又称凯恩斯主义经济学，是基于英国经济学家凯恩斯思想发展而来的经济学说。

1936 年，剑桥大学的约翰·梅纳德·凯恩斯（1883—1946）所著《就业、利息和货币通论》，一经出版即轰动了经济学界，凯恩斯在书中提出了与传统经济学完全不同的思想，"看得见的手"取代了"看不见的手"，因此被称为经济学的"凯恩斯革命"。

凯恩斯主义的基本观点是主张由国家实行积极的政策干预经济，以消除经济危机和扩大就业。"自由放任"的经济体系会导致效率低下的宏观经济结果。凯恩斯主义改变了西方经济学研究的范式，标志着西方现代宏观经济学的诞生，并且为西方国家的经济政策提供了重要的理论依据。

凯恩斯主义是西方资本主义历史境遇下的产物。20 世纪 20 年代，英国经济增长乏力，失业率居高不下。这种情形促使凯恩斯较早地开始观察失业问题，思考通货紧缩和财政政策与失业之间的关系，为日后的非自愿失业理论奠定了基础。1929—1933 年的经济大萧条时期，资本主义国家生产急剧下降，贸易额锐减，失业人数激增，资本主义世界经济全面倒退，经济损失总额高达2600 多亿美元。面对这样的现实，当时主流的新古典经济学既不能在理论上给予解释，更无法在政策上提出行之有效的对策，各国迫切需要有新的理论，以挽救面临危殆局面的资本主义经济体系。经济学领域的"凯恩斯革命"由此诞生。

在理论上，凯恩斯提出"有效需求不足"原理，否定了西方古典经济学的理论基础——"萨伊定律"。"萨伊定律"认为自由竞争的资本主义经济可以通过市场价格机制的自发调节，从而达到充分就业的均衡状态，资本主义经济不会出现普遍性的生产过剩危机。在 20 世纪 30 年代资本主义世界普遍危机和慢性萧条的局面下，凯恩斯一反萨伊定律而提出：由于边际消费递减、货币流动偏好和资本边际效率递减三大心理因素，会导致有效需求不足，储蓄不会自动转化为投资，所以必然产生大规模的经济危机。

在解决对策上，凯恩斯反对传统的自由放任方式，力主由国家干预经济。他的经济政策主要包括三方面：实行赤字财政，增加公共投资；通过适度的通货膨胀政策，刺激私人投资和消费；通过税收政策，促进国民收入再分配向低收入群体倾斜。

凯恩斯主义的问世，开辟了西方经济学发展的一个新时代，对资本主义的经济政治生活和西方经济学思潮产生了广泛而深远的影响。它明确承认资本主义制度存在着危机和失业的痼疾，否定古典主义经济学自由放任的传统教义，主张国家干预经济，适应了 20 世纪资本主义向现代化大生产转变的需要，为国家垄断资本主义的兴起提供了有力的理论依据。

战后西方各国长期推行凯恩斯主义刺激经济发展的扩张政策是卓有成效的，凯恩斯因此被捧为"战后的繁荣之父"。但应该看到的是，凯恩斯主义的目的在于维护资本主义经济制度，它并未触动也无法克服资本主义生产社会化同生产资料的私人占有之间的基本矛盾，因此它对解决资本主义经济危机的作用也是有限的。而且凯恩斯主义过分强调以"赤字开支"刺激有效需求，主张国家大规模介入社会经济领域，也导致了国家财政开支庞大、税收负担沉重、制度规章烦琐，同时一定程度上削弱了社会自身的自主性和创造性，长期施行难以为继。20 世纪 70 年代后，西方国家经济陷入严重的滞胀状态，凯恩斯主义经济学理论的影响也逐渐衰落，货币学派、供应学派等新的经济学理论兴起。

七、弗洛伊德精神分析学

精神分析心理学是奥地利精神科医生弗洛伊德在 19 世纪末 20 世纪初创立的，它开创了人类认识自我的新领域、新方法，对 20 世纪西方心理学、文学、艺术、哲学、历史学、社会学、伦理学和政治学等在内的几乎所有人文社会科学都产生了深远的影响。

弗洛伊德对精神分析的兴趣是在 1884 年与约瑟夫·布雷尔医生合作期间产生的，他们一起用催眠法治疗歇斯底里神经官能症时发现了疏导疗法。后来，弗洛伊德跟随当时法国著名神经病医学专家让·沙科学习，继而提出了自由联想疗法。这种治疗就是让病人完全放松，躺在床上自由谈话，无论联想到什么都完全说出来，目的是让病人把潜意识中被压抑的引起异常行为的原因清醒地回忆起来，这是精神分析演化中至关重要的一步。

1897 年，弗洛伊德开始独自利用自由联想的方法分析自己的梦境。他认为，梦中的事实并非全无意义，它们一定是由个人意识中的某种东西引起的，因此可能包含着探寻精神障碍根本原因的线索。经过两年的自我分析，弗洛伊德出版了《梦的解析》一书，他由此从精神治疗转向一般心理学的研究。此后，弗洛伊德出版了一系列著作阐述他的精神分析思想。到 20 世纪 20 年代，精神分析已发展成为一种理解人类动机和人格的理论体系，它主要包括精神结构理论、人格结构理论和性本能理论几个部分。

首先是精神结构理论。弗洛伊德认为，人的精神结构包括意识、前意识和潜意识三个部分；意识属于人的心理结构表层，它明确地感知着外界的现实环境和刺激；前意识是调节意识和潜意识的中介机制，它使潜意识向意识的转化成为可能，但它的作用主要体现在阻止潜意识进入意识；潜意识则是被压抑在最深层的心理活动，它恰恰是人类思想行为的内驱力，人的一切喜怒哀乐及其生死存亡都决定于潜意识的本能冲动。

其次是人格结构理论。弗洛伊德在区分三种意识的基础上，提出了本我、自我和超我的人格结构理论：与潜意识概念相对应的本我，是人格中最原始的、最难接近的部分，它包括人类本能的内驱力和被压抑的习惯倾向，它不理会社会道德和任何外在的行为规范，只按快乐原则行事，是人类一切心理能量之源；自我代表着人格中理智和意识的部分，其行为准则是现实原则，它根据现实条件和客观环境来调整本我与外部世界的关系；超我则是人格结构中的理想部分，它遵循的是道德原则，其主要功能是规约自己按照社会规范行动。正常人需要三者的平衡，一旦平衡被打破，就会导致精神疾病。

最后是性本能理论。弗洛伊德认为，性的本能冲动是个体行为的根本推动力，是潜意识活动的基础。因此，性冲动是精神分析心理学理解人类活动的钥匙，它能够解释人格发展的过程、精神病的发生和人类的各种创造性行为。

弗洛伊德精神分析学打破了理性主义的藩篱，肯定了潜意识、非理性因素在人类行为选择中的作用。这一理论对20世纪心理学发展产生了深远影响，开创了动力心理学、人格心理学和变态心理学研究的新纪元，并促进了人类对自身精神世界的认识。但是，精神分析学存在着无限夸大潜意识和性冲动作用的嫌疑，弗洛伊德甚至把它们看作人类文明进程中的决定因素，闭口不谈资本主义的生产方式、制度、精神价值体系对人们精神世界的沉重压抑，而这些致命的缺陷是人类今天必须正视的。

八、苏联社会主义现实主义文学艺术

1917年十月革命获得胜利，世界上出现了第一个社会主义国家。新生的苏维埃国家在进行政治和经济建设的同时，也采取措施大力推动文化建设，以便为社会主义体制提供有力的思想和意识形态基础。早在革命时期，布尔什维克就已开始着手建立社会主义文化。20世纪二三十年代，一种新型的社会主义文化逐步形成，哲学社会科学研究、文学艺术创作、人们精神境界的提升，都出现了前所未有的新变化，社会主义现实主义文艺就是其显著表征和重要内容之一。

社会主义现实主义观念正式出现于1932—1934年之间。1932年，在筹备苏联作家协会的一次座谈会上，斯大林首次提出了社会主义现实主义的概念。1934年，苏联作家第一次代表大会通过的《苏联作家协会章程》对社会主义现实主义做了明确的界定。其主要内容是：社会主义现实主义是苏联的文学创作与文学批评的基本方法，它要求作家从现实的革命发展中真实地、历史具体地去描写现实；艺术描写的真实性和历史具体性，必须与用社会主义精神从思想上改造和教育劳动人民的任务结合起来；社会主义现实主义保证艺术创作有特殊的可能性去发挥创造的主动性，去选择各种各样的形式、风格和体裁。

社会主义现实主义创作原则首先在苏联文学领域取得巨大成就。马克西姆·高尔基是苏联社会主义现实主义文学的先行者。1906年，他的长篇小说《母亲》塑造了一批20世纪初俄国无产阶级革命者的英雄形象，反映了工人运动从自发到自觉的历史过程，成为社会主义现实主义文学的奠基作。十月革命前后数年间，高尔基积极从事革命宣传，配合苏维埃政权建立社会主义新文学，并创作了《童年》《在人间》《我的大学》自传体三部曲。在苏联社会主义建设时期，高尔基的创作致力于揭露旧社会的衰朽，歌颂新时代的伟业，其《阿尔塔莫夫家的事业》揭示了无产者取代资产者成为社会的主人是历史的必然，成为社会主义现实主义的经典之作。

20世纪二三十年代，社会主义建设取得的伟大成就鼓舞了苏联人民，也激发了作家的创作灵感和热情，涌现出大量的社会主义现实主义文学作品。作家描绘革命战争的波澜壮阔，表现社会主义建设时代的新风尚和新思想，讴歌革命英雄人物光辉不朽的形象，展示了苏联社会主义建设的美好前景。这些作品包括诗人马雅可夫斯基的《革命颂》《列宁》，富尔曼诺夫的长篇小说《恰巴耶夫》，绥拉菲莫维奇的《铁流》，肖霍洛夫的长篇巨著《静静的顿河》，法捷耶夫的《毁灭》《青年自卫军》，奥斯特洛夫斯基的《钢铁是怎样炼成的》，阿·托尔斯泰的三部曲《苦难的历程》等，这些作品在包括中国在内的许多国家都有广泛的影响。长篇小说《钢铁是怎样炼成的》讲述了主人公保尔·柯察金从一个社会底层挣扎的贫苦少年，逐渐成长为一个为祖国和人民的事业奋斗终生的无产阶级革命战士的历程。保尔鼓舞了几代中国青年的成长，他的精神世代相传，至今仍是进步青年学习的榜样。

　　社会主义现实主义的文艺创作方针也体现在美术、音乐和电影等其他艺术领域。在绘画方面，宣传画、讽刺画和诗配画是国内战争时代动员民众打击敌人的有力武器，莫尔的宣传画《你报名参加志愿军了吗？》和《救命》富有战斗激情，曾产生了广泛影响。内战结束后，漫画逐渐发展起来，《鳄鱼》杂志成为画家向帝国主义和国内落后现象进行斗争的阵地。20年代末，随着社会主义建设的全面展开，苏联的美术事业得到迅速发展。油画着重表现革命斗争历史和社会主义生活，格列科夫的《到布琼尼部队去》、布罗茨基的《列宁在斯莫尔尼宫》、约甘松的《工农速成大学生》和《在老乌拉尔工厂里》等作品，都是苏联美术的经典作品。

　　在"二战"前的20多年时间里，苏联的社会主义现实主义音乐创作硕果累累。歌曲方面的成绩最为显著，代表性作品有达维坚科的《布琼尼骑兵》、别雷的《全世界无产者联合起来》、科瓦利的《青年时代》、扎哈罗夫的《沿着村庄》和《有谁知道他》、布兰特的《喀秋莎》等。大型声乐作品领域出现了一些气势宏伟的作品，如达维坚科的《在十俄里的地方》和亚历山德罗夫的《斯大林康塔塔》等。这些音乐作品不仅在苏联国内家喻户晓，激励着人民的爱国热忱，而且流传到国外，鼓舞着各国人民为民主进步事业而斗争。

　　新兴的电影事业也蓬勃发展。20世纪30年代，苏联电影艺术家在社会主义现实主义的创作方法指引下，深入现实生活，以革命乐观主义精神讴歌新事物、新思想、新生活和新的人物。1934年，由瓦西里耶夫兄弟导演的影片《恰巴耶夫》问世，这部为庆祝十月革命胜利十七周年上映的影片成为苏联社会主义现实主义电影的里程碑之作。30年代后半期，苏联社会主义现实主义电影创作进入一个高峰时期，产生了一系列有代表性的作品。在此期间，还有罗姆拍摄的《列宁在十月》和《列宁在1918》，顿斯阔依根据高尔基自传体三部曲改编摄制的《童年》《在人间》和《我的大学》等，或描写普通人的真善美，或塑造英雄人物的光辉形象，充分展示了社会主义的崭新气象。有关列宁的几部影片，不仅刻画出列宁如何在艰苦的条件下从事紧张的革命斗争的伟大领袖形象，还更为生动和细腻地塑造了一个风趣的、富有人情味的、深受人民大众喜爱的艺术形象。

　　苏联社会主义现实主义文学艺术取得的成就，使世界历史上第一次出现了资本主义文化与社会主义文化并立的局面，丰富了世界文化的宝库，也为后来的社会主义国家文化建设提供了宝贵的经验。但在其取得巨大成就的同时，也暴露出公式化、教条化的倾向，出现了回避矛盾、美化现实等消极现象，这不仅导致了文艺创作的简单和平庸，也不利于社会主义文艺的发展和繁荣。

九、亚非和拉美文学

亚非文学，亦称"东方文学"，主要由汉文化体系、印度文化体系和伊斯兰文化体系构成。20世纪初，除日本在明治维新后进入资本主义国家行列外，大多数亚非国家沦为殖民地半殖民地，与此同时，欧美国家的文化思潮和马克思主义学说传入亚非国家，对亚非文学也产生了深刻的影响，如现实主义和浪漫主义文学流派及文学团体的产生与发展等。相似的历史境遇、社会现实和文化背景，使亚非文学表现出某些明显的共同特点：大多是亚非作家高扬现实主义文学强烈的批评精神，对帝国主义、殖民主义的掠夺政策和封建主义的残酷统治，给予了深刻的揭露和无情的鞭挞。此外，争取民族独立、人民解放，抗击侵略者的英勇斗争，也是亚非文学的重要主题之一。

五四运动是中国新民主主义革命的开端，中国革命从此进入了一个新的历史时期，新文学也由此拉开帷幕，中国文学迈入了一个新的时代。1918年5月，鲁迅发表中国现代文学史上第一篇白话小说《狂人日记》，深刻批判了封建的意识形态。五四运动前后，鲁迅参加《新青年》杂志工作，成为新文化运动的主将。1921年12月发表的中篇小说《阿Q正传》，成为中国现代文学史上的不朽杰作。鲁迅对中国文化事业作出了巨大的贡献：他领导、支持了"未名社""朝花社"等文学团体；主编有《国民新报副刊》《莽原》《语丝》《奔流》《萌芽》《译文》等进步文艺期刊；大力翻译外国进步文学作品，介绍国内外著名的绘画、木刻；研究和整理大量的古典文学作品。1921年8月，郭沫若出版的新诗集《女神》，是中国第一部优秀的革命浪漫主义诗作。1923年后，郭沫若系统学习马克思主义理论，提倡无产阶级文学，创作了《屈原》等历史剧。1921年1月，茅盾参与发起组织"文学研究会"。7月，中国共产党成立，茅盾由上海共产主义小组成员转为正式党员，后加入中国左翼作家联盟。1933年，《子夜》正式出版发行，这是30年代中国左翼文学的标志性作品，具有里程碑的意义。

20世纪初，印度民族主义文学运动开始兴起。泰戈尔（1861—1941）将印度文学发展推进到一个新的阶段。泰戈尔的一生在印度处于英国残暴殖民统治的年代中度过，他的作品始终强烈地表现出爱国主义精神。诗歌集《吉檀迦利》、短篇小说《还债》《练习本》等，通过对现实生活欢乐和悲哀的描述，表达了对祖国前途的关怀和对人民的热爱，批判了野蛮的种姓制，揭露了殖民统治的残暴。泰戈尔作品开辟了印度文学的现实主义道路，对印度文学的发展，产生了久远影响。

20 世纪初的日本现实主义文学，彻底摆脱了自然主义的影响，在批判明治维新以来日本社会的罪恶与黑暗的过程中，迅速发展，其代表人物是夏目漱石（1867—1916）。夏目漱石创作的《我的猫》等作品，以现实主义手法批判了近代日本社会的种种弊病，是日本近代文学中具有深刻思想的重要作品。芥川龙之介（1892—1927）曾师从夏目漱石，深受夏目漱石的影响。芥川龙之介的代表作《罗生门》等小说立意新颖，深刻揭露社会丑恶现象，以强烈的艺术感染力和深刻的社会内容，成为当时社会的缩影。

阿拉伯地区文学发展并不平衡，以埃及文学最为发达。第一次世界大战结束后，埃及民族独立运动迅速发展，对埃及文学发展产生了深刻影响。穆罕默德·台木尔（1894—1973）是埃及现实主义小说的奠基人，其小说集《在劫难逃》等，揭露了贵族统治阶级的荒淫无耻，歌颂了广大劳动者正直、善良的品质，表达了他的爱国主义感情和民族自豪感，对阿拉伯文学的发展影响深远。

20 世纪上半叶，是拉丁美洲文学发展的重要时期。拉丁美洲民族民主革命蓬勃发展，为现实主义文学开辟了广阔的发展道路，"革命"成为重要的文学题材。1910 年墨西哥民主革命爆发后，出现了创作革命小说的高潮，如 1916 年出版的马里亚诺·阿苏埃拉（1873—1952）的《在底层的人们》，生动描写了农民组织起义军，为自由和土地而斗争。20 世纪 20 年代后，经济危机与独裁统治使古巴社会政治问题日趋尖锐。诗人尼古拉斯·纪廉（1902—1989）的诗，抨击了独裁者的暴行和外国的经济掠夺。20 世纪三四十年代以后，文学创作更多地反映民族觉醒和反抗斗争，如描写渔民和甘蔗种植园农民的苦难生活，反对马查多独裁统治等。

殖民统治给印第安人民带来的灾难，在拉丁美洲的现实主义文学中也有鲜明的反映。1919 年，玻利维亚作家阿尔西德斯·阿格达斯（1879—1946）在小说《青铜的种族》中，描写了印第安青年男女的爱情和他们饱受白人地主压榨的情形。印第安人的非人生活，是对黑暗社会现实的血泪控诉。1941 年，秘鲁作家西罗·阿莱格里亚（1909—1967）在《广漠的世界中》，描绘了一个印第安部落的三代人，为保卫土地和自由而进行的武装斗争，反映了印第安人的苦难生活、悲惨处境和他们的英勇斗争，揭露、批判了封建庄园主及其统治者的贪婪和残暴。

思考题：

    1. 20世纪上半期科学技术的主要成果有哪些？

    2. 20世纪上半期科技进步怎样影响人类的社会生活？

    3. 20世纪上半期哲学社会科学有哪些主要思潮？

读者意见反馈

为收集对教材的意见建议,进一步完善教材编写并做好服务工作,读者可将对本教材的意见建议通过如下渠道反馈至我社。

咨询电话　400-810-0598

读者服务邮箱　gjdzfwb@pub.hep.cn

通信地址　北京市朝阳区惠新东街 4 号富盛大厦 1 座
　　　　　高等教育出版社总编辑办公室

邮政编码　100029

防伪查询说明

用户购书后刮开封底防伪涂层,使用手机微信等软件扫描二维码,会跳转至防伪查询网页,获得所购图书详细信息。

防伪客服电话　(010)58582300